U0899709

# 国家能源集团全员绩效考核指引

## — 煤化工 —

国家能源集团　编

**图书在版编目（CIP）数据**

国家能源集团全员绩效考核指引. 煤化工 / 国家能源集团编. — 北京 : 商务印书馆, 2022
ISBN 978-7-100-21717-0

Ⅰ. ①国… Ⅱ. ①国… Ⅲ. ①能源工业 — 企业集团 — 煤化工 — 企业绩效 — 考核 — 中国 Ⅳ. ① F426.2

中国版本图书馆 CIP 数据核字（2022）第 169379 号

权利保留，侵权必究。

**国家能源集团全员绩效考核指引**
**煤化工**
国家能源集团 编

商 务 印 书 馆 出 版
（北京王府井大街36号 邮政编码100710）
商 务 印 书 馆 发 行
山东临沂新华印刷物流
集团有限责任公司印刷
ISBN 978-7-100-21717-0

2022年12月第1版　　开本 787×1092 1/16
2022年12月第1次印刷　　印张 27½

定价：118.00元

## 编委会

主　任：刘国跃
副主任：王　敏
委　员：卞宝驰　王树民　杨　鹏　冯树臣　冯来法

## 编审组

组　长：肖宝玲
办公室：贾建强　汤涛祺　宋惠民　马　恺　闫睿颖

### 理论组

宋　艳　田丽博　徐福光　朱艳清　胡晓亮　职远航
张　兰　杨建彪

### 煤炭组

郝俊奇　姜岳雁　赵建国　郝熙春　党卫民　李　勇
杨　慧　刘晓丹　常雄伟　张　霞　王　瑜　贾建波
白惠鹏　王　昆　宋　宇　王　蒙　林　旭　张　强
牟秀君　杨薛斌　李宏飞

## 电力组

| | | | | | |
|---|---|---|---|---|---|
| 田　华 | 郑　维 | 马文艳 | 刘永峰 | 陈志东 | 张满良 |
| 李玮琦 | 袁春峰 | 张　磊 | 杨晓明 | 张冬梅 | 尤　佳 |
| 李宁宁 | 段北红 | 郝立宏 | 徐忠林 | 马若希 | 曾　芮 |
| 杨　林 | 吕昌睿 | 李　贞 | 田三妹 | 孟　峰 | 孙　宁 |

## 煤化工组

| | | | | | |
|---|---|---|---|---|---|
| 付志军 | 谢　敏 | 王　静 | 王宇飞 | 崔　涛 | 德格吉日 |
| 黄于益 | 梁　锐 | 刘家兵 | 张　倩 | 王少哲 | 李忠良 |
| 赵　诚 | 梁　鹏 | 郭晋宇 | 李　波 | 汤贵君 | |

## 运输组

| | | | | | |
|---|---|---|---|---|---|
| 赵　磊 | 李建华 | 刘　鑫 | 李常青 | 石瑞杰 | 王　军 |
| 吕　军 | 刘小军 | 郑秋香 | 白　睿 | 张　倩 | 朱维静 |
| 马伏玲 | 贾晓龙 | 曹森奎 | 王银环 | 戈彦棠 | 金展行 |
| 郭　嘉 | 张　爽 | | | | |

## 物资科研组

| | | | | | |
|---|---|---|---|---|---|
| 胡　建 | 高权升 | 王宏飞 | 王　鹏 | 胡耀宇 | 武　杰 |
| 王　蒙 | 朱元元 | 杨百兴 | 张丽艳 | 王爱国 | 傅　涛 |
| 李　强 | 范亚国 | 刘　宁 | 陈　涛 | 刘映男 | 李思遥 |
| 张卓尔 | 弓　晨 | 周兴人 | 高宇鹏 | 杨婷婷 | 康雅迪 |
| 万洋洋 | 蓝　天 | 赵姝颖 | 李建新 | 薛国庆 | 王新亮 |

# 目 录

# 煤制烯烃

## 煤焦化

# 引　言

绩效管理是现代企业人力资源管理的核心内容，是保障企业战略落地执行、提升效益效率的重要手段，同时也是国有企业深化三项制度改革，实现管理人员能上能下、员工能进能出、收入能增能减的有力工具。现代企业通过推行以绩效考核为主要内容的管理方式，建立员工收入、岗位调整与个人业绩紧密挂钩的市场化机制，在企业中形成公平、平等、竞争、择优的用人和工作环境，使企业焕发出新的生机和活力。

国家能源集团是党的十九大后重组成立的第一家中央企业，也是国有资本投资公司改革、创建世界一流示范企业的试点企业。自成立以来，集团公司坚持以习近平新时代中国特色社会主义思想为指导，认真贯彻“四个革命、一个合作”能源安全新战略，深入实施“一个目标、三型五化、七个一流”发展战略，牢牢把握国企改革三年行动关键环节和重点任务，持续深化改革激发新发展活力，做到了因改革而生，由改革而强。围绕提升企业活力效率，以构建职位职级、全员绩效考核、薪酬激励三大体系为统领，大力推进三项制度改革。

国家能源集团将全员绩效考核作为破解“三能”难题的有效抓手，针对各板块企业推进绩效考核工作力度不一、考核指标设置不合理、考核结果应用不充分等问题，印发了《关于加强全员绩效考核工作的通知》，首次明确了绩效考核的工作要求、等次分布及比例设置，在全集团建立了统一规范、激励有效、约束有度的全员绩效考核体系。为推动各基层企业全员绩效考核工作真正落地见效，2021 年 8 月，集团公司启动《国家能源集团全员绩效考核指引》编制工作，通过梳理编制涵盖各产业板块主要核心岗位的关键指标，形成实用、通用、易操作的工具书，为各基层企业全面推行全员绩效考核工作提供切实管用的指导和借鉴。

本书源于基层实践，是对集团公司煤化工板块企业绩效考核工作的全面总结提炼，也是集团公司广大干部职工集体智慧的结晶。全书围绕煤化工企业关键岗位的绩效考核实操，从考核的适用范围、引用文件、关键岗位的识别与提取以及关键岗位绩效考核标准等几个方面系统梳理提炼了煤制油、煤制烯烃、煤焦化等煤化工企业关键岗位的绩效考核标准，明确了煤液化反应设备管理、甲醇中心净化主操等191个关键岗位的绩效考核方法、岗位考核内容以及具体评价指标，为煤化工企业开展全员绩效考核提供参考借鉴，也希望广大读者能从中受到启发、有所收获。

本书中的岗位设置仅为绩效考核提供参考案例，在组织机构设置和定编定员方面不具有指导意义，各单位在制定员工绩效考核量表时，应从“构建具有国家能源特色的全员绩效考核体系”入手，结合本级组织工作任务和目标合理确定各岗位关键绩效指标，并结合该岗位胜任力素质要求，确定能力素质指标，与岗位职责指标共同形成完整的员工绩效考核量表，提升考核的科学性和精准性。

本书的编制和出版得到了集团公司领导的高度重视和集团组织人事部的专业指导；各子分公司给予了大力支持，特别是煤化工板块牵头单位为《国家能源集团全员绩效考核指引》编制提供了充足的人力、物力支持；工作组成员不辞辛苦，加班加点，投入了很大精力，贡献了很多力量。在此向所有关心、参与本书编制、编辑、审核的单位和人员致以诚挚的谢意。

由于时间仓促，本书如有不足或疏漏之处，敬请读者指正。

编　者<br>2022年12月

# 煤制油

## 一、适用范围

本标准适用于国家能源投资集团有限责任公司所属的煤直接液化、煤间接液化等煤制油化工生产企业的管理、专业技术、技能操作类关键岗位绩效考核管理。不包括行政、人事、党建、纪检、审计、财务、后勤服务等行政、后勤服务类及外委业务岗位。

## 二、引用文件

1.《国家能源集团劳动定员标准》中的《煤化工企业劳动定员》（Q/GN0009–2020）

2.《关于加强全员绩效考核工作的通知》（国家能源组织〔2021〕264 号）

## 三、关键岗位提取原则

1. 战略导向

紧紧围绕集团公司“一个目标、三型五化、七个一流”发展战略和化工公司“一体两翼”

发展蓝图，牢牢把握煤制油化工战略发展任务与目标，以满足集团公司全员绩效考核指引工作需要为根本，从战略发展方向出发对关键岗位进行提取，统筹考虑关键考核指标设定、关键考核业务流程设计、关键考核结果应用等环节，确定适合企业战略发展需要的有代表性的关键岗位。

2. 精准导向

在内部机构选择，专业、工种选择上，坚持精准导向，不求面面俱到，但求精准性高、代表性强、全面性好；既能涵盖全业务领域各个岗位，又能突出关键岗位的特异性，进而对关键岗位提取的范围、数量进行确定。

3. 实用导向

以集团煤化工企业劳动定员为标准，保证关键岗位在煤液化生产企业的实用性、可操作性、推广性、不可替代性。关键岗位选择的实用性，是下一步全员绩效考核指引编制工作的基础。

# 四、关键岗位列表

| 序号 | 组织机构 | 岗位名称 | 职位职级序列 | 主要工作内容 |
|---|---|---|---|---|
| HG–MZY–001 | 生产管理部 | 生产运行管理 | 技术序列 | 负责生产运行管理方面程序文件的编制、审定，并监督、检查执行情况；负责组织编制公司各装置开停车节点计划并组织实施，负责组织装置进行开停车条件确认；负责生产月报的编制和月度总结工作；负责非计划停车和公用工程故障应急预案的编制和修订工作；参与装置应急处置工作；参与生产事故的调查、报告审查工作；负责公司防冻防凝、防洪防汛管理工作；负责装置重要作业活动审批；组织分公司的日常生产、开停工，跟踪控制生产过程，综合平衡生产运行，优化生产，组织协调调度日常管理工作；负责分公司各装置盲板管理工作；负责组织各单位现场生产作业标准化管理工作；组织完成领导临时交办的任务 |
| HG–MZY–002 | | 生产调度 | | 负责日常生产运行指挥管理；负责应急状态下的指挥和协调；负责各装置大、中、小修及临时开停车组织工作；负责生产信息的汇总及汇报、记录；负责生产日报的编制和上报工作；负责全厂干部值班运行监督管理工作；负责值班车辆的调配工作；负责生产指令的传达和执行、跟踪管理； |

续表一

| 序号 | 组织机构 | 岗位名称 | 职位职级序列 | 主要工作内容 |
| --- | --- | --- | --- | --- |
| HG–MZY–002 | 生产管理部 | 生产调度 | 技术序列 | 负责全厂性生产任务的进度跟踪和落实工作；负责装置检修、关键设备检修进度跟踪督促工作；参与生产事故（非计划停工和跑、冒、串事故等）及其他事故的调查处理工作，落实事故“四不放过” |
| HG–MZY–003 | 机械动力部 | 仪表管理 | 技术序列 | 贯彻上级公司仪表设备管理制度、规程和规定；制订和修订分公司仪表设备管理规章制度并进行监督、检查和考核；制订分公司仪表整体发展规划、专业工作计划；负责分公司仪表设备的日常运行维护和检修的综合管理组织、联系，协调公司内外单位的关系；参与新、改、扩建装置以及科研技改、隐患治理等重点项目中的仪表设备规划、设计选型等前期管理工作；审核各单位上报的仪表物资计划、检修计划、临时计划等；对仪表备品备件储备定额进行管理；参加仪表类设备固定资产的技术鉴定等工作；组织仪表重大进口设备的技术攻关、国产化管理工作；参加分公司与仪表有关的各类事故调查；组织和参加仪表工程、外委检修、外委保运的招标、谈判、合同签订及结算等工作；组织建立健全公司仪表设备台账、档案等基础资料；组织仪表设备新产品、新技术和先进管理经验的交流及推广应用；在日常生产过程中进行现场环境检查考核；组织仪表专业知识的培训等 |
| HG–MZY–004 | 机械动力部 | 动设备管理 | 技术序列 | 贯彻上级公司动设备管理制度、规程和规定；组织制订专业工作计划，编制和修订动设备专业相关管理制度、工作流程和标准，并监督、检查执行情况；负责分公司转动设备日常运行、维护相关管理工作；负责分公司装置停工检修、技改技措、隐患治理等的动设备专业管理；负责分公司设备润滑管理、动密封管理、大机组特护等管理工作；负责动设备专业的备品备件储备定额管理工作；组织开展分公司转动设备振动、状态监测工作；组织开展分公司转动设备的各种技术攻关、进口设备（备品备件）国产化工作；审核各单位上报的动设备物资计划、检修计划、临时计划、备品备件计划等；负责分公司电梯、起重机械及生产性车辆等特种设备及安全附件的管理工作；组织和参加动设备专业相关的工程、外委检修、外委保运的招标、谈判、合同签订及结算等工作；参加动设备类固定资产的技术鉴定等工作；参加分公司与动设备有关的各类事故调查；组织建立健全公司动设备台账、档案等基础资料；日常生产过程中进行现场环境检查考核；负责分公司动设备专业对外联络相关事宜 |

续表二

| 序号 | 组织机构 | 岗位名称 | 职位职级序列 | 主要工作内容 |
|---|---|---|---|---|
| HG–MZY–005 | 机械动力部 | 电气管理 | 技术序列 | 组织制订专业工作计划，编制和修订电气专业相关管理制度、工作流程和标准，并监督、检查执行情况；审核专业物资材料计划、检修计划、临时计划，进行物资采购计划审批；组织建立健全公司电气设备台账、档案等；组织电气运行、维护、装置检维修等工程的招标文件的编制，联系委托招标代理机构开展招标、评标、定标工作；编制合同、组织合同谈判及签订，并跟踪合同履行，审核完工结算资料；组织或参与制订全公司电力系统中长期发展规划，参与新建、改扩建、科研技改等重大项目的设计审查，参与设计联络工作；组织主要电气设备的选型、技术协议谈判与签订、参与设备验收等，审核检修、科研技改项目的供电实施方案；组织公司电气培训、电工取证、定检，组织主要电气设备的技术分析及技术鉴定工作，组织专业技术交流；组织公司电气设备事故的调查、分析和处理，组织编制电气设备故障应急预案；负责与各级供电部门相关单位供用电协调、管理；编制和审定电气专业备品备件目录、消耗定额和储备定额，核定库存备品备件及库存资金；在日常生产过程中进行现场环境检查考核；组织全公司设备防雷防静电定检 |
| HG–MZY–006 | 质量技术部 | 质量管理 | 技术序列 | 参与制订并实施质量管理年度工作计划；按照质量管理体系文件要求开展工作，参与建立分公司内部质量管理体系、指导并控制执行情况；参与重大质量事故调查并提出考核建议；参与工艺技术文件（工艺卡片、技术规程）评估及修订，实现现场生产过程和馏出口质量可控；负责组织编制原材料、化学品和中间产品质量标准、分析检验计划，负责宣传与贯彻执行国家与行业产品质量标准；负责编制分公司阶段性质量管理总结、质量管理月报、质量管理专题总结；参与产品质量升级技术改造项目方案制定并提出建议；负责质检中心业务管理与指导；完成部门经理、副经理、业务经理安排的其他工作 |
| HG–MZY–007 | 质量技术部 | 科研管理 | 技术序列 | 参与制订并实施科技工作年度工作计划；负责组织开展公司自主科研创新，推动公司技术进步；按照科技管理体系文件要求开展工作，参与建立分公司内部科技攻关流程和成果管理制度，指导并控制执行情况；参与重大技术泄密事故调查并提出考核建议；参与科研项目立项申请、计划编制、组织实施、监督实施、项目验收、后评价及成果鉴定等管理工作，实现科研项目费用可控及按时结题验收；负责跟踪国家重大科学技术攻关项目；完成部门经理、副经理安排的其他工作 |

续表三

| 序号 | 组织机构 | 岗位名称 | 职位职级序列 | 主要工作内容 |
| --- | --- | --- | --- | --- |
| HG–MZY–008 | 质量技术部 | 工艺管理 | 技术序列 | 组织编制及修订工艺技术文件（技术规程、工艺卡片、各类工艺技术文件等）；收集、分析和总结各中心主要运行数据，组织开展工艺技术优化及技术攻关工作，解决技术生产瓶颈；组织开展各类生产装置的标定工作，对新建、改扩建装置进行性能考核及工艺技术标定；组织开展各类生产装置达标对标工作，制定达标对标指标、实施方案，上报分公司级达标对标总结；组织各生产装置编制工艺技术月报、工艺技术台账及技术资料，上报分公司级技术月报和年报；负责各生产装置工艺联锁变更、解除等管理工作，对装置工艺联锁投用情况进行监督、检查和考核；负责各生产装置工艺变更审批并监督实施，组织变更后的技术评审和验收及变更资料存档 |
| HG–MZY–009 | 安全健康环保部 | 安全管理 | | 贯彻执行国家、集团公司、地方政府和板块公司有关生产安全工作的方针政策及相关法律、法规和制度；执行公司安全风险预控管理体系，确保公司安全绩效的持续改进；定期开展生产安全检查并监督问题整改；监督检查各直接作业环节安全措施落实情况；负责对部门、中心生产安全绩效的监测与考评；组织生产安全隐患排查和生产安全隐患上报以及隐患治理项目实施过程和竣工验收的监督；组织或参与分管事故的调查与处理等工作 |
| HG–MZY–010 | | 环保管理 | | 按照国家环保法律法规、标准规范完成公司环境保护管理工作，包括专业制度编制建立、基础档案资料的建立、环保“三同时”、环境统计、环保自行监测、环保信息公开、环保培训、环保隐患监督治理等工作 |
| HG–MZY–011 | 军民融合办公室 | 项目管理 | | 统筹协调公司军民融合发展项目管理、推广应用工作；参与论证、评估公司军民融合项目，协调项目的申报、立项等工作；负责落实军民融合军地、地企合作对接，组织公司军民融合项目合作谈判、协议签署和技术交流；负责公司军民融合项目的报批，协调解决项目推进中的问题；负责协调推进军民融合项目验收和科技成果、专利的申报；负责协调推进军民融合项目成果的推广应用；负责定期总结公司军民融合工作进展情况，编制相关汇报材料；完成部门领导安排的其他工作 |
| HG–MZY–012 | 工程管理部 | 施工管理 | | 在分管（副）经理的领导下负责分公司工程管理部的施工管理工作；负责组织收集相关专业施工技术标准，编制和完善相关管理规定；负责工程建设项目管理人员的工作协调；组织业务范围内招投标管理及合同管理，并根据合同对相关单位进行管理；负责组织业务范围内投资计划， |

续表四

| 序号 | 组织机构 | 岗位名称 | 职位职级序列 | 主要工作内容 |
|---|---|---|---|---|
| HG–MZY–012 | 工程管理部 | 施工管理 | 技术序列 | 项目筹划（包括组织机构、执行计划等），各类施工方案、计划等的审查；组织业务范围内概预算管理、质量进度管理及造价管理；负责组织项目协调管理，包括开工准备、施工协调、三查四定、中间交接、档案管理、竣工等；组织业务范围内专业会议并组织落实参与二三线管理工作；完成领导安排的其他工作 |
| HG–MZY–013 | 各生产中心 | 各生产中心经理 | 管理序列 | 建立健全并落实本单位全员安全生产责任制，加强安全生产标准化建设；组织制定并实施本单位安全生产规章制度和操作规程；组织制订并实施本单位安全生产教育和培训计划；保证本单位安全生产投入的有效实施；组织建立并落实安全风险分级管控和隐患排查治理双重预防工作机制，督促、检查本单位的安全生产工作，及时消除生产安全事故隐患；组织制订并实施本单位的生产安全事故应急救援预案；及时、如实报告生产安全事故；全面负责中心的安全、环保、职业卫生管理工作，定期组织参加各项安全活动；全面负责中心人力资源调配，人员培养，掌握员工思想动态，奖金分配等工作，定期组织召开中心安全生产例会 |
| HG–MZY–014 | 各生产中心 | 各生产中心生产副经理 | 管理序列 | 负责组织编审管辖区域的操作手册、开工方案、开停工操作卡、工艺卡片等。检查生产运行情况，对超工艺指标情况按相关制度进行考核；指导、督促各区域按公司开停工节点计划开停工。实现各装置安、稳、长、满、优运行。负责中心化工三剂管理工作，组织制订中心化工三剂年度消耗计划，检查化工三剂储存、使用情况；负责节能降耗管理，组织中心节能降耗方案的制订，监督实施。负责中心员工教育培训工作；组织制订中心教育培训计划，督促落实按计划实施。协助中心经理对新、改、扩建、技改项目进行管理，组织上报中心科研技改项目，审查项目设计文件；组织建设项目的水联运、试车、开车、性能考核等工作。负责中心工会工作，定期组织员工创新项目、合理化建议评比工作 |
| HG–MZY–015 | 各生产中心 | 各生产中心设备副经理 | 管理序列 | 按照“一岗双责＋监督”的原则，协助中心经理做好中心的生产管理工作，对所分管业务内的各类作业全过程风险管控负责；对所分管业务的安全、环保、职业卫生工作负责；组织制订中心设备专业年度工作计划，监督检查各装置、专业执行情况，同时做好费用管控；组织开展中心特种设备管理，监督检查各装置特种设备定期检验检查情况；组织中心各装置开展技术攻关、科研技改等项目，消除设备安全隐患、推进设备专业降本增效工作；对保运单位全面管理，监督检查各项工作执行落实情况 |

续表五

| 序号 | 组织机构 | 岗位名称 | 职位职级序列 | 主要工作内容 |
| --- | --- | --- | --- | --- |
| HG–MZY–016 | 各生产中心 | 各生产中心安全副经理 | 管理序列 | 贯彻执行有关安全、环保、职业卫生方面的政策、法规、标准和公司的有关规章、制度、指令及工作要求，并检查监督执行落实情况；协助中心经理贯彻落实好中心安全环保、职业卫生、消气防管理工作；组织或者参与拟订本中心安全生产规章制度及安全操作规程，并对其执行情况进行检查、监督；组织制订本中心员工日常安全、环保、职业卫生教育和培训计划，检查、监督教育和培训计划落实情况；组织或参与开展危险源辨识和评估、隐患排查，督促落实本单位重大危险源的安全管理措施及本单位安全生产整改措施；组织或者参与拟订、编审本单位生产安全事故应急救援预案，并组织或参与对应急救援预案的培训、演练等工作；制止和纠正违章指挥、强令冒险作业、违反操作规程的行为；组织或参与对中心内发生的各类安全、环保与职业卫生事件调查、分析、评估及事故报告编审，并如实上报；对各类事件的整改措施落实情况按照“四不放过”原则进行跟踪、检查、督促落实 |
| HG–MZY–017 | | 各生产中心仪表管理 | 技术序列 | 负责装置仪表安全管理，全力配合中心开展“业务保安”，推进中心“一岗双责”，协助设备副经理做好主管业务范围内的安环职防工作；严格贯彻执行分公司安全管理制度；负责中心仪表运行维护管理，制定仪表标准化管理细则，督促指导管理人员及保运班组做好巡检及日常维护工作，督促检查仪表专业定常工作，加强仪表保运管理，提高仪表保运人员现场仪表维护水平，为装置平稳运行保驾护航；负责中心仪表专业化管理，制订仪表检修方案并组织实施，保证检修质量，不断提高仪表完好率，降低故障率，持续推行仪表管理提升及创新创效工作；负责中心仪表技术管理工作，组织实施科研技改项目，组织实施仪表及阀门国产化项目相关工作，组织实施仪表专业有关的技术攻关工作；持续学习仪表专业新知识、新技能，拓宽视野，不断提高个人履职能力，同时督促仪表专业相关人员努力提高自己，提升煤液化中心仪表专业整体履职能力。高质量完成仪表专业年度工作任务 |
| HG–MZY–018 | | 各生产中心设备管理 | | 协助中心设备副经理负责中心的设备管理工作；依据国家法律法规、行业规定和企业设备管理规定，协助中心设备副经理负责中心特种设备管理；参与编制中心的设备检修、检验、维护计划，并组织实施；依据法律法规、设计文件和竣工资料等，完成技术规程、操作手册、事故预案设备部分的修订工作；依据企业保运合同和相关考核管理规定， |

续表六

| 序号 | 组织机构 | 岗位名称 | 职位职级序列 | 主要工作内容 |
| --- | --- | --- | --- | --- |
| HG–MZY–018 | 各生产中心 | 各生产中心设备管理 | 技术序列 | 协助中心设备副经理对保运单位进行管理、考核、考勤、培训等工作；依据设计文件和相关批准文件，协助中心设备副经理负责装置工程建设、科研技改项目实施及验收工作；协助设备副经理上报本中心设备大、中、小修计划，做好设备检修和验收工作；严格控制设备完好率（设备完好率，装置泄漏率，仪表投用率），协助中心设备副经理组织现场管理提升工作，定期和不定期完成考核等管理工作；协助设备副经理做好备品备件的统计和管理工作，合理确定库存量 |
| HG–MZY–019 | 各生产中心 | 各生产中心工艺技术管理 | 技术序列 | 协助中心经理和副经理管理安全、环保、职业卫生、消气防工作；参与拟订本中心安全生产规章制度、组织修订本区域工艺操作规程、各类方案和生产安全事故应急救援预案 |
| HG–MZY–020 | 各生产中心 | 各生产中心电气管理 | 技术序列 | 协助中心经理和副经理管理电气专业工作；负责电气专业的安全、环保、职业卫生、消气防管理工作，组织开展提升电气系统稳定性方面的相关工作；组织编制、修订中心电气专业相关专业规程、管理细则 |
| HG–MZY–021 | 各生产中心 | 各生产中心班长 | 技能序列 | 负责当班期间的班组全面管理工作，协调物料平衡，对产品质量严格把关，紧急情况下有权下达装置紧急停车指令并在第一时间向上级领导做出汇报；全面负责班组人员的调配、排班、严格考勤、新进员工的技术培训以及安全操作、生产现场的卫生、班组的建设等；协助上级领导做好装置的管理工作 |
| HG–MZY–022 | 煤液化生产中心 | 备煤工艺技术管理 | 技术序列 | 负责制粉单元、固体物料输送、高硫煤堆场、油渣成型单元安全生产管理工作；负责劳务派遣工管理，洗煤厂协调管理工作；负责装置日报、生产技术月报台账、变更管理、技术规程、操作手册等相关技术文件的编写；负责培训、开停工；负责装置安全运行，班组人员考勤、请销假、岗位竞聘、技能鉴定、绩效考核等相关工作 |
| HG–MZY–023 | 煤液化生产中心 | 备煤设备管理 | 技术序列 | 主要负责制粉单元、固体物料输送单元内207台设备，5964m压力管道的日常维护保养、检修、故障处理、大小修、备件申报、检验检测等技术管理工作；负责建立健全各种设备台账及设备档案、储备定额的填写、修订工作；负责所管区域的特种设备管理、检测，转动设备的润滑管理工作 |
| HG–MZY–024 | 煤液化生产中心 | 备煤主操副操 | 技能序列 | 严格按照工艺技术规程和操作手册控制好装置工艺参数，负责本装置的安全平稳运行，认真填写各项记录数据；认真执行班长下达的各项指令，服从班长的指挥；严格执行交接班制度，参加各项安全、技术培训活动、应急演练；控制装置各项进出物料的平衡及产品质量 |

续表七

| 序号 | 组织机构 | 岗位名称 | 职位职级序列 | 主要工作内容 |
| --- | --- | --- | --- | --- |
| HG–MZY–025 | 煤液化生产中心 | 催化剂制备工艺技术管理 | 技术序列 | 负责煤浆制备、催化剂制备、催化剂过滤、催化剂一段干燥、催化剂二段干燥及粉碎、气力输送工序的技术、生产等工作；负责装置日报、生产技术月报台账、变更管理、技术规程、操作手册等相关技术文件的编写；负责培训、开停工；负责装置安全运行，班组人员考勤、请销假、岗位竞聘、技能鉴定、绩效考核等相关工作 |
| HG–MZY–026 | | 催化剂制备设备管理 | | 主要负责制浆工段、反应工段、压滤工段、干燥工段内337台设备，4047m压力管道的日常维护保养、检修、故障处理、大小修、备件申报、检验检测等技术管理工作；负责建立健全各种设备台账及设备档案、储备定额的填写、修订工作；负责所管区域的特种设备管理、检测，转动设备的润滑管理工作 |
| HG–MZY–027 | | 催化剂制备主操副操 | 技能序列 | 严格按照工艺技术规程和操作手册控制好装置工艺参数，负责本装置的安全平稳运行，认真填写各项记录数据；认真执行班长下达的各项指令，服从班长的指挥，严格执行交接班制度，参加各项安全、技术培训活动、应急演练；控制装置各项进出物料的平衡及产品质量 |
| HG–MZY–028 | | 煤液化反应工艺技术管理 | 技术序列 | 负责煤浆制备工段、反应工段及机组的技术、生产等工作；负责装置日报、生产技术月报台账、变更管理、技术规程、操作手册等相关技术文件的编写；负责培训、开停工；负责装置安全运行，班组人员考勤、请销假、岗位竞聘、技能鉴定、绩效考核等相关工作 |
| HG–MZY–029 | | 煤液化反应设备管理 | | 主要负责煤浆制备工段、反应工段及机组内317台设备，8000m压力管道的日常维护保养、检修、故障处理、大小修、备件申报、检验检测等技术管理工作；负责建立健全各种设备台账及设备档案、储备定额的填写、修订工作；负责所管区域的特种设备管理、检测，转动设备的润滑管理工作 |
| HG–MZY–030 | | 煤液化反应主操副操 | 技能序列 | 负责装置DCS分散控制系统，指挥外操做好本装置安全工作；负责装置的安全平稳运行，控制装置各项进出物料的平衡及产品质量 |
| HG–MZY–031 | | 加氢稳定工艺技术管理 | 技术序列 | 负责加氢稳定装置的技术、生产等工作，负责装置日报、生产技术月报台账、变更管理、技术规程、操作手册等相关技术文件的编写；负责培训、开停工；负责装置安全运行，班组人员考勤、请销假、岗位竞聘、技能鉴定、绩效考核等相关工作 |

续表八

| 序号 | 组织机构 | 岗位名称 | 职位职级序列 | 主要工作内容 |
| --- | --- | --- | --- | --- |
| HG–MZY–032 | 煤液化生产中心 | 加氢稳定设备管理 | 技术序列 | 负责加氢稳定装置内359台设备、10346m压力管道的日常维护保养、检修、故障处理、大小修、备件申报、检验检测等技术管理工作；负责建立健全各种设备台账及设备档案、储备定额的填写、修订工作；负责所管区域的特种设备管理、检测，转动设备的润滑管理工作 |
| HG–MZY–033 | 煤液化生产中心 | 加氢稳定主操副操 | 技能序列 | 负责装置DCS分散控制系统，指挥外操做好本装置安全生产工作；负责装置的安全平稳运行，控制装置各项进出物料的平衡及产品质量 |
| HG–MZY–034 | 煤液化生产中心 | 加氢改质工艺技术管理 | 技术序列 | 负责加氢改质装置、航煤及环烷基油装置技术、生产等工作，负责装置日报、生产技术月报台账、变更管理、技术规程、操作手册等相关技术文件的编写；负责培训、开停工；负责装置安全运行，班组人员考勤、请销假、岗位竞聘、技能鉴定、绩效考核等相关工作 |
| HG–MZY–035 | 煤液化生产中心 | 加氢改质设备管理 | 技术序列 | 负责加氢改质装置、航煤及环烷基油装置动设备技术管理、检维修等工作；负责建立健全各种设备台账及设备档案、储备定额的填写、修订工作；负责所管区域内244台设备、6512m压力管道的日常维护保养、检修、故障处理、大小修、备件申报、检验检测等技术管理工作，转动设备的润滑管理工作 |
| HG–MZY–036 | 煤液化生产中心 | 加氢改质主操副操 | 技能序列 | 负责装置DCS分散控制系统，指挥外操做好本装置安全生产工作；负责装置的安全平稳运行，控制装置各项进出物料的平衡及产品质量 |
| HG–MZY–037 | 各生产中心 | 各生产中心电气操作 | 技能序列 | 负责电气专业运行、检修、故障处理；参与编写专业规程、管理细则、作业指导书等专业管理文件；按设备巡回检查路线图检查所辖设备的运行状况，按照规定开展定期工作，并完成定期工作记录；按照班长分配的任务消缺，按正常程序审批，做好工器具准备工作；按期优质地完成检修维护技改工作 |
| HG–MZY–038 | 煤间接液化生产中心 | 费托合成装置工艺技术管理 | 技术序列 | 依据国家法规、集团、化工公司、煤制油公司管理规定，协助生产副经理开展本装置生产、技术相关管理工作；按照工艺技术规程、岗位操作法、工艺卡片及上级指令要求，对班组长及操作人员的相关工作进行督促检查与考核 |
| HG–MZY–039 | 煤间接液化生产中心 | 费托合成装置设备管理 | 技术序列 | 依据国家法规、集团、化工公司、煤制油公司管理规定，协助设备副经理开展本装置设备管理相关工作；按照工艺技术规程、岗位操作法及上级指令要求，对班组长及操作人员的相关工作进行督促检查与考核，并监督指导保运单位开展相关工作 |

续表九

| 序号 | 组织机构 | 岗位名称 | 职位职级序列 | 主要工作内容 |
| --- | --- | --- | --- | --- |
| HG–MZY–040 | 煤间接液化生产中心 | 费托合成装置主操副操 | 技能序列 | 在班长带领下，严格执行工艺技术规程、岗位操作法、工艺卡片及上级指令，负责本岗位 DCS 分散控制系统的操作及参数调整，协助班长指挥岗位外操人员做好安全、稳定生产及开停工和应急处置相关工作 |
| HG–MZY–041 | | 气体分离装置工艺技术管理 | 技术序列 | 依据国家法规、集团、化工公司、煤制油公司管理规定，协助生产副经理开展本装置生产、技术相关管理工作；按照工艺技术规程、岗位操作法、工艺卡片及上级指令要求，对班组长及操作人员的相关工作进行督促检查与考核 |
| HG–MZY–042 | | 气体分离装置设备管理 | | 依据国家法规、集团、化工公司、煤制油公司管理规定，协助设备副经理开展本装置设备管理相关工作；按照工艺技术规程、岗位操作法及上级指令要求，对班组长及操作人员的相关工作进行督促检查与考核，并监督指导保运单位开展相关工作 |
| HG–MZY–043 | 环保储运生产中心 | 油品罐区主操副操 | 技能序列 | 做好本岗位的安全生产，在班长的安排下，生产调度、中心管理人员的指令下，完成 DCS 分散控制系统数据的记录，生产流程和工艺参数的监控，及时联系各生产装置、生产调度，各种物料进、出装置的计量等工作 |
| HG–MZY–044 | | 污水处理工艺管理 | 技术序列 | 负责污水区域安全、生产、环保等工作；在公司部门和中心经理的指导下，制定污水处理装置工艺技术规程、操作手册、工艺卡片、检验计划等指导作业文件，组织编写及审核；负责组织开展员工业务培训，开展现场检查并组织整改，组织开展污水科研技改的申报；负责对外委或外来服务单位作业人员进行安全交底，区域隐患排查申报工作。协助中心领导做好相关工作 |
| HG–MZY–045 | | 污水处理设备管理 | | 在中心经理、分管副经理领导下负责制订污水区域的设备操作法、检修方案；执行设备管理的相关制度；组织维护、检修、检测装置的设备设施，保证安全平稳生产；监督、检查、控制区域装置设备的生产运行过程；建立设备管理周报，记录设备运行状态和修理维护工作；管理装置内施工和保运单位（机械、工艺、电气、仪表）的日常工作 |
| HG–MZY–046 | | 污水处理主操副操 | 技能序列 | 严格按照工艺技术规程和操作手册控制好装置工艺参数；负责本装置的安全平稳运行，认真填写各项记录数据；认真执行班长下达的各项指令，服从班长的指挥，严格执行交接班制度；参加各项安全、技术培训活动、应急演练；控制装置各项进出物料的平衡及产品质量 |
| HG–MZY–047 | | 环保四套工艺管理 | 技术序列 | 在中心经理、分管副经理领导下负责制订四套区域的工艺技术规程、操作手册、开停工方案；负责编制四套区域内管理制度，对区域内员工进行生产操作技术与安全知识培训； |

续表十

| 序号 | 组织机构 | 岗位名称 | 职位职级序列 | 主要工作内容 |
| --- | --- | --- | --- | --- |
| HG–MZY–047 | 环保储运生产中心 | 环保四套工艺管理 | 技术序列 | 负责优化生产工艺、操作条件，实现节能降耗，统计、计量各装置数据并上报相关单位；开展检验计划、工艺卡片的制订与修订工作；负责区域内所有人员的日常管理工作；开展装置内的党、团、工会工作 |
| HG–MZY–048 | 环保储运生产中心 | 环保四套设备管理 | 技术序列 | 在中心经理、分管副经理领导下负责制定四套区域的设备操作法、检修方案；执行设备管理的相关制度；组织维护、检修、检测装置的设备设施，保证安全平稳生产；监督、检查、控制区域装置设备的生产运行过程；建立设备管理周报，记录设备运行状态和修理维护工作；管理装置内施工和保运单位（机械、工艺、电气、仪表）的日常工作 |
| HG–MZY–049 | 环保储运生产中心 | 环保四套主操副操 | 技能序列 | 在区域管理人员、班长安排下，负责装置生产操作，完成操作记录和生产调整，保证稳定生产，产品合格；负责生产数据统计，能耗统计 |
| HG–MZY–050 | 各生产中心 | 各生产中心安全管理 | 技术序列 | 负责中心安全环保、职业卫生的管理工作：组织或参与相关制度、应急预案的编制、安全培训教育工作，负责中心直接作业的安全管理；负责中心职业卫生设施、职业病防治、消防管理、危险化学品、应急演练、隐患及整改、事故管理等工作 |
| HG–MZY–051 | 热电生产中心 | 电气运行值班员 | 技能序列 | 严格执行电气安全工作规程，贯彻落实“业务保安”“一岗双责”；制止和纠正违章指挥、强令冒险作业、违反操作规程的行为，杜绝三违；严格执行电气运行规程，控制好电气参数，确保设备安全经济运行。负责变电站的安全平稳运行，认真填写各项记录数据；认真执行主管下达的各项指令，服从主管的指挥；参加各项安全、技术培训活动，熟练操作消防灭火设施及器材，掌握消防四个能力。严格执行巡回检查制度，做到不漏检，检查仔细认真，掌握设备运行情况，熟悉设备容易出现隐患的部位和现象。定期组织开展安全隐患排查活动，落实各项安全生产责任制，查找安全隐患，堵塞安全漏洞，确保安全生产。严格执行工作票制度，落实安全措施、保障作业时人员和设备安全，防止人身事故和设备事故发生；做好防洪防汛、防冻防凝工作，每日检查防洪防汛、防冻防凝设施和物资，保障设施和物资的完好。开展岗位风险辨识，落实岗位风险预控措施，做好风险预控工作，做到风险可控。定期开展应急演练，熟悉应急处置方案，提高应急处置能力，遇到紧急情况能够正确迅速处理；正确使用劳动保护用品，熟悉触电、烫伤、烧伤、中毒、窒息等急救方法。严格执行电气专业的倒闸操作票、电气工作票、临时用电票三票管理制度，确保安全用电、供电 |

续表十一

| 序号 | 组织机构 | 岗位名称 | 职位职级序列 | 主要工作内容 |
| --- | --- | --- | --- | --- |
| HG–MZY–052 | 热电生产中心 | 电气调度 | 技术序列 | 负责与生产调度、热电生产中心值长、外网供电局、供电所的沟通、协调，保持公司装置电力系统的正常供用电运行；及时联系调整系统电压、功率因数，提高供电质量；负责指挥管辖范围内电气设备的运行、倒闸操作、下达操作任务和下达调度指令；负责督促操作票执行；协调、配合管辖区域内的事故处理，防止误操作，防止事故和影响面扩大；掌握电气调度自动化设备、继电保护装置运行状况；负责负荷、电量的统计，监督考核计量的准确性；参与审核新建或改建电气设备送、受电方案；汇报和督促各区域电气生产问题的闭环管理；负责签发总变 GS01 电气第一种工作票 |
| HG–MZY–053 | 热电生产中心 | 试验员 | 技能序列 | 严格按照电气试验规程及电力安全规程从事现场检修工作；负责本岗位的日常工作及月度、年度检修试验，并做好试验资料的收集整理工作；参与设备故障的现场应急处理及事后的故障分析活动；做好试验设备、仪器、仪表的日常维护保养工作；严格执行试验设备、仪器、仪表的年度检验工作，做到应检必检；认真执行部门主管的指令，服从部门主管的指挥，严格执行各项规章制度；定期组织班组的技术培训工作，努力提高班组整体技术水平的提升；参加中心组织的各项安全、技术培训活动、应急演练等；按照电气试验规程的要求严格把控工作质量，注重工作质量的过程管理；遵守各项票据管理要求，杜绝三违 |
| HG–MZY–054 | 热电生产中心 | 汽机主操 | 技能序列 | 执行各项操作规程及“三票三制”，认真监盘，精心调整，控制各项生产指标、环保指标在规定范围内，使机组各参数在正常工况下运行；开展岗位风险辨识学习，落实岗位风险预控措施，熟悉现场应急处置方案，遇到紧急情况正确迅速处理，熟练操作生产现场消防、灭火设施及器材，正确使用劳动保护用品，熟悉烧伤、烫伤、中毒、窒息等应急急救方法；制止和纠正违章指挥、强令冒险作业、违反操作规程的行为；精通汽轮机装置运行技术和操作技能，保证汽轮机的启停及日常调整，安排完成汽轮机设备的定期工作，保证设备良好稳定运行；协助班长完成发电生产任务，优化运行，确保安全、降低成本 |
| HG–MZY–055 | 热电生产中心 | 输煤中控主操副操 | 技能序列 | 严格执行工艺技术规程、运行操作规程及“三票三制”；认真监盘，精心操作，控制各项生产指标、环保指标在规定范围内，使输煤设备在正常工况下运行；开展岗位风险辨识学习，落实岗位风险预控措施，熟悉现场应急处置方案，遇到紧急情况能够正确迅速处理，熟练操作生产现场消防、灭火设施及器材，正确使用劳动保护用品， |

续表十二

| 序号 | 组织机构 | 岗位名称 | 职位职级序列 | 主要工作内容 |
|---|---|---|---|---|
| HG–MZY–055 | 热电生产中心 | 输煤中控主操副操 | 技能序列 | 熟悉烧伤、烫伤、中毒、窒息等急救方法；制止和纠正违章指挥、强令冒险作业、违反操作规程的行为；精通输煤装置运行技术和操作技能，保证输煤设备的启停及日常调整，安排完成输煤设备的定期检验工作，保证设备良好稳定运行，协助班长完成各项生产任务，优化运行，确保安全、降低成本 |
| HG–MZY–056 | 热电生产中心 | 锅炉主操副操 | 技能序列 | 执行各项操作规程及“三票三制”，认真监盘，精心调整，控制各项生产指标、环保指标在规定范围内，使机组各参数在正常工况下运行；开展岗位风险辨识学习，落实岗位风险预控措施，熟悉现场应急处置方案，遇到紧急情况正确迅速处理，熟练操作生产现场消防、灭火设施及器材，正确使用劳动保护用品，熟悉烧伤、烫伤、中毒、窒息等应急急救方法，制止和纠正违章指挥、强令冒险作业、违反操作规程的行为，精通锅炉装置运行技术和操作技能，保证锅炉的启停及日常调整，安排完成锅炉设备的定期工作，保证设备良好稳定运行；协助班长完成发电生产任务，优化运行，确保安全、降低成本 |
| HG–MZY–057 | 热电生产中心 | 脱硫脱硝主操副操 | 技能序列 | 协助班长做好脱硫脱硝各项工作，贯彻落实“一岗双责”，严格执行各项操作规程及“三票三制”，认真监盘，精心调整；控制各项生产指标、环保指标在规定范围内，学习岗位风险辨识，落实岗位风险预控措施，熟悉现场应急处置方案，遇到紧急情况正确迅速处理，熟练操作生产现场消防、灭火设施及器材，正确使用劳动保护用品，熟悉烧伤、烫伤、中毒、窒息等应急急救方法，配合检修人员及时消除设备缺陷；执行工作票、操作票制度，精心完成各类操作，杜绝误操作事故发生，独立操作设备启停和各种切换试验操作；参加本班组交接班工作，完成接班前检查，如实汇报检查情况 |
| HG–MZY–058 | 热电生产中心 | 发电厂用电运行值班长 | 技能序列 | 组织本班组的安全生产及事故处理，贯彻落实安环职防规章制度，严格执行运行规程、安全工作规程、调度规程；合理调配运行方式，完成各项经济指标；组织开展本班现场处理方案演练，提高本班人员应急处置能力；组织开展岗位风险辨识，落实岗位风险预控措施；严格执行“三票三制”，做到“五不伤害”，杜绝“三违”；参加或主持有关事故或不安全事件的调查分析工作，做到“四不放过”；督促检查本班员工正确使用劳动保护用品，熟悉烧伤、烫伤、中毒、窒息等应急急救方法；教育、督促全班人员遵守运行管理标准、技术标准、工作标准，不断提高班内技术力量 |

续表十三

| 序号 | 组织机构 | 岗位名称 | 职位职级序列 | 主要工作内容 |
|---|---|---|---|---|
| HG–MZY–059 | 热电生产中心 | 发电厂用电运行监控主操 | 技能序列 | 执行各项操作规程及“三票三制”，认真监盘，精心调整，控制各项生产安全指标在规定范围内，使机组各参数在正常工况下运行；开展岗位风险辨识学习，落实岗位风险预控措施，熟悉现场应急处置方案，遇到紧急情况正确迅速处理；熟练操作生产现场消防、灭火设施及器材，正确使用劳动保护用品，熟悉烧伤、烫伤、中毒、窒息等应急急救方法；制止和纠正违章指挥、强令冒险作业、违反操作规程的行为；精通电气运行技术和操作技能，对本装置中存在的问题及时发现并组织处理，保证设备良好稳定运行；协助班长完成发电生产任务，优化运行，降低成本 |
| HG–MZY–060 | 热电生产中心 | 发电厂用电运行操作及巡检 | 技能序列 | 执行各项操作规程及“三票三制”，知道岗位风险及管控措施；熟练操作生产现场消防、灭火设施及器材及现场应急处置方案；遇到紧急情况正确迅速处理，正确使用劳动保护用品，熟悉烧伤、烫伤、中毒、窒息等应急急救方法；执行班长主操各项操作指令，完成倒闸操作票的填写执行登记；做好本岗位所辖设备的巡回检查工作，巡检中如发设备缺陷或异常情况立即汇报主操、班长并填写设备缺陷单 |
| HG–MZY–061 | 热电生产中心 | 化学水主操副操 | 技能序列 | 协助班长做好本班各项工作；负责本班化学的安全经济运行，在操作上接受班长的命令；协助班长管理主辅设备的运行、调整、日常维护工作；完成本班时间内的监盘及主要设备的启停、运行参数的调整工作；控制各项生产指标、环保指标在规定范围内；贯彻执行岗位责任制，组织化学运行人员进行监视、维护、调整、故障处理、停止等工作；熟悉现场应急预案，熟练操作消防、灭火器材，正确使用劳动防护用品，熟悉急救方法，制止违规操作；参与修订操作规程、技术规程系统图等工作；认真执行设备定期试验、轮换制度；参与班组人员的日常管理工作，组织教育培训工作；严格执行“三票三制”管理制度；在事故发生时，协助配合班长进行事故处理；可以决定设备的启停、运行方式的调整，当班长请假时，行使班长权利 |
| HG–MZY–062 | 热电生产中心 | 电气二次设备维修工 | 技能序列 | 严格贯彻执行本中心、本业务组各项规章制度，贯彻落实“业务保安”“一岗双责”职责；开展岗位风险辨识，落实岗位风险预控措施；岗位风险主要有烧伤、烫伤、触电、机械伤害、高处坠落、物体打击、酸碱灼伤、中毒、窒息等风险；熟悉现场应急处置方案，遇到紧急情况能够正确迅速处理；加强消防知识与技能培训，能够熟练操作生产现场消防、灭火设施及器材；认真执行中心领导及班长下达的各项指令，服从班长的指挥，严格执行交接班制度；开展现场安全生产检查，及时消除事故隐患； |

续表十四

| 序号 | 组织机构 | 岗位名称 | 职位职级序列 | 主要工作内容 |
|---|---|---|---|---|
| HG–MZY–062 | 热电生产中心 | 电气二次设备维修工 | 技能序列 | 严格执行“三票三制”，做到“五不伤害”，杜绝“三违”；认真进行设备巡回检查，发现隐患、缺陷，及时汇报，保证所辖电气设备的安全稳定运行；强化安全思想教育，积极参加安全技术培训，提高安全理念和技术水平；能够正确使用劳动保护用品，做好职业健康防护工作，熟悉触电、烧伤、烫伤、中毒、窒息等急救方法 |
| HG–MZY–063 | 各生产中心 | 计划统计管理 | 技术序列 | 根据分公司生产计划编制并分解中心生产计划及指标；汇总统计工艺生产数据及产品质量数据，汇编生产、技术相关旬报、月报、季报、年报，并及时上报相关部门；负责中心月度、年度经济分析的汇编并及时上报；汇总装置、班组经济核算结果，完成中心、装置生产成本的核算；建立中心计量仪表台账，并跟踪定期校验工作；全面负责中心各生产装置生产数据的统计、分析，生产技术报表、台账的编制及上报，对各装置数据的准确性、及时性有考核建议权；负责中心化工三剂的计划申报、采购跟踪；完成领导交付的其他任务 |
| HG–MZY–064 | 煤气化生产中心 | 气化区域工艺管理 | 技术序列 | 按照“一岗双责＋监督”的原则，对所分管业务内的各类作业准备和确认、验收、监督等风险管控负责；对分管区域的安全、环保、职业卫生、消防气防工作负责；负责编制所在岗位的各类操作规程、方案及管理规定，并对执行情况进行监督、检查、考核；定期对分管区域工艺方面的安环职防进行检查，并对查出的隐患进行整改。负责装置日常管理、生产协调及优化调整，负责装置化工三剂提报、跟踪及危险化学品日常管理工作；负责所辖装置工艺安全措施的落实，对“三违”有监督、制止和考核责任；负责分管装置工艺指标执行情况的监督、检查和考核；负责对所辖装置员工进行安全生产操作技术培训（负责装置开停工、操作手册、检修工艺安全技术方案、技术改造和变更），并组织考试、考核；负责生产及工艺技术台账的编写和存档工作；负责装置内应急预案的编制、培训并组织、参与预案的演练；负责分管装置发生事故时的汇报及应急处理工作，参与事故的调查、分析及事故报告编写；负责新建、扩建、改建装置工艺方面的设计审查、竣工验收及装置工艺变更方案的审查，按照“三同时”要求，提出存在的问题，并跟踪落实；负责所辖装置环保、节能工作的监管和落实及其他工作 |
| HG–MZY–065 | 煤气化生产中心 | 气化区域设备管理 | 技术序列 | 按照公司设备管理制度和中心具体要求完成定常工作，及时完善各类基础资料；根据要求编制装置年度专业重点工作计划，督促责任人按计划持续推进；装置建立和完善备品备件动态储备定额台账，严格控制备件采购计划的准确性； |

续表十五

| 序号 | 组织机构 | 岗位名称 | 职位职级序列 | 主要工作内容 |
|---|---|---|---|---|
| HG–MZY–065 | 煤气化生产中心 | 气化区域设备管理 | 技术序列 | 制订年度设备检修计划，组织完成各类检修工作，按要求完成施工计划提报、验收等工作；做好装置内设备及现场的检修维护工作，积极开展技术攻关和科研技改，定期组织排查设备隐患，降低设备故障率 |
| HG–MZY–066 | | 气化装置主操副操 | 技能序列 | 严格按照工艺技术规程和操作手册控制好装置工艺参数；负责本装置的安全平稳运行，认真填写各项记录数据；认真执行班长下达的各项指令，服从班长的指挥，严格执行交接班制度；参加各项安全、技术培训活动、应急演练；控制装置各项进出物料的平衡及产品质量 |
| HG–MZY–067 | | 空分装置主操副操 | | 严格按照工艺技术规程和操作手册控制好装置工艺参数；负责本装置的安全平稳运行，认真填写各项记录数据；认真执行班长下达的各项指令，服从班长的指挥，严格执行交接班制度；参加各项安全、技术培训活动、应急演练；控制装置各项进出物料的平衡及产品质量 |
| HG–MZY–068 | | 制氢区域工艺管理 | 技术序列 | 负责组织本装置生产管理，全面完成中心下达的生产计划及主要经济技术指标；负责监督、检查装置各班组执行工艺纪律、遵守安全操作规程、生产操作记录及产品质量情况；负责组织性能考核、标定等工作，保证装置平稳运行；对区域内直接作业全过程进行风险管控；负责本装置生产优化及技术升级改造，确保装置安全高效运行 |
| HG–MZY–069 | | 制氢区域设备管理 | | 按照公司设备管理制度和中心具体要求完成定常工作，及时完善各类基础资料；根据要求编制装置年度专业重点工作计划，责任人按计划持续推进；装置建立和完善备品备件动态储备定额台账，严格控制备件采购计划的准确性；制订年度设备检修计划，组织完成各类检修工作，按要求完成施工计划提报、验收等工作；做好装置内设备及现场的检修维护工作，积极开展技术攻关和科研技改，定期组织排查设备隐患，降低设备故障率 |
| HG–MZY–070 | | 净化装置主操副操 | 技能序列 | 负责本岗位的安全生产和安全、环保、职业卫生、消防气防工作；负责执行岗位操作规程、技术规程、操作卡及装置各项安全管理规定；负责装置的工艺及设备运行状态操作、调整、监控、工艺处理、应急处置、操作记录；负责中控生产指标的优化调整，填写生产数据报表；参加岗位安全教育、岗位技能培训、应急演练 |
| HG–MZY–071 | | 天然气联合装置主操副操 | | 负责本岗位的安全生产和安全、环保、职业卫生、消防气防工作；负责执行岗位操作规程、技术规程、操作卡及装置各项安全管理规定；负责装置的工艺及设备运行状态操作、调整、监控、工艺处理、应急处置、操作记录； |

续表十六

| 序号 | 组织机构 | 岗位名称 | 职位职级序列 | 主要工作内容 |
|---|---|---|---|---|
| HG–MZY–071 | 煤气化生产中心 | 天然气联合装置主操副操 | 技能序列 | 负责中控生产指标的优化调整，填写生产数据报表；参加岗位安全教育、岗位技能培训、应急演练 |
| HG–MZY–072 | 各生产中心 | 各生产中心仪表维修工 | | 贯彻执行国家、上级部门关于 DCS 分散控制系统，PLC 控制系统，ESD、SIS、ITCC 控制系统的安全规定和标准；负责 DCS、PLC、ESD、SIS、ITCC 等控制系统的日常维护、检修、组态修改、故障处理等工作；负责工程师站、操作站及机房的安全与保密工作，包括定期备份、USB 接口可靠封闭等；配合装置技术人员进行生产优化及技术升级控制系统改造工作，确保装置安全高效运行 |

# 五、关键岗位绩效考核标准

HG-MZY-001

生产运行管理

| 岗位名称 | 生产运行管理 | 所在部门 | 生产管理部 |
|---|---|---|---|
| 职位职级序列 | 技术序列 | | |
| 直接上级 | 业务经理 | | |
| 直接下级 | —— | | |
| 岗位职责 | 负责按生产计划合理组织生产，完成生产任务 | | |
| | 负责生产运行管理相关管理制度的制定、修订，对制度的执行情况进行监督、检查及考核 | | |
| | 负责组织装置开停及日常生产组织协调 | | |
| | 负责组织开展生产装置开停车条件确认 | | |
| | 负责组织制定生产方案、应急预案 | | |
| | 负责组织装置非计划停车、生产波动的调查，组织编写调查报告 | | |
| | 负责组织调度令下发、执行情况跟踪及资料归档 | | |
| | 负责审核装置重要作业活动审批 | | |
| | 负责调度手册的修订 | | |
| | 组织完成领导临时交办的任务 | | |
| 工作记录文档 | 生产运行管理制度、开停工节点计划、开停工条件确认表、重要生产活动审批单、应急预案、生产检查记录 | | |

| 指标类别 | 考核指标 | 考核内容 | 考核标准 | 信息来源 | 考核周期 |
|---|---|---|---|---|---|
| 岗位职责指标 | 生产指标（30分） | 严格执行生产计划，完成年度生产考核指标 | 30—25分：执行年度生产计划，优化组织生产运行，能够超计划完成化工公司年度生产任务考核指标。<br>24—16分：执行年度生产计划，完成化工公司下达年度生产任务考核指标的80%（含）—100%（不含）。<br>15—0分：执行年度生产计划，完成化工公司下达年度生产任务考核指标的80%以下。<br>最高分30分，最低分0分 | 日常管理、系统 | 年度 |
| | 生产运行（20分） | 优化生产组织，保障公司平稳生产 | 20—18分：按照生产计划组织装置开停工、检修；严格履行装置开停工条件确认程序；规范调度令、装置非停、波动日常管理。<br>17—0分：装置开停工作组织、开停工条件确认、调度令执行及装置非停、波动日常管理存在不足。<br>最高分20分，最低分0分 | | |

续表

| 指标类别 | 考核指标 | 考核内容 | 考核标准 | 信息来源 | 考核周期 |
|---|---|---|---|---|---|
| 岗位职责指标 | 安全环保（20分） | 及时贯彻、执行上级有关安全的指示，按照“业务保安”的原则对分管业务的安环职防工作负责 | 20—18分：严格贯彻国家、公司安全环保管理规定，能够高质量履行岗位“业务保安”职责。<br>17—11分：较好贯彻国家、公司安全环保管理规定，按要求较好履行岗位“业务保安”职责。<br>10—0分：贯彻国家、公司安全环保管理规定存在明显不足，未能按要求履行岗位“业务保安”职责。<br>最高分20分，最低分0分 | 日常管理、系统 | 年度 |
| | 产品质量（10分） | 按公司产品质量管理要求组织生产 | 10—8分：严格按照产品指标要求组织生产，不发生因生产组织不当导致产品污染、出厂产品质量不合格事件。<br>7—0分：未能按照产品指标要求组织生产，因生产组织不当导致产品污染、出厂产品质量不合格引发客户投诉。<br>最高分10分，最低分0分 | | |
| | 综合能力（20分） | 具备较强的履职能力，能够完成上级交办的工作任务，具有创新精神，为公司发展提出建议 | 20—16分：具备强专业素质、执行力、沟通协调及组织能力，高质量完成上级交办的工作任务。<br>15—10分：具备较强专业素质、执行力、沟通协调及组织能力，能完成上级交办的工作任务。<br>9—0分：具备一定的专业素质、执行力、沟通协调及组织能力，未能按计划完成上级交办的工作任务。<br>最高分20分，最低分0分 | | |
| 非权重指标 | 奖励指标 | 具有创新精神，在工艺优化、生产经营创新提出建设性意见、建议，为公司做出贡献 | 获得公司级科技类奖励或授权国家专利及个人科技类荣誉每次加2分，获得公司级以上科技类奖励或授权国家专利及个人科技类荣誉每次加3分；生产经营创新、工艺流程优化降本增效，视效益贡献每次加1—5分；为公司发展提出建设性建议并被采纳每次加1—5分 | | |
| | 否决指标 | 遵守国家法律法规、公司制度 | 发生违规事件每次项扣3分，出现审计责任每次扣5分，巡视责任扣10分，违反国家法律法规扣20分 | | |
| 备注 | 1. 各考核指标基准分为100分，各考核类别权重合计为100%。<br>2. 涉及年度评价的指标，根据年度目标调整考评指标、权重及目标值，根据年度实施情况合理设定年度扣分值。<br>3. 发生扣分事项时，扣分最大值不超过该项考核指标基准分（100分） | | | | |

HG-MZY-002

## 生产调度

| 岗位名称 | 生产调度 | 所在部门 | 生产管理部 |
|---|---|---|---|
| 职位职级序列 | 技术序列 | | |
| 直接上级 | 业务经理 | | |
| 直接下级 | —— | | |
| 岗位职责 | 负责日常生产运行指挥管理 | | |
| | 负责应急状态下的指挥和协调 | | |
| | 负责各装置大、中、小修及临时开停车组织工作 | | |
| | 负责生产信息的汇总、汇报及记录 | | |
| | 负责生产日报的编制和上报工作 | | |
| | 负责全厂干部值班运行监督管理工作 | | |
| | 负责值班车辆的调配工作 | | |
| | 负责生产指令的传达和执行、跟踪管理 | | |
| | 负责全厂性生产任务的进度跟踪和落实工作 | | |
| | 负责装置检修、关键设备检修进度跟踪督促工作 | | |
| | 参与生产事故（非计划停车和跑、冒、串事故等）及其他事故的调查处理工作，落实事故“四不放过” | | |
| 工作记录文档 | 调度交接班记录、罐表、调度日报表等 | | |

| 指标类别 | 考核指标 | 考核内容 | 考核标准 | 信息来源 | 考核周期 |
|---|---|---|---|---|---|
| 岗位职责指标 | 生产运行（30分） | 合理调度，优化生产运行 | 20—15分：组织装置开停车及日常生产有序开展；生产应急处置科学、合理；高质量完成安排工作；高标准、按时报送各类日报、报表。<br>14—0分：装置开停车及日常生产组织不当；应急指挥失误造成损失或不良影响；完成安排工作质量不高；报送报表、日报等资料存在明显失误。<br>最高分30分，最低分0分 | 日常管理、系统 | 月度/年度 |
| | 安全环保（30分） | 及时贯彻、执行上级有关安全的指示，按照“业务保安”的原则对分管业务的安环职防工作负责 | 30—21分：严格贯彻国家、上级公司安全环保管理规定，能够高质量履行岗位“业务保安”职责。<br>20—11分：较好贯彻国家、上级公司安全环保管理规定，按要求较好履行岗位“业务保安”职责。<br>10—0分：贯彻国家、上级公司安全环保管理规定存在明显不足，未能按要求履行岗位“业务保安”职责。<br>最高分30分，最低分0分 | | |

续表

| 指标类别 | 考核指标 | 考核内容 | 考核标准 | 信息来源 | 考核周期 |
| --- | --- | --- | --- | --- | --- |
| 岗位职责指标 | 产品质量（20 分） | 按指标要求生产高质量合格产品 | 20—16 分：严格执行产品质量管控指标，中间产品、产品质量合格率 98% 以上，无质量事故、事件发生。<br>15—11 分：产品质量管控指标执行不严格，造成中间产品、产品质量合格率不足 98%，无质量事故、事件发生。<br>10—0 分：产品质量指标执行不严格，导致中间产品、产品质量合格率不足 98%，发生质量事故、事件。<br>最高分 30 分，最低分 0 分 | 日常管理、系统 | 月度 / 年度 |
| | 综合能力（20 分） | 具备较强的履职能力，能够完成上级交办的工作任务，具有创新精神，为公司发展提出建议 | 20—16 分：具备强专业素质、执行力、沟通协调及组织能力，高质量完成上级交办的工作任务。<br>15—11 分：具备较强专业素质、执行力、沟通协调及组织能力，能够完成上级交办的工作任务。<br>10—1 分：具备一定的专业素质、执行力、沟通协调及组织能力，未能够按计划完成上级交办的工作任务。<br>最高分 20 分，最低分 0 分 | | |
| 非权重指标 | 奖励指标 | 具有创新精神，在工艺优化、生产经营创新提出建设性意见、建议，为公司做出贡献 | 获得公司级科技类奖励或授权国家专利及个人科技类荣誉每次加 2 分，获得公司级以上科技类奖励或授权国家专利及个人科技类荣誉每次加 3 分；生产经营创新、工艺流程优化降本增效，视效益贡献每次加 1—5 分；为公司发展提出建设性建议并被采纳每次加 1—5 分 | | |
| | 否决指标 | 遵守国家法律法规、公司制度 | 发生违章指挥每次项扣 3 分，违反国家法律法规扣 10 分 | | |
| 备注 | 1. 各考核指标基准分为 100 分，各考核类别权重合计为 100%。<br>2. 涉及年度评价的指标，根据年度目标调整考评指标、权重及目标值，根据年度实施情况合理设定年度扣分值。<br>3. 发生扣分事项时，扣分最大值不超过该项考核指标基准分（100 分） | | | | |

HG–MZY–003

## 仪表管理

<table>
<tr><td>岗位名称</td><td>仪表管理</td><td>所在部门</td><td>机械动力部</td></tr>
<tr><td>职位职级序列</td><td colspan="3">技术序列</td></tr>
<tr><td>直接上级</td><td colspan="3">专业副经理</td></tr>
<tr><td>直接下级</td><td colspan="3">——</td></tr>
<tr><td rowspan="9">岗位职责</td><td colspan="3">贯彻落实集团公司、化工公司的相关仪表管理制度</td></tr>
<tr><td colspan="3">配合专业经理制订仪表工作计划，编制和修订仪表专业相关管理制度、标准、规程，并监督、检查执行情况</td></tr>
<tr><td colspan="3">参与重点项目中的仪表设备规划、设计选型等前期技术管理工作</td></tr>
<tr><td colspan="3">负责审核仪表设备采购计划及日常检维修、装置停工仪表大检修等项目计划、工程量签证</td></tr>
<tr><td colspan="3">参加与仪表设备有关的重大事故调查和分析</td></tr>
<tr><td colspan="3">组织重大仪表设备的技术攻关和国产化等工作</td></tr>
<tr><td colspan="3">组织仪表项目的招标、合同谈判、合同签订以及合同履行等工作</td></tr>
<tr><td colspan="3">组织仪表设备新产品、新技术和先进管理经验的交流及推广应用</td></tr>
<tr><td colspan="3">组织建立健全仪表设备台账、档案等基础资料</td></tr>
<tr><td>工作记录文档</td><td colspan="3">仪表管理制度、规程等级各类设计文件、施工图纸、随机资料以及仪表设备台账、技术档案、作业票证、检修记录和计量证书、说明书等</td></tr>
</table>

<table>
<tr><th>指标类别</th><th>考核指标</th><th>考核内容</th><th>考核标准</th><th>信息来源</th><th>考核周期</th></tr>
<tr><td rowspan="5">岗位职责指标</td><td>安全环保（10 分）</td><td>组织生产中心落实安环职防管理要求和措施，使其符合技术规范、标准和制度的要求</td><td>安环职防管理要求和措施，执行不到位，一次扣 0.5 分；造成不良后果的，一次扣 1 分</td><td rowspan="5">日常管理、系统</td><td rowspan="3">月度</td></tr>
<tr><td>仪表设备管理（35 分）</td><td>组织生产中心做好仪表设备的日常巡检、运维、故障处理和检修工作</td><td>仪表管理规定，执行不到位，一次扣 0.5 分；造成不良后果的，一次扣 1 分</td></tr>
<tr><td>计划签证管理（15 分）</td><td>严格审核把关仪表设备采购计划及日常检维修、装置停工仪表大检修等项目计划、工程量签证</td><td>机动部管理制度，执行不到位，一次扣 0.5 分；造成不良后果的，一次扣 1 分</td></tr>
<tr><td>修理费指标（10 分）</td><td>严格控制专业修理费指标</td><td>年度修理费分解指标，执行不到位，一次扣 0.5 分；造成不良后果的，一次扣 1 分</td><td>月度 / 年度</td></tr>
<tr><td>计量检定管理（10 分）</td><td>按国家法律法规和检定规程的要求开展检定工作</td><td>仪表管理规定，执行不到位，一次扣 0.5 分；造成不良后果的，一次扣 1 分</td><td>年度</td></tr>
</table>

续表

| 指标类别 | 考核指标 | 考核内容 | 考核标准 | 信息来源 | 考核周期 |
|---|---|---|---|---|---|
| 岗位职责指标 | 招标及合同管理（10分） | 按相关管理制度开展招标及合同签订工作，确保合规合法 | 相关管理制度，执行不到位，一次扣0.5分；造成不良后果的，一次扣1分 | 日常管理、系统 | 月度 |
| | 综合能力（10分） | 认真履职尽责，提高执行力、行动力，高效高质量完成工作任务 | 工作安排及要求，未按时完成工作，一次扣0.5分；造成不良后果的，扣1分 | | |
| 非权重指标 | 奖励指标 | 修旧利废 | 修旧利废每节约50万元，奖励1分 | | 月度/年度 |
| | 否决指标 | 遵守国家法律法规、公司制度 | 发生违规事件每次项扣3分，出现审计责任每次扣5分，巡视责任扣10分，违反国家法律法规扣20分 | | |
| 备注 | 1. 全部考核指标基准总分为100分。<br>2. 涉及年度评价的指标，将根据年度要求调整考评指标及目标值，根据年度实施情况合理进行考核。<br>3. 发生扣分事项时，扣分最大值不超过全部考核指标基准分（不含奖励指标） | | | | |

HG-MZY-004

## 动设备管理

| 岗位名称 | 动设备管理 | 所在部门 | 机械动力部 |
|---|---|---|---|
| 职位职级序列 | 技术序列 | | |
| 直接上级 | 专业副（业务）经理 | | |
| 直接下级 | —— | | |
| 岗位职责 | 贯彻执行集团公司、化工公司动设备管理相关制度，建立健全公司动设备管理制度 | | |
| | 负责分管区域动设备日常运维管理、关键机组特护管理、润滑管理、检维修管理 | | |
| | 负责分管区域动设备专业的检维修计划、工程量验收单、备品备件计划、施工方案检修作业文件包等审核 | | |
| | 负责组织分管区域动设备技术攻关、事故（事件）分析及处理 | | |
| | 负责分管区域动设备专业技术交流、合同签订等相关对外事务 | | |
| 工作记录文档 | 动设备管理办法等制度、动设备台账及报表、动设备专业巡检等相关记录、ERP 和 SRM 系统及设备综合管理系统使用 | | |

| 指标类别 | 考核指标 | 考核内容 | 考核标准 | 信息来源 | 考核周期 |
|---|---|---|---|---|---|
| 岗位职责指标 | 安全环保（20 分） | 因管理不当，出现动设备故障、事故（事件）为主要原因导致的安全环保事件 | 发生安全环保事件，一次扣 0.5 分 | 日常管理、系统 | 月度/季度/年度 |
| | 生产运行（20 分） | 因管理不当，出现动设备故障、事故（事件）为主要原因导致的生产波动、非停等生产异常 | 发生生产异常、生产波动，一次扣 0.3 分；非停一次，扣 0.5 分 | | |
| | 设备（30 分） | 因管理不当，出现重要动设备较严重损坏 | 发生设备严重损坏，A 级动设备较严重损坏，一次扣 0.4 分；关键机组出现较严重损坏，一次扣 0.5 分 | | |
| | 质量技术（10 分） | 动设备故障率上升，出现重要设备检维修质量问题、较大维保质量问题 | 出现重要设备检维修质量问题、较大维保质量问题，故障率上升 1% 扣 0.1 分，出现重要设备检维修质量问题扣 0.2 分，出现较大维保质量问题扣 0.2 分 | | 季度 |
| | 综合能力（20 分） | 履职能力、工作任务、创新创效、党政工团、定性测评等方面 | 工作完成情况，对外事务出现明显瑕疵或问题，一次扣 0.1 分；各种计划审批明显滞后，一次扣 0.05 分；按时开展各种专业检查，不符合要求一次扣 0.1 分 | | 月度 |
| 非权重指标 | 奖励指标 | 故障率下降，不出现动设备故障引起的生产波动、非停 | 故障率下降 1%，加 1 分；未出现动设备故障引起的生产波动、非停加 1 分 | 日常 | 季度/年度 |

续表

| 指标类别 | 考核指标 | 考核内容 | 考核标准 | 信息来源 | 考核周期 |
|---|---|---|---|---|---|
| 非权重指标 | 否决指标 | 管理不当，出现动设备故障或事故引起的重大安全、环保事故 | 发生一次扣 1 分 | 日常 | 季度 / 年度 |
| 备注 | 1. 全部考核指标基准总分为 100 分。<br>2. 涉及年度评价的指标，将根据年度要求调整考评指标及目标值，根据年度实施情况合理进行考核。<br>3. 发生扣分事项时，扣分最大值不超过全部考核指标基准分（不含奖励指标） | | | | |

HG-MZY-005

## 电气管理

| 岗位名称 | 电气管理 | 所在部门 | 机械动力部 |
|---|---|---|---|
| 职位职级序列 | 技术序列 | | |
| 直接上级 | 专业副经理 | | |
| 直接下级 | —— | | |
| 岗位职责 | 配合专业经理制订专业工作计划，编制和修订电气专业相关管理制度、工作流程和标准，并监督、检查执行情况；组织建立健全电气设备台账、档案等 | | |
| | 审核专业物资材料计划、检修计划、临时计划，进行物资采购计划审批、工程量核准等工作 | | |
| | 组织电气运行、维护、装置检维修等工程的招标文件的编制，联系委托招标代理机构开展招标、评标、定标工作；编制合同、组织合同谈判及签订并跟踪合同履行，审核完工结算资料 | | |
| | 组织或参与制订全公司电力系统中长期发展规划，参与新建、改扩建、科研技改等重大项目的设计审查，参与设计联络工作；组织主要电气设备的选型、技术协议谈判与签订、参与设备验收等，审核检修、科研技改项目的供电实施方案 | | |
| | 组织公司电气培训、定检，组织主要电气设备的技术分析及技术鉴定工作，组织专业技术交流 | | |
| | 组织公司电气设备事故的调查、分析和处理，组织编制电气设备故障应急预案 | | |
| | 负责与各级供电部门相关单位供用电协调、管理 | | |
| | 编制和审定电气专业备品备件目录、消耗定额和储备定额，核定库存备品备件及库存资金；日常生产过程中进行现场环境检查考核 | | |
| | 组织全公司设备防雷防静电定检 | | |
| 工作记录文档 | 合同及即时结算台账、临时用电管理台账、电气记录印刷及发放台账 | | |

| 指标类别 | 考核指标 | 考核内容 | 考核标准 | 信息来源 | 考核周期 |
|---|---|---|---|---|---|
| 岗位职责指标 | 设备年度、月度检修计划、费用（10分） | 保证年度、月度能够认真落实并得到实施 | 完成计划，未按规定完成大修计划扣1分；年度、月度计划没有全部完成，未完成（无充分理由）扣0.5分；严格项目签证工作量落实，审计出的签证差错每份扣0.5分 | 日常管理、系统 | 月度/年度 |
| | 设备完好率（40分） | 组织好年度大修及日常检修工作，加强设备日常及定期保养，针对不同设备级别制定保养制度及措施，降低设备故障率 | 完成计划。<br>1. 未对设备进行分级管理扣1分；A类设备故障导致非计划检修扣1分；<br>2. 设备完好率低于98%扣1分 | | 年度 |
| | 设备备件及库存（20分） | 合理储备设备备件，严格控制库存金额 | 完成计划，严格控制备件采购，非关键及特殊备件不长期储备；造成库存积压超过5万元扣0.5分；专业库存备件费用对比上一年度每增加10%扣0.5分，降低5%加2分 | | |

续表

| 指标类别 | 考核指标 | 考核内容 | 考核标准 | 信息来源 | 考核周期 |
|---|---|---|---|---|---|
| 岗位职责指标 | 合同及结算管理（20 分） | 依据设备维修计划，及时按程序完成合同及结算工作 | 完成计划，按公司相关制度完成合同立项、寻源、议价、谈判、招标等工作，因延误影响生产一次扣 0.5 分；未按要求及时结算一次扣 0.2 分 | 日常管理、系统 | 季度 |
| | 设备升级、更新（10 分） | 按国家、企业制度要求升级并淘汰落后产品 | 完成计划，每年组织一次设备符合性评估，年度未组织评估扣 0.5 分；<br>依据核准的设备更新计划，组织采购招标，未按规定完成的扣 0.5 分 | | 年度 |
| 非权重指标 | 奖励指标 | 1.降本增效，库存备件；<br>2. 完善电源系统 | 专业降库存，每降低 1%，奖励 0.5 分 | 系统 | |
| | 否决指标 | 电气事故 | 发生全厂人为责任性停电事故，扣 2 分 | | |
| 备注 | 1. 全部考核指标基准总分为 100 分。<br>2. 涉及年度评价的指标，将根据年度要求调整考评指标及目标值，根据年度实施情况合理进行考核。<br>3. 发生扣分事项时，扣分最大值不超过全部考核指标基准分（不含奖励指标） | | | | |

HG-MZY-006

## 质量管理

| 岗位名称 | 质量管理 | 所在部门 | 质量技术部 |
|---|---|---|---|
| 职位职级序列 | 技术序列 | | |
| 直接上级 | 业务经理 | | |
| 直接下级 | —— | | |
| 岗位职责 | 参与制订并实施质量管理年度工作计划 | | |
| | 按照质量管理体系文件要求开展工作，参与建立分公司内部质量管理体系、指导并控制执行情况 | | |
| | 组织开展 QC 质量管理和评审工作 | | |
| | 组织开展技术监督管理工作 | | |
| | 参与重大质量事故调查并提出考核建议 | | |
| | 参与工艺技术文件（工艺卡片、技术规程）评估及修订，实现现场生产过程和馏出口质量可控 | | |
| | 负责组织编制原材料、化学品和中间产品质量标准、分析检验计划并监督实施，负责宣传与贯彻执行国家与行业产品质量标准 | | |
| | 负责编制分公司阶段性质量管理总结、质量管理月报、质量管理专题总结；参与产品质量升级技术改造项目方案制定并提出建议 | | |
| | 负责质检中心业务管理与指导 | | |
| | 完成部门经理、副经理、业务经理安排的其他工作 | | |
| 工作记录文档 | 质量管理体系文件、工艺卡片、工艺技术规程、产品标准、分析检验计划、质量管理总结、QC 质量管理工作计划和总结、质量管理月报、质量管理专题总结、MES 生产运营管理系统应用 | | |

| 指标类别 | 考核指标 | 考核内容 | 考核标准 | 信息来源 | 考核周期 |
|---|---|---|---|---|---|
| 岗位职责指标 | 安全环保（20 分） | 贯彻国家、上级有关质量、安全方面的规定和标准，按照“业务保安”的原则对分管业务的安环职防工作负责 | 20—18 分：能够贯彻国家、上级有关质量、安全方面的规定和标准，按照“业务保安”的原则对分管业务的安环职防工作负责。<br>17—12 分：未能全面贯彻国家、上级有关质量、安全方面的规定和标准，按照“业务保安”的原则对分管业务的安环职防工作负责。<br>11—0 分：违反国家、上级有关质量、安全方面的规定和标准。<br>最高分 20 分，最低分 0 分 | 日常管理、系统 | 月度 / 年度 |
| | 生产运行（20 分） | 组织做好原材料、化学品、中间产品和产品质量标准，编制分析检验计划并监督执行，满足装置平稳运行需要 | 20—18 分：原材料、化学品、中间产品、产品质量指标制定合理。分析检验计划有效制订并 100% 执行。 | | |

续表一

| 指标类别 | 考核指标 | 考核内容 | 考核标准 | 信息来源 | 考核周期 |
|---|---|---|---|---|---|
| 岗位职责指标 | 生产运行（20分） | 组织做好原材料、化学品、中间产品和产品质量标准，编制分析检验计划并监督执行，满足装置平稳运行需要 | 17—12分：原材料、化学品、中间产品、产品质量指标制定欠合理，不能完全满足生产需要。分析检验计划制订不合理，未能100%执行。<br>11—0分：原材料、化学品、中间产品、产品质量指标缺失。分析检验计划未能按期完成编制。<br>最高分20分，最低分0分 | 日常管理、系统 | 月度/年度 |
| | 设备（10分） | 督促指导质检中心做好分析仪器管理，分析仪器完好率满足生产需要 | 10—9分：质检中心分析仪器管理规范，分析仪器完好率95%以上，满足生产需要。<br>8—6分：质检中心分析仪器管理欠规范，分析仪器完好率85%以上，勉强满足生产需要。<br>5—0分：质检中心分析仪器管理欠规范，分析仪器完好率85%以下，不能满足生产需要。<br>最高分10分，最低分0分 | | |
| | 质量技术（30分） | 建立公司质量管理体系，监督控制原辅材料、中间产品、产品质量，避免质量事故事件发生 | 30—27分：质量管理体系完善有效运行，原辅材料、中间产品、产品质量良好合格率98%以上，无质量事故事件发生。<br>26—18分：质量管理体系不能有效运行，原辅材料、中间产品、产品质量良好合格率不足98%，无质量事故事件发生。<br>17—0分：质量管理体系不能有效运行，原辅材料、中间产品、产品质量良好合格率不足98%，发生事故事件。<br>最高分30分，最低分0分 | | |
| | 综合能力（20分） | 具备较强的履职能力、大局意识和沟通协调能力，能够完成上级交办的工作任务 | 20—18分：具备较强的履职能力、大局意识和沟通协调能力，能够按计划、高质量完成上级交办的工作。<br>17—12分：具备一定的履职能力、大局意识和沟通协调能力，能够按计划完成上级交办的工作。<br>11—0分：具备一定的履职能力、大局意识和沟通协调能力，未能够按计划完成上级交办的工作。<br>最高分20分，最低分0分 | | |

续表二

| 指标类别 | 考核指标 | 考核内容 | 考核标准 | 信息来源 | 考核周期 |
|---|---|---|---|---|---|
| 非权重指标 | 奖励指标 | 具有创新精神，在质量管理创新、新产品开发、产品应用领域拓展方面做出贡献，或为公司发展提出建设性建议 | 获得公司级科技类奖励或授权国家专利及个人科技类荣誉每次加 2 分，获得公司级以上科技类奖励或授权国家专利及个人科技类荣誉每次加 3 分；参与编制国家标准每次加 3 分，参与编制行业标准每次加 2 分，参与编制团体标准加 1 分，开发新产品拓展新用途视贡献大小效益高低每次加 1—3 分；为公司发展提出建设性建议并被采纳每次加 1 分 | 日常管理、系统 | 月度/年度 |
| | 否决指标 | 遵守国家法律法规、公司制度 | 发生违规事件每次项扣 3 分，出现审计责任每次扣 5 分，巡视责任扣 10 分，违反国家法律法规扣 20 分 | | |
| 备注 | 1. 各考核指标基准分为 100 分，各考核类别权重合计为 100%。<br>2. 涉及年度评价的指标，根据年度目标调整考评指标、权重及目标值，根据年度实施情况合理设定年度扣分值。<br>3. 发生扣分事项时，扣分最大值不超过该项考核指标基准分（100 分） | | | | |

HG-MZY-007

## 科研管理

| 岗位名称 | 科研管理 | 所在部门 | 质量技术部 |
|---|---|---|---|
| 职位职级序列 | 技术序列 | | |
| 直接上级 | 业务经理 | | |
| 直接下级 | —— | | |
| 岗位职责 | 参与制订并实施科技工作年度工作计划 | | |
| | 按照科技管理体系文件要求开展工作，参与建立分公司内部科技攻关流程和成果管理制度，指导并控制执行情况 | | |
| | 参与重大技术泄密事故调查并提出考核建议 | | |
| | 参与科研项目立项申请、计划编制、组织实施、监督实施、项目验收、后评价及成果鉴定等管理工作，实现科研项目费用可控及按时结题验收 | | |
| | 负责跟踪国家重大科学技术攻关项目，定期完成进度报告提交公司领导 | | |
| | 负责编制分公司科技工作管理总结、科技管理月报、科技管理专题总结 | | |
| | 负责专利、技术秘密、知识产权管理工作，按照进度开展相关申报、交底工作 | | |
| | 负责科技成果的申报与奖励工作 | | |
| | 负责科技项目技术服务委托、合同签署、合同付款等工作 | | |
| | 完成部门经理、副经理安排的其他工作 | | |
| 工作记录文档 | 科技管理制度、科技工作管理总结、科技管理月报、科技管理专题总结等 | | |

| 指标类别 | 考核指标 | 考核内容 | 考核标准 | 信息来源 | 考核周期 |
|---|---|---|---|---|---|
| 岗位职责指标 | 安全环保（20分） | 及时贯彻、执行上级有关安全的指示，按照“业务保安”的原则对分管业务的安环职防工作负责 | 20—18分：能够贯彻国家、上级有关工艺技术管理方面的规定和标准，按照“业务保安”的原则对分管业务的安环职防工作负责。<br>17—12分：未能全面贯彻国家、上级有关科研管理方面的规定和标准，按照“业务保安”的原则对分管业务的安环职防工作负责。<br>11—0分：违反国家、上级有关科研管理方面的规定和标准。<br>最高分20分，最低分0分 | 日常管理、系统 | 月度/年度 |
| | 生产运行（20分） | 协调做好科研项目的试生产、试运行 | 20—18分：科研项目能够按照计划进行试生产、试运行。<br>17—12分：科研项目迟于计划进行试生产、试运行。<br>11—0分：科研项目迟于计划进行试生产、试运行，并被上级管理单位批评。<br>最高分20分，最低分0分 | | |

续表一

| 指标类别 | 考核指标 | 考核内容 | 考核标准 | 信息来源 | 考核周期 |
|---|---|---|---|---|---|
| 岗位职责指标 | 设备（10分） | 协调做好科研项目的建设实施 | 10—9分：科研项目能够按照计划建设实施。<br>8—6分：科研项目迟于计划建设实施。<br>5—0分：科研项目迟于计划建设实施，并被上级管理单位批评。<br>最高分10分，最低分0分 | 日常管理、系统 | 月度/年度 |
| | 质量技术（30分） | 按照科技管理体系文件要求开展工作，做好科研项目、专利、技术秘密、知识产权管理工作 | 30—27分：能够按照科技管理体系文件要求开展工作，完成科研项目、专利、技术秘密、知识产权年度、月度工作目标。<br>27—18分：能够按照科技管理体系文件要求开展工作，未完成科研项目、专利、技术秘密、知识产权年度、月度工作目标。<br>17—0分：未能按照科技管理体系文件要求开展工作，未完成科研项目、专利、技术秘密、知识产权年度、月度工作目标，并被上级管理单位批评。<br>最高分30分，最低分0分 | | |
| | 综合能力（20分） | 具备较强的履职能力，能够完成上级交办的工作任务，具有创新精神，为公司发展提出建议 | 20—18分：具备较强的履职能力、大局意识和沟通协调能力，能够按计划、高质量完成上级交办的工作任务。<br>17—12分：具备一定的履职能力、大局意识和沟通协调能力，能够按计划完成上级交办的工作任务。<br>11—0分：具备一定的履职能力、大局意识和沟通协调能力，未能够按计划完成上级交办的工作任务。<br>最高分20分，最低分0分 | | |
| 非权重指标 | 奖励指标 | 具有创新精神，在科研管理创新，新工艺、新技术、新材料等科技创新推广方面做出贡献或为公司发展提出建设性建议 | 获公司级科技类奖励或授权国家专利及个人科技类荣誉每次加2分，获公司级以上科技类奖励或授权国家专利及个人科技类荣誉每次加3分；通过新工艺、新技术、新材料等科技创新科研项目应用提高生产效率或产品收益，视贡献大小效益高低每次加1—3分；为公司发展提出建设性建议并被采纳每次加1分 | | |

续表二

| 指标类别 | 考核指标 | 考核内容 | 考核标准 | 信息来源 | 考核周期 |
|---|---|---|---|---|---|
| 非权重指标 | 否决指标 | 遵守国家法律法规、公司制度 | 发生违规事每次项扣 3 分，出现审计责任每次扣 5 分，巡视责任扣 10 分，违反国家法律法规扣 20 分 | 日常管理、系统 | 月度/年度 |
| 备注 | 1. 各考核指标基准分为 100 分，各考核类别权重合计为 100%。<br>2. 涉及年度评价的指标，根据年度目标调整考评指标、权重及目标值，根据年度实施情况合理设定年度扣分值。<br>3. 发生扣分事项时，扣分最大值不超过该项考核指标基准分（100 分） | | | | |

HG-MZY-008

## 工艺管理

<table>
<tr><td>岗位名称</td><td>工艺管理</td><td>所在部门</td><td>质量技术部</td></tr>
<tr><td>职位职级序列</td><td colspan="3">技术序列</td></tr>
<tr><td>直接上级</td><td colspan="3">业务经理</td></tr>
<tr><td>直接下级</td><td colspan="3">——</td></tr>
<tr><td rowspan="7">岗位职责</td><td colspan="3">组织编制及修订工艺技术文件（技术规程、工艺卡片、各类工艺技术文件等）</td></tr>
<tr><td colspan="3">收集、分析和总结各中心主要运行数据，组织开展工艺技术优化及技术攻关工作，解决技术生产瓶颈</td></tr>
<tr><td colspan="3">组织开展各类生产装置的标定工作，对新建、改扩建装置进行性能考核及工艺技术标定</td></tr>
<tr><td colspan="3">组织开展各类生产装置达标对标工作，制定达标对标指标、实施方案，上报分公司级达标对标总结</td></tr>
<tr><td colspan="3">组织各生产装置编制工艺技术月报、工艺技术台账及技术资料，上报分公司级技术月报和年报</td></tr>
<tr><td colspan="3">负责各生产装置工艺联锁变更、解除等管理工作，对装置工艺联锁投用情况进行监督、检查和考核</td></tr>
<tr><td colspan="3">负责各生产装置工艺变更审批并监督实施，组织变更后的技术评审和验收及变更资料存档</td></tr>
<tr><td>工作记录文档</td><td colspan="3">工艺卡片、工艺技术规程、标定报告、达标对标指标、达标对标实施方案、达标对标总结、工艺技术月报、工艺技术台账、MES 生产运营管理系统应用等</td></tr>
</table>

<table>
<tr><th>指标类别</th><th>考核指标</th><th>考核内容</th><th>考核标准</th><th>信息来源</th><th>考核周期</th></tr>
<tr><td rowspan="2">岗位职责指标</td><td>安全环保（20 分）</td><td>及时贯彻、执行上级有关安全的指示，按照“业务保安”的原则对分管业务的安环职防工作负责</td><td>20—18 分：能够贯彻国家、上级有关工艺技术管理方面的规定和标准，按照“业务保安”的原则对分管业务的安环职防工作负责。<br>17—12 分：未能全面贯彻国家、上级有关工艺技术管理方面的规定和标准，按照“业务保安”的原则对分管业务的安环职防工作负责。<br>11—0 分：违反国家、上级有关工艺技术管理方面的规定和标准。<br>最高分 20 分，最低分 0 分</td><td rowspan="2">日常管理、系统</td><td rowspan="2">月度 / 年度</td></tr>
<tr><td>生产运行（20 分）</td><td>收集、分析和总结各中心主要运行数据，监督技术规程、工艺卡片指标、工艺联锁执行</td><td>20—18 分：技术规程、工艺卡片、工艺联锁有效执行，未发生技术规程、工艺卡片、工艺联锁制度执行不到位引发的安全或质量事故。<br>17—12 分：技术规程、工艺卡片、工艺联锁执行不到位，未发生技术规程、工艺卡片、工艺联锁制度执行不到位引发的安全或质量事故。<br>11—0 分：技术规程、工艺卡片、工艺联锁执行不到位，发生技术规程、工艺卡片、工艺联锁制度执行不到位引发的安全或质量事故。<br>最高分 20 分，最低分 0 分</td></tr>
</table>

续表一

| 指标类别 | 考核指标 | 考核内容 | 考核标准 | 信息来源 | 考核周期 |
|---|---|---|---|---|---|
| 岗位职责指标 | 设备（10分） | 督促各中心做好工艺纪律管理，防止超温、超压运行，造成设备损坏 | 10—9分：各生产中心工艺纪律管理规范，能够进行有效监督检查，未发生设备超温、超压损坏。<br>8—6分：各生产中心工艺纪律管理欠规范，监督检查不到位，未发生设备超温、超压损坏。<br>5—0分：各生产中心工艺纪律管理欠规范，监督检查不到位，发生设备超温、超压损坏。<br>最高分10分，最低分0分 | 日常管理、系统 | 月度/年度 |
| | 质量技术（30分） | 贯彻执行工艺技术管理制度，组织做好标定、共工艺技术台账、技术月报等工艺管理 | 30—27分：工艺管理制度有效运行，能够有效监督检查，未发生因监督不到位、违反工艺纪律引发的安全事故或质量事故。<br>26—18分：工艺管理制度运行效果欠佳，未能有效监督检查，未发生因监督不到位、违反工艺纪律引发的安全事故或质量事故。<br>17—0分：工艺管理制度运行效果欠佳，未能有效监督检查，发生因监督不到位、违反工艺纪律引发的安全事故或质量事故。<br>最高分30分，最低分0分 | | |
| | 综合能力（20分） | 具备较强的履职能力，能够完成上级交办的工作任务，具有创新精神，为公司发展提出建议 | 20—18分：具备较强的履职能力、大局意识和沟通协调能力，能够按计划、高质量完成上级交办的工作。<br>17—12分：具备一定的履职能力、大局意识和沟通协调能力，能够按计划完成上级交办的工作。<br>11—0分：具备一定的履职能力、大局意识和沟通协调能力，未能够按计划完成上级交办的工作。<br>最高分20分，最低分0分 | | |
| 非权重指标 | 奖励指标 | 具有创新精神，在工艺技术管理创新，新技术、新工艺应用开发方面做出贡献或为公司发展提出建设性建议 | 获得公司级科技类奖励或授权国家专利及个人科技类荣誉每次加2分，获得公司级以上科技类奖励或授权国家专利及个人科技类荣誉每次加3分；通过管理创新、技术革新提高装置运行稳定性降低运行能耗，视贡献大小效益高低每次加1—3分；为公司发展提出建设性建议并被采纳每次加1分 | | |

续表二

| 指标类别 | 考核指标 | 考核内容 | 考核标准 | 信息来源 | 考核周期 |
|---|---|---|---|---|---|
| 非权重指标 | 否决指标 | 遵守国家法律法规、公司制度 | 发生违规事件每次项扣 3 分，出现审计责任每次扣 5 分，巡视责任扣 10 分，违反国家法律法规扣 20 分 | 日常管理、系统 | 月度/年度 |
| 备注 | 1. 各考核指标基准分为 100 分，各考核类别权重合计为 100%。<br>2. 涉及年度评价的指标，根据年度目标调整考评指标、权重及目标值，根据年度实施情况合理设定年度扣分值。<br>3. 发生扣分事项时，扣分最大值不超过该项考核指标基准分（100 分） | | | | |

HG-MZY-009

## 安全管理

| 岗位名称 | 安全管理 | 所在部门 | 安全健康环保部 |
|---|---|---|---|
| 职位职级序列 | 技术序列 | | |
| 直接上级 | 专业副（业务）经理 | | |
| 直接下级 | —— | | |
| 岗位职责 | 组织或者参与拟订本单位安全生产规章制度、操作规程和生产安全事故应急救援预案 | | |
| | 组织或者参与本单位安全生产教育和培训，如实记录安全生产教育和培训情况 | | |
| | 组织开展危险源辨识和评估，督促落实本单位重大危险源的安全管理措施 | | |
| | 组织或者参与本单位应急救援演练 | | |
| | 检查本单位的安全生产状况，及时排查生产安全事故隐患，提出改进安全生产管理的建议 | | |
| | 制止和纠正违章指挥、强令冒险作业、违反操作规程的行为 | | |
| | 督促落实本单位安全生产整改措施 | | |
| 工作记录文档 | 安全风险预控管理体系相关记录、安全管理信息化系统 | | |

| 指标类别 | 考核指标 | 考核内容 | 考核标准 | 信息来源 | 考核周期 |
|---|---|---|---|---|---|
| 岗位职责指标 | 安全（70分） | 计划指标达标 | 贯彻执行国家及地方政府有关安全方面的政策、法规、标准和上级公司的有关规定、制度，并监督检查执行情况。负责组织风险预控体系文件编写、审批、发布、印刷、发放、修订等工作，并做好体系运行的定期审核工作。监督检查员工新员工的三级安全教育，外来人员、归口管理特种作业人员的安全技术培训和考核。组织开展各种安全活动，对安全活动情况进行检查考核。负责重大危险源的辨识和重大危险源资料的整理与存档工作，并做好重大危险源防护措施落实与否的监督工作。开展安全大检查，对查出的隐患制订防范措施，并组织检查监督隐患整改工作的完成情况。组织重大事故隐患的调查、评估组织或者参与本单位应急救援演练，同时组织或者参与拟订本单位生产安全事故应急救援预案。深入现场监督检查，督促并协助解决有关安全问题，对各种直接作业环节进行安全监督。检查各项安全管理制度的执行情况。按要求组织开展安全“三同时”（同时设计、同时施工、同时投产）审查，使其符合安全要求。每发生一起扣分事件，扣5分。未发生时满分 | 日常管理、系统 | 月度/季度/年度 |

续表

| 指标类别 | 考核指标 | 考核内容 | 考核标准 | 信息来源 | 考核周期 |
|---|---|---|---|---|---|
| 岗位职责指标 | 生产运行（10 分） | 因安全管理不当，出现生产波动、非停等生产异常 | 生产波动，一次扣 0.5 分；非停一次，扣 1 分。未发生时满分 | 日常管理、系统 | 月度 / 季度 / 年度 |
| | 设备（10 分） | 因安全管理不当，出现重要设备严重损坏 | A 类动设备较严重损坏，一次扣 1 分；关键机组出现较严重损坏，一次扣 2 分。未发生时满分 | | |
| | 质量技术（5 分） | 因安全管理不当，出现质量技术事件 | 故障率每上升 1% 扣 0.5 分，出现重要设备检维修质量问题扣 0.5 分，出现较大维保质量问题扣 0.2 分。未发生时满分 | | |
| | 综合能力（5 分） | 履职能力、工作任务、创新创效、党政工团、定性测评等方面 | 对外事务出现明显瑕疵或问题，一次扣 0.1 分 | | 月度 |
| 非权重指标 | 奖励指标 | 集团、化工公司、公司推行试点建设工作 | 完成集团试点工作验收合格每项加 10 分；完成化工公司试点工作验收合格每项加 5 分；完成公司试点工作验收合格每项加 2 分 | | 月度 / 年度 |
| | 否决指标 | 遵守国家法律法规、公司制度 | 发生“三违”行为每次项扣 3 分，发生审计责任每次扣 5 分，巡视责任扣 10 分，违反国家法律法规扣 20 分 | | |
| 备注 | 1. 各考核指标基准分为 100 分，各考核类别权重合计为 100%。<br>2. 涉及年度评价的指标，根据年度目标调整考评指标、权重及目标值，根据年度实施情况合理设定年度扣分值。<br>3. 发生扣分事项时，扣分最大值不超过该项考核指标基准分（100 分） | | | | |

HG-MZY-010

## 环保管理

| 岗位名称 | 环保管理 | 所在部门 | 安全健康环保部 |
|---|---|---|---|
| 职位职级序列 | 技术序列 | | |
| 直接上级 | 专业副（业务）经理 | | |
| 直接下级 | —— | | |
| 岗位职责 | 负责环境管理体系贯标、认证等相关工作，负责制订公司的环境目标、指标和年度计划 | | |
| | 负责“三废”、噪声等环保治理与技术开发项目方案确定、论证、上报及项目验收等工作 | | |
| | 负责组织建设项目和技术开发项目的环境影响评价，并参加其可行性研究报告环保篇和基础设计环保篇的审查、环保设施竣工验收工作；负责监督环保“三同时”的执行情况 | | |
| | 负责工业及危险固体废物处理、处置的管理工作 | | |
| | 负责放射源申报、安全许可申办、核技术应用“三同时”验收等工作 | | |
| | 负责组织环境污染事故的调查与处理；负责环境污染纠纷的处理；负责污染事故赔付工作 | | |
| | 负责地方环保部门的污染物排放年度、季度普查配合等工作 | | |
| 工作记录文档 | 安全风险预控管理体系相关记录、安全管理信息化系统 | | |

| 指标类别 | 考核指标 | 考核内容 | 考核标准 | 信息来源 | 考核周期 |
|---|---|---|---|---|---|
| 岗位职责指标 | 环保业务（70分） | 计划指标达标 | 负责环境管理体系贯标、认证等相关工作，制订公司的环境目标、指标和年度计划（规划）。“三废”及噪声等环保治理及技术开发项目方案确定、论证、上报及项目验收等工作。组织建设项目和技术开发项目的环境影响评价，并参加其可行性研究报告环保篇和基础设计环保篇的审查、环保设施竣工验收工作。对工艺卡片和技术规程中有关环保内容进行审查；对有关环保和清洁生产等方面的技术改造项目进行审查。所辖专业的清污分流、达标排放和监督检查工作。上级及地方政府环保检查的准备、配合及存在问题整改工作。工业及危险固体废物处理、处置的管理工作。完成环境监测（检测）及信息公开等相关工作。放射源申报、安全许可申办、核技术应用“三同时”验收等工作。组织环保治理、资源综合利用项目的科研开发等工作。组织环境污染事故的调查与处理，环境污染纠纷的处理， | 日常管理、系统 | 月度/季度/年度 |

续表

| 指标类别 | 考核指标 | 考核内容 | 考核标准 | 信息来源 | 考核周期 |
| --- | --- | --- | --- | --- | --- |
| 岗位职责指标 | 环保业务（70 分） | 计划指标达标 | 污染事故的赔付。企业排污费核算、缴纳工作。生产单位的清污分流、达标排放和监督检查工作。施工承包商现场环保监督管理工作。按规定完成环保绩效考核相关工作。地方环保部门的污染物排放年度、季度普查配合等工作。环境应急预案修订及有关环境应急管理工作。排污许可证申办工作。公司对内、对外环保宣传以及培训工作。每发生一起扣分事件，扣 5 分。未发生时满分 | 日常管理、系统 | 月度 / 季度 / 年度 |
| | 生产运行（10 分） | 因环保管理不当，造成非计划停车等事故 | 非停一次，扣 1 分。每发生一起扣分事件，扣 5 分。未发生时满分 | | |
| | 设备（10 分） | 因环保管理不当，出现环保设备设施功能受损，并受到上级公司或地方政府考核 | 发生一次，扣 0.5 分。每发生一起扣分事件，扣 5 分。未发生时满分 | | |
| | 综合能力（10 分） | 履职能力、工作任务、创新创效、党政工团、定性测评等方面 | 对外事务出现明显瑕疵或问题，一次扣 0.1 分 | | 月度 |
| 非权重指标 | 奖励指标 | 集团、化工公司、公司推行试点建设工作 | 完成集团试点工作验收合格每项加 10 分；完成化工公司试点工作验收合格每项加 5 分；完成公司试点工作验收合格每项加 2 分 | | 月度 / 年度 |
| | 否决指标 | 遵守国家法律法规、公司制度 | 发生“三违”行为每次项扣 3 分，审计责任每次扣 5 分，巡视责任扣 10 分，违反国家法律法规扣 20 分 | | |
| 备注 | 1. 各考核指标基准分为 100 分，各考核类别权重合计为 100%。<br>2. 涉及年度评价的指标，根据年度目标调整考评指标、权重及目标值，根据年度实施情况合理设定年度扣分值。<br>3. 发生扣分事项时，扣分最大值不超过该项考核指标基准分（100 分） | | | | |

HG-MZY-011

## 项目管理

| 岗位名称 | 项目管理 | 所在部门 | 军民融合办公室 |
|---|---|---|---|
| 职位职级序列 | 技术序列 | | |
| 直接上级 | 业务经理 | | |
| 直接下级 | —— | | |
| 岗位职责 | 统筹协调公司军民融合发展项目管理、推广应用工作 | | |
| | 负责组织论证、评估公司军民融合项目，协调项目的申报、立项等工作 | | |
| | 负责落实军民融合军地、地企合作对接，组织公司军民融合项目合作谈判、协议签署和技术交流 | | |
| | 负责公司军民融合项目的报批，协调解决项目推进中的问题 | | |
| | 负责协调推进军民融合项目验收和科技成果、专利的申报 | | |
| | 负责协调推进军民融合项目成果的推广应用 | | |
| | 定期总结公司军民融合工作进展情况，编制相关汇报材料 | | |
| | 完成领导安排的其他工作 | | |
| 工作记录文档 | 军民融合项目、科研项目相关资料，煤基新型燃料、碳材料推广应用资料 | | |

| 指标类别 | 考核指标 | 考核内容 | 考核标准 | 信息来源 | 考核周期 |
|---|---|---|---|---|---|
| 岗位职责指标 | 安全环保（15分） | 及时贯彻、执行上级有关安全的指示，按照“业务保安”的原则对分管业务的安环职防工作负责 | 违反岗位安全环保职责，每次扣1分。最高分15分，最低分0分 | 安健环部 | 月度/年度 |
| | 专业技术（20分） | 按照军民融合工作管理办法、军民融合项目管理办法推进煤基新型燃料、煤基碳材料相关试验 | 因工作不到位导致试验结果异常，每次扣1分，造成不良后果每次扣3分。最高分20分，最低分0分 | 日常管理 | |
| | 项目实施（20分） | 按照军民融合项目管理办法开展工作，做好项目实施、专利申报等工作，有序推进各项目进度 | 因工作不到位导致军民融合项目实施节点推后，每次扣2分；提出合理建议，提前完成项目实施节点，每次加2分。最高分20分，最低分0分 | 部门负责人、相关部门 | |
| | 生产运行（15分） | 协调做好军民融合项目的试生产、试运行 | 试生产、试运行组织不力，影响军民融合项目进度，每次扣2分；组织得力，提前完成试生产、试运行任务，每次加2分。最高分15分，最低分0分 | | |
| | 综合能力（15分） | 履职能力、工作任务、创新创效、党政工团方面 | 工作完成不及时每次扣1分，造成不良后果每次扣3分。最高分15分，最低分0分 | | |

续表

<table>
<tr><th>指标类别</th><th>考核指标</th><th>考核内容</th><th>考核标准</th><th>信息来源</th><th>考核周期</th></tr>
<tr><td>岗位职责指标</td><td>保密管理（15 分）</td><td>按照国家相关制度及公司保密管理办法，严格控制军民融合项目资料知悉范围</td><td>造成公司普通商业秘密泄露每次扣 1 分；造成公司核心商业秘密泄露每次扣 5 分。获得公司级保密先进个人加 1 分，获得化工公司及以上保密先进个人加 3 分。最高分 15 分，最低分 0 分</td><td>保密办公室</td><td rowspan="3">月度/年度</td></tr>
<tr><td rowspan="2">非权重指标</td><td>奖励指标</td><td>军民融合、碳材料研发工作取得重大突破</td><td>获得分公司级荣誉加 1 分；获得化工公司级荣誉加 3 分；获得集团及以上荣誉加 10 分；取得阶段性成果加 1—5 分</td><td>部门负责人、相关部门</td></tr>
<tr><td>否决指标</td><td>因个人工作失误，导致军民融合重要信息泄露</td><td>造成国家秘密泄露每次扣 10 分；造成国家机密及以上重要信息泄露每次扣 15 分</td><td>保密办公室</td></tr>
<tr><td>备注</td><td colspan="5">1. 岗位职责指标每项最大扣分值为该项基本分，岗位职责指标涉及加分项最高加分值不超过该项基本分的 20%。<br>2. 奖励指标中因同一事项获得不同等级荣誉取最高分，总加分值不超过 10 分。<br>3. 否决指标中扣分不设上限</td></tr>
</table>

HG-MZY-012

## 施工管理

<table>
<tr><td>岗位名称</td><td>施工管理</td><td>所在部门</td><td>工程管理部</td></tr>
<tr><td>职位职级序列</td><td colspan="3">技术系列</td></tr>
<tr><td>直接上级</td><td colspan="3">副经理</td></tr>
<tr><td>直接下级</td><td colspan="3">——</td></tr>
<tr><td rowspan="9">岗位职责</td><td colspan="3">在分管副经理的领导下负责分公司工程管理部的施工管理工作</td></tr>
<tr><td colspan="3">负责组织收集相关专业施工技术标准，编制和完善相关管理规定</td></tr>
<tr><td colspan="3">负责工程建设项目管理人员的工作协调</td></tr>
<tr><td colspan="3">组织业务范围内招投标管理及合同管理，并根据合同对相关单位进行管理</td></tr>
<tr><td colspan="3">负责组织业务范围内投资计划、项目筹划（包括组织机构、执行计划等），各类施工方案、计划等的审查</td></tr>
<tr><td colspan="3">组织业务范围内概预算管理、质量进度管理及造价管理</td></tr>
<tr><td colspan="3">负责组织项目协调管理，包括开工准备、施工协调、三查四定、中间交接、档案管理、竣工验收等</td></tr>
<tr><td colspan="3">组织业务范围内专业会议并督促落实</td></tr>
<tr><td colspan="3">完成领导安排的其他工作</td></tr>
<tr><td>工作记录文档</td><td colspan="3">工程项目管理月报、项目执行计划、开（复）工审批单、承包商施工申报文件审批单、施工方案、工程项目年度实施计划、工程联络单、工程质量问题通知单、动土安全作业许可证、会议纪要、合同台账、竣工验收报告、报表以及 ERP 项目管理系统等</td></tr>
</table>

<table>
<tr><th>指标类别</th><th>考核指标</th><th>考核内容</th><th>考核标准</th><th>信息来源</th><th>考核周期</th></tr>
<tr><td rowspan="3">岗位职责指标</td><td>安全环保（30 分）</td><td>项目施工安全环保事故</td><td>每发生一次公司级一般事故扣 10 分</td><td>日常管理（事故通报）</td><td rowspan="3">月度</td></tr>
<tr><td>质量控制（20 分）</td><td>未按质量管控要求对特种作业人员、质量管控方案、承包商资质、隐蔽工程、过程文件等进行有效管控，产生不良影响的</td><td>每发生一次扣 1 分</td><td>日常管理</td></tr>
<tr><td>进度控制（20 分）</td><td>未按规定组织承包商进行施工组织设计和施工技术方案分类审批上报，或组织审查严重滞后，或把关不严，导致上述资料针对性不强；自身管理原因造成进度（设计、采购、施工）严重滞后，且未采取有效措施</td><td>偏差 10%，扣 1 分</td><td>日常管理（月报）</td></tr>
</table>

续表

| 指标类别 | 考核指标 | 考核内容 | 考核标准 | 信息来源 | 考核周期 |
|---|---|---|---|---|---|
| 岗位职责指标 | 费用控制（20分） | 未按管理规定对联络单或签证进行有效管控，或未完成项目费用控制计划 | 偏差10%，扣1分 | 日常管理（月报） | 月度 |
| | 沟通协调（10分） | 未按项目协调程序进行项目组织协调，执行力不够；沟通协调不及时造成工程进度迟滞、返工等纠纷 | 每发生一次，扣0.5分 | | |
| 非权重指标 | 奖励指标 | 具有创新精神，在工程施工管理方面进行技术和方法创新。在新技术、新工艺、新材料、新设备等应用开发方面做出贡献或为公司发展提出建设性建议 | 获得公司级科技类奖励或授权国家专利及个人科技类荣誉每次加2分，获得公司级以上科技类奖励或授权国家专利及个人科技类荣誉每次加3分；通过管理创新、技术革新降低工程项目投资、缩短工期，视贡献大小每次加1—3分；为公司发展提出建设性建议并被采纳每次加1分 | 日常管理、系统 | 月度/年度 |
| | 否决指标 | 遵守国家法律法规、公司制度，执行行业标准和规范 | 发生违纪违规事件每次项扣3分，出现审计责任每次扣5分，巡视责任每次扣10分，违反国家法律法规每项扣20分 | | |
| 备注 | 1. 各考核指标基准分为100分，各考核类别权重合计为100%。<br>2. 涉及年度评价的指标，根据年度目标调整考评指标、权重及目标值，根据年度实施情况合理设定年度扣分值。<br>3. 发生扣分事项时，扣分最大值不超过该项考核指标基准分（100分） | | | | |

HG-MZY-013

## 各生产中心经理

<table>
<tr><th colspan="2">岗位名称</th><th>经理</th><th>所在部门</th><th colspan="2">各生产中心</th></tr>
<tr><td colspan="2">职位职级序列</td><td colspan="4">管理序列</td></tr>
<tr><td colspan="2">直接上级</td><td colspan="4">煤制油公司副总经理</td></tr>
<tr><td colspan="2">直接下级</td><td colspan="4">各生产中心副经理</td></tr>
<tr><td colspan="2" rowspan="9">岗位职责</td><td colspan="4">建立健全并落实本单位全员安全生产责任制，加强安全生产标准化建设</td></tr>
<tr><td colspan="4">组织制定并实施本单位安全生产规章制度和操作规程</td></tr>
<tr><td colspan="4">组织制订并实施本单位安全生产教育和培训计划</td></tr>
<tr><td colspan="4">保证本单位安全生产投入的有效实施</td></tr>
<tr><td colspan="4">组织建立并落实安全风险分级管控和隐患排查治理双重预防工作机制，督促、检查本单位的安全生产工作，及时消除生产安全事故隐患</td></tr>
<tr><td colspan="4">组织制订并实施本单位的生产安全事故应急救援预案</td></tr>
<tr><td colspan="4">及时、如实报告生产安全事故</td></tr>
<tr><td colspan="4">全面负责中心的安全、环保、职业卫生管理工作，定期组织参加各项安全活动</td></tr>
<tr><td colspan="4">全面负责中心人力资源调配，人员培养，掌握员工思想动态，奖金分配等工作，定期组织召开中心安全生产例会</td></tr>
<tr><td colspan="2">工作记录文档</td><td colspan="4">党建工作记录、行政管理记录、人才建设、安全管理政策落实方案等</td></tr>
<tr><th>指标类别</th><th>考核指标</th><th>考核内容</th><th>考核标准</th><th>信息来源</th><th>考核周期</th></tr>
<tr><td rowspan="5">岗位职责指标</td><td>党建管理（20分）</td><td>党建中的“三会一课”，党建融合开展达标</td><td>达标99分，每下降0.5分，扣0.1分；每增加0.5分，加0.1分</td><td>党建工作责任制考核评价指标</td><td>年度</td></tr>
<tr><td>安全环保（20分）</td><td>人员三违、业务保安落实情况通报</td><td>每月统计，每发生一次扣0.1分，每提一个建议加0.1分</td><td>公司/政府检查的通报</td><td>月度</td></tr>
<tr><td>团队合作（20分）</td><td>对外意见统一情况，团队执行力，员工举报情况</td><td>达标98分，每下降0.5分，扣0.1分；每提高0.5分，加0.1分</td><td>公司评价</td><td>季度</td></tr>
<tr><td>中心绩效（20分）</td><td>绩效考核指标</td><td>达标100分，每下降0.5分，扣0.1分；每提高0.5分，加0.1分</td><td>公司内控每月公布</td><td rowspan="2">月度</td></tr>
<tr><td>管理提升（20分）</td><td>每月管理检查，打造区域维持</td><td>每月统计，未执行一次，扣0.1分；现场提升一区域，加0.1分</td><td>每月出检查通报、公司管理提升检查</td></tr>
<tr><td>非权重指标</td><td>奖励指标</td><td>技术创新（包括科研、技改、工艺技术创新、五小成果、合理化建议等）</td><td>1. 获得国家级技术创新奖励，每项加20分；获得自治区级/省级/集团级技术创新奖励，每项加10分；获得市级/板块公司级技术创新奖励，每项加5分；获得分公司级技</td><td>公司及中心相关文本材料</td><td>年度</td></tr>
</table>

续表

| 指标类别 | 考核指标 | 考核内容 | 考核标准 | 信息来源 | 考核周期 |
|---|---|---|---|---|---|
| 非权重指标 | 奖励指标 | 技术创新（包括科研、技改、工艺技术创新、五小成果、合理化建议等） | 术创新奖励，每项加 2 分；获得中心级技术创新奖励，每项加 1 分。<br>2. 完成核心期刊论文或专利每发表一篇加 10 分 | 公司及中心相关文本材料 | 年度 |
| | 否决指标 | 安全、环保责任事故 | 发生伤害人身安全和健康，损坏设备设施，造成重大生产波动或重大经济损失的责任事故，发生环保污染责任事件，每发生一起扣 20 分 | 公司及中心相关通报 | |
| 备注 | 1. 各考核指标基准分为 100 分；各指标类别权重合计为 100%，指标类别中各考核指标占比合计为 100%。<br>2. 涉及年度评价的指标，应根据年度目标调整考评指标、权重及目标值，根据年度实施情况合理设定年度扣分值。<br>3. 发生扣分事项时，扣分最大值不超过该项考核指标基准分（100 分） | | | | |

HG–MZY–014

## 各生产中心生产副经理

| 岗位名称 | 生产副经理 | 所在部门 | 各生产中心 |
|---|---|---|---|
| 职位职级序列 | 管理序列 | | |
| 直接上级 | 中心经理 | | |
| 直接下级 | 所辖区域技术人员 | | |
| 岗位职责 | 负责组织编审管辖区域的操作手册、开工方案、开停工操作卡、工艺卡片等。检查生产运行情况，对超工艺指标情况按相关制度进行考核；指导、督促各区域按公司开停工节点计划开停工。实现各装置安、稳、长、满、优运行 | | |
| | 负责中心化工三剂管理工作，组织制订中心化工三剂年度消耗计划，检查化工三剂储存、使用情况；负责节能降耗管理，组织中心节能降耗方案的制订，监督实施 | | |
| | 负责中心员工教育培训工作；组织制订中心教育培训计划，督促落实按计划实施 | | |
| | 协助中心经理对新、改、扩建、技改项目进行管理，组织上报中心科研技改项目，审查项目设计文件；组织建设项目的水联运、试车、开车、性能考核等工作 | | |
| | 负责中心工会工作，定期组织员工创新项目、合理化建议评比工作 | | |
| 工作记录文档 | 生产记录、生产运行台账、工艺联锁台账、工艺技术月报、各类方案以及 MES 生产运营管理系统 | | |

| 指标类别 | 考核指标 | 考核内容 | 考核标准 | 信息来源 | 考核周期 |
|---|---|---|---|---|---|
| 岗位职责指标 | 安全生产管理（30 分） | 完成公司生产任务；控制非计划停工、重大生产波动事件；控制环保排放指标 | 公司指标分解；360 度考核 | 根据公司发布考核结果 | 月度 / 年度 |
| | 质量技术管理（30 分） | 控制生产工艺指标；控制产品质量；控制化工三剂消耗指标 | | | |
| | 科研技改项目管理（20 分） | 按时上报科研技改项目；组织项目设计文件审查；组织编制并实施性能考核工作 | 公司科研技改项目指标分解；360 度考核 | | |
| | 创新指标（20 分） | 落实中心职工创新、合理化建议工作 | 中心制订的工作计划；中心季度、年度工作计划完成情况统计汇总 | 根据中心年度统计结果 | 季度 / 年度 |
| 非权重指标 | 奖励指标（创新创效） | 获得公司级及以上科技类奖励或授权国家专利，或获得公司级及以上个人科技类荣誉称号 | 获得公司级科技类奖励或授权国家专利及个人科技类荣誉每次加 1 分，获得公司级以上科技类奖励或授权国家专利及个人科技类荣誉每次加 2 分 | 集团 / 公司相关业务部门 | 年度 |

续表

| 指标类别 | 考核指标 | 考核内容 | 考核标准 | 信息来源 | 考核周期 |
|---|---|---|---|---|---|
| 非权重指标 | 否决指标（安全责任事故） | 伤害人身安全和健康，或者损坏设备设施、造成经济损失的、导致原生产经营活动暂时中止或永远终止的意外事件 | 发生一起轻伤，扣 3 分；发生一起重伤，扣 5 分；发生一起死亡，考核期记 0 分 | 公司安全建康环保部 | 年度 |
| | 否决指标（生态环保） | 生态环境监测指标、环境质量指数参评因子 | 发生违规事项每次扣 3 分，出现环保责任每次扣 5 分 | 公司相关部门 | |
| 备注 | 1. 全部考核指标基准总分为 100 分。<br>2. 涉及年度评价的指标，将根据年度要求调整考评指标及目标值，根据年度实施情况合理进行考核。<br>3. 发生扣分事项时，扣分最大值不超过全部考核指标基准分（不含奖励指标） | | | | |

HG-MZY-015

## 各生产中心设备副经理

<table>
<tr><td>岗位名称</td><td colspan="2">设备副经理</td><td colspan="2">所在部门</td><td>各生产中心</td></tr>
<tr><td>职位职级序列</td><td colspan="5">管理序列</td></tr>
<tr><td>直接上级</td><td colspan="5">中心经理</td></tr>
<tr><td>直接下级</td><td colspan="5">各生产中心设备管理</td></tr>
<tr><td rowspan="5">岗位职责</td><td colspan="5">按照“一岗双责 + 监督”的原则，协助中心经理做好中心的生产管理工作，对所分管业务内的各类作业全过程风险管控负责；对所分管业务的安全、环保、职业卫生工作负责</td></tr>
<tr><td colspan="5">组织制订中心设备专业年度工作计划，监督检查各装置、专业执行情况，同时做好费用管控</td></tr>
<tr><td colspan="5">组织开展中心特种设备管理，监督检查各装置特种设备定期检验检查情况</td></tr>
<tr><td colspan="5">组织中心各装置开展技术攻关、科研技改等项目，消除设备安全隐患、推进设备专业降本增效工作</td></tr>
<tr><td colspan="5">对保运单位全面管理，监督检查各项工作执行落实情况</td></tr>
<tr><td>工作记录文档</td><td colspan="5">中心设备管理文件、年度工作计划、特种设备年度检查记录、维保单位考勤考核</td></tr>
</table>

<table>
<tr><th>指标类别</th><th>考核指标</th><th>考核内容</th><th>考核标准</th><th>信息来源</th><th>考核周期</th></tr>
<tr><td rowspan="5">岗位职责指标</td><td>党建廉政工作（30 分）</td><td>推动党建工作与生产经营有机融合，廉政工作无问题</td><td rowspan="3">公司指标分解</td><td rowspan="3">根据公司发布考核结果分解</td><td>年度</td></tr>
<tr><td>设备事故事件（20 分）</td><td>不发生设备事故事件</td><td>月度 / 年度</td></tr>
<tr><td>修理费用管控（20 分）</td><td>中心修理费的管控</td><td rowspan="2">年度</td></tr>
<tr><td>特种设备管理（15 分）</td><td>特种设备按规定使用</td><td>根据要求进行定检和年度检查，未按要求检验的，每台次扣 0.1 分</td><td>特种设备台账</td></tr>
<tr><td>保运单位管理（15 分）</td><td>保运单位人员考评和单位季度评价</td><td>根据公司管理制度文件，未按要求进行人员考评和单位季度评价的，每次扣 0.5 分</td><td>根据公司发布考核结果分解</td><td>月度 / 年度</td></tr>
<tr><td>非权重指标</td><td>奖励指标</td><td>技术创新（包括科研、技改、工艺技术创新、五小成果、合理化建议等）</td><td>1. 获得国家级技术创新奖励，每项加 20 分；获得自治区级 / 省级 / 集团级技术创新奖励，每项加 10 分；获得市级 / 板块公司级技术创新奖励，每项加 5 分；获得分公司级技术创新奖励，每项加 2 分；获得中心级技术创新奖励，每项加 1 分。<br>2. 完成核心期刊论文或专利每发表一篇加 10 分</td><td>公司及中心相关文本材料</td><td>年度</td></tr>
</table>

续表

| 指标类别 | 考核指标 | 考核内容 | 考核标准 | 信息来源 | 考核周期 |
| --- | --- | --- | --- | --- | --- |
| 非权重指标 | 否决指标 | 伤害人身安全和健康，或者造成重大经济损失的意外事件 | 发生 1 起轻伤，扣 3 分；发生一起重伤，扣 5 分；发生一起死亡，考核期记 0 分 | 安全监察局 / 公司相关通报 | 年度 |
| 备注 | 1. 各考核指标基准分为 100 分；各指标类别权重合计为 100%，指标类别中各考核指标占比合计为 100%。<br>2. 涉及年度评价的指标，应根据年度目标调整考评指标、权重及目标值，根据年度实施情况合理设定年度扣分值。<br>3. 发生扣分事项时，扣分最大值不超过该项考核指标基准分（100 分） | | | | |

HG–MZY–016

## 各生产中心安全副经理

| 岗位名称 | 安全副经理 | 所在部门 | 各生产中心 |
|---|---|---|---|
| 职位职级序列 | 管理序列 | | |
| 直接上级 | 各生产中心经理 | | |
| 直接下级 | 各生产中心安全管理 | | |
| 岗位职责 | 贯彻执行有关安全、环保、职业卫生方面的政策、法规、标准和公司的有关规章、制度、指令及工作要求，并检查监督执行落实情况；协助中心经理贯彻落实好中心安全环保、职业卫生、消气防管理工作 | | |
| | 组织或者参与拟订本中心安全生产规章制度及安全操作规程，并对其执行情况进行检查、监督 | | |
| | 组织制订本中心员工日常安全、环保、职业卫生教育和培训计划，检查、监督教育和培训计划落实情况 | | |
| | 组织或参与开展危险源辨识和评估、隐患排查，督促落实本单位重大危险源的安全管理措施及本单位安全生产整改措施 | | |
| | 组织或者参与拟订、编审本单位生产安全事故应急救援预案，并组织或参与对应急救援预案的培训、演练等工作 | | |
| | 制止和纠正违章指挥、强令冒险作业、违反操作规程的行为 | | |
| | 组织或参与对中心内发生的各类安全、环保与职业卫生事件调查、分析、评估及事故报告编审，并如实上报；对各类事件的整改措施落实情况按照“四不放过”原则进行跟踪、检查、督促落实 | | |
| 工作记录文档 | 安全积分台账、人员教育档案台账、安全培训记录、违章记录台账、隐患排查与治理台账 | | |

| 指标类别 | 考核指标 | 考核内容 | 考核标准 | 信息来源 | 考核周期 |
|---|---|---|---|---|---|
| 岗位职责指标 | 党风廉政（20分） | 推动党建工作与安全生产经营有机融合，廉洁工作 | 公司指标分解 | 根据公司发布考核结果分解 | 月度/年度 |
| | 安全（30分） | 安全教育计划执行；中心“三违”行为数量；检查问题整改 | 公司指标分解，每发生一次不到位扣0.1分 | 公司/政府检查 | |
| | 职业卫生（5分） | 职业卫生管理达标 | | | |
| | 应急与消气防（10分） | 应急与消气防工作达标 | | | |
| | 环保（10分） | 环保达标 | | 公司/政府检查通报 | |

续表

| 指标类别 | 考核指标 | 考核内容 | 考核标准 | 信息来源 | 考核周期 |
|---|---|---|---|---|---|
| 岗位职责指标 | 创新（5分） | 安环职防合理化建议及管理创新 | 建议或创新被采纳，每条项加 0.2 分 | 项目建议书及验收报告 | 年度 |
| | 中心绩效（20分） | 中心绩效考核指标 | 中心绩效考核得 100 分，个人考核得 20 分。中心绩效考核每降低 0.5 分，个人考核得分扣 0.1 分；中心绩效考核每提高 0.5 分，个人考核得分加 0.1 分，以此类推 | 公司内控每月公布 | 月度 / 年度 |
| 非权重指标 | 奖励指标 | 技术创新（包括科研、技改、工艺技术创新、五小成果、合理化建议等） | 1. 获得国家级技术创新奖励，每项加 20 分；获得自治区级 / 省级 / 集团级技术创新奖励，每项加 10 分；获得市级 / 板块公司级技术创新奖励，每项加 5 分；获得分公司级技术创新奖励，每项加 2 分；获得中心级技术创新奖励，每项加 1 分。<br>2. 完成核心期刊论文或专利每发表一篇加 10 分 | 公司及中心相关文本材料 | 年度 |
| | 否决指标 | 安全、环保责任事故 | 发生伤害人身安全和健康，损坏设备设施，造成重大生产波动或重大经济损失的责任事故，发生环保污染责任事件，每发生一起扣 20 分 | 公司及中心相关通报 | |
| 备注 | 1. 各考核指标基准分为 100 分；各指标类别权重合计为 100%，指标类别中各考核指标占比合计为 100%。<br>2. 涉及年度评价的指标，应根据年度目标调整考评指标、权重及目标值，根据年度实施情况合理设定年度扣分值。<br>3. 发生扣分事项时，扣分最大值不超过该项考核指标基准分（100 分） | | | | |

HG–MZY–017

## 各生产中心仪表管理

| 岗位名称 | 仪表管理 | 所在部门 | 各生产中心 |
|---|---|---|---|
| 职位职级序列 | 技术序列 | | |
| 直接上级 | 中心设备副经理 | | |
| 直接下级 | 中心仪表操作 | | |
| 岗位职责 | 负责装置仪表安全管理，全力配合中心开展“业务保安”，推进中心“一岗双责”，协助设备副经理做好主管业务范围内的安环职防工作；严格贯彻执行分公司安全管理制度 | | |
| | 负责中心仪表运行维护管理，制定仪表标准化管理细则，督促指导管理人员及保运班组做好巡检及日常维护工作，督促检查仪表专业定常工作，加强仪表保运管理，提高仪表保运人员现场仪表维护水平，为装置平稳运行保驾护航 | | |
| | 负责中心仪表专业化管理，制订仪表检修方案并组织实施，保证检修质量，不断提高仪表完好率，降低故障率，持续推行仪表管理提升及创新创效工作 | | |
| | 负责中心仪表技术管理工作，组织实施科研技改项目，组织实施仪表及阀门国产化项目相关工作，组织实施仪表专业有关的技术攻关工作 | | |
| | 持续学习仪表专业新知识、新技能，拓宽视野，不断提高个人履职能力，同时督促仪表专业相关人员努力提高自己，提升煤液化中心仪表专业整体履职能力。高质量完成仪表专业年度工作任务 | | |
| 工作记录文档 | 中心重点任务推进表、设备仪表专业工作表、仪表专业会议记录、仪表标准化管理细则、现场检查相关记录 | | |

| 指标类别 | 考核指标 | 考核内容 | 考核标准 | 信息来源 | 考核周期 |
|---|---|---|---|---|---|
| 岗位职责指标 | 安全环保（20分） | 安全环保事件 | 确保年度内不发生安全环保事件，出现相关事件扣2—5分，年度按月累加至20分止 | 日常管理 | 月度 |
| | 生产运行（25分） | 保证煤液化装置安全平稳运行 | 确保年度内不发生由仪表维护原因引起的装置波动，出现相关事件扣2—5分，年度按月累加至25分止 | | |
| | 设备（20分） | 做好仪表检修质量管控 | 确保不发生由于仪表检修质量导致装置波动，出现相关事件扣2—5分，年度按月累加至20分止 | | |
| | 质量技术（18分） | 做好仪表联锁管理、做好仪表科研技改工作 | 确保不发生联锁管控不到位导致的装置波动，出现相关事件扣2—5分，年度按月累加至18分止 | | |
| | 综合能力（17分） | 仪表年度工作任务完成情况，履职能力 | 按时完成中心仪表年度工作任务，确保不发生由于履职不到位现象，出现相关事件扣2—5分，年度按月累加至17分止 | 测评 | 月度/季度 |

续表

| 指标类别 | 考核指标 | 考核内容 | 考核标准 | 信息来源 | 考核周期 |
| --- | --- | --- | --- | --- | --- |
| 非权重指标 | 奖励指标 | 技术创新（包括科研、技改、工艺技术创新、五小成果、合理化建议等） | 1. 获得国家级技术创新奖励，每项加 20 分；获得自治区级 / 省级 / 集团级技术创新奖励，每项加 10 分；获得市级 / 板块公司级技术创新奖励，每项加 5 分；获得分公司级技术创新奖励，每项加 2 分；获得中心级技术创新奖励，每项加 1 分。<br>2. 完成核心期刊论文或专利每发表一篇加 10 分 | 公司及中心相关文本材料 | 年度 |
| | 否决指标 | 安全、环保责任事故 | 发生伤害人身安全和健康，损坏设备设施，造成重大生产波动或重大经济损失的责任事故，发生环保污染责任事件，每发生一起扣 10 分 | 公司相关通报 | |
| 备注 | 1. 各考核指标基准分为 100 分；各指标类别权重合计为 100%，指标类别中各考核指标占比合计为 100%。<br>2. 涉及年度评价的指标，应根据年度目标调整考评指标、权重及目标值，根据年度实施情况合理设定年度扣分值。<br>3. 发生扣分事项时，扣分最大值不超过该项考核指标基准分（100 分） | | | | |

HG–MZY–018

## 各生产中心设备管理

| 岗位名称 | 设备管理 | 所在部门 | 各生产中心 |
|---|---|---|---|
| 职位职级序列 | 技术序列 | | |
| 直接上级 | 各生产中心设备副经理 | | |
| 直接下级 | 设备管理 | | |
| 岗位职责 | 协助中心设备副经理负责中心的设备管理工作 | | |
| | 依据国家法律法规、行业规定和企业设备管理规定，协助中心设备副经理负责中心特种设备管理 | | |
| | 参与编制中心的设备检修、检验、维护计划，并组织实施 | | |
| | 依据法律法规、设计文件和竣工资料等，完成技术规程、操作手册、事故预案设备部分的修订工作 | | |
| | 依据企业保运合同和相关考核管理规定，协助中心设备副经理对保运单位进行管理、考核、考勤、培训等工作 | | |
| | 依据设计文件和相关批准文件，协助中心设备副经理负责装置工程建设、科研技改项目实施及验收工作 | | |
| | 协助设备副经理上报本中心设备大、中、小修计划，做好设备检修和验收工作 | | |
| | 严格控制设备完好率（设备完好率，装置泄漏率，仪表投用率），协助中心设备副经理组织现场管理提升工作，定期和不定期完成考核等管理工作 | | |
| | 协助设备副经理做好备品备件的统计和管理工作，合理确定库存量 | | |
| 工作记录文档 | 设备例会纪要、特种设备管理检查表、设备技术方案审批、检修计划及物资审批 | | |

| 指标类别 | 考核指标 | 考核内容 | 考核标准 | 信息来源 | 考核周期 |
|---|---|---|---|---|---|
| 岗位职责指标 | 设备日常维护及故障分析管理（25分） | 设备完好率，装置泄漏率以及关键设备故障率 | 大于98%，每下降0.5%，扣1分；每提高0.5%，加1分 | 设备月报、设备缺陷记录表、设备无渗漏工作报表 | 月度 |
| | 操作规程、技术规程编制及修订（25分） | 操作规程、技术规程的编制及修订完成情况 | 按公司/中心要求完成设备专业操作规程、技术规程的编制及修订，每按要求完成一项加1分，未完成每项扣1分 | 公司/中心发布规程编制及修订邮件 | 年度 |
| | 科研技改项目的实施及管理（25分） | 按全部项目计划节点完成施工及验收工作 | 按项目节点完成建设及验收工作，每完成一项加1分，未完成每项扣1分 | 公司项目进度表 | |
| | 现场管理提升工作（25分） | 按照公司管理提升计划项目实施 | 按照节点高标准完成，每完成一项加1分，未完成每项扣1分 | 年度管理提升实施表 | |

续表

| 指标类别 | 考核指标 | 考核内容 | 考核标准 | 信息来源 | 考核周期 |
| --- | --- | --- | --- | --- | --- |
| 非权重指标 | 奖励指标 | 技术创新（包括科研、技改、工艺技术创新、五小成果、合理化建议等） | 1. 获得国家级技术创新奖励，每项加 20 分；获得自治区级 / 省级 / 集团级技术创新奖励，每项加 10 分；获得市级 / 板块公司级技术创新奖励，每项加 5 分；获得分公司级技术创新奖励，每项加 2 分；获得中心级技术创新奖励，每项加 1 分。<br>2. 完成核心期刊论文或专利每发表一篇加 10 分 | 公司及中心相关文本材料 | 年度 |
| | 否决指标 | 安全、环保责任事故 | 发生伤害人身安全和健康，损坏设备设施，造成重大生产波动或重大经济损失的责任事故，发生环保污染责任事件，每发生一起扣 10 分 | 公司相关通报 | |
| 备注 | 1. 各考核指标基准分为 100 分；各指标类别权重合计为 100%，指标类别中各考核指标占比合计为 100%。<br>2. 涉及年度评价的指标，应根据年度目标调整考评指标、权重及目标值，根据年度实施情况合理设定年度扣分值。<br>3. 发生扣分事项时，扣分最大值不超过该项考核指标基准分（100 分） | | | | |

HG-MZY-019

## 各生产中心工艺技术管理

| 岗位名称 | 工艺技术管理 | 所在部门 | 各生产中心 |
| --- | --- | --- | --- |
| 职位职级序列 | 技术序列 | | |
| 直接上级 | 经理、生产副经理 | | |
| 直接下级 | 工艺技术管理技术人员 | | |
| 岗位职责 | 负责装置安全生产运行工作，完成生产计划，组织编写操作法、方案和相关总结 | | |
| | 负责装置质量保证，运行经济指标先进，组织编写技术规程、工艺卡片和变更事项 | | |
| | 负责装置生产过程中的安全环保工作，做好重大危险源管控，保障装置清洁生产 | | |
| | 负责装置创新创效工作，进行新技术的试验应用，做到节能降耗为生产提质创效 | | |
| | 负责装置综合管理工作，做好人员管控，保证生产服务相关事务的精益管理 | | |
| 工作记录文档 | 生产年报月报、物料平衡表、能耗报表、经济活动分析、五型班组考核及 MES 生产运营系统 | | |

| 指标类别 | 考核指标 | 考核内容 | 考核标准 | 信息来源 | 考核周期 |
| --- | --- | --- | --- | --- | --- |
| 岗位职责指标 | 生产运行（30 分） | 装置加工的煤粉吨数；装置加工的外购油吨数 | 完成月计划，每超 1000 吨加 2 分，每降 1000 吨扣 2 分，最高加扣 6 分 | 物料平衡生产部数据 | 月度 |
| | 质量技术（30 分） | 装置生产的液化油吨数；装置生产油品吨数 | 每超 1000 吨加 2 分，每降 1000 吨扣 2 分，最高加扣 6 分 | | |
| | 安全环保（20 分） | 装置运行发生的安全环保事故次数；吨催化剂产废水 | 1. 公司级事故扣 20 分；中心级：普通事故扣 5 分，一般事故扣 8 分，较大事故扣 10 分，重大事故扣 15 分；装置事件扣 3 分。<br>2. 吨催化剂产废水不超过 2.42 吨 / 吨，每超 1% 扣 1 分，每降 1% 加 1 分，最高扣 2 分 | 公司、中心和装置事故通报，生产部数据 | |
| | 创新创效（10 分） | 装置运行能耗 | 完成月度计划，每超 3% 扣 1 分，每降 3% 加 1 分，最高加扣 2 分 | 能耗报表生产部数据 | |
| | 综合管理（10 分） | 绩效测评 | 成绩：优秀，加 2 分；<br>良好，加 1 分；<br>成绩倒数 2 名，扣 2 分 | 绩效测评成绩 | 季度 |
| 非权重指标 | 奖励指标 | 技术创新（包括科研、技改、工艺技术创新、五小成果、合理化建议等） | 1. 获得国家级技术创新奖励，每项加 20 分；获得自治区级 / 省级 / 集团级技术创新奖励，每项加 10 分；获得市级 / 板块公司级技术创新奖励，每项加 5 分；获得分公司级技术创新奖励，每项加 2 分；获得中心级技术创新奖励，每项加 1 分。<br>2. 完成核心期刊论文或专利每发表一篇加 10 分 | 公司及中心相关文本材料 | 年度 |

续表

| 指标类别 | 考核指标 | 考核内容 | 考核标准 | 信息来源 | 考核周期 |
|---|---|---|---|---|---|
| 非权重指标 | 否决指标 | 安全、环保责任事故 | 发生伤害人身安全和健康，损坏设备设施，造成重大生产波动或重大经济损失的责任事故，发生环保污染责任事件，每发生一起扣 20 分 | 公司及中心相关通报 | 年度 |
| 备注 | 1. 各考核指标基准分为 100 分；各指标类别权重合计为 100%，指标类别中各考核指标占比合计为 100%。<br>2. 涉及年度评价的指标，应根据年度目标调整考评指标、权重及目标值，根据年度实施情况合理设定年度扣分值。<br>3. 发生扣分事项时，扣分最大值不超过该项考核指标基准分（100 分） | | | | |

HG-MZY-020

## 各生产中心电气管理

| 岗位名称 | 电气管理 | 所在部门 | 各生产中心 |
|---|---|---|---|
| 职位职级序列 | 技术序列 | | |
| 直接上级 | 设备副经理 | | |
| 直接下级 | 装置电气技术管理 | | |
| 岗位职责 | 协助中心设备副经理负责中心电气专业运行及安全管理 | | |
| | 协助中心设备副经理负责中心电气保运人员管理 | | |
| | 协助中心设备副经理负责中心电气管理细则的修订和完善，固定资产的使用、维修、报废 | | |
| | 协助中心设备副经理负责中心电气设备的正确使用，精心维护，科学检修和配件修造四个环节的工作 | | |
| | 协助中心设备副经理负责中心电气事故的调查分析和处理，坚持“四不放过”原则 | | |
| | 协助中心设备副经理负责中心电气类方案等的审核 | | |
| 工作记录文档 | 中心机电仪记录、台账、报表以及设备综合管理系统 | | |

| 指标类别 | 考核指标 | 考核内容 | 考核标准 | 信息来源 | 考核周期 |
|---|---|---|---|---|---|
| 岗位职责指标 | 体系审核（20分） | 分公司季度体系审核 | 按生产单位排名计，第一名加2分，第二名加1分，第四名减1分，第五名减2分 | 分公司季度体系审核结果 | 季度 |
| | 电气故障（20分） | 电气设备故障 | 未达到责任非停及重大生产波动的故障小于等于1次，每超一次扣1分，最高扣10分 | 中心机电仪故障统计 | 月度 |
| | 现场电气管理（20分） | 现场电气作业管理提升及文明施工 | 机动部检查通报，通报奖励每条加2分，不合格每条扣1分 | 机动部检查通报 | |
| | 电气计划管控（20分） | 电气修理费、计划及结算管控 | 机动部检查通报，通报不合格每条扣1分 | | |
| | 电气检查（20分） | 各级检查电气问题 | 检查通报，上级公司（包括政府）检查问题不合格每条扣0.4分；分公司检查不合格每条扣0.2分 | 检查通报 | |
| 非权重指标 | 奖励指标 | 重要技改、隐患治理、国产化等 | 每完成一项技改、隐患治理、国产化等任务，加10分；每实现一项创新创效任务加10分 | 公司及中心相关文本材料 | 年度 |
| | 否决指标 | 伤害人身安全和健康，或者造成重大经济损失的意外事件 | 发生一起轻伤，扣3分；发生一起重伤，扣5分；发生一起死亡，考核期记0分 | 安全监察局/公司相关通报 | |
| 备注 | 1. 各考核指标基准分为100分；各指标类别权重合计为100%，指标类别中各考核指标占比合计为100%。<br>2. 涉及年度评价的指标，应根据年度目标调整考评指标、权重及目标值，根据年度实施情况合理设定年度扣分值。<br>3. 发生扣分事项时，扣分最大值不超过该项考核指标基准分（100分） | | | | |

HG-MZY-021

## 各生产中心班长

| 岗位名称 | 班长 | 所在部门 | 各生产中心 |
|---|---|---|---|
| 职位职级序列 | 技能序列 | | |
| 直接上级 | 工艺管理、设备管理 | | |
| 直接下级 | 主操副操 | | |
| 岗位职责 | 负责组织本班生产，全面完成中心下达的安全生产要求 | | |
| | 负责监督、检查本班组工艺纪律、安全操作规程、生产操作记录及产品质量情况 | | |
| | 负责当班期间的班组各项管理工作，协调组织班组应急处理 | | |
| | 负责对当班期间区域内直接作业全过程进行风险管控 | | |
| | 负责班组人员的调配、排班、考勤，班组建设及新进员工的技术培训 | | |
| 工作记录文档 | 生产记录、台账、报表、各类方案以及 MES 生产运营管理系统 | | |

| 指标类别 | 考核指标 | 考核内容 | 考核标准 | 信息来源 | 考核周期 |
|---|---|---|---|---|---|
| 岗位职责指标 | 单位产品综合能耗（10 分） | 吨氢综合能耗 | 完成月计划分解指标，每减少 1% 加 0.5 分，每增加 1% 扣 0.5 分 | 装置发布月度经济技术考核台账 | 月度 |
| | 产品产量（15 分） | 氢气产量 | 完成月计划分解指标，每减少 1% 扣 0.5 分，每增加 1% 加 0.5 分 | | |
| | 产品质量（10 分） | 合成气有效含量<br>粉煤粒度 | 月度平均达 99.5%，每减少 1% 扣 0.5 分，每增加 1% 加 0.5 分 | LIMS 实验室信息管理系统月度平均值 | |
| | 操作平稳率管理（10 分） | 对影响装置安全、稳定、经济运行的关键参数进行监管 | 月度平均达 97%，每减少 1% 扣 0.5 分，每增加 1% 加 0.5 分 | DCS 分散控制系统统计结果 | |
| | 装置异常波动或非停（10 分） | 重大生产波动、非停 | 本班发生重大生产波动每次扣 1 分，非停每次扣 1.5 分 | 装置运行记录 | |
| | 安全环保职业卫生设备完好（10 分） | 发生安全环保、职业卫生、设备损坏事件、事故或未遂事件、事故 | 本班每发生一次事故扣 5 分，未遂事故扣 1 分 | 事故、事件记录台账 | |
| | 管理提升（15 分） | 装置现场脏乱差等问题 | 发生在本班责任区域内，公司部门及上级单位一次检查出 5 条以上问题扣 1 分，中心一次检查出 10 条以上问题扣 1 分 | 管理提升检查通报 | |
| | 创新创效（10 分） | 工艺技术优化、合理化建议、创新项目 | 本班人员提出，中心立项的每项加 0.5 分 | 立项建议书及完成验收报告 | |

续表

| 指标类别 | 考核指标 | 考核内容 | 考核标准 | 信息来源 | 考核周期 |
|---|---|---|---|---|---|
| 岗位职责指标 | 综合管理（10分） | 班组团队建设及工作任务执行情况 | 年终绩效考评标准，根据职责分配及权重进行评分，以百分制汇总出总成绩 | 年终绩效考评成绩 | 年度 |
| 非权重指标 | 奖励指标 | 技术创新（包括工艺技术创新、五小成果、合理化建议等） | 1. 获得国家级技术创新奖励，每项加20分；获得自治区级/省级/集团级技术创新奖励，每项加10分；获得市级/板块公司级技术创新奖励，每项加5分；获得分公司级技术创新奖励，每项加2分；获得中心级技术创新奖励，每项加1分。<br>2. 完成核心期刊论文或专利每发表一篇加10分 | 公司及中心相关文本材料 | |
| | 否决指标 | 安全、环保责任事故 | 发生伤害人身安全和健康，损坏设备设施，造成重大生产波动或重大经济损失的责任事故，发生环保污染责任事件，每发生一起扣20分 | 公司及中心相关通报 | |
| 备注 | 1. 各考核指标基准分为100分；各指标类别权重合计为100%，指标类别中各考核指标占比合计为100%。<br>2. 涉及年度评价的指标，应根据年度目标调整考评指标、权重及目标值，根据年度实施情况合理设定年度扣分值。<br>3. 发生扣分事项时，扣分最大值不超过该项考核指标基准分（100分） | | | | |

HG-MZY-022

## 备煤工艺技术管理

<table>
<tr><td>岗位名称</td><td>备煤工艺技术管理</td><td>所在部门</td><td colspan="3">煤液化生产中心</td></tr>
<tr><td>职位职级序列</td><td colspan="5">技术序列</td></tr>
<tr><td>直接上级</td><td colspan="5">副经理、工艺技术管理</td></tr>
<tr><td>直接下级</td><td colspan="5">班组长</td></tr>
<tr><td rowspan="5">岗位职责</td><td colspan="5">负责备煤单元、固体物料输送、高硫煤堆场、油渣成型单元安全生产管理工作</td></tr>
<tr><td colspan="5">负责劳务派遣工管理，协调管理洗煤厂工作</td></tr>
<tr><td colspan="5">负责备煤装置日报、生产技术月报台账、变更管理、技术规程、操作手册等相关技术文件的编写</td></tr>
<tr><td colspan="5">负责备煤装置装置人员培训工作，组织收集装置区域的运行优化和调整建议</td></tr>
<tr><td colspan="5">负责备煤装置班组人员考勤、请销假、岗位竞聘、技能鉴定、绩效考核等相关工作</td></tr>
<tr><td>工作记录文档</td><td colspan="5">生产年报月报、物料平衡表、能耗报表、经济活动分析、五型班组考核及 MES 生产运营系统</td></tr>
<tr><td>指标类别</td><td>考核指标</td><td>考核内容</td><td>考核标准</td><td>信息来源</td><td>考核周期</td></tr>
<tr><td rowspan="5">岗位职责指标</td><td>生产运行（30 分）</td><td>备煤装置加工的煤粉吨数；油渣成型装置生产的煤液化沥青原料吨数</td><td>完成月计划，每超 1000 吨加 2 分，每降 1000 吨扣 2 分，最高加扣 6 分</td><td>物料平衡生产部数据</td><td rowspan="4">月度</td></tr>
<tr><td>质量技术（30 分）</td><td>备煤煤粉粒度满足生产指标</td><td>粒度小于等于 74μm，占比大于等于 80%；粒度小于等于 210μm，占比大于等于 99.9%，不满足标准的按点考核，每次扣 1 分，不满足标准的按点考核，每次扣 1 分</td><td>LIMS 实验室信息管理系统</td></tr>
<tr><td>安全环保（20 分）</td><td>备煤装置运行发生的安全环保事故次数</td><td>安全环保事故次数为 0，按照事故级别，依据中心事故考核细则执行</td><td>公司、中心和装置事故通报</td></tr>
<tr><td>创新创效（10 分）</td><td>液化备煤综合能耗</td><td>完成月度计划，每超 3% 扣 1 分，每降 3% 加 1 分，最高加扣 2 分</td><td>能耗报表生产部数据</td></tr>
<tr><td>综合管理（10 分）</td><td>绩效测评</td><td>成绩：优秀，加 2 分；<br>良好，加 1 分；<br>成绩倒数 2 名，扣 2 分</td><td>绩效测评成绩</td><td>季度</td></tr>
<tr><td>非权重指标</td><td>奖励指标</td><td>技术创新（包括科研、技改、工艺技术创新、五小成果、合理化建议等）</td><td>1. 获得国家级技术创新奖励，每 1 项加 20 分；获得自治区级 / 省级 / 集团级技术创新奖励，每 1 项加 10 分；获得市级 / 板块公司级技术创新奖励，每 1 项加 5 分；获得分公司级技术创新奖励，每 1 项加 2 分；获得中心级技术创新奖励，每 1 项加 1 分。<br>2. 完成核心期刊论文或专利每发表 1 篇加 10 分</td><td>公司及中心相关文本材料</td><td>年度</td></tr>
</table>

续表

| 指标类别 | 考核指标 | 考核内容 | 考核标准 | 信息来源 | 考核周期 |
|---|---|---|---|---|---|
| 非权重指标 | 否决指标 | 安全、环保责任事故 | 发生伤害人身安全和健康，损坏设备设施，造成重大生产波动或重大经济损失的责任事故，发生环保污染责任事件，每发生一起扣 20 分 | 公司及中心相关通报 | 年度 |
| 备注 | 1. 各考核指标基准分为 100 分；各指标类别权重合计为 100%，指标类别中各考核指标占比合计为 100%。<br>2. 涉及年度评价的指标，应根据年度目标调整考评指标、权重及目标值，根据年度实施情况合理设定年度扣分值。<br>3. 发生扣分事项时，扣分最大值不超过该项考核指标基准分（100 分） | | | | |

HG-MZY-023

## 备煤设备管理

<table>
<tr><th>岗位名称</th><th colspan="2">备煤设备管理</th><th colspan="2">所在部门</th><th>煤液化生产中心</th></tr>
<tr><td>职位职级序列</td><td colspan="5">技术序列</td></tr>
<tr><td>直接上级</td><td colspan="5">设备业务经理 / 副经理</td></tr>
<tr><td>直接下级</td><td colspan="5">班长</td></tr>
<tr><td rowspan="10">岗位职责</td><td colspan="5">负责所管辖区域的设备安全管理，负责所管辖区域及专业“业务保安落地执行”</td></tr>
<tr><td colspan="5">负责编制所管辖区域设备操作日常维护保养、检修、故障处理、大小修、备件申报、检验检测等技术管理工作</td></tr>
<tr><td colspan="5">负责编制所管辖区域设备操作安全技术规程及管理制度</td></tr>
<tr><td colspan="5">负责建立健全各种设备台账及设备档案、储备定额的填写、修订工作</td></tr>
<tr><td colspan="5">负责所管区域的特种设备管理、检测，转动设备的润滑管理工作</td></tr>
<tr><td colspan="5">负责装置内施工和保运单位的人员考勤、培训等日常管理工作</td></tr>
<tr><td colspan="5">定期深入现场检查设备安全运行情况，发现事故隐患及时整改</td></tr>
<tr><td colspan="5">制止和纠正违章指挥、强令冒险作业、违反操作规程的行为</td></tr>
<tr><td colspan="5">参与新建、扩建、改建工程设计审查、竣工验收</td></tr>
<tr><td colspan="5">执行落实本岗位、责任区安全、环保、职业卫生、消气防管理工作</td></tr>
<tr><td>工作记录文档</td><td colspan="5">设备台账、设备联锁台账、特种设备台账、储备定额台账、防泄漏记录文档、特种设备检查记录文档、机泵切换文档、降本增效记录文档</td></tr>
<tr><th>指标类别</th><th>考核指标</th><th>考核内容</th><th>考核标准</th><th>信息来源</th><th>考核周期</th></tr>
<tr><td rowspan="5">岗位职责指标</td><td>设备大修（25 分）</td><td>检修工期及质量</td><td>1. 设备检维修工期完成情况，每提前一天完成设备检修，加 0.5 分；每滞后一天，扣 0.5 分。<br>2. 检修质量是否达标，因检修质量不达标造成的重复检修或带病运行，每一项扣 0.5 分</td><td>中心检修总结</td><td>年度</td></tr>
<tr><td>设备日常维护保养（20 分）</td><td>设备日常检查维护保养</td><td>是否按要求完成日常检查维护保养记录，未按要求完成，每次扣 0.1 分；按要求全部完成，每次加 0.1 分</td><td>公司体系检查通报</td><td>季度</td></tr>
<tr><td>安全环保（20 分）</td><td>因设备管理问题发生的安全及环保事件；业务保安不落实</td><td>是否发生因设备管理问题发生的安全及环保事件；是否发生因业务保安不落实被各级检查通报，每发生一次扣 0.2 分，全年没有发生加 0.4 分</td><td>政府 / 公司检查通报</td><td rowspan="2">年度</td></tr>
<tr><td>创新攻关（18 分）</td><td>新建、改建、扩建及科研技改项目履职情况</td><td>新建、改建、扩建及科研技改项目能否履职，每完成一项加 0.5 分；因履职不到位项目未及时竣工验收并结题，每项扣 0.5 分</td><td>工程部发布的项目节点</td></tr>
<tr><td>综合能力（17 分）</td><td>履职能力、工作任务、创新创效、党政工团、定性测评等中心任务完成情况</td><td>是否能按时、高质量完成中心布置的各项工作任务，中心季度测评优秀加 0.5 分，良好加 0.2 分，排在后 5 名扣 0.2 分</td><td>中心季度测评成绩</td><td>季度</td></tr>
</table>

续表

| 指标类别 | 考核指标 | 考核内容 | 考核标准 | 信息来源 | 考核周期 |
| --- | --- | --- | --- | --- | --- |
| 非权重指标 | 奖励指标 | 技术创新（包括科研、技改、工艺技术创新、五小成果、合理化建议等） | 1. 获得国家级技术创新奖励，每项加 20 分；获得自治区级 / 省级 / 集团级技术创新奖励，每项加 10 分；获得市级 / 板块公司级技术创新奖励，每项加 5 分；获得分公司级技术创新奖励，每项加 2 分；获得中心级技术创新奖励，每项加 1 分。<br>2. 完成核心期刊论文或专利每发表一篇加 10 分 | 公司及中心相关文本材料 | 年度 |
| | 否决指标 | 安全、环保责任事故 | 发生伤害人身安全和健康，损坏设备设施，造成重大生产波动或重大经济损失的责任事故，发生环保污染责任事件，每发生一起扣 10 分 | 公司相关通报 | |
| 备注 | 1. 各考核指标基准分为 100 分；各指标类别权重合计为 100%，指标类别中各考核指标占比合计为 100%。<br>2. 涉及年度评价的指标，应根据年度目标调整考评指标、权重及目标值，根据年度实施情况合理设定年度扣分值。<br>3. 发生扣分事项时，扣分最大值不超过该项考核指标基准分（100 分） | | | | |

HG-MZY-024

## 备煤主操副操

<table>
<tr><th>岗位名称</th><th colspan="3">备煤主操副操</th><th>所在部门</th><th>煤液化生产中心</th></tr>
<tr><td>职位职级序列</td><td colspan="5">技能序列</td></tr>
<tr><td>直接上级</td><td colspan="5">班长 / 副班长</td></tr>
<tr><td>直接下级</td><td colspan="5">——</td></tr>
<tr><td rowspan="5">岗位职责</td><td colspan="5">严格按照工艺技术规程和操作手册控制好装置工艺参数</td></tr>
<tr><td colspan="5">负责本装置的安全平稳运行，认真填写各项记录数据</td></tr>
<tr><td colspan="5">认真执行班长下达的各项指令，服从班长的指挥，严格执行交接班制度</td></tr>
<tr><td colspan="5">参加各项安全、技术培训活动、应急演练</td></tr>
<tr><td colspan="5">控制装置各项进出物料的平衡及产品质量</td></tr>
<tr><td>工作记录文档</td><td colspan="5">岗位交接班记录本、联锁作业票据、仪表维修作业票据、岗位巡检记录本以及 MES 生产运营管理系统</td></tr>
<tr><th>指标类别</th><th>考核指标</th><th>考核内容</th><th>考核标准</th><th>信息来源</th><th>考核周期</th></tr>
<tr><td rowspan="4">岗位职责指标</td><td>生产控制（40 分）</td><td>当班期间运行平稳情况，相关记录完整情况</td><td>安全环保 0 事件，五型班组考核</td><td>公司及中心检查通报</td><td rowspan="4">月度</td></tr>
<tr><td>质量控制（30 分）</td><td>当班产品质量管控情况</td><td>达到 95%，五型班组考核</td><td rowspan="2">中心管理</td></tr>
<tr><td>异常处置（20 分）</td><td>当班异常情况处置情况</td><td>及时发现异常，果断处置，五型班组考核</td></tr>
<tr><td>现场管理（10 分）</td><td>控制室卫生维持情况</td><td>每天进行现场卫生清理并交接班，五型班组考核</td><td>中心检查</td></tr>
<tr><td rowspan="2">非权重指标</td><td>奖励指标</td><td>技术创新（包括工艺技术创新、五小成果、合理化建议等）</td><td>1. 获得国家级技术创新奖励，每项加 20 分；获得自治区级 / 省级 / 集团级技术创新奖励，每项加 10 分；获得市级 / 板块公司级技术创新奖励，每项加 5 分；获得分公司级技术创新奖励，每项加 2 分；获得中心级技术创新奖励，每项加 1 分。<br>2. 完成核心期刊论文或专利每发表一篇加 10 分</td><td>公司及中心相关文本材料</td><td rowspan="2">年度</td></tr>
<tr><td>否决指标</td><td>安全、环保责任事故</td><td>发生伤害人身安全和健康，损坏设备设施，造成重大生产波动或重大经济损失的责任事故，发生环保污染责任事件，每发生一起扣 20 分</td><td>公司及中心相关通报</td></tr>
<tr><td>备注</td><td colspan="5">1. 各考核指标基准分为 100 分；各指标类别权重合计为 100%，指标类别中各考核指标占比合计为 100%。<br>2. 涉及年度评价的指标，应根据年度目标调整考评指标、权重及目标值，根据年度实施情况合理设定年度扣分值。<br>3. 发生扣分事项时，扣分最大值不超过该项考核指标基准分（100 分）</td></tr>
</table>

HG-MZY-025

## 催化剂制备工艺技术管理

| 岗位名称 | 催化剂制备工艺技术管理 | 所在部门 | 煤液化生产中心 |
|---|---|---|---|
| 职位职级序列 | 技术序列 | | |
| 直接上级 | 副经理、工艺技术管理 | | |
| 直接下级 | 班组长 | | |
| 岗位职责 | 负责煤浆制备、催化剂制备、催化剂过滤、催化剂一段干燥、催化剂二段干燥及粉碎、气力输送工序的安全生产等工作 | | |
| | 负责催化剂制备单元产品质量管控 | | |
| | 负责催化剂制备装置日报、生产技术月报台账、变更管理、技术规程、操作手册等相关技术文件的编写 | | |
| | 负责催化剂制备装置装置人员培训工作，组织收集装置区域的运行优化和调整建议 | | |
| | 负责催化剂制备装置班组人员考勤、请销假、岗位竞聘、技能鉴定、绩效考核等相关工作 | | |
| 工作记录文档 | 生产年报月报、物料平衡表、能耗报表、经济活动分析、五型班组考核及MES生产运营系统 | | |

| 指标类别 | 考核指标 | 考核内容 | 考核标准 | 信息来源 | 考核周期 |
|---|---|---|---|---|---|
| 岗位职责指标 | 生产运行（30分） | 催化剂装置加工的催化剂吨数 | 完成月计划，每超1000吨加2分，每降1000吨扣2分，最高加扣6分 | 物料平衡生产部数据 | 月度 |
| | 质量技术（30分） | 催化剂铁含量满足生产指标 | 5.3%—6.5%，不满足标准的按点考核，每次扣1分 | LIMS实验室信息管理系统 | |
| | 安全环保（20分） | 装置运行发生的安全环保事故次数；吨催化剂产废水 | 1. 安全环保事故次数为0；公司级事故扣20分；中心级：普通事故扣5分，一般事故扣8分，较大事故扣10分，重大事故扣15分，装置事故扣3分。<br>2. 吨催化剂产废水不超过2.42吨/吨，每超1%扣1分，每降1%加1分，最高加扣2分 | 公司、中心和装置事故通报，生产部数据 | |
| | 创新创效（10分） | 催化剂制备综合能耗 | 完成月度计划，每超3%扣1分，每降3%加1分，最高加扣2分 | 能耗报表生产部数据 | |
| | 综合管理（10分） | 绩效测评 | 成绩：优秀，加2分；<br>良好，加1分；<br>成绩倒数2名，扣2分 | 绩效测评成绩 | 季度 |

续表

| 指标类别 | 考核指标 | 考核内容 | 考核标准 | 信息来源 | 考核周期 |
|---|---|---|---|---|---|
| 非权重指标 | 奖励指标 | 技术创新（包括科研、技改、工艺技术创新、五小成果、合理化建议等） | 1. 获得国家级技术创新奖励，每项加 20 分；获得自治区级 / 省级 / 集团级技术创新奖励，每项加 10 分；获得市级 / 板块公司级技术创新奖励，每项加 5 分；获得分公司级技术创新奖励，每项加 2 分；获得中心级技术创新奖励，每项加 1 分。<br>2. 完成核心期刊论文或专利每发表一篇加 10 分 | 公司及中心相关文本材料 | 年度 |
| | 否决指标 | 安全、环保责任事故 | 发生伤害人身安全和健康，损坏设备设施，造成重大生产波动或重大经济损失的责任事故，发生环保污染责任事件，每发生一起扣 20 分 | 公司及中心相关通报 | |
| 备注 | 1. 各考核指标基准分为 100 分；各指标类别权重合计为 100%，指标类别中各考核指标占比合计为 100%。<br>2. 涉及年度评价的指标，应根据年度目标调整考评指标、权重及目标值，根据年度实施情况合理设定年度扣分值。<br>3. 发生扣分事项时，扣分最大值不超过该项考核指标基准分（100 分） | | | | |

HG–MZY–026

## 催化剂制备设备管理

<table>
<tr><td>岗位名称</td><td>催化剂制备设备管理</td><td>所在部门</td><td>煤液化生产中心</td></tr>
<tr><td>职位职级序列</td><td colspan="3">技术序列</td></tr>
<tr><td>直接上级</td><td colspan="3">设备业务经理 / 副经理</td></tr>
<tr><td>直接下级</td><td colspan="3">班长</td></tr>
<tr><td rowspan="10">岗位职责</td><td colspan="3">负责所管辖区域的设备安全管理，负责所管辖区域及专业“业务保安”落地执行</td></tr>
<tr><td colspan="3">负责编制所管辖区域设备操作日常维护保养、检修、故障处理、大小修、备件申报、检验检测等技术管理工作</td></tr>
<tr><td colspan="3">负责编制所管辖区域设备操作安全技术规程及管理制度</td></tr>
<tr><td colspan="3">负责建立健全各种设备台账及设备档案、储备定额的填写、修订工作</td></tr>
<tr><td colspan="3">负责所管区域的特种设备管理、检测，转动设备的润滑管理工作</td></tr>
<tr><td colspan="3">负责装置内施工和保运单位的人员考勤、培训等日常管理工作</td></tr>
<tr><td colspan="3">定期深入现场检查设备安全运行情况，发现事故隐患及时整改</td></tr>
<tr><td colspan="3">制止和纠正违章指挥、强令冒险作业、违反操作规程的行为</td></tr>
<tr><td colspan="3">参与新建、扩建、改建工程设计审查、竣工验收</td></tr>
<tr><td colspan="3">执行落实本岗位、责任区安全、环保、职业卫生、消气防管理工作</td></tr>
<tr><td>工作记录文档</td><td colspan="3">设备台账、设备联锁台账、特种设备台账、储备定额台账、防泄漏记录文档、特种设备检查记录文档、机泵切换文档、降本增效记录文档</td></tr>
</table>

<table>
<tr><th>指标类别</th><th>考核指标</th><th>考核内容</th><th>考核标准</th><th>信息来源</th><th>考核周期</th></tr>
<tr><td rowspan="5">岗位职责指标</td><td>设备大修（25 分）</td><td>检修工期及质量</td><td>1. 设备检维修工期完成情况，每提前一天完成，加 0.5 分，每滞后一天，扣 0.5 分；<br>2. 检修质量是否达标，因检修质量不达标造成的重复检修或带病运行，每项扣 0.5 分</td><td>中心检修总结</td><td>年度</td></tr>
<tr><td>设备日常维护保养（20 分）</td><td>设备日常检查维护保养</td><td>是否按要求完成日常检查维护保养记录，未按要求完成，每次扣 0.1 分；按要求全部完成，每次加 0.1 分</td><td>公司体系检查通报</td><td>季度</td></tr>
<tr><td>安全环保（20 分）</td><td>因设备管理问题发生的安全及环保事件；业务保安不落实</td><td>是否发生因设备管理问题发生的安全及环保事件；是否发生因业务保安不落实被各级检查通报，每发生一次扣 0.2 分，全年没有发生加 0.4 分</td><td>政府 / 公司检查通报</td><td rowspan="2">年度</td></tr>
<tr><td>创新攻关（18 分）</td><td>新建、改建、扩建及科研技改项目履职情况</td><td>新建、改建、扩建及科研技改项目能否履职，每完成一项加 0.5 分；因履职不到位项目未及时竣工验收并结题，每项扣 0.5 分</td><td>工程部发布的项目节点</td></tr>
<tr><td>综合能力（17 分）</td><td>履职能力、工作任务、创新创效、党政工团、定性测评等中心任务完成情况</td><td>是否能按时、高质量完成中心布置的各项工作任务，中心季度测评优秀加 0.5 分，良好加 0.2 分，排在后 5 名扣 0.2 分</td><td>中心季度测评成绩</td><td>季度</td></tr>
</table>

续表

| 指标类别 | 考核指标 | 考核内容 | 考核标准 | 信息来源 | 考核周期 |
|---|---|---|---|---|---|
| 非权重指标 | 奖励指标 | 技术创新（包括科研、技改、工艺技术创新、五小成果、合理化建议等） | 1. 获得国家级技术创新奖励，每项加 20 分；获得自治区级 / 省级 / 集团级技术创新奖励，每项加 10 分；获得市级 / 板块公司级技术创新奖励，每项加 5 分；获得分公司级技术创新奖励，每项加 2 分；获得中心级技术创新奖励，每项加 1 分。<br>2. 完成核心期刊论文或专利每发表一篇加 10 分 | 公司及中心相关文本材料 | 年度 |
| | 否决指标 | 安全、环保责任事故 | 发生伤害人身安全和健康，损坏设备设施，造成重大生产波动或重大经济损失的责任事故，发生环保污染责任事件，每发生一起扣 10 分 | 公司相关通报 | |
| 备注 | 1. 各考核指标基准分为 100 分；各指标类别权重合计为 100%，指标类别中各考核指标占比合计为 100%。<br>2. 涉及年度评价的指标，应根据年度目标调整考评指标、权重及目标值，根据年度实施情况合理设定年度扣分值。<br>3. 发生扣分事项时，扣分最大值不超过该项考核指标基准分（100 分） | | | | |

HG-MZY-027

## 催化剂制备主操副操

<table>
<tr><th>岗位名称</th><th colspan="3">催化剂制备主操副操</th><th>所在部门</th><th>煤液化生产中心</th></tr>
<tr><td>职位职级序列</td><td colspan="5">技能序列</td></tr>
<tr><td>直接上级</td><td colspan="5">班长</td></tr>
<tr><td>直接下级</td><td colspan="5">——</td></tr>
<tr><td rowspan="5">岗位职责</td><td colspan="5">严格按照工艺技术规程和操作手册控制好装置工艺参数</td></tr>
<tr><td colspan="5">负责本装置的安全平稳运行，认真填写各项记录数据</td></tr>
<tr><td colspan="5">认真执行班长下达的各项指令，服从班长的指挥，严格执行交接班制度</td></tr>
<tr><td colspan="5">参加各项安全、技术培训活动、应急演练</td></tr>
<tr><td colspan="5">控制装置各项进出物料的平衡及产品质量</td></tr>
<tr><td>工作记录文档</td><td colspan="5">岗位交接班记录本、联锁作业票据、仪表维修作业票据、岗位巡检记录本以及 MES 生产运营管理系统</td></tr>
<tr><th>指标类别</th><th>考核指标</th><th>考核内容</th><th>考核标准</th><th>信息来源</th><th>考核周期</th></tr>
<tr><td rowspan="4">岗位职责指标</td><td>生产控制（40 分）</td><td>当班期间运行平稳情况，相关记录完整情况</td><td>安全环保 0 事件，五型班组考核</td><td>公司及中心检查通报</td><td rowspan="4">月度</td></tr>
<tr><td>质量控制（30 分）</td><td>当班产品质量管控情况</td><td>达到 95%，五型班组考核</td><td rowspan="2">中心管理</td></tr>
<tr><td>异常处置（20 分）</td><td>当班异常情况处置情况</td><td>及时发现异常，果断处置，五型班组考核</td></tr>
<tr><td>现场管理（10 分）</td><td>控制室卫生维持情况</td><td>每天进行现场卫生清理并交接班，五型班组考核</td><td>中心检查</td></tr>
<tr><td rowspan="2">非权重指标</td><td>奖励指标</td><td>技术创新（包括工艺技术创新、五小成果、合理化建议等）</td><td>1. 获得国家级技术创新奖励，每项加 20 分；获得自治区级 / 省级 / 集团级技术创新奖励，每项加 10 分；获得市级 / 板块公司级技术创新奖励，每项加 5 分；获得分公司级技术创新奖励，每项加 2 分；获得中心级技术创新奖励，每项加 1 分。<br>2. 完成核心期刊论文或专利每发表一篇加 10 分</td><td>公司及中心相关文本材料</td><td rowspan="2">年度</td></tr>
<tr><td>否决指标</td><td>安全、环保责任事故</td><td>发生伤害人身安全和健康，损坏设备设施，造成重大生产波动或重大经济损失的责任事故，发生环保污染责任事件，每发生一起扣 20 分</td><td>公司及中心相关通报</td></tr>
<tr><td>备注</td><td colspan="5">1. 各考核指标基准分为 100 分；各指标类别权重合计为 100%，指标类别中各考核指标占比合计为 100%。<br>2. 涉及年度评价的指标，应根据年度目标调整考评指标、权重及目标值，根据年度实施情况合理设定年度扣分值。<br>3. 发生扣分事项时，扣分最大值不超过该项考核指标基准分（100 分）</td></tr>
</table>

HG-MZY-028

## 煤液化反应工艺技术管理

<table>
<tr><td>岗位名称</td><td colspan="2">煤液化反应工艺技术管理</td><td>所在部门</td><td colspan="2">煤液化生产中心</td></tr>
<tr><td>职位职级序列</td><td colspan="5">技术序列</td></tr>
<tr><td>直接上级</td><td colspan="5">副经理、工艺技术管理</td></tr>
<tr><td>直接下级</td><td colspan="5">班组长</td></tr>
<tr><td rowspan="5">岗位职责</td><td colspan="5">负责煤浆制备工段、反应工段及机组的安全生产工作</td></tr>
<tr><td colspan="5">负责煤液化反应装置重大危险源的安全管理</td></tr>
<tr><td colspan="5">负责煤液化反应装置日报、生产技术月报台账、变更管理、技术规程、操作手册等相关技术文件的编写</td></tr>
<tr><td colspan="5">负责煤液化反应装置装置人员培训工作，组织收集装置区域的运行优化和调整建议</td></tr>
<tr><td colspan="5">负责煤液化反应装置、班组人员考勤、请销假、岗位竞聘、技能鉴定、绩效考核等相关工作</td></tr>
<tr><td>工作记录文档</td><td colspan="5">生产年报月报、物料平衡表、能耗报表、经济活动分析、五型班组考核及 MES 生产运营系统</td></tr>
</table>

<table>
<tr><th>指标类别</th><th>考核指标</th><th>考核内容</th><th>考核标准</th><th>信息来源</th><th>考核周期</th></tr>
<tr><td rowspan="5">岗位职责指标</td><td>生产运行（30 分）</td><td>煤液化反应装置加工的煤粉吨数</td><td>完成月计划，每超 1000 吨加 2 分，每降 1000 吨扣 2 分，最高加扣 6 分</td><td rowspan="2">物料平衡<br>生产部<br>数据</td><td rowspan="4">月度</td></tr>
<tr><td>质量技术（30 分）</td><td>煤液化反应装置生产的液化油吨数</td><td>完成月计划，每超 1000 吨加 2 分，每降 1000 吨扣 2 分，最高加扣 6 分</td></tr>
<tr><td>安全环保（20 分）</td><td>煤液化反应装置运行发生的安全环保事故次数</td><td>公司级事故扣 20 分；中心级普通事故扣 5 分，一般事故扣 8 分，较大事故扣 10 分，重大事故扣 15 分；装置事故扣 3 分</td><td>公司、中心和装置事故通报</td></tr>
<tr><td>创新创效（10 分）</td><td>煤液化反应装置运行能耗</td><td>完成月度计划，每超 3% 扣 1 分，每降 3% 加 1 分，最高加扣 2 分</td><td>能耗报表<br>生产部<br>数据</td></tr>
<tr><td>综合管理（10 分）</td><td>绩效测评</td><td>成绩：优秀，加 2 分；<br>良好，加 1 分；<br>成绩倒数 2 名，扣 2 分</td><td>绩效测评成绩</td><td>季度</td></tr>
<tr><td>非权重指标</td><td>奖励指标</td><td>技术创新（包括科研、技改、工艺技术创新、五小成果、合理化建议等）</td><td>1. 获得国家级技术创新奖励，每项加 20 分；获得自治区级 / 省级 / 集团级技术创新奖励，每项加 10 分；获得市级 / 板块公司级技术创新奖励，每项加 5 分；获得分公司级技术创新奖励，每项加 2 分；获得中心级技术创新奖励，每项加 1 分。<br>2. 完成核心期刊论文或专利每发表一篇加 10 分</td><td>公司及中心相关文本材料</td><td>年度</td></tr>
</table>

续表

| 指标类别 | 考核指标 | 考核内容 | 考核标准 | 信息来源 | 考核周期 |
| --- | --- | --- | --- | --- | --- |
| 非权重指标 | 否决指标 | 安全、环保责任事故 | 发生伤害人身安全和健康，损坏设备设施，造成重大生产波动或重大经济损失的责任事故，发生环保污染责任事件，每发生一起扣 20 分 | 公司及中心相关通报 | 年度 |
| 备注 | 1. 各考核指标基准分为 100 分；各指标类别权重合计为 100%，指标类别中各考核指标占比合计为 100%。<br>2. 涉及年度评价的指标，应根据年度目标调整考评指标、权重及目标值，根据年度实施情况合理设定年度扣分值。<br>3. 发生扣分事项时，扣分最大值不超过该项考核指标基准分（100 分） | | | | |

HG-MZY-029

## 煤液化反应设备管理

| 岗位名称 | 煤液化反应设备管理 | 所在部门 | 煤液化生产中心 |
|---|---|---|---|
| 职位职级序列 | 技术序列 | | |
| 直接上级 | 设备业务经理 / 副经理 | | |
| 直接下级 | 班长 | | |
| 岗位职责 | 负责所管辖区域各单元的设备安全管理，全力配合中心开展“业务保安”“四个必须”，推进煤液化中心“一岗双责 + 监督”，对所负责区域及专业“业务保安”“四个必须”及安环职防工作负有责任 | | |
| | 负责煤浆制备工段、反应工段及机组内 317 台设备、8000m 压力管道的日常维护保养、检修、故障处理、大小修、备件申报、检验检测等技术管理工作 | | |
| | 负责编制所管辖区域设备操作安全技术规程及管理制度 | | |
| | 负责建立健全各种设备台账及设备档案、储备定额的填写、修订工作 | | |
| | 负责所管区域的特种设备管理、检测，转动设备的润滑管理工作 | | |
| | 负责装置内施工和保运单位的人员考勤、培训等日常管理工作 | | |
| | 定期深入现场检查设备安全运行情况，发现事故隐患及时整改 | | |
| | 制止和纠正违章指挥、强令冒险作业、违反操作规程的行为 | | |
| | 参与新建、扩建、改建工程设计审查、竣工验收 | | |
| | 执行落实本岗位、责任区安全、环保、职业卫生、消气防管理工作 | | |
| | 定期参与或组织特种设备事故应急演练 | | |
| | 发生设备和与设备有关的事故，及时向主管部门报告，参加有关事故调查、分析 | | |
| | 负责检修作业票的签发及存档 | | |
| 工作记录文档 | 设备值班记录、大机组特护记录、压力容器年度检查报告、压力容器月度检查记录、压力管道年度检查报告、加热炉检查记录、起重机械专项检查记录 | | |

| 指标类别 | 考核指标 | 考核内容 | 考核标准 | 信息来源 | 考核周期 |
|---|---|---|---|---|---|
| 岗位职责指标 | 装置检修及设备日常维护管理（25 分） | 1. 检修工期及质量；<br>2. 设备日常检查维护保养情况，设备故障较年初制定的指标上升、下降或持平；<br>3. 特种设备定期检查维护保养情况 | 1. 设备检维修工期完成情况，每提前一天完成，加 3 分；每滞后一天，扣 3 分。<br>2. 检修质量是否达标，因检修质量不达标造成的重复检修或带病运行，每项扣 2 分。<br>3. 设备故障较年初制定的指标上升、下降或持平，每上升十次扣 2 分，每下降十次加 2 分，持平不加分。<br>4. 是否依据相关标准规范对特种设备进行定期检查维护保养，公司体系检查，按要求完成特种设备检查维护保养，每次加 1 分，未按要求完成每次扣 1 分 | 中心检修总结、公司体系检查通报 | 季度 / 年度 |

续表

| 指标类别 | 考核指标 | 考核内容 | 考核标准 | 信息来源 | 考核周期 |
|---|---|---|---|---|---|
| 岗位职责指标 | 设备完好性管理（25 分） | 设备完好率 | 大于 98%，每下降 0.5% 扣 1 分，每提高 0.5% 加 1 分 | 设备月报、设备缺陷记录表、设备无渗漏工作报表 | 年度 |
| | 科研技改项目实施（25 分） | 科研技改项目施工及验收 | 是否按节点完成施工及验收，按年度计划每顺利推进一项加 2 分；每完成一项加 4 分；因履职不到位未按节点完成每项扣 4 分 | 工程部发布的项目节点 | |
| | 操作规程、技术规程及员工培训（25 分） | 按公司 / 中心要求完成操作规程、技术规程及员工培训 | 是否按公司 / 中心要求完成操作规程、技术规程及员工培训，操作规程、技术规程编制，完成公司级每项加 2 分，完成中心级每项加 1 分；按员工培训计划，应急抽考每完成三项加 1 分，培训每完成三项加 2 分 | 公司 / 中心发布规程修订邮件、中心年度员工培训完成情况 | |
| 非权重指标 | 奖励指标 | 技术创新（包括科研、技改、工艺技术创新、五小成果、合理化建议等） | 1. 获得国家级技术创新奖励，每项加 20 分；获得自治区级 / 省级 / 集团级技术创新奖励，每项加 10 分；获得市级 / 板块公司级技术创新奖励，每项加 5 分；获得分公司级技术创新奖励，每项加 2 分；获得中心级技术创新奖励，每项加 1 分。<br>2. 完成核心期刊论文或专利每发表一篇加 10 分 | 公司及中心相关文本材料 | |
| | 否决指标 | 安全、环保责任事故 | 发生伤害人身安全和健康，损坏设备设施，造成重大生产波动或重大经济损失的责任事故，发生环保污染责任事件，每发生一起扣 10 分 | 公司相关通报 | |
| 备注 | 1. 各考核指标基准分为 100 分；各指标类别权重合计为 100%，指标类别中各考核指标占比合计为 100%。<br>2. 涉及年度评价的指标，应根据年度目标调整考评指标、权重及目标值，根据年度实施情况合理设定年度扣分值。<br>3. 发生扣分事项时，扣分最大值不超过该项考核指标基准分（100 分） | | | | |

HG–MZY–030

## 煤液化反应主操副操

| 岗位名称 | 煤液化反应主操副操 | 所在部门 | 煤液化生产中心 |
|---|---|---|---|
| 职位职级序列 | 技能序列 | | |
| 直接上级 | 班长 / 副班长 | | |
| 直接下级 | —— | | |
| 岗位职责 | 负责煤液化装置反应系统的 DCS 分散控制系统操作控制，严格按照工艺技术规程和操作手册控制好本岗位所有工艺参数 | | |
| | 负责本岗位的安全平稳运行 | | |
| | 在停水、电、汽、风和生产发生事故时，及时发现、正确处理、及时上报，尽快恢复生产 | | |
| | 遵守劳动纪律，严格劳保着装 | | |
| | 负责维护保养本岗位的各种防护器具和消、气防设施，并能正确使用 | | |
| | 认真执行班长下达的各项指令，服从班长的指挥，严格执行交接班制度 | | |
| | 控制装置各项进出物料的平衡及产品质量 | | |
| | 负责本岗位各项记录的记录工作 | | |
| | 负责本岗位远传压力表、温度计、液位计、流量计的完好使用 | | |
| | 负责本岗位联锁摘除投用工作 | | |
| | 执行落实好本岗位、责任区安全、环保、职业卫生、消气防管理工作 | | |
| 工作记录文档 | 岗位操作记录、化验分析记录、DCS 分散控制系统报警登记台账以及 MES 生产运营管理系统 | | |

| 指标类别 | 考核指标 | 考核内容 | 考核标准 | 信息来源 | 考核周期 |
|---|---|---|---|---|---|
| 岗位职责指标 | 生产控制（40 分） | 当班期间运行平稳情况，相关记录完整情况 | 安全环保 0 事件，五型班组考核 | 公司及中心检查通报 | 月度 |
| | 质量控制（30 分） | 当班产品质量管控情况 | 达到 100%，五型班组考核 | 中心管理 | |
| | 异常处置（20 分） | 当班异常情况处置情况 | 及时发现异常，果断处置，五型班组考核 | | |
| | 现场管理（10 分） | 控制室卫生维持情况 | 每天进行现场卫生清理并交接班，五型班组考核 | 中心检查 | |
| 非权重指标 | 奖励指标 | 技术创新（包括工艺技术创新、五小成果、合理化建议等） | 1. 获得国家级技术创新奖励，每项加 20 分；获得自治区级 / 省级 / 集团级技术创新奖励，每项加 10 分；获得市级 / 板块公司级技术创新奖励，每项加 5 分；获得分公司级技术创新奖励，每项加 2 分；获得中心级技术创新奖励，每项加 1 分。 | 公司及中心相关文本材料 | 年度 |

续表

| 指标类别 | 考核指标 | 考核内容 | 考核标准 | 信息来源 | 考核周期 |
| --- | --- | --- | --- | --- | --- |
| 非权重指标 | 奖励指标 | 技术创新（包括工艺技术创新、五小成果、合理化建议等） | 2. 完成核心期刊论文或专利每发表一篇加10分 | 公司及中心相关文本材料 | 年度 |
| | 否决指标 | 安全、环保责任事故 | 发生伤害人身安全和健康，损坏设备设施，造成重大生产波动或重大经济损失的责任事故，发生环保污染责任事件，每发生一起扣20分 | 公司及中心相关通报 | |
| 备注 | 1. 各考核指标基准分为100分；各指标类别权重合计为100%，指标类别中各考核指标占比合计为100%。<br>2. 涉及年度评价的指标，应根据年度目标调整考评指标、权重及目标值，根据年度实施情况合理设定年度扣分值。<br>3. 发生扣分事项时，扣分最大值不超过该项考核指标基准分（100分） | | | | |

HG-MZY-031

## 加氢稳定工艺技术管理

<table>
<tr><th>岗位名称</th><td>加氢稳定工艺技术管理</td><th>所在部门</th><td>煤液化生产中心</td></tr>
<tr><th>职位职级序列</th><td colspan="3">技术序列</td></tr>
<tr><th>直接上级</th><td colspan="3">副经理、工艺技术管理</td></tr>
<tr><th>直接下级</th><td colspan="3">班组长</td></tr>
<tr><th rowspan="5">岗位职责</th><td colspan="3">负责加氢稳定装置的安全生产工作</td></tr>
<tr><td colspan="3">负责加氢稳定装置重大危险源的安全管理</td></tr>
<tr><td colspan="3">负责加氢稳定装置日报、生产技术月报台账、变更管理、技术规程、操作手册等相关技术文件的编写</td></tr>
<tr><td colspan="3">负责加氢稳定装置装置人员培训工作，负责组织收集装置区域的运行优化和调整建议</td></tr>
<tr><td colspan="3">负责加氢稳定装置、班组人员考勤、请销假、岗位竞聘、技能鉴定、绩效考核等相关工作</td></tr>
<tr><th>工作记录文档</th><td colspan="3">生产年报月报、物料平衡表、能耗报表、经济活动分析、五型班组考核及 MES 生产运营系统</td></tr>
</table>

<table>
<tr><th>指标类别</th><th>考核指标</th><th>考核内容</th><th>考核标准</th><th>信息来源</th><th>考核周期</th></tr>
<tr><td rowspan="6">岗位职责指标</td><td>生产运行（30 分）</td><td>加氢稳定装置加工的液化油吨数；加氢稳定装置加工的外购油吨数</td><td rowspan="2">完成月计划，每超 1000 吨加 2 分，每降 1000 吨扣 2 分，最高加扣 6 分</td><td rowspan="2">物料平衡<br>生产部<br>数据</td><td rowspan="5">月度</td></tr>
<tr><td>质量技术（30 分）</td><td>加氢稳定装置生产的加氢改质原料吨数</td></tr>
<tr><td>安全环保（20 分）</td><td>加氢稳定装置运行发生的安全环保事故次数</td><td>公司级事故扣 20 分；中心级：普通事故扣 5 分，一般事故扣 8 分，较大事故扣 10 分，重大事故扣 15 分；装置事故扣 3 分</td><td>公司、中心和装置事故通报</td></tr>
<tr><td>创新创效（10 分）</td><td>加氢稳定装置运行能耗</td><td>完成月度计划，每超 3% 扣 1 分，每降 3% 加 1 分，最高加扣 2 分</td><td>能耗报表<br>生产部<br>数据</td></tr>
<tr><td rowspan="2">综合管理（10 分）</td><td rowspan="2">绩效测评</td><td rowspan="2">成绩：优秀，加 2 分，<br>良好，加 1 分；<br>成绩倒数 2 名，扣 2 分</td><td rowspan="2">绩效测评成绩</td></tr>
<tr><td>季度</td></tr>
<tr><td>非权重指标</td><td>奖励指标</td><td>技术创新（包括科研、技改、工艺技术创新、五小成果、合理化建议等）</td><td>1. 获得国家级技术创新奖励，每项加 20 分；获得自治区级 / 省级 / 集团级技术创新奖励，每项加 10 分；获得市级 / 板块公司级技术创新奖励，每项加 5 分；获得分公司级技术创新奖励，每项加 2 分；获得中心级技术创新奖励，每项加 1 分。<br>2. 完成核心期刊论文或专利每发表一篇加 10 分</td><td>公司及中心相关文本材料</td><td>年度</td></tr>
</table>

续表

| 指标类别 | 考核指标 | 考核内容 | 考核标准 | 信息来源 | 考核周期 |
|---|---|---|---|---|---|
| 非权重指标 | 否决指标 | 安全、环保责任事故 | 发生伤害人身安全和健康，损坏设备设施，造成重大生产波动或重大经济损失的责任事故，发生环保污染责任事件，每发生一起扣 20 分 | 公司及中心相关通报 | 年度 |
| 备注 | 1. 各考核指标基准分为 100 分；各指标类别权重合计为 100%，指标类别中各考核指标占比合计为 100%。<br>2. 涉及年度评价的指标，应根据年度目标调整考评指标、权重及目标值，根据年度实施情况合理设定年度扣分值。<br>3. 发生扣分事项时，扣分最大值不超过该项考核指标基准分（100 分） | | | | |

HG–MZY–032

## 加氢稳定设备管理

| 岗位名称 | 加氢稳定设备管理 | 所在部门 | 煤液化生产中心 |
|---|---|---|---|
| 职位职级序列 | 技术序列 | | |
| 直接上级 | 设备业务经理 / 副经理 | | |
| 直接下级 | 班长 | | |
| 岗位职责 | 负责所管辖区域各单元的设备安全管理，全力配合中心开展“业务保安”“四个必须”，推进煤液化中心“一岗双责 + 监督”，对所负责区域及专业“业务保安”“四个必须”及安环职防工作负有责任 | | |
| | 负责加氢稳定装置 359 台设备、10346m 压力管道的日常维护保养、检修、故障处理、大小修、备件申报、检验检测等技术管理工作 | | |
| | 负责编制所管辖区域设备操作安全技术规程及管理制度 | | |
| | 负责建立健全各种设备台账及设备档案、储备定额的填写、修订工作 | | |
| | 负责所管区域的特种设备管理、检测，转动设备的润滑管理工作 | | |
| | 负责装置内施工和保运单位的人员考勤、培训等日常管理工作 | | |
| | 定期深入现场检查设备安全运行情况，发现事故隐患及时整改 | | |
| | 制止和纠正违章指挥、强令冒险作业、违反操作规程的行为 | | |
| | 参与新建、扩建、改建工程设计审查、竣工验收 | | |
| | 执行落实本岗位、责任区安全、环保、职业卫生、消气防管理工作 | | |
| | 定期参与或组织特种设备事故应急演练 | | |
| | 发生设备和与设备有关的事故，及时向主管部门报告，参加有关事故调查、分析 | | |
| | 负责检修作业票的签发及存档 | | |
| 工作记录文档 | 设备值班记录、大机组特护记录、压力容器年度检查报告、压力容器月度检查记录、压力管道年度检查报告、加热炉检查记录、起重机械专项检查记录 | | |

| 指标类别 | 考核指标 | 考核内容 | 考核标准 | 信息来源 | 考核周期 |
|---|---|---|---|---|---|
| 岗位职责指标 | 装置检修及设备日常维护管理（25 分） | 1. 检修工期及质量；<br>2. 设备日常检查维护保养情况，设备故障较年初制定的指标上升、下降或持平；<br>3. 特种设备定期检查维护保养情况 | 1. 设备检维修工期完成情况，每提前一天完成；加 3 分，每滞后一天，扣 3 分。<br>2. 检修质量是否达标，因检修质量不达标造成的重复检修或带病运行，每项扣 2 分。<br>3. 设备故障较年初制定的指标上升、下降或持平，每上升十次扣 2 分，每下降十次加 2 分，持平不加分。<br>4. 是否依据相关标准规范对特种设备进行定期检查维护保养，公司体系检查，按要求完成特种设备检查维护保养，每次加 1 分，未按要求完成每次扣 1 分 | 中心检修总结、公司体系检查通报 | 季度 / 年度 |

续表

| 指标类别 | 考核指标 | 考核内容 | 考核标准 | 信息来源 | 考核周期 |
|---|---|---|---|---|---|
| 岗位职责指标 | 设备完好性管理（25 分） | 设备完好率 | 需大于 98%，每下降 0.5% 扣 1 分，每提高 0.5% 加 1 分 | 设备月报、设备缺陷记录表、设备无渗漏工作报表 | 年度 |
| | 科研技改项目实施（25 分） | 科研技改项目施工及验收 | 是否按节点完成施工及验收，按年度计划每顺利推进一项加 2 分；每完成一项加 4 分；因履职不到位未按节点完成每项扣 4 分 | 工程部发布的项目节点 | |
| | 操作规程、技术规程及员工培训（25 分） | 按公司 / 中心要求完成操作规程、技术规程及员工培训。 | 是否按公司 / 中心要求完成操作规程、技术规程及员工培训，操作规程、技术规程编制，完成公司级每 1 项加 2 分，完成中心级每 1 项加 1 分；按员工培训计划，应急抽考每完成 3 项加 1 分，培训每完成 3 项加 2 分 | 公司 / 中心发布规程修订邮件、中心年度员工培训完成情况 | |
| 非权重指标 | 奖励指标 | 技术创新（包括科研、技改、工艺技术创新、五小成果、合理化建议等） | 1. 获得国家级技术创新奖励，每项加 20 分；获得自治区级 / 省级 / 集团级技术创新奖励，每项加 10 分；获得市级 / 板块公司级技术创新奖励，每项加 5 分；获得分公司级技术创新奖励，每项加 2 分；获得中心级技术创新奖励，每项加 1 分。<br>2. 完成核心期刊论文或专利每发表一篇加 10 分 | 公司及中心相关文本材料 | |
| | 否决指标 | 安全、环保责任事故 | 发生伤害人身安全和健康，损坏设备设施，造成重大生产波动或重大经济损失的责任事故，发生环保污染责任事件，每发生一起扣 10 分 | 公司相关通报 | |
| 备注 | 1. 各考核指标基准分为 100 分；各指标类别权重合计为 100%，指标类别中各考核指标占比合计为 100%。<br>2. 涉及年度评价的指标，应根据年度目标调整考评指标、权重及目标值，根据年度实施情况合理设定年度扣分值。<br>3. 发生扣分事项时，扣分最大值不超过该项考核指标基准分（100 分） | | | | |

HG-MZY-033

## 加氢稳定主操副操

| 岗位名称 | 加氢稳定主操副操 | 所在部门 | 煤液化生产中心 |
|---|---|---|---|
| 职位职级序列 | 技能序列 | | |
| 直接上级 | 班长 / 副班长 | | |
| 直接下级 | —— | | |
| 岗位职责 | 负责装置 DCS 分散控制系统操作控制，指挥外操做好本装置安全生产工作 | | |
| | 负责装置的安全平稳运行，控制装置各项进出物料的平衡及产品质量 | | |
| | 负责各参数控制在工艺卡片范围内 | | |
| | 负责联锁解除及投用的申请、登记，负责仪表阀门维修的申请 | | |
| | 负责事件、事故发生时的各层级汇报及异常处理 | | |
| | 负责本岗位系统参数巡检及记录，负责岗位交接班记录本记录 | | |
| | 负责监控摄像的巡检工作及可燃有毒报警器的监控及记录工作 | | |
| | 负责当班期间控制室内卫生维持工作 | | |
| | 协助班长做好本班的经济指标管理工作 | | |
| 工作记录文档 | 岗位交接班记录本、联锁作业票据、仪表维修作业票据、岗位巡检记录本 | | |

| 指标类别 | 考核指标 | 考核内容 | 考核标准 | 信息来源 | 考核周期 |
|---|---|---|---|---|---|
| 岗位职责指标 | 生产控制（40 分） | 当班期间运行平稳情况，相关记录完整情况 | 安全环保 0 事件，五型班组考核 | 公司及中心检查通报 | 月度 |
| | 质量控制（30 分） | 当班产品质量管控情况 | 达到 100%，五型班组考核 | 中心管理 | |
| | 异常处置（20 分） | 当班异常情况处置情况 | 及时发现异常，果断处置，五型班组考核 | | |
| | 现场管理（10 分） | 控制室卫生维持情况 | 每天进行现场卫生清理并交接班，五型班组考核 | 中心检查 | |
| 非权重指标 | 奖励指标 | 技术创新（包括工艺技术创新、五小成果、合理化建议等） | 1. 获得国家级技术创新奖励，每项加 20 分；获得自治区级 / 省级 / 集团级技术创新奖励，每项加 10 分；获得市级 / 板块公司级技术创新奖励，每项加 5 分；获得分公司级技术创新奖励，每项加 2 分；获得中心级技术创新奖励，每项加 1 分。<br>2. 完成核心期刊论文或专利每发表一篇加 10 分 | 公司及中心相关文本材料 | 年度 |

续表

| 指标类别 | 考核指标 | 考核内容 | 考核标准 | 信息来源 | 考核周期 |
| --- | --- | --- | --- | --- | --- |
| 非权重指标 | 否决指标 | 安全、环保责任事故 | 发生伤害人身安全和健康，损坏设备设施，造成重大生产波动或重大经济损失的责任事故，发生环保污染责任事件，每发生一起扣 20 分 | 公司及中心相关通报 | 年度 |
| 备注 | 1. 各考核指标基准分为 100 分；各指标类别权重合计为 100%，指标类别中各考核指标占比合计为 100%。<br>2. 涉及年度评价的指标，应根据年度目标调整考评指标、权重及目标值，根据年度实施情况合理设定年度扣分值。<br>3. 发生扣分事项时，扣分最大值不超过该项考核指标基准分（100 分） | | | | |

HG-MZY-034

## 加氢改质工艺技术管理

| 岗位名称 | 加氢改质工艺技术管理 | 所在部门 | 煤液化生产中心 |
|---|---|---|---|
| 职位职级序列 | 技术序列 | | |
| 直接上级 | 副经理、工艺技术管理 | | |
| 直接下级 | 班组长 | | |
| 岗位职责 | 负责加氢改质装置的安全生产工作 | | |
| | 负责加氢改质装置重大危险源的安全管理 | | |
| | 负责加氢改质装置日报、生产技术月报台账、变更管理、技术规程、操作手册等相关技术文件的编写 | | |
| | 负责加氢改质装置装置人员培训工作，负责组织收集装置区域的运行优化和调整建议 | | |
| | 负责加氢改质装置班组人员考勤、请销假、岗位竞聘、技能鉴定、绩效考核等相关工作 | | |
| 工作记录文档 | 生产年报月报、物料平衡表、能耗报表、经济活动分析、五型班组考核及 MES 生产运营系统 | | |

| 指标类别 | 考核指标 | 考核内容 | 考核标准 | 信息来源 | 考核周期 |
|---|---|---|---|---|---|
| 岗位职责指标 | 生产运行（30 分） | 加氢改质装置加工的加氢改质原料吨数 | 完成月计划，每超 1000 吨加 2 分，每降 1000 吨扣 2 分，最高加扣 6 分 | 物料平衡<br>生产部<br>数据 | 月度 |
| | 质量技术（30 分） | 加氢改质装置生产油品吨数 | | | |
| | 安全环保（20 分） | 加氢改质装置运行发生的安全环保事故次数 | 0，按照事故级别，依据中心事故考核细则执行 | 公司、中心和装置事故通报 | |
| | 创新创效（10 分） | 加氢改质装置运行能耗 | 完成月度计划，每超 3% 扣 1 分，每降 3% 加 1 分，最高加扣 2 分 | 能耗报表<br>生产部<br>数据 | |
| | 综合管理（10 分） | 绩效测评 | 成绩：优秀，加 2 分；<br>良好，加 1 分；<br>成绩倒数 2 名，扣 2 分 | 绩效测评成绩 | 季度 |
| 非权重指标 | 奖励指标 | 技术创新（包括科研、技改、工艺技术创新、五小成果、合理化建议等） | 1. 获得国家级技术创新奖励，每项加 20 分；获得自治区级 / 省级 / 集团级技术创新奖励，每项加 10 分；获得市级 / 板块公司级技术创新奖励，每项加 5 分；获得分公司级技术创新奖励，每项加 2 分；获得中心级技术创新奖励，每项加 1 分。<br>2. 完成核心期刊论文或专利每发表一篇加 10 分 | 公司及中心相关文本材料 | 年度 |

续表

| 指标类别 | 考核指标 | 考核内容 | 考核标准 | 信息来源 | 考核周期 |
|---|---|---|---|---|---|
| 非权重指标 | 否决指标 | 安全、环保责任事故 | 发生伤害人身安全和健康，损坏设备设施，造成重大生产波动或重大经济损失的责任事故，发生环保污染责任事件，每发生一起扣 20 分 | 公司及中心相关通报 | 年度 |
| 备注 | 1. 各考核指标基准分为 100 分；各指标类别权重合计为 100%，指标类别中各考核指标占比合计为 100%。<br>2. 涉及年度评价的指标，应根据年度目标调整考评指标、权重及目标值，根据年度实施情况合理设定年度扣分值。<br>3. 发生扣分事项时，扣分最大值不超过该项考核指标基准分（100 分） | | | | |

HG-MZY-035

## 加氢改质设备管理

<table>
<tr><th>岗位名称</th><th colspan="2">加氢改质设备管理</th><th colspan="2">所在部门</th><th>煤液化生产中心</th></tr>
<tr><td>职位职级序列</td><td colspan="5">技术序列</td></tr>
<tr><td>直接上级</td><td colspan="5">设备业务经理 / 副经理</td></tr>
<tr><td>直接下级</td><td colspan="5">班长</td></tr>
<tr><td rowspan="13">岗位职责</td><td colspan="5">负责所管辖区域各单元的设备安全管理，全力配合中心开展“业务保安”“四个必须”，推进煤液化中心“一岗双责 + 监督”，对所负责区域及专业“业务保安”“四个必须”及安环职防工作负有责任</td></tr>
<tr><td colspan="5">负责加氢改质装置 244 台设备、6512m 压力管道的日常维护保养、检修、故障处理、大小修、备件申报、检验检测等技术管理工作</td></tr>
<tr><td colspan="5">负责编制所管辖区域设备操作安全技术规程及管理制度</td></tr>
<tr><td colspan="5">负责建立健全各种设备台账及设备档案、储备定额的填写、修订工作</td></tr>
<tr><td colspan="5">负责所管区域的特种设备管理、检测，转动设备的润滑管理工作</td></tr>
<tr><td colspan="5">负责装置内施工和保运单位的人员考勤、培训等日常管理工作</td></tr>
<tr><td colspan="5">定期深入现场检查设备安全运行情况，发现事故隐患及时整改</td></tr>
<tr><td colspan="5">制止和纠正违章指挥、强令冒险作业、违反操作规程的行为</td></tr>
<tr><td colspan="5">参与新建、扩建、改建工程设计审查、竣工验收</td></tr>
<tr><td colspan="5">执行落实本岗位、责任区安全、环保、职业卫生、消气防管理工作</td></tr>
<tr><td colspan="5">定期参与或组织特种设备事故应急演练</td></tr>
<tr><td colspan="5">发生设备和与设备有关的事故，及时向主管部门报告，参加有关事故调查、分析</td></tr>
<tr><td colspan="5">负责检修作业票的签发及存档</td></tr>
<tr><td>工作记录文档</td><td colspan="5">设备值班记录、大机组特护记录、压力容器年度检查报告、压力容器月度检查记录、压力管道年度检查报告、加热炉检查记录、起重机械专项检查记录</td></tr>
</table>

| 指标类别 | 考核指标 | 考核内容 | 考核标准 | 信息来源 | 考核周期 |
|---|---|---|---|---|---|
| 岗位职责指标 | 装置检修及设备日常维护管理（25 分） | 1. 检修工期及质量；<br>2. 设备日常检查维护保养情况，设备故障较年初制定的指标上升、下降或持平；<br>3. 特种设备定期检查维护保养情况 | 1. 设备检维修工期完成情况，每提前一天完成，加 3 分；每滞后一天，扣 3 分。<br>2. 检修质量是否达标，因检修质量不达标造成的重复检修或带病运行，每项扣 2 分。<br>3. 设备故障较年初制定的指标上升、下降或持平，每上升十次扣 2 分，每下降十次加 2 分，持平不加分。<br>4. 是否依据相关标准规范对特种设备进行定期检查维护保养，公司体系检查，按要求完成特种设备检查维护保养，每次加 1 分，未按要求完成每次扣 1 分 | 中心检修总结、公司体系检查通报 | 季度 / 年度 |

续表

| 指标类别 | 考核指标 | 考核内容 | 考核标准 | 信息来源 | 考核周期 |
| --- | --- | --- | --- | --- | --- |
| 岗位职责指标 | 设备完好性管理（25分） | 设备完好率 | 大于98%，每下降0.5%扣1分，每提高0.5%加1分 | 设备月报、设备缺陷记录表、设备无渗漏工作报表 | 年度 |
| | 科研技改项目实施（25分） | 科研技改项目施工及验收 | 是否按节点完成施工及验收，按年度计划顺利推进，每项加2分；每完成一项加4分；因履职不到位未按节点完成每项扣4分 | 工程部发布的项目节点 | |
| | 操作规程、技术规程及员工培训（25分） | 按公司/中心要求完成操作规程、技术规程及员工培训 | 是否按公司/中心要求完成操作规程、技术规程及员工培训，操作规程、技术规程编制，完成公司级每项加2分，完成中心级每项加1分；按员工培训计划，应急抽考每完成三项，加1分，培训每完成三项加2分 | 公司/中心发布规程修订邮件、中心年度员工培训完成情况 | |
| 非权重指标 | 奖励指标 | 技术创新（包括科研、技改、工艺技术创新、五小成果、合理化建议等） | 1. 获得国家级技术创新奖励，每项加20分；获得自治区级/省级/集团级技术创新奖励，每项加10分；获得市级/板块公司级技术创新奖励，每项加5分；获得分公司级技术创新奖励，每项加2分；获得中心级技术创新奖励，每项加1分。<br>2. 完成核心期刊论文或专利每发表一篇加10分 | 公司及中心相关文本材料 | |
| | 否决指标 | 安全、环保责任事故 | 发生伤害人身安全和健康，损坏设备设施，造成重大生产波动或重大经济损失的责任事故，发生环保污染责任事件，每发生一起扣10分 | 公司相关通报 | |
| 备注 | 1. 各考核指标基准分为100分；各指标类别权重合计为100%，指标类别中各考核指标占比合计为100%。<br>2. 涉及年度评价的指标，应根据年度目标调整考评指标、权重及目标值，根据年度实施情况合理设定年度扣分值。<br>3. 发生扣分事项时，扣分最大值不超过该项考核指标基准分（100分） | | | | |

HG-MZY-036

## 加氢改质主操副操

| 岗位名称 | 加氢改质主操副操 | 所在部门 | 煤液化生产中心 |
|---|---|---|---|
| 职位职级序列 | 技能序列 | | |
| 直接上级 | 班长 / 副班长 | | |
| 直接下级 | —— | | |
| 岗位职责 | 负责装置 DCS 分散控制系统操作控制，指挥外操做好本装置安全生产工作 | | |
| | 负责装置的安全平稳运行，控制装置各项进出物料的平衡及产品质量 | | |
| | 负责各参数控制在工艺卡片范围内 | | |
| | 负责联锁解除及投用的申请、登记，负责仪表阀门维修的申请 | | |
| | 负责事件、事故发生时的各层级汇报及异常处理 | | |
| | 负责本岗位系统参数巡检及记录，负责岗位交接班记录本记录 | | |
| | 负责监控摄像的巡检工作及可燃有毒报警器的监控及记录工作 | | |
| | 负责当班期间控制室内卫生维持工作 | | |
| | 协助班长做好本班的经济指标管理工作 | | |
| 工作记录文档 | 岗位交接班记录本、联锁作业票据、仪表维修作业票据、岗位巡检记录本 | | |

| 指标类别 | 考核指标 | 考核内容 | 考核标准 | 信息来源 | 考核周期 |
|---|---|---|---|---|---|
| 岗位职责指标 | 生产控制（40 分） | 当班期间运行平稳情况，相关记录完整情况 | 安全环保 0 事件，五型班组考核 | 公司及中心检查通报 | 月度 |
| | 质量控制（30 分） | 当班产品质量管控情况 | 达到 100%，五型班组考核 | 中心管理 | |
| | 异常处置（20 分） | 当班异常情况处置情况 | 及时发现异常，果断处置，五型班组考核 | | |
| | 现场管理（10 分） | 控制室卫生维持情况 | 每天进行现场卫生清理并交接班，五型班组考核 | 中心检查 | |
| 非权重指标 | 奖励指标 | 技术创新（包括工艺技术创新、五小成果、合理化建议等） | 1. 获得国家级技术创新奖励，每项加 20 分；获得自治区级 / 省级 / 集团级技术创新奖励，每项加 10 分；获得市级 / 板块公司级技术创新奖励，每项加 5 分；获得分公司级技术创新奖励，每项加 2 分；获得中心级技术创新奖励，每项加 1 分。<br>2. 完成核心期刊论文或专利每发表一篇加 10 分 | 公司及中心相关文本材料 | 年度 |

续表

| 指标类别 | 考核指标 | 考核内容 | 考核标准 | 信息来源 | 考核周期 |
| --- | --- | --- | --- | --- | --- |
| 非权重指标 | 否决指标 | 安全、环保责任事故 | 发生伤害人身安全和健康，损坏设备设施，造成重大生产波动或重大经济损失的责任事故，发生环保污染责任事件，每发生一起扣 20 分 | 公司及中心相关通报 | 年度 |
| 备注 | 1. 各考核指标基准分为 100 分；各指标类别权重合计为 100%，指标类别中各考核指标占比合计为 100%。<br>2. 涉及年度评价的指标，应根据年度目标调整考评指标、权重及目标值，根据年度实施情况合理设定年度扣分值。<br>3. 发生扣分事项时，扣分最大值不超过该项考核指标基准分（100 分） | | | | |

HG-MZY-037

## 各生产中心电气操作

| 岗位名称 | 电气操作 | 所在部门 | 各生产中心 |
|---|---|---|---|
| 职位职级序列 | 技能序列 | | |
| 直接上级 | 电气管理 / 班长 | | |
| 直接下级 | —— | | |
| 岗位职责 | 根据工作计划，按标准要求完成任务，并将完成情况汇报班长 | | |
| | 负责电气专业运行、检修、故障处理 | | |
| | 按设备巡回检查路线图检查所辖设备的运行状况，按照规定开展定期工作，并完成定期工作记录 | | |
| | 按照班长分配的任务消缺，做好工器具准备工作 | | |
| | 按期优质地完成检修维护技改任务 | | |
| 工作记录文档 | 检修维护记录、检修报表、备品备件台账 | | |

| 指标类别 | 考核指标 | 考核内容 | 考核标准 | 信息来源 | 考核周期 |
|---|---|---|---|---|---|
| 岗位职责指标 | 安全环保（23 分） | 安全 | 发生中心级以上电气事故，每发生一起扣 3%。未发生时满分 | 日常管理、系统 | 月度 / 季度 / 年度 |
| | 生产运行（23 分） | 平稳率 | 因非系统及人为原因造成停电事件，每发生一起扣 0.02%。未发生时满分 | | |
| | 设备（34 分） | 检修工期及质量、故障率等 | 故障率占同类设备控制在 30%—50% 以下，每高于考核标准 10%，扣 0.05%。未发生时满分 | | |
| | 质量技术（10 分） | 重要技改、隐患治理、国产化等 | 积极筹划实施技改、隐患治理、国产化等，每完成一项技改、隐患治理、国产化等任务，加 10 分 | | |
| | 综合能力（10 分） | 工作任务、创新创效等方面 | 工作任务完成、实现创新创效等，按期完成工作任务加 10 分，每实现一项创新创效任务加 10 分 | | |
| 非权重指标 | 奖励指标 | 技术创新（包括科研、技改、工艺技术创新、五小成果、合理化建议等） | 1. 获得国家级技术创新奖励，每项加 20 分；获得自治区级 / 省级 / 集团级技术创新奖励，每项加 10 分；获得市级 / 板块公司级技术创新奖励，每项加 5 分；获得分公司级技术创新奖励，每项加 2 分；获得中心级技术创新奖励，每项加 1 分。<br>2. 完成核心期刊论文或专利每发表一篇加 10 分 | 公司及中心相关文本材料 | 年度 |

续表

| 指标类别 | 考核指标 | 考核内容 | 考核标准 | 信息来源 | 考核周期 |
|---|---|---|---|---|---|
| 非权重指标 | 否决指标 | 安全、环保责任事故 | 发生伤害人身安全和健康，损坏设备设施，造成重大生产波动或重大经济损失的责任事故，发生环保污染责任事件，每发生一起扣 10 分 | 公司相关通报 | 年度 |
| 备注 | 1. 各考核指标基准分为 100 分；各指标类别权重合计为 100%，指标类别中各考核指标占比合计为 100%。<br>2. 涉及年度评价的指标，应根据年度目标调整考评指标、权重及目标值，根据年度实施情况合理设定年度扣分值。<br>3. 发生扣分事项时，扣分最大值不超过该项考核指标基准分（100 分） | | | | |

HG-MZY-038

## 费托合成装置工艺技术管理

<table>
<tr><th>岗位名称</th><th colspan="2">费托合成装置工艺技术管理</th><th>所在部门</th><th colspan="2">煤间接液化生产中心</th></tr>
<tr><td>职位职级序列</td><td colspan="5">技术序列</td></tr>
<tr><td>直接上级</td><td colspan="5">工艺技术管理</td></tr>
<tr><td>直接下级</td><td colspan="5">费托合成装置班长</td></tr>
<tr><td rowspan="5">岗位职责</td><td colspan="5">负责费托合成装置生产、技术、生产工艺安全管理工作</td></tr>
<tr><td colspan="5">负责领导费托合成装置班组做好生产、技术、质量、能耗双控等各项工作，完成分公司下达的生产计划及主要经济技术指标</td></tr>
<tr><td colspan="5">负责监督、检查考核费托合成装置各班组工艺记录、岗位操作法、操作记录、产品质量、劳动纪律等执行情况</td></tr>
<tr><td colspan="5">负责落实中心生产技术管理细则</td></tr>
<tr><td colspan="5">负责费托合成装置生产、技术类方案的编写</td></tr>
<tr><td>工作记录文档</td><td colspan="5">操作卡使用台账、月度节能工作总结、生产能耗报表、经济活动分析报表、盲板管理台账等</td></tr>
</table>

<table>
<tr><th>指标类别</th><th>考核指标</th><th>考核内容</th><th>考核标准</th><th>信息来源</th><th>考核周期</th></tr>
<tr><td rowspan="7">岗位职责指标</td><td>体系审核（15分）</td><td>分公司季度体系审核</td><td rowspan="2">按生产单位排名计。<br>第一名加2分；<br>第二名加1分；<br>第四名减1分；<br>第五名减2分</td><td>分公司季度体系审核结果</td><td>季度</td></tr>
<tr><td>绩效考核（10分）</td><td>月度生产计划完成情况</td><td>分公司月度绩效考核结果</td><td rowspan="6">月度</td></tr>
<tr><td>平稳生产（20分）</td><td>费托合成装置责任非停及重大生产波动</td><td>12—24小时内每次扣2分；<br>12小时内每次扣1分</td><td>分公司生产管理部考核通报</td></tr>
<tr><td>产品产量（15分）</td><td>费托合成装置产品产量</td><td>每减少1%扣1分，每增加1%加1分</td><td rowspan="2">MES生产运营管理系统</td></tr>
<tr><td>能耗（10分）</td><td>费托合成装置单位产品综合能耗</td><td>每减少1%加1分；<br>每增加1%扣1分</td></tr>
<tr><td>质量（20分）</td><td>费托合成装置产品质量</td><td>每降低1%扣1分</td><td>LIMS实验室信息管理系统</td></tr>
<tr><td>生产、技术检查（10分）</td><td>各级检查费托合成装置生产、技术问题</td><td>上级公司（包括政府）检查通报不合格每条0.4分；<br>分公司检查通报不合格每条0.2分</td><td>检查通报</td></tr>
</table>

续表

| 指标类别 | 考核指标 | 考核内容 | 考核标准 | 信息来源 | 考核周期 |
|---|---|---|---|---|---|
| 非权重指标 | 奖励指标 | 在装置中发现影响装置安全稳定运行的隐患 | 1. 轻微隐患，奖励 1 分；<br>2. 一般隐患，奖励 3 分；<br>3. 较大隐患，奖励 5 分；<br>4. 重特大隐患，奖励 10—20 分 | 相关部门通报 | 月度 |
| | 否决指标 | 岗位重大工作失误 | 1. 影响导致装置停产，减 30 分；<br>2. 影响导致装置停产，造成较严重损失或不良影响，减 50 分；<br>3. 造成重大损失或人身安全，减 100 分 | 中心经理、中心工艺管理、中心设备管理考核 | 月度 / 季度 / 年度 |
| 备注 | 1. 全部考核指标基准总分为 100 分。<br>2. 涉及年度评价的指标，将根据年度要求调整考评指标及目标值，根据年度实施情况合理进行考核。<br>3. 发生扣分事项时，扣分最大值不超过全部考核指标基准分（不含奖励指标） | | | | |

HG-MZY-039

## 费托合成装置设备管理

<table>
<tr><td>岗位名称</td><td colspan="2">费托合成装置设备管理</td><td>所在部门</td><td colspan="2">煤间接液化生产中心</td></tr>
<tr><td>职位职级序列</td><td colspan="5">技术序列</td></tr>
<tr><td>直接上级</td><td colspan="5">设备副经理</td></tr>
<tr><td>直接下级</td><td colspan="5">费托合成装置班长、设备操作</td></tr>
<tr><td rowspan="6">岗位职责</td><td colspan="5">负责中心费托合成装置动、静设备运行及安全管理</td></tr>
<tr><td colspan="5">负责中心费托合成装置设备管理、设备保运人员管理</td></tr>
<tr><td colspan="5">负责中心费托合成装置动、静设备管理细则的修订和完善，固定资产的使用、维修、报废</td></tr>
<tr><td colspan="5">负责中心费托合成装置设备管理动、静设备的正确使用，精心维护，科学检修和配件修造四个环节的工作</td></tr>
<tr><td colspan="5">负责中心费托合成装置设备管理动、静设备事故的调查分析和处理，坚持“四不放过”原则</td></tr>
<tr><td colspan="5">负责中心费托合成装置设备管理动、静设备类方案等的审核</td></tr>
<tr><td>工作记录文档</td><td colspan="5">中心费托合成装置设备管理动、静设备记录、台账、报表以及设备综合管理系统</td></tr>
</table>

<table>
<tr><th>指标类别</th><th>考核指标</th><th>考核内容</th><th>考核标准</th><th>信息来源</th><th>考核周期</th></tr>
<tr><td rowspan="5">岗位职责指标</td><td>体系审核（20分）</td><td>分公司季度体系审核</td><td>按生产单位排名计。<br>第一名加2分；<br>第二名加1分；<br>第四名减1分；<br>第五名减2分。</td><td>分公司季度体系审核结果</td><td>季度</td></tr>
<tr><td>动、静设备（25分）</td><td>关键动、静设备故障</td><td>每超1次扣1分，最高扣10分（未达到责任非停及重大生产波动的故障小于等于一次）</td><td>中心机电仪故障统计</td><td rowspan="5">月度</td></tr>
<tr><td>设备现场管理（30分）</td><td>设备现场管理提升及文明施工</td><td>机动部检查通报奖励每条加2分，批评每条扣1分</td><td rowspan="2">机动部检查通报</td></tr>
<tr><td>计划管控（15分）</td><td>动、静设备修理费、计划及结算管控</td><td>机动部检查通报不达标每条扣1分</td></tr>
<tr><td>设备检查（10分）</td><td>各级检查动、静设备问题</td><td>上级公司（包括政府）检查不合格每条扣0.4分；分公司检查不合格扣0.2分</td><td>检查通报</td></tr>
<tr><td>非权重指标</td><td>奖励指标</td><td>在装置中发现影响装置安全稳定运行的隐患</td><td>1. 轻微隐患，奖励1分；<br>2. 一般隐患，奖励3分；<br>3. 较大隐患，奖励5分；<br>4. 重特大隐患，奖励10—20分</td><td>相关部门通报</td></tr>
</table>

续表

| 指标类别 | 考核指标 | 考核内容 | 考核标准 | 信息来源 | 考核周期 |
|---|---|---|---|---|---|
| 非权重指标 | 否决指标 | 岗位重大工作失误 | 1. 影响导致装置停产，减 30 分；<br>2. 影响导致装置停产，造成较严重损失或不良影响，减 50 分；<br>3. 造成重大损失或人身安全，减 100 分 | 中心经理、中心工艺管理、中心设备管理考核 | 月度/季度/年度 |
| 备注 | 1. 全部考核指标基准总分为 100 分。<br>2. 涉及年度评价的指标，将根据年度要求调整考评指标及目标值，根据年度实施情况合理进行考核。<br>3. 发生扣分事项时，扣分最大值不超过全部考核指标基准分（不含奖励指标） | | | | |

HG-MZY-040

## 费托合成装置主操副操

<table>
<tr><td>岗位名称</td><td colspan="2">费托合成装置主操副操</td><td colspan="2">所在部门</td><td>煤间接液化生产中心</td></tr>
<tr><td>职位职级序列</td><td colspan="5">技能序列</td></tr>
<tr><td>直接上级</td><td colspan="5">班长</td></tr>
<tr><td>直接下级</td><td colspan="5">——</td></tr>
<tr><td rowspan="5">岗位职责</td><td colspan="5">严格按照工艺技术规程和操作手册控制好装置工艺参数</td></tr>
<tr><td colspan="5">负责本岗位的安全平稳运行，认真填写各项记录数据</td></tr>
<tr><td colspan="5">认真执行班长下达的各项指令，服从班长的指挥，严格执行交接班制度</td></tr>
<tr><td colspan="5">参加各项安全、技术培训活动、应急演练</td></tr>
<tr><td colspan="5">控制装置物料平衡、热量平衡、相平衡及产品质量</td></tr>
<tr><td>工作记录文档</td><td colspan="5">生产记录、台账、报表以及 MES 生产运营管理系统</td></tr>
</table>

<table>
<tr><th>指标类别</th><th>考核指标</th><th>考核内容</th><th>考核标准</th><th>信息来源</th><th>考核周期</th></tr>
<tr><td rowspan="6">岗位职责指标</td><td>平稳生产（20 分）</td><td>班组本岗位责任非停及重大生产波动</td><td>12—24 小时内每发生一次扣 2 分；<br>12 小时内每发生一次扣 1 分</td><td>中心月度考核</td><td rowspan="7">月度</td></tr>
<tr><td>产品产量（15 分）</td><td>班组本岗位产品产量</td><td>每减少 1% 扣 1 分；<br>每增加 1% 加 1 分</td><td rowspan="2">MES 生产运营管理系统</td></tr>
<tr><td>能耗（15 分）</td><td>班组本岗位单位产品综合能耗</td><td>每减少 1% 加 1 分；<br>每增加 1% 扣 1 分</td></tr>
<tr><td>质量（20 分）</td><td>班组本岗位产品质量</td><td>每降低 1% 扣 1 分</td><td>LIMS 实验室信息管理系统</td></tr>
<tr><td>生产、技术检查（15 分）</td><td>各级检查班组本岗位问题</td><td>上级公司（包括政府）检查不合格每条扣 0.4 分；<br>分公司检查不合格每条扣 0.2 分</td><td>中心月度考核</td></tr>
<tr><td>巡检（15 分）</td><td>按规定时间、路线巡检</td><td>漏检按每次扣 0.5 分考核</td><td>巡检记录</td></tr>
<tr><td rowspan="2">非权重指标</td><td>奖励指标</td><td>在装置中发现影响装置安全稳定运行的隐患</td><td>1. 轻微隐患，奖励 1 分；<br>2. 一般隐患，奖励 3 分；<br>3. 较大隐患，奖励 5 分；<br>4. 重特大隐患，奖励 10—20 分</td><td>相关部门通报</td></tr>
<tr><td>否决指标</td><td>岗位重大工作失误</td><td>1. 影响导致装置停产，减 30 分；<br>2. 影响导致装置停产，造成较严重损失或不良影响，减 50 分；<br>3. 造成重大损失或人身安全，减 100 分</td><td>中心经理、中心工艺管理、中心设备管理考核</td><td>月度 / 季度 / 年度</td></tr>
<tr><td>备注</td><td colspan="5">1. 全部考核指标基准总分为 100 分。<br>2. 涉及年度评价的指标，将根据年度要求调整考评指标及目标值，根据年度实施情况合理进行考核。<br>3. 发生扣分事项时，扣分最大值不超过全部考核指标基准分（不含奖励指标）</td></tr>
</table>

HG-MZY-041

## 气体分离装置工艺技术管理

| 岗位名称 | 气体分离装置工艺技术管理 | 所在部门 | 煤间接液化生产中心 |
|---|---|---|---|
| 职位职级序列 | 技术序列 | | |
| 直接上级 | 工艺技术管理 | | |
| 直接下级 | 气体分离装置班长 | | |
| 岗位职责 | 负责气体分离装置生产、技术、生产工艺安全管理工作 | | |
| | 负责领导气体分离装置班组做好生产、技术、质量、能耗双控等各项工作，完成分公司下达的生产计划及主要经济技术指标 | | |
| | 负责监督、检查考核气体分离装置各班组工艺记录、岗位操作法、操作记录、产品质量、劳动纪律等执行情况 | | |
| | 负责落实中心生产技术管理细则 | | |
| | 负责气体分离装置生产、技术类方案的编写 | | |
| 工作记录文档 | 操作卡使用台账、月度节能工作总结、生产能耗报表、经济活动分析报表、盲板管理台账等 | | |

| 指标类别 | 考核指标 | 考核内容 | 考核标准 | 信息来源 | 考核周期 |
|---|---|---|---|---|---|
| 岗位职责指标 | 体系审核（10 分） | 分公司季度体系审核 | 按生产单位排名计。<br>第一名加 2 分；<br>第二名加 1 分；<br>第四名减 1 分；<br>第五名减 2 分 | 分公司季度体系审核结果 | 季度 |
| | 绩效考核（20 分） | 月度生产计划完成情况 | | 分公司月度绩效考核结果 | 月度 |
| | 平稳生产（20 分） | 气体分离装置责任非停及重大生产波动 | 12—24 小时内每次扣 2 分；<br>12 小时内每次扣 1 分 | 分公司生产管理部考核通报 | |
| | 产品产量（10 分） | 气体分离装置产品产量 | 每减少 1% 扣 1 分；<br>每增加 1% 加 1 分 | MES 生产运营管理系统 | |
| | 能耗（10 分） | 气体分离装置单位产品综合能耗 | 每减少 1% 加 1 分；<br>每增加 1% 扣 1 分 | | |
| | 质量（15 分） | 气体分离装置产品质量 | 每降低 1% 扣 1 分 | LIMS 实验室信息管理系统 | |
| | 生产、技术检查（15 分） | 各级检查气体分离装置生产、技术问题 | 上级公司（包括政府）检查通报不合格每次扣 0.4 分；<br>分公司检查通报不合格每次扣 0.2 分 | 检查通报 | |
| 非权重指标 | 奖励指标 | 在装置中发现影响装置安全稳定运行的隐患 | 1. 轻微隐患，奖励 1 分；<br>2. 一般隐患，奖励 3 分；<br>3. 较大隐患，奖励 5 分；<br>4. 重特大隐患，奖励 10—20 分 | 安健环通报 | |

续表

| 指标类别 | 考核指标 | 考核内容 | 考核标准 | 信息来源 | 考核周期 |
|---|---|---|---|---|---|
| 非权重指标 | 否决指标 | 岗位重大工作失误 | 1. 影响导致装置停产，减 30 分；<br>2. 影响导致装置停产，造成较严重损失或不良影响，减 50 分；<br>3. 造成重大损失或人身安全，减 100 分 | 中心经理、中心工艺管理、中心设备管理考核 | 月度 / 季度 / 年度 |
| 备注 | 1. 全部考核指标基准总分为 100 分。<br>2. 涉及年度评价的指标，将根据年度要求调整考评指标及目标值，根据年度实施情况合理进行考核。<br>3. 发生扣分事项时，扣分最大值不超过全部考核指标基准分（不含奖励指标） | | | | |

HG-MZY-042

## 气体分离装置设备管理

| 岗位名称 | 气体分离装置设备管理 | 所在部门 | 煤间接液化生产中心 |
|---|---|---|---|
| 职位职级序列 | 技术序列 | | |
| 直接上级 | 设备副经理 | | |
| 直接下级 | 班长、设备操作 | | |
| 岗位职责 | 负责中心气体分离装置动、静设备运行及安全管理 | | |
| | 负责中心气体分离装置设备管理、设备保运人员管理 | | |
| | 负责中心气体分离装置动、静设备管理细则的修订和完善，固定资产的使用、维修、报废 | | |
| | 负责中心气体分离装置设备管理动、静设备的正确使用，精心维护，科学检修和配件修造四个环节的工作 | | |
| | 负责中心气体分离装置设备管理动、静设备事故的调查分析和处理，坚持“四不放过”原则 | | |
| | 负责中心气体分离装置设备管理动、静设备类方案等的审核 | | |
| 工作记录文档 | 中心气体分离装置设备管理动、静设备记录、台账、报表以及设备综合管理系统 | | |

| 指标类别 | 考核指标 | 考核内容 | 考核标准 | 信息来源 | 考核周期 |
|---|---|---|---|---|---|
| 岗位职责指标 | 体系审核（20分） | 分公司季度体系审核 | 按生产单位排名计。<br>第一名加2分；<br>第二名加1分；<br>第四名减1分；<br>第五名减2分 | 分公司季度体系审核结果 | 季度 |
| | 动、静设备管理（25分） | 关键动、静设备故障 | 每超一次扣1分，最高扣10分（未达到责任非停及重大生产波动的故障小于等于一次） | 中心机电仪故障统计 | 月度 |
| | 设备现场管理（30分） | 设备现场管理提升及文明施工 | 机动部检查通报奖励每次加2分，批评每次扣1分 | 机动部检查通报 | |
| | 计划管控（15分） | 动、静设备修理费、计划及结算管控 | 机动部检查通报不达标每次扣1分 | | |
| | 设备检查（10分） | 各级检查动、静设备问题 | 上级公司（包括政府）检查不合格每次扣0.4分；分公司检查不合格每次扣0.2分 | 检查通报 | |
| 非权重指标 | 奖励指标 | 在装置中发现影响装置安全稳定运行的隐患 | 1. 轻微隐患，奖励1分；<br>2. 一般隐患，奖励3分；<br>3. 较大隐患，奖励5分；<br>4. 重特大隐患，奖励10—20分 | 相关部门通报 | |

续表

| 指标类别 | 考核指标 | 考核内容 | 考核标准 | 信息来源 | 考核周期 |
| --- | --- | --- | --- | --- | --- |
| 非权重指标 | 否决指标 | 岗位重大工作失误 | 1. 影响导致装置停产，减 30 分；<br>2. 影响导致装置停产，造成较严重损失或不良影响，减 50 分；<br>3. 造成重大损失或人身安全，减 100 分 | 中心经理、中心工艺管理、中心设备管理考核 | 月度 / 季度 / 年度 |
| 备注 | 1. 全部考核指标基准总分为 100 分。<br>2. 涉及年度评价的指标，将根据年度要求调整考评指标及目标值，根据年度实施情况合理进行考核。<br>3. 发生扣分事项时，扣分最大值不超过全部考核指标基准分（不含奖励指标） | | | | |

## HG-MZY-043

### 油品罐区主操副操

| 岗位名称 | 油品罐区主操副操 | 所在部门 | 环保储运生产中心 |
|---|---|---|---|
| 职位职级序列 | 技能序列 | | |
| 直接上级 | 班长 | | |
| 直接下级 | 外操副操 | | |
| 岗位职责 | 严格按照工艺技术规程和操作手册控制好装置工艺参数 | | |
| | 负责本装置的安全平稳运行，完成对罐区内流程的切换操作，认真填写各项记录数据 | | |
| | 认真执行班长下达的各项指令，服从班长的指挥，严格执行交接班制度 | | |
| | 参加各项安全、技术培训活动、应急演练 | | |
| | 严格执行安全生产的各项规章制度 | | |
| | 严格按照工艺技术规程和操作手册控制好装置工艺参数 | | |
| 工作记录文档 | 生产记录、台账、报表以及 MES 生产运营管理系统 | | |

| 指标类别 | 考核指标 | 考核内容 | 考核标准 | 信息来源 | 考核周期 |
|---|---|---|---|---|---|
| 岗位职责指标 | 安全环保（25 分） | 1. 主动落实岗位隐患排查治理；<br>2. 正确维护使用安全消防设备设施；<br>3. 参与事故演练和安全活动，做好记录 | 1. 责任区隐患排查不到位被专业组通报一项扣 1 分；排查申报隐患奖励：中心级隐患一例奖励 1 分、公司级隐患一例奖励 2 分。<br>2. 不会正确使用安全消防设备设施一次扣 2 分。<br>3. 不参加各级事故预案演练一次扣 2 分；演练记录不签字一次扣 1 分；演练内容程序不清楚一次扣 2 分；不参加班组安全活动一次扣 2 分 | 中心隐患奖励表、班组核算及油品区域月度奖励与考核、积分管理细则、安全组通报表 | 月度/季度/年度 |
| | 生产运行（25 分） | 1. 做好本岗位的安全生产；<br>2. 执行工艺操作规程、操作法及操作票证，保持标准化规范操作；<br>3. 按制度规定实施岗位现场巡检，确保岗位平稳运行；<br>4. 对影响装置平稳运行的关键平稳率指标进行控制在工艺卡片范围内 | 1. 工艺流程确认、识别不当、错误，造成进出物料储存、输转质量问题一次扣 5 分；不按票证操作一次扣 2 分；票证填写代签漏签字一次扣 1 分；未填写票证一次扣 1 分；票证涉及内容未落实一次扣 1 分。<br>2. 巡检确认不到位一次扣 1 分，巡检牌挂错一次扣 2 分。<br>3. 每班次超指标运行一次扣 1 分，不及时调整工况一次扣 1 分 | 油品区域月度奖励与考核、积分汇总表 | |
| | 设备（20 分） | 1. 停工检修；开工运行；<br>2. 设备日常维护、巡检；<br>3. 设备跑、冒、滴、漏处理； | 1. 每超期未完成开停工一项扣 1 分；每隔离置换不达标一项扣 2 分；每发生一次人身伤害扣 2 分；改错流程一次扣 1 分。<br>2. 检修返工一次扣 2 分；未定期盘车、润滑一次扣 1 分。 | | |

续表

<table>
<tr><th>指标类别</th><th>考核指标</th><th>考核内容</th><th>考核标准</th><th>信息来源</th><th>考核周期</th></tr>
<tr><td rowspan="4">岗位职责指标</td><td>设备（20分）</td><td>4. 油罐附件及压力容器检查</td><td>3. 设备跑、冒、滴、漏未处理一次扣1分。<br>4. 油罐附件及压力容器未检查一次扣1分</td><td rowspan="3">油品区域月度奖励与考核、积分汇总表</td><td rowspan="6">月度/季度/年度</td></tr>
<tr><td>质量技术（10分）</td><td>1. 工艺参数及工艺卡片执行；<br>2. 油品计量、质量分析、计量数据上传；<br>3. 公用工程数量计量、记录</td><td>1. 擅自变更或摘除工艺联锁一次扣5分；工艺报警或安全报警未经认真确认，擅自隔离或删除报警一次扣5分。<br>2. 计量数据未经核实、校对进行记录、填写、上传等一次扣1分。<br>3. 物料移动、调和等作业，质量状态未进行确认，一次扣1分</td></tr>
<tr><td>综合能力（10分）</td><td>1. 参加年度安全培训教育；<br>2. 参加专业培训和技能大赛；<br>3. 稿件报送及发表；<br>4. 各类文体活动参加；<br>5. 党员完成规定的学习课时及履职履责项目</td><td>1. 专业培训不参加一次扣1分；获得各类技能比赛，第一名加3分，第二名加2分，第三名加1分。<br>2. 每个月未完成发表1篇稿件当月扣班组员1分；参加中心及公司举办各类活动，参与一次加2分。<br>3. 未按时完成“两学一做”学习内容一次扣1—2分；未参加党支部活动一次扣1—3分</td></tr>
<tr><td>团队建设（10分）</td><td>团队协作、友爱互帮、工作中执行力强、气氛融洽</td><td>9—10分，区域内团结协作紧密配合，执行力卓越；<br>7—8分，区域内积极协作统一行动，执行力强；<br>5—6分，区域内协作不强，行动不统一，气氛较差；<br>0—4分，区域严重分歧，互相拆台，严重影响区域工作开展</td><td>中心领导考核、年度绩效考核</td></tr>
<tr><td rowspan="2">非权重指标</td><td>奖励指标</td><td>管理、技术创新及合理化建议</td><td>1. 完成管理、技术创新项目，被中心采纳加5分；完成核心期刊管理课题论文每篇加10分。<br>2. 提出的合理化建议被中心采纳每条加2分，被公司采纳每条加5分</td><td rowspan="2">中心领导、中心业务经理考核</td></tr>
<tr><td>否决指标</td><td>管理工作失误</td><td>1. 管理工作不当导致生产事故，对中心造成较大影响扣50分，造成重大影响扣100分。<br>2. 不能及时掌握员工思想动态，未积极妥善处理员工矛盾、化解员工纠纷，造成员工越级上访事件每人次扣5分</td></tr>
<tr><td>备注</td><td colspan="5">1. 岗位职责指标基准分为100分；各考核指标分值合计为100分。<br>2. “考核内容”选取主要方向。<br>3. 发生扣分事项时，扣分最大值不超过该项考核指标基准分（100分）</td></tr>
</table>

HG-MZY-044

## 污水处理工艺管理

<table>
<tr><td>岗位名称</td><td>污水处理工艺管理</td><td>所在部门</td><td>环保储运生产中心</td></tr>
<tr><td>职位职级序列</td><td colspan="3">技术序列</td></tr>
<tr><td>直接上级</td><td colspan="3">业务经理</td></tr>
<tr><td>直接下级</td><td colspan="3">污水处理班长、污水处理主操副操</td></tr>
<tr><td rowspan="10">岗位职责</td><td colspan="3">负责污水区域安全、生产、环保等工作</td></tr>
<tr><td colspan="3">在公司部门和中心经理的指导下，编写及审核污水处理装置工艺技术规程、操作手册、工艺卡片、检验计划、应急处置方案等指导作业文件</td></tr>
<tr><td colspan="3">负责组织开展员工业务培训、技能培训、安全培训等</td></tr>
<tr><td colspan="3">开展现场检查并组织整改，进行安全检查和现场督查，发现各类隐患及时处理和汇报，制止和纠正违章指挥、强令冒险作业、违反操作规程的行为</td></tr>
<tr><td colspan="3">组织开展污水科研技改项目的申报，设计方案的审查等</td></tr>
<tr><td colspan="3">负责污水区域直接作业环节安全管理，制订落实现场工艺技术方案及安全措施，保证现场直接作业安全</td></tr>
<tr><td colspan="3">负责污水区域内全部生产装置检修、停工、开工安全技术方案的制订，对方案执行情况进行检查监督</td></tr>
<tr><td colspan="3">对污水区域发生各类事故及时处理和报告，参与事故调查、分析，按“四不放过”原则进行事故调查处理</td></tr>
<tr><td colspan="3">负责对各级检查提出的问题进行整改，制订并落实整改方案及安全措施</td></tr>
<tr><td colspan="3">负责对外委或外来服务单位作业人员进行安全交底，并提出安全要求，制订并检查落实安全措施的执行情况，对违章作业人员进行制止并有权要求其进行整改</td></tr>
<tr><td>工作记录文档</td><td colspan="3">工艺检查记录、生产技术月报、工艺技术台账、生产技术年报等</td></tr>
</table>

<table>
<tr><th>指标类别</th><th>考核指标</th><th>考核内容</th><th>考核标准</th><th>信息来源</th><th>考核周期</th></tr>
<tr><td rowspan="2">岗位职责指标</td><td>安全环保（30 分）</td><td>1. 确保区域内不出现“三违”现象；<br>2. 严格控制污水、固废外排；<br>3. 参加定期安环职防检查，组织开展隐患排查治理工作；<br>4. 进行消防设施定期检验工作</td><td>1. 每发现一起“三违”事件，扣 1 分；<br>2. 每发生一起污水外排、固废外排、环保舆情事件，视情节严重程度，扣 1—3 分；<br>3. 未参加安环职防检查，每次扣 1 分；未督促隐患排查治理整改落实，每一项扣 1 分；<br>4. 消防设施（灭火器）到期未检验，扣 1 分</td><td rowspan="2">日常管理、系统</td><td rowspan="2">月度 / 季度 / 年度</td></tr>
<tr><td>生产运行（20 分）</td><td>1. 污水处理装置正常平稳运行；<br>2. 控制区域能耗在正常范围内；<br>3. 编制工艺技术规程、操作手册等指导性方案并及时修订；</td><td>1. 区域非计划性停车，每次扣 1 分；<br>2. 区域综合能耗因不明原因持续上涨，每次扣 1 分；<br>3. 未及时修订工艺技术规程、操作手册等，每次扣 1 分；</td></tr>
</table>

续表一

<table>
<tr><th>指标类别</th><th>考核指标</th><th>考核内容</th><th>考核标准</th><th>信息来源</th><th>考核周期</th></tr>
<tr><td rowspan="5">岗位职责指标</td><td>生产运行（20分）</td><td>4. 掌握区域生产运行情况并定期上报中心及调度</td><td>4. 未及时上报生产运行情况或上报情况与实际不符，每次扣1分</td><td rowspan="4">日常管理、系统</td><td rowspan="6">月度/季度/年度</td></tr>
<tr><td>设备（20分）</td><td>1. 配合管理检修，制订检修期间污水管控方案；<br>2. 编制开停车方案</td><td>1. 未编制检修期间污水管控方案，扣1分；<br>2. 装置开停车未编制开停车方案，每次扣1分</td></tr>
<tr><td>质量技术（10分）</td><td>1. 检查各产品质量在工艺卡片规定范围内；<br>2. 确保全部联锁投用；<br>3. 监督检查检验计划执行情况；<br>4. 参加新、改、扩建，技改项目的立项、设计、施工、验收工作</td><td>1. 产品水、蒸汽质量超出工艺卡片规定范围，每项每次扣1分；<br>2. 联锁管理缺失，每项扣1分；<br>3. 检验计划漏项，不能解释原因，每项扣1分；<br>4. 新、改、扩建，技改项目相关工作未实施，每次每项扣1分</td></tr>
<tr><td>综合能力（10分）</td><td>1. 及时完成日常工作；<br>2. 工作认真负责，认真执行中心下发指令；<br>3. 配合中心组织党政工团各项活动；<br>4. 创新创效，积极提出合理化建议；<br>5. 制订培训计划，定期组织员工培训、考试</td><td>1. 日常工作漏项，每项每次扣1分；<br>2. 中心安排工作未及时完成，每次扣1分；<br>3. 区域未参加党政工团活动，每次每项扣1分；<br>4. 提出降本增效、工艺改进等合理化建议，一经采用，每次加1分；<br>5. 无培训计划扣1分，培训合格率不达标扣1分</td></tr>
<tr><td>团队建设（10分）</td><td>团队协作、友爱互帮、工作中执行力强、气氛融洽</td><td>9—10分，区域内团结协作紧密配合，执行力卓越；<br>7—8分，区域内积极协作统一行动，执行力强；<br>5—6分，区域内协作不强，行动不统一，气氛较差；<br>0—4分，区域严重分歧，互相拆台，严重影响区域工作开展</td><td>中心领导考核、年度绩效考核</td></tr>
<tr><td>非权重指标</td><td>奖励指标</td><td>管理、技术创新及合理化建议</td><td>1. 完成管理、技术创新项目，被中心采纳加5分；完成核心期刊管理课题论文每篇加10分；<br>2. 提出的合理化建议被中心采纳每1条加2分，被公司采纳每1条加5分</td><td>中心领导、中心业务经理考核</td></tr>
</table>

续表二

| 指标类别 | 考核指标 | 考核内容 | 考核标准 | 信息来源 | 考核周期 |
|---|---|---|---|---|---|
| 非权重指标 | 否决指标 | 管理工作失误 | 1. 管理工作不当导致生产事故，对中心造成较大影响扣 50 分，造成重大影响扣 100 分；2. 不能及时掌握员工思想动态，未积极妥善处理员工矛盾、化解员工纠纷，造成员工越级上访事件每人次扣 5 分 | 中心领导、中心业务经理考核 | 月度 / 季度 / 年度 |
| 备注 | 1. 岗位职责指标基准分为 100 分；各考核指标分值合计为 100 分。<br>2. “考核内容”选取主要方向。<br>3. 发生扣分事项时，扣分最大值不超过该项考核指标基准分（100 分） | | | | |

HG-MZY-045

## 污水处理设备管理

| 岗位名称 | 污水处理设备管理 | 所在部门 | 环保储运生产中心 |
|---|---|---|---|
| 职位职级序列 | 技术序列 | | |
| 直接上级 | 设备业务经理 | | |
| 直接下级 | 污水处理班长 | | |
| 岗位职责 | 在中心经理、分管副经理领导下负责制订污水区域的设备操作法、检修方案 | | |
| | 执行设备管理的相关制度 | | |
| | 组织维护、检修、检测装置的设备设施，保证安全平稳生产 | | |
| | 监督、检查、控制区域装置设备的生产运行过程 | | |
| | 建立设备管理周报，记录设备运行状态和修理维护工作；管理装置内施工和保运单位（机械、工艺、电气、仪表）的日常工作 | | |
| 工作记录文档 | 设备运行记录、特护设备巡检记录、设备台账、技术档案等 | | |

| 指标类别 | 考核指标 | 考核内容 | 考核标准 | 信息来源 | 考核周期 |
|---|---|---|---|---|---|
| 岗位职责指标 | 设备完好率（30分） | ≥96% | 每低于指标1%扣5分，最高扣35分；每提高1%奖励5分，最高奖励20分 | 日常管理 | 月度/季度/年度 |
| | 静密封点泄漏率（20分） | ≤5% | 每超1%扣5分，最高扣30分。每降低1%奖励5分，最高奖励20分 | | |
| | 设备故障处理及时率（20分） | 100% | 每降低1%扣5分，最高扣20分 | | |
| | 定期工作完成率（10分） | | 每降低1%扣2分，最高扣10分 | | |
| | 综合能力（10分） | 履职能力、工作任务、党政工团、定性测评等方面 | 每不达标一起按公司管理考核细则扣2分 | | |
| | 现场管理（10分） | 1. 按公司和中心设备管理制度，完成设备工作任务；<br>2. 按照设备完好标准、大型部件（设备）更换安全技术措施等作业要求，做好现场管理 | 1. 现场工作任务每次不符合要求扣1分；<br>2. 出现安全管理、现场混乱等问题扣3分，问题严重扣5分，带来较大损失扣10分 | | |

续表

| 指标类别 | 考核指标 | 考核内容 | 考核标准 | 信息来源 | 考核周期 |
|---|---|---|---|---|---|
| 非权重指标 | 奖励指标 | 管理、技术创新及合理化建议 | 1. 完成管理、技术创新项目，被中心采纳加 5 分；完成核心期刊管理课题论文每篇加 10 分。<br>2. 提出的合理化建议被中心采纳，每条加 2 分，被公司采纳每条加 5 分 | 中心领导、中心业务经理考核 | 月度 / 季度 / 年度 |
| | 否决指标 | 管理工作失误 | 1. 管理工作不当导致伤害人身安全，损坏设备设施，或者造成经济损失的，给中心造成较大影响扣 50 分，造成重大影响扣 100 分；<br>2. 不能及时掌握员工思想动态，未积极妥善处理员工矛盾、化解员工纠纷，造成员工越级上访事件每人次扣 5 分 | | |
| 备注 | 1. 岗位职责指标基准分为 100 分；各考核指标分值合计为 100 分。<br>2. “考核内容”选取主要方向。<br>3. 发生扣分事项时，扣分最大值不超过该项考核指标基准分（100 分） | | | | |

HG-MZY-046

## 污水处理主操副操

| 岗位名称 | 污水处理主操副操 | 所在部门 | 环保储运生产中心 |
|---|---|---|---|
| 职位职级序列 | 技能序列 | | |
| 直接上级 | 班长 | | |
| 直接下级 | 外操副操 | | |
| 岗位职责 | 严格按照工艺技术规程和操作手册控制好装置工艺参数 | | |
| | 负责本装置的安全平稳运行，认真填写各项记录数据 | | |
| | 认真执行班长下达的各项指令，服从班长的指挥，严格执行交接班制度 | | |
| | 参加各项安全、技术培训活动、应急演练 | | |
| | 控制装置各项进出物料的平衡及产品质量 | | |
| 工作记录文档 | 岗位运行记录、岗位交接班记录、日台账记录、化学药剂消耗台账、定期工作记录、班组经济核算录入、MES 录入等 | | |

| 指标类别 | 考核指标 | 考核内容 | 考核标准 | 信息来源 | 考核周期 |
|---|---|---|---|---|---|
| 岗位职责指标 | 安全环保（30 分） | 1. 劳保着装规范；<br>2. 遵守各项规章制度；<br>3. 严格控制污水、固废外排；<br>4. 参加各项安全活动、安全培训；<br>5. 参加隐患排查治理；<br>6. 定期进行消防检查 | 1. 未按规定穿戴劳保着装，发现一次扣 1 分；<br>2. 发生“三违”，每次扣 1 分；<br>3. 污水、固废外排，每次扣 1 分，造成严重影响的扣 2 分；<br>4. 未参加安全活动、安全培训，每次扣 1 分；<br>5. 发现隐患未落实整改，每次扣 1 分；<br>6. 灭火器、消防栓等每一处漏检扣 1 分 | 中心隐患奖励表、班组核算及月度奖励与考核、积分管理细则、安全组通报表 | 月度 / 季度 / 年度 |
| | 生产运行（20 分） | 1. 保证污水处理正常负荷运行；<br>2. 工艺参数在工艺卡片规定范围内；<br>3. 发现故障及时处理；<br>4. 按时巡检，及时处理问题；<br>5. 按时汇报调度及区域管理人员生产运行情况，工艺调整情况和生产负荷；<br>6. 完成班组经济核算和 MES 录入 | 1. 各装置负荷调整需要解释原因，原因不明降低负荷的，每次扣 1 分；<br>2. 主要操作参数超出工艺卡片规定范围，每次扣 1 分；<br>3. 因设备、仪表故障未能及时处理造成生产波动，每次扣 1 分；<br>4. 发生非停事故，每次扣 1 分；<br>5. 未按时巡检，每次扣 1 分；<br>6. 未按时汇报生产运行情况，每次扣 1 分，汇报情况与实际不符，扣 1 分；<br>7. 未完成班组经济核算或 MES 录入或者因个人原因导致录入数据错误，每次每项扣 1 分 | | |

续表一

| 指标类别 | 考核指标 | 考核内容 | 考核标准 | 信息来源 | 考核周期 |
|---|---|---|---|---|---|
| 岗位职责指标 | 设备（20分） | 1. 积极配合完成检修工作；<br>2. 保持设备运行正常；<br>3. 做好低标准整治工作 | 1. 因个人原因造成检修工作延期，每次扣1分；<br>2. 设备超温、超电流、振动大等故障未及时发现，每次扣1分，造成工艺波动，每次扣2分；<br>3. 发现低标准未及时整治，每次扣1分 | 中心隐患奖励表、班组核算及月度奖励与考核积分管理细则、安全组通报 | 月度/季度/年度 |
| | 质量技术（10分） | 1. 产品质量控制在工艺卡片规定范围内；<br>2. 保证联锁正常运行，根据生产情况及时更新联锁台账；<br>3. 完成化学药剂台账登记；<br>4. 每日对生产水样进行检验分析 | 1. 产品质量超出工艺卡片规定范围，每次扣1分；<br>2. 未及时更新联锁台账，每次扣1分，因联锁故障造成工艺波动，每次扣1分；<br>3. 化学药剂未更新，每次扣1分；<br>4. 水样未取，每次每个扣1分 | | |
| | 综合能力（10分） | 1. 及时完成日常工作；<br>2. 工作认真负责，认真执行区域管理下发指令；<br>3. 积极参加党政工团各项活动；<br>4. 创新创效，积极提出合理化建议；<br>5. 积极参加区域、中心组织的各种技能培训 | 1. 未完成日常工作，每次每项扣1分；<br>2. 为按区域管理下发指令执行工作，每次扣1分；<br>3. 无特殊原因未参加党政工团各项活动，每次扣1分；<br>4. 提出降本增效、工艺改进等合理化建议，一经采用，每次加1分；<br>5. 未参加技能培训，每次扣1分 | | |
| | 上级督办事项（10分） | 按要求落实上级督办的各项工作 | 1. 认真落实上级下达的各项生产任务和指标，完成上级交办的工作，每未完成一项扣2分；<br>2. 未对安排的工作进行跟踪监督，每发生一次扣2分 | 区域工艺管理、区域设备管理考核 | |
| 非权重指标 | 奖励指标 | 技术创新及合理化建议 | 1. 完成技术创新项目，被中心采纳加5分；完成核心期刊管理课题论文每篇加10分；<br>2. 提出的合理化建议被中心采纳，每1条加2分，被公司采纳，每1条加5分 | 中心经理、区域工艺管理、区域设备管理考核 | |

续表二

| 指标类别 | 考核指标 | 考核内容 | 考核标准 | 信息来源 | 考核周期 |
|---|---|---|---|---|---|
| 非权重指标 | 否决指标 | 岗位重大工作失误 | 1. 影响导致装置停产，减 30 分；<br>2. 影响导致装置停产，造成较严重损失或不良影响，减 50 分；<br>3. 造成重大损失或人身安全，减 100 分 | 中心经理、中心工艺管理、中心设备管理考核 | 月度 / 季度 / 年度 |
| 备注 | 1. 岗位职责指标基准分为 100 分；各考核指标分值合计为 100 分。<br>2.“考核内容”选取主要方向。<br>3. 发生扣分事项时，扣分最大值不超过该项考核指标基准分（100 分） | | | | |

HG-MZY-047

## 环保四套工艺管理

| 岗位名称 | 环保四套工艺管理 | 所在部门 | 环保储运生产中心 |
|---|---|---|---|
| 职位职级序列 | 技术系列 | | |
| 直接上级 | 生产副经理 | | |
| 直接下级 | 班长 | | |
| 岗位职责 | 在中心经理、分管副经理领导下负责制订四套区域的工艺技术规程、操作手册、开停工方案 | | |
| | 负责编制四套区域内管理制度，对区域内员工进行生产操作技术与安全知识培训 | | |
| | 负责优化生产工艺、操作条件，实现节能降耗，统计、计量各装置数据并上报相关单位；开展检验计划、工艺卡片的制订与修订工作 | | |
| | 负责区域内所有人员的日常管理工作 | | |
| | 开展装置内的党、团、工会工作 | | |
| 工作记录文档 | 工艺技术台账、生产技术月报、达标对标台账、环保设施运行台账、装置检测台账、装置界区盲板状态台账，装置能耗报表、节能总结、经济活动分析材料 | | |

| 指标类别 | 考核指标 | 考核内容 | 考核标准 | 信息来源 | 考核周期 |
|---|---|---|---|---|---|
| 岗位职责指标 | 安全环保（30 分） | 1. 硫磺烟气达标排放率≥99.6%；<br>2. 废水零排放；<br>3. 严格控制中心级及以上事故发生数量 | 烟气达标排放每超 1% 扣 5 分；每降 1% 奖励 5 分，最高奖励 20 分 | 日常管理 | 月度 |
| | 生产运行（30 分） | 1. 能耗：112 单元能耗≤43kgce/t、113 单元能耗≤-175kgce/t、117 单元能耗≤38kgce/t、118 单元能耗≤12.8kgce/t；<br>2. 指标：工艺指标控制合格率≥95%；<br>3. 严格控制非计划停工 | 每超 1% 扣 5 分，最高扣 30 分；每降 1% 奖励 5 分，最高奖励 20 分 | | |
| | 设备（20 分） | 设备完好率≥95% | 每降低1%扣5分，最高扣20分；每提高1%奖励 2 分，最高奖励 10 分 | | |
| | 质量技术（10 分） | 1. 产品合格率：粗酚≥95%、液硫≥98%；<br>2. 联锁投用率 100%<br>工艺指标控制≥95% | 每降低1%扣2分，最高扣10分；每提高1%奖励 1 分，最高奖励 5 分 | | |
| | 综合能力（10 分） | 1. 不发生舆论事件。<br>2. 全额完成公司生产任务 | 根据影响范围考核 | | |

续表

| 指标类别 | 考核指标 | 考核内容 | 考核标准 | 信息来源 | 考核周期 |
| --- | --- | --- | --- | --- | --- |
| 非权重指标 | 奖励指标 | 1. 避免重大事故发生；<br>2. 获公司级及以上科技类奖励或授权国家专利；<br>3. 获公司级及以上个人科技类荣誉称号 | 1. 避免重大事故发生，加 5 分；<br>2. 获得公司级及以上科技类奖励或授权国家专利，加 5 分；<br>3. 获得公司级及以上个人科技类荣誉称号，加 5 分 | 集团 / 公司相关业务部门 | 年度 |
| | 否决指标 | 1. 发生人身伤害事故；<br>2. 发生非计划停工；<br>3. 发生中心级以上事故 | 1. 发生一人及以上死亡扣 100 分；<br>2. 发生单套装置非计划停工（紧急情况除外）扣 50 分；<br>3. 发生中心级以上事故扣 100 分 | 日常管理 | 月度 |
| 备注 | 1. 岗位职责指标基准分为 100 分；各考核指标分值合计为 100 分。<br>2. “考核内容”选取主要方向。<br>3. 发生扣分事项时，扣分最大值不超过该项考核指标基准分（100 分） | | | | |

HG-MZY-048

## 环保四套设备管理

| 岗位名称 | 环保四套设备管理 | 所在部门 | 环保储运生产中心 |
|---|---|---|---|
| 职位职级序列 | 技术序列 | | |
| 直接上级 | 设备副经理 | | |
| 直接下级 | 班长 | | |
| 岗位职责 | 在中心经理、分管副经理领导下负责制订四套区域的设备操作法、检修方案 | | |
| | 执行设备管理的相关制度 | | |
| | 组织维护、检修、检测装置的设备设施，保证安全平稳生产 | | |
| | 建立设备管理周报，记录设备运行状态和修理维护工作 | | |
| | 管理装置内施工和保运单位（机械、工艺、电气、仪表）的日常工作 | | |
| 工作记录文档 | 设备运行记录、特护设备巡检记录、设备台账、技术档案等 | | |

| 指标类别 | 考核指标 | 考核内容 | 考核标准 | 信息来源 | 考核周期 |
|---|---|---|---|---|---|
| 岗位职责指标 | 设备完好率（35分） | ≥96% | 每低于指标1%扣5分，最高扣35分；每提高1%奖励5分，最高奖励20分 | 日常管理 | 月度 |
| | 静密封点泄漏率（30分） | ≤0.5% | 每超1%扣5分，最高扣30分。每降0.1%奖励5分，最高奖励20分 | | |
| | 设备故障处理及时率（20分） | 100% | 每降低1%扣5分，最高扣20分 | | |
| | 定期工作完成率（10分） | | 每降低1%扣2分，最高扣10分 | | |
| | 综合能力（5分） | 履职能力、工作任务、党政工团、定性测评等方面 | 每发生一次不符合项，扣2分，最高扣5分 | | |
| 非权重指标 | 奖励指标 | 1. 避免重大事故发生；<br>2. 获公司级及以上科技类奖励或授权国家专利；<br>3. 获公司级及以上个人科技类荣誉称号 | 1. 避免重大事故发生，加5分；<br>2. 获得公司级及以上科技类奖励或授权国家专利，加5分；<br>3. 获得公司级及以上个人科技类荣誉称号，加5分 | 集团/公司相关业务部门 | 年度 |

续表

| 指标类别 | 考核指标 | 考核内容 | 考核标准 | 信息来源 | 考核周期 |
| --- | --- | --- | --- | --- | --- |
| 非权重指标 | 否决指标 | 1. 发生人身伤害事故；<br>2. 发生非计划停工；<br>3. 发生中心级以上事故 | 1. 发生一人及以上死亡扣 100 分；<br>2. 发生单套装置非计划停工（紧急情况除外）扣 50 分；<br>3. 发生中心级以上事故扣 100 分 | 日常管理 | 月度 |
| 备注 | 1. 岗位职责指标基准分为 100 分；各考核指标分值合计为 100 分。<br>2. “考核内容”选取主要方向。<br>3. 发生扣分事项时，扣分最大值不超过该项考核指标基准分（100 分） | | | | |

HG-MZY-049

## 环保四套主操副操

| 岗位名称 | 环保四套主操副操 | 所在部门 | 环保储运生产中心 |
|---|---|---|---|
| 职位职级序列 | 技能序列 | | |
| 直接上级 | 班长 | | |
| 直接下级 | 外操副操 | | |
| 岗位职责 | 在区域管理人员、班长安排下，负责装置生产操作，完成操作记录和生产调整，保证稳定生产，产品合格 | | |
| | 负责生产数据统计，能耗统计 | | |
| | 参加各项安全、技术培训活动、应急演练 | | |
| | 严格执行安全生产的各项规章制度 | | |
| | 认真执行班长下达的各项指令，服从班长的指挥，严格执行交接班制度 | | |
| 工作记录文档 | 交接班记录、操作记录、安全活动记录、MES 数据录入、化工三剂使用台账、工艺报警记录、巡检记录、防火气防巡查记录 | | |

| 指标类别 | 考核指标 | 考核内容 | 考核标准 | 信息来源 | 考核周期 |
|---|---|---|---|---|---|
| 岗位职责指标 | 安全环保（30 分） | 1. 硫磺烟气达标排放率≥99.6%；<br>2. 废水零排放；<br>3. 严格控制中心级及以上事故发生数量 | 烟气达标排放每超 1% 扣 5 分，最高扣 30 分；每降 1% 奖励 5 分，最高奖励 20 分 | 日常管理 | 月度 |
| | 生产运行（30 分） | 1. 能耗：112 单元能耗≤43kgce/t、113 单元能耗≤–175kgce/t、117 单元能耗≤38kgce/t、118 单元能耗≤12.8kgce/t；<br>2. 指标：工艺指标控制合格率≥95% | 每超 1% 扣 5 分，最高扣 30 分；每降 1% 奖励 5 分，最高奖励 20 分 | | |
| | 设备（20 分） | 1. 设备完好率≥98%；<br>2. 静密封点泄漏率≤0.5% | 每降低 1% 扣 5 分，最高扣 20 分；每提高 1% 奖励 5 分，最高奖励 10 分 | | |
| | 质量技术（10 分） | 1. 产品合格率：粗酚≥95%、液硫≥98%；<br>2. 联锁投用率 100% | 每降低 1% 扣 2 分，最高扣 10 分；每提高 1% 奖励 1 分，最高奖励 5 分 | | |
| | 综合能力（10 分） | 1. 不发生舆论事件；<br>2. 全额完成公司生产任务 | 根据影响情况考核 | | |

续表

| 指标类别 | 考核指标 | 考核内容 | 考核标准 | 信息来源 | 考核周期 |
| --- | --- | --- | --- | --- | --- |
| 非权重指标 | 奖励指标 | 1. 避免重大事故发生；<br>2. 获公司级及以上科技类奖励或授权国家专利；<br>3. 获公司级及以上个人科技类荣誉称号 | 1. 避免重大事故发生，加 5 分；<br>2. 获公司级及以上科技类奖励或授权国家专利，加 5 分；<br>3. 获公司级及以上个人科技类荣誉称号，加 5 分 | 集团 / 公司相关业务部门 | 年度 |
| | 否决指标 | 1. 发生人身伤害事故；<br>2. 发生非计划停工；<br>3. 发生中心级以上事故 | 1. 发生一人及以上死亡扣 100 分；<br>2. 发生单套装置非计划停工（紧急情况除外）扣 50 分；<br>3. 发生中心级以上事故扣 100 分 | 日常管理 | 月度 |
| 备注 | 1. 岗位职责指标基准分为 100 分；各考核指标分值合计为 100 分。<br>2. “考核内容”选取主要方向。<br>3. 发生扣分事项时，扣分最大值不超过该项考核指标基准分（100 分） | | | | |

HG-MZY-050

## 各生产中心安全管理

| 岗位名称 | 安全管理 | 所在部门 | 各生产中心 |
|---|---|---|---|
| 职位职级序列 | 技术序列 | | |
| 直接上级 | 各生产中心安全副经理 | | |
| 直接下级 | 班组长 | | |
| 岗位职责 | 组织或者参与拟订中心安全环保职业卫生生产规章制度、操作规程和生产安全事故应急救援预案 | | |
| | 严格执行安环职防的各项规章制度，对违章指挥有权拒绝，及时制止“三违”作业及人员不安全行为，并对相关人员及班组进行通报考核 | | |
| | 负责参与对中心安环职防工作的检查，落实隐患整改措施，保证生产设备 / 设施、安全环保设施等处于完好状态 | | |
| | 组织或参与中心生产安全事故应急救援预案，组织、落实中心的应急救援演练 | | |
| | 配合中心安全副经理和经理组织开展并参加各项安全活动，总结交流安环职防经验，持续改进提高 | | |
| | 负责中心安全生产管理和专项业务管理工作，组织拟订中心安全生产教育培训计划，督促落实中心安全生产责任制 | | |
| 工作记录文档 | 安全检查台账、安全培训记录、违章记录台账、保运单位人员入中心级教育登记台账、职业卫生台账、安全报表 | | |

| 指标类别 | 考核指标 | 考核内容 | 考核标准 | 信息来源 | 考核周期 |
|---|---|---|---|---|---|
| 岗位职责指标 | 安全环保（25 分） | 人员三违情况，环保排放达标；安全环保创新管理建议 | 每发生 1 次扣 0.1 分，每提一个建议加 0.1 分 | 公司 / 政府检查通报 | 月度 |
| | 人员教育（25 分） | 中心级安全教育过程管控 | 达到 98%，每降低 0.5% 扣 0.1 分，每增加 0.5% 加 0.1 分 | 人员教育信息平台 | 季度 |
| | 直接作业票据（25 分） | 直接有效作业票据合格管控 | 合格率达到 98%，每降低 0.5% 扣 0.1 分，每增加 0.5% 加 0.1 分 | 公司检查通报 | 月度 |
| | 综合管理（25 分） | 公司 1 号文件项目开展高标准完成过程跟踪 | 达到 98%，每降低 0.5% 扣 0.1 分，每增加 0.5% 加 0.1 分 | 项目完成验收公布表 | 年度 |
| 非权重指标 | 奖励指标 | 发生零容忍事件 | 未被公司及上级单位发现零容忍事件加 5 分，未被中心各级管理人员发现零容忍事件加 10 分 | 公司及中心检查通报 | 月度 |
| | 否决指标 | | 被公司及上级单位发现零容忍事件每次扣 10 分，被中心各级管理人员发现零容忍事件每次扣 5 分 | | |
| 备注 | 1. 各考核指标基准分为 100 分；各考核类别权重合计为 100%，考核类别中各考核指标占比合计为 100%。<br>2. 涉及年度评价的指标，应根据年度目标调整考评指标、权重及目标值，根据年度实施情况合理设定年度扣分值。<br>3. 发生扣分事项时，扣分最大值不超过该项考核指标基准分（100 分） | | | | |

HG-MZY-051

## 电气运行值班员

| 岗位名称 | 电气运行值班员 | 所在部门 | 热电生产中心 |
|---|---|---|---|
| 职位职级序列 | 技能序列 | | |
| 直接上级 | 电气技术管理 | | |
| 直接下级 | —— | | |
| 岗位职责 | 严格执行电气安全工作规程，贯彻落实"业务保安""一岗双责"；制止和纠正违章指挥、强令冒险作业、违反操作规程的行为，杜绝三违；严格执行电气运行规程，控制好电气参数，确保设备安全经济运行 | | |
| | 负责变电站的安全平稳运行，认真填写各项记录数据；认真执行主管下达的各项指令，服从主管的指挥；参加各项安全、技术培训活动，熟练操作消防灭火设施及器材，掌握消防四个能力 | | |
| | 严格执行巡回检查制度，做到不漏检，检查仔细认真，掌握设备运行情况，熟悉设备容易出现隐患的部位和现象 | | |
| | 定期组织开展安全隐患排查活动，落实各项安全生产责任制，查找安全隐患，堵塞安全漏洞，确保安全生产 | | |
| | 严格执行工作票制度，落实安全措施、保障作业时人员和设备安全，防止人身事故和设备事故发生；做好防洪防汛、防冻防凝工作，每日检查防洪防汛、防冻防凝设施和物资，保障设施和物资的完好 | | |
| | 开展岗位风险辨识，落实岗位风险预控措施，做好风险预控工作，做到风险可控 | | |
| | 定期开展应急演练，熟悉应急处置方案，提高应急处置能力，遇到紧急情况能够正确迅速处理；正确使用劳动保护用品，熟悉触电、烫伤、烧伤、中毒、窒息等急救方法 | | |
| | 严格执行电气专业的倒闸操作票、电气工作票、临时用电票三票管理制度，确保安全用电、供电 | | |
| 工作记录文档 | 月检记录、交接班记录，检修记录、安全记录、台账以及电量报表 | | |

| 指标类别 | 考核指标 | 考核内容 | 考核标准 | 信息来源 | 考核周期 |
|---|---|---|---|---|---|
| 岗位职责指标 | 安全环保（25分） | 重大设备及人身伤亡事故0起、一般事故0起，障碍及异常0起 | 每起重大事故扣10分，一般事故扣5分，障碍及异常扣1分，未发生一起事故加1分 | 事故分析报告 | 月度/季度/年度 |
| | 生产运行（20分） | 电源电压偏差不超出规定值；电压的波动和闪变不超出规定值，三相电压不平衡度不超过2%，电压波动不超过5% | 每超标一次扣0.5分，未发生一次超标加1分 | 录波器记录及后台电压曲线 | |
| | 设备（20分） | 点检率不低于100%，设备完好率不低于98%，定期工作完成率不低于95% | 每降1%扣0.1分，每升1%加0.1分 | 点检平台、设备完好率统计表、交接班记录 | |

续表

| 指标类别 | 考核指标 | 考核内容 | 考核标准 | 信息来源 | 考核周期 |
|---|---|---|---|---|---|
| 岗位职责指标 | 质量技术（15 分） | 继电保护投入率 100% | 每降 1% 扣 0.1 分，每开展一项技改、更新或国产化改造项目加 1 分 | 月检记录，技改、更新管理台账 | 月度/季度/年度 |
| | 综合能力（20 分） | 完成各项工作 | 未完成 1 次扣 0.1 分，完成加 0.1 分 | 日常管理 | |
| 非权重指标 | 奖励指标 | 个人对推动部门或单位安全生产运营发展的贡献 | 1. 提出的建议，经部门或公司研究正式采纳后，为部门或公司安全生产及管理带来良好影响的，加 5 分；<br>2. 经采纳的建议，为部门或公司整体管理水平或业绩提升做出重大贡献的，加 5 分 | 上级管理人员 | |
| | 否决指标 | 岗位重大工作失误 | 1. 影响导致公司停产，造成较严重损失或不良影响，减 10 分；<br>2. 造成重大损失或人身安全伤害，减 10 分 | | |
| 备注 | 1. 各考核指标基准分为 100 分；各考核类别权重合计为 100%，考核类别中各考核指标占比合计为 100%。<br>2. 关键绩效考核类别中，应根据重点工作任务分解（非否决项）具体情况确定各项考核指标权重。<br>3. 涉及年度评价的指标，应根据年度目标调整考评指标、权重及目标值，根据年度实施情况合理设定年度扣分值。<br>4. 发生扣分事项时，扣分最大值不超过该项考核指标基准分（100 分） | | | | |

HG–MZY–052

## 电气调度

<table>
<tr><th>岗位名称</th><td colspan="3">电气调度</td><th>所在部门</th><td>热电生产中心</td></tr>
<tr><td>职位职级序列</td><td colspan="5">技术序列</td></tr>
<tr><td>直接上级</td><td colspan="5">电气技术管理</td></tr>
<tr><td>直接下级</td><td colspan="5">电气运行值班员</td></tr>
<tr><td rowspan="7">岗位职责</td><td colspan="5">负责与生产调度、热电生产中心值长、外网供电局、供电所的沟通、协调，保持公司装置电力系统的正常供用电运行</td></tr>
<tr><td colspan="5">及时联系调整系统电压、功率因数，提高供电质量</td></tr>
<tr><td colspan="5">负责指挥管辖范围内电气设备的运行、倒闸操作、下达操作任务和下达调度指令</td></tr>
<tr><td colspan="5">负责督促操作票执行</td></tr>
<tr><td colspan="5">协调、配合管辖区域内的事故处理，防止误操作，防止事故和影响面扩大</td></tr>
<tr><td colspan="5">掌握电气调度自动化设备、继电保护装置运行状况；负责负荷、电量的统计，监督考核计量的准确性</td></tr>
<tr><td colspan="5">参与审核新建或改建电气设备送、受电方案；汇报和督促各区域电气生产问题的闭环管理；负责签发总变 GS01 电气第一种工作票</td></tr>
<tr><td>工作记录文档</td><td colspan="5">电气调度交接班记录、电气设备运行记录、电量统计平衡表（日 / 月）、MES 生产运营管理系统（电量部分）</td></tr>
<tr><th>指标类别</th><th>考核指标</th><th>考核内容</th><th>考核标准</th><th>信息来源</th><th>考核周期</th></tr>
<tr><td rowspan="5">岗位职责指标</td><td>安全环保（25 分）</td><td>重大人身伤亡事故 0 起、一般事故 0 起；调度令正确率 100%</td><td>每起重大事故扣 10 分，一般事故扣 5 分，障碍及异常扣 1 分，未发生一起事故加 1 分</td><td>事故分析报告、指令记录本</td><td rowspan="6">月度 / 季度 / 年度</td></tr>
<tr><td>生产运行（20 分）</td><td>电源电压偏差不超出规定值 5%；三相电压不平衡度不超过 2%</td><td>每超标一次扣 0.5 分，未发生一次超标加 1 分</td><td>抄表记录及后台电压曲线</td></tr>
<tr><td>设备（20 分）</td><td>电气调度后台完好率不低于 98%</td><td>每降 1% 扣 0.1 分，每升 1% 加 0.1 分</td><td rowspan="2">工作记录</td></tr>
<tr><td>质量技术（15 分）</td><td>准确率和正确率不低于 100%</td><td>每降 1% 扣 0.1 分，每开展一项技改、更新或国产化改造项目加 1 分</td></tr>
<tr><td>综合能力（20 分）</td><td>完成各项工作</td><td>未完成 1 次扣 0.1 分，完成加 0.1 分</td><td>日常管理</td></tr>
<tr><td>非权重指标</td><td>奖励指标</td><td>个人对推动部门或单位安全生产运营发展的贡献</td><td>1. 提出的建议，经部门或公司研究正式采纳后，为部门或公司安全生产及管理带来良好影响的，加 5 分；<br>2. 经采纳的建议，为部门或公司整体管理水平或业绩提升做出重大贡献的，加 5 分</td><td>上级管理人员</td></tr>
</table>

续表

| 指标类别 | 考核指标 | 考核内容 | 考核标准 | 信息来源 | 考核周期 |
| --- | --- | --- | --- | --- | --- |
| 非权重指标 | 否决指标 | 岗位重大工作失误 | 1. 影响导致公司停产，造成较严重损失或不良影响，减 10 分；<br>2. 造成重大损失或人身安全伤害，减 10 分 | 上级管理人员 | 月度 / 季度 / 年度 |
| 备注 | 1. 各考核指标基准分为 100 分；各考核类别权重合计为 100%，考核类别中各考核指标占比合计为 100%。<br>2. 关键绩效考核类别中，应根据重点工作任务分解（非否决项）具体情况确定各项考核指标权重。<br>3. 涉及年度评价的指标，应根据年度目标调整考评指标、权重及目标值，根据年度实施情况合理设定年度扣分值。<br>4. 发生扣分事项时，扣分最大值不超过该项考核指标基准分（100 分） | | | | |

HG-MZY-053

## 试验员

| 岗位名称 | 试验员 | 所在部门 | 热电生产中心 |
|---|---|---|---|
| 职位职级序列 | 技能序列 | | |
| 直接上级 | 电气技术管理 | | |
| 直接下级 | —— | | |
| 岗位职责 | 严格按照电气试验规程及电力安全规程从事现场检修工作 | | |
| | 负责本岗位的日常工作及月度、年度检修试验，并做好试验资料的收集整理工作 | | |
| | 参与设备故障的现场应急处理及事后的故障分析活动 | | |
| | 做好试验设备、仪器、仪表的日常维护保养工作 | | |
| | 严格执行试验设备、仪器、仪表的年度检验工作，做到应检必检 | | |
| | 认真执行部门主管的指令，服从部门主管的指挥，严格执行各项规章制度 | | |
| | 定期组织班组的技术培训工作，努力提高班组整体技术水平的提升 | | |
| | 参加中心组织的各项安全、技术培训活动、应急演练等 | | |
| | 按照电气试验规程的要求严格把控工作质量，注重工作质量的过程管理 | | |
| | 遵守各项票据管理要求，杜绝三违 | | |
| 工作记录文档 | 高压试验试验报告、继电保护试验报告、仪器仪表检定报告存档 | | |

| 指标类别 | 考核指标 | 考核内容 | 考核标准 | 信息来源 | 考核周期 |
|---|---|---|---|---|---|
| 岗位职责指标 | 安全环保（25分） | 重大设备及人身伤亡事故0起、一般事故0起，障碍及异常0起 | 每起重大事故扣10分，一般事故扣5分，障碍及异常扣1分，未发生一起事故加1分 | 事故分析报告 | 月度/季度/年度 |
| | 生产运行（20分） | 一次设备试验完好率95%，二次设备不出现误动、拒动 | 每超标一次扣0.5分，未发生一次超标加1分 | 设备异常记录 | |
| | 设备（20分） | 电气设备消缺率不低于98%，设备完好率不低于98%，定期工作完成率不低于98% | 每降1%扣0.1分，每升1%加0.1分 | 缺陷管理平台、点检平台设备完好率统计表、定期工作记录 | |
| | 质量技术（15分） | 继电保护投入率100%，保护正确动作率100%，预防性试验完成率95% | 每降1%扣0.1分，每开展一项技改、更新或国产化改造项目加1分 | 缺陷管理平台及调度记录 | |
| | 综合能力（20分） | 完成各项工作 | 未完成1次扣0.1分，完成加0.1分 | 日常管理 | |

续表

| 指标类别 | 考核指标 | 考核内容 | 考核标准 | 信息来源 | 考核周期 |
|---|---|---|---|---|---|
| 非权重指标 | 奖励指标 | 个人对推动部门或单位安全生产运营发展的贡献 | 1. 提出的建议，经部门或公司研究正式采纳后，为部门或公司安全生产及管理带来良好影响的，加 5 分；<br>2. 经采纳的建议，为部门或公司整体管理水平或业绩提升做出重大贡献的，加 5 分 | 上级管理人员 | 月度 / 季度 / 年度 |
| | 否决指标 | 岗位重大工作失误 | 1. 影响导致公司停产，造成较严重损失或不良影响，减 10 分；<br>2. 造成重大损失或人身安全伤害，减 10 分 | | |
| 备注 | 1. 各考核指标基准分为 100 分；各考核类别权重合计为 100%，考核类别中各考核指标占比合计为 100%。<br>2. 关键绩效考核类别中，应根据重点工作任务分解（非否决项）具体情况确定各项考核指标权重。<br>3. 涉及年度评价的指标，应根据年度目标调整考评指标、权重及目标值，根据年度实施情况合理设定年度扣分值。<br>4. 发生扣分事项时，扣分最大值不超过该项考核指标基准分（100 分） | | | | |

HG-MZY-054

## 汽机主操

| 岗位名称 | 汽机主操 | 所在部门 | 热电生产中心 |
|---|---|---|---|
| 职位职级序列 | 技能序列 | | |
| 直接上级 | 班长 | | |
| 直接下级 | 汽机巡检 | | |
| 岗位职责 | 严格执行工艺技术规程、运行操作规程及“三票三制” | | |
| | 认真监盘、精心调整，控制各项生产指标、环保指标在规定范围内，使机组主辅机各参数在正常工况下运行 | | |
| | 开展岗位风险辨识学习，落实岗位风险预控措施，熟悉现场应急处置方案，遇到紧急情况能够正确迅速处理，熟练操作生产现场消防、灭火设施及器材，正确使用劳动保护用品，熟悉烧伤、烫伤、中毒、窒息等急救方法 | | |
| | 制止和纠正违章指挥、强令冒险作业、违反操作规程的行为 | | |
| | 精通汽轮机装置运行技术和操作技能，保证汽轮机的启停及日常调整，安排完成汽轮机设备的定期检验工作，保证设备良好稳定运行，协助班长完成发电生产任务，优化运行，确保安全、降低成本 | | |
| 工作记录文档 | 交接班记录、生产记录、缺陷填写资料、台账、报表、班组建设以及 MES 生产运营管理系统 | | |

| 指标类别 | 考核指标 | 考核内容 | 考核标准 | 信息来源 | 考核周期 |
|---|---|---|---|---|---|
| 岗位职责指标 | 安全环保（25 分） | 分公司安全、环保目标指标；<br>人为安全事故；<br>重大环保事件 | 重大设备及人身伤亡事故事故 0 起、一般事故 0 起，障碍及异常 0 起。公司级人为误操作事故每次扣 20 分；中心每次扣 10 分；监盘不认真发生异常事故，中心级每次扣 10 分；启停过程操作无误，按计划进行每次加 1 分 | 公司 1 号文件 | 月度 / 季度 / 年度 |
| | 生产运行（20 分） | 产量：公司生产任务；<br>指标：汽轮机轴向位移、胀差、大轴振动、背压、润滑油压、EH 油压、热井液位等指标联锁未动作；<br>高加投入率＞98% | 如期完成公司下达的生产任务；关键指标运行在允许范围内，无报警、联动；高加投入率＞98%。未完成生产任务该项不得分；关键指标联锁动作每次扣 5 分；高加投入率＜98%，每次扣 5 分 | 公司 1 号文件、生产日志、DCS 分散控制系统记录、日常管理 | |
| | 设备（20 分） | 缺陷发现率 100%；<br>设备备用率 100% | 设备或系统缺陷能及时发现，并及时准确地进行记录；如期开展设备轮换制度；积极开展创新活动。缺陷记录填写不准确、不按时填写者，每项考核责任人每次扣 1 分；定期工作执行不到位每次扣 5 分 | BFS++ 系统、定期切换记录 | |

续表

| 指标类别 | 考核指标 | 考核内容 | 考核标准 | 信息来源 | 考核周期 |
|---|---|---|---|---|---|
| 岗位职责指标 | 质量技术（15分） | 联锁投入率100%；<br>油质水分、颗粒度合格率100%；<br>汽水指标合格率100% | 所有联锁保护要可靠投入，不得随意退出；严格按照规定开展油质和汽水品质检测，保证油质和汽水品质合格。保护及自动装置投退未及时履行手续，每次扣1分；对设备运行各参数出现异常报警没有及时发现每次扣2分；小指标参数调整超标每次扣1分；监盘不到位造成小指标取消者每次扣10分 | 联锁台账、化验台账 | 月度/季度/年度 |
| | 综合能力（20分） | 履职能力良好；<br>工作任务完成率100%；<br>年度测评合格 | 不按时执行班值长指令每次扣2分，对安排的工作推诿找借口不按时完成每次扣2分；班组安排事项不按时完成或者完成不到位每次扣1分 | 班组绩效考评结果、年度总结 | |
| 非权重指标 | 奖励指标 | 工作建议及业务水平提升 | 本指标最多奖励10分。<br>1. 专利申报，每项加2分，论文发表每篇加0.5分，该项最高加2分；<br>2. 运行操作优化、合理化建议、五小成果、QC活动，中心或公司采纳每项加1分，该项最高加3分；<br>3. 重大隐患排查，每次加2分，该项最高加6分 | 公司及中心通报 | |
| | 否决指标 | 岗位重大工作失误 | 1. 因操作失误引起重大生产波动每次扣5分、非计划停运，每次扣10分；<br>2. 发生违法违纪行为，每次扣20分 | | |
| 备注 | 1. 考核指标类别基准分为100分，各项考核指标占比合计为100分。<br>2. 发生扣分事项时，扣分最大值不超过该项考核指标基准分 | | | | |

HG-MZY-055

## 输煤中控主操副操

| 岗位名称 | 输煤中控主操副操 | 所在部门 | 热电生产中心 |
|---|---|---|---|
| 职位职级序列 | 技能序列 | | |
| 直接上级 | 班长 | | |
| 直接下级 | 巡检 | | |
| 岗位职责 | 严格执行工艺技术规程、运行操作规程及“三票三制” | | |
| | 认真监盘，精心操作，控制各项生产指标、环保指标在规定范围内，使输煤设备在正常工况下运行 | | |
| | 开展岗位风险辨识学习，落实岗位风险预控措施，熟悉现场应急处置方案，遇到紧急情况能够正确迅速处理，熟练操作生产现场消防、灭火设施及器材，正确使用劳动保护用品，熟悉烧伤、烫伤、中毒、窒息等急救方法 | | |
| | 制止和纠正违章指挥、强令冒险作业、违反操作规程的行为 | | |
| | 精通输煤装置运行技术和操作技能，保证输煤设备的启停及日常调整，安排完成输煤设备的定期检验工作，保证设备良好稳定运行，协助班长完成各项生产任务，优化运行，确保安全、降低成本 | | |
| 工作记录文档 | 交接班记录、生产记录、缺陷填写、台账、报表、班组建设以及 MES 生产运营管理系统 | | |

| 指标类别 | 考核指标 | 考核内容 | 考核标准 | 信息来源 | 考核周期 |
|---|---|---|---|---|---|
| 岗位职责指标 | 安全环保（25 分） | 本专业人员不发生人身伤亡事故，消除人为责任事故；控制障碍和异常 | 重大设备及人身伤亡事故 0 起、一般事故 0 起，障碍及异常 0 起；公司级人为误操作事故每次扣 20 分，中心每次扣 10 分，障碍及异常每次扣 3 分 | 事故报告 | 月度 / 季度 / 年度 |
| | 生产运行（20 分） | 皮带、筛碎设备运行稳定，现场文明生产环境达标，未发生煤粉自燃现象 | 皮带未发生撕裂现象，筛碎设备未发生堵煤事件，输煤系统卫生整洁，储存燃料一氧化碳值＜24%；超标每次扣 3 分 | 事件报告、工作日志、历史趋势、日常管理 | |
| | 设备（20 分） | 完成输煤设备巡检工作，及时发现设备缺陷，保证设备正常、可靠运行 | 巡检率 100%，定期工作正常进行；巡检不到位每次扣 2 分，缺陷填写不及时每次扣 1 分，定期工作不到位每次扣 5 分 | 巡检平台、工作日志、日常管理 | |
| | 质量技术（15 分） | 入厂、炉煤热值、水分符合要求，入厂、炉煤粒度满足要求 | 入厂、炉煤指标符合要求；不符合要求每次扣 2 分 | 工作日志、日常管理 | |
| | 综合能力（20 分） | 履职能力良好；<br>及时完成工作任务并开展相关工作；<br>年度测评合格 | 不按时执行班值长指令每次扣 2 分，工作推诿找借口不按时完成每次扣 2 分；班组安排事项不按时完成或者完成不到位每次扣 1 分 | 班组绩效考评结果、年度总结 | |

续表

| 指标类别 | 考核指标 | 考核内容 | 考核标准 | 信息来源 | 考核周期 |
|---|---|---|---|---|---|
| 非权重指标 | 奖励指标 | 工作建议及业务水平提升 | 本指标最多奖励 10 分。<br>1. 专利申报，每项加 2 分，论文发表每篇加 0.5 分，该项最高加 2 分；<br>2. 运行操作优化、合理化建议、五小成果、QC 活动，中心或公司采纳每项加 1 分，该项最高加 4 分；<br>3. 宣传、报道，公司发表每篇加 0.5 分，板块发表每篇加 1 分，集团发表每篇加 2 分，该项最高加 2 分；<br>4. 重大隐患排查，每次加 2 分，该项最高加 2 分；<br>5. 技能或其他竞赛，获奖公司级加 1 分，板块级加 2 分，集团级加 5 分，该项最高加 5 分 | 公司及中心通报 | 月度 / 季度 / 年度 |
| | 否决指标 | 岗位重大工作失误 | 1. 因操作失误引起重大生产波动每次扣 5 分，非计划停运，每次扣 10 分；<br>2. 发生违法违纪行为，每次扣 20 分 | | |
| 备注 | 1. 考核指标类别基准分为 100 分，各项考核指标占比合计为 100 分。<br>2. 发生扣分事项时，扣分最大值不超过该项考核指标基准分 | | | | |

## HG-MZY-056

### 锅炉主操副操

| 岗位名称 | | 锅炉主操副操 | | 所在部门 | 热电生产中心 |
|---|---|---|---|---|---|
| 职位职级序列 | | 技能序列 | | | |
| 直接上级 | | 班长 | | | |
| 直接下级 | | 锅炉巡检 | | | |
| 岗位职责 | | 严格按照岗位操作法、工艺技术规程及“三票三制”规定执行 | | | |
| | | 认真监盘、精心调整，控制各项生产指标、环保指标在规定范围内，使锅炉主辅机各参数在正常工况下运行 | | | |
| | | 开展岗位风险辨识学习，落实岗位风险预控措施，熟悉现场应急处置方案，遇到紧急情况能够正确迅速处理，熟练操作生产现场消防、灭火设施及器材，正确使用劳动保护用品，熟悉烧伤、烫伤、中毒、窒息等急救方法 | | | |
| | | 制止和纠正违章指挥、强令冒险作业、违反操作规程的行为 | | | |
| | | 精通锅炉装置运行技术和操作技能，保证锅炉的启停及日常调整，安排完成锅炉设备的定期检验工作，保证设备良好稳定运行，协助班长完成发电生产任务，优化运行，确保安全、降低成本 | | | |
| 工作记录文档 | | 交接班记录、生产记录、缺陷填写、台账、报表、班组建设及 MES 生产运营管理系统 | | | |
| 指标类别 | 考核指标 | 考核内容 | 考核标准 | 信息来源 | 考核周期 |
| 岗位职责指标 | 安全环保（25 分） | 本专业人员不发生人身伤亡事故，消除人为责任事故；控制障碍和异常 | 重大设备及人身伤亡事故 0 起、一般事故 0 起，障碍及异常 0 起；公司级人为误操作事故每次扣 20 分，中心每次扣 10 分，障碍及异常每次扣 3 分 | 事故报告 | 月度/季度/年度 |
| | 生产运行（20 分） | 锅炉运行燃烧稳定，各运行参数满足工艺卡片要求；现场文明生产劳动纪律达标；未发生供汽中断现象 | 锅炉未发生燃烧事故，现场文明生产、劳动纪律正常，未发生供汽中断；超标每次扣 3 分 | 事件报告、工作日志、历史趋势、日常管理 | |
| | 设备（20 分） | 完成锅炉设备巡检工作，及时发现设备缺陷，保证设备正常、可靠运行 | 巡检率 100%，定期工作正常进行；巡检不到位每次扣 2 分，缺陷填写不及时每次扣 1 分，定期工作不到位每次扣 5 分 | 巡检平台、工作日志、日常管理 | |
| | 质量技术（15 分） | 入炉煤热值、水分符合要求，入炉煤粒度满足要求，主蒸汽压力、温度满足要求 | 入炉煤指标符合要求。主汽压力、温度满足工艺卡片要求；不符合要求每次扣 2 分 | 工作日志、日常管理 | |
| | 综合能力（20 分） | 履职能力良好；<br>及时完成工作任务并开展相关工作；<br>年度测评合格 | 不按时执行班值长指令每次扣 2 分，工作推诿找借口不按时完成每次扣 2 分；班组安排事项不按时完成者或完成不到位每次扣 1 分 | 班组绩效考评结果、年度总结 | |

续表

| 指标类别 | 考核指标 | 考核内容 | 考核标准 | 信息来源 | 考核周期 |
|---|---|---|---|---|---|
| 非权重指标 | 奖励指标 | 工作建议及业务水平提升 | 本指标最多奖励 10 分。<br>1. 专利申报，每项加 2 分，论文发表每篇加 0.5 分，该项最高加 2 分；<br>2. 运行操作优化、合理化建议、五小成果、QC 活动，中心或公司采纳每项加 1 分，该项最高加 4 分；<br>3. 宣传、报道，公司发表每篇加 0.5 分，板块发表每篇加 1 分，集团发表每篇加 2 分，该项最高加 2 分；<br>4. 重大隐患排查，每次加 2 分，该项最高加 2 分；<br>5. 技能或其他竞赛，获奖公司级加 1 分，板块级加 2 分，集团级加 5 分，该项最高加 5 分 | 公司及中心通报 | 月度/季度/年度 |
| | 否决指标 | 岗位重大工作失误 | 1. 因操作失误引起重大生产波动每次扣 5 分，非计划停运，每次扣 10 分；<br>2. 发生违法违纪行为，每次扣 20 分 | | |
| 备注 | 1. 考核指标类别基准分为 100 分，各项考核指标占比合计为 100 分。<br>2. 发生扣分事项时，扣分最大值不超过该项考核指标基准分 | | | | |

HG-MZY-057

## 脱硫脱硝主操副操

<table>
<tr><td colspan="2">岗位名称</td><td>脱硫脱硝主操副操</td><td>所在部门</td><td colspan="2">热电生产中心</td></tr>
<tr><td colspan="2">职位职级序列</td><td colspan="4">技能序列</td></tr>
<tr><td colspan="2">直接上级</td><td colspan="4">班长</td></tr>
<tr><td colspan="2">直接下级</td><td colspan="4">脱硫巡检</td></tr>
<tr><td colspan="2" rowspan="5">岗位职责</td><td colspan="4">严格执行工艺技术规程、运行操作规程及“三票三制”</td></tr>
<tr><td colspan="4">认真监盘、精心调整，控制各项生产指标、环保指标在规定范围内，使脱硫塔各参数在正常工况下运行</td></tr>
<tr><td colspan="4">开展岗位风险辨识学习，落实岗位风险预控措施，熟悉现场应急处置方案，遇到紧急情况能够正确迅速处理，熟练操作生产现场消防、灭火设施及器材，正确使用劳动保护用品和应急救援设备，熟悉烧伤、烫伤、中毒、窒息等急救方法</td></tr>
<tr><td colspan="4">制止和纠正违章指挥、强令冒险作业、违反操作规程的行为</td></tr>
<tr><td colspan="4">精通脱硫装置运行技术和操作技能，保证脱硫塔的启停及日常调整，安排完成脱硫塔设备的定期检验工作，保证设备良好稳定运行，协助班长完成烟气排放指标控制任务，优化运行，确保安全、降低成本</td></tr>
<tr><td colspan="2">工作记录文档</td><td colspan="4">交接班记录、生产记录、缺陷填写、台账、环保报表、班组建设以及 MES 生产运营管理系统</td></tr>
<tr><td>指标类别</td><td>考核指标</td><td>考核内容</td><td>考核标准</td><td>信息来源</td><td>考核周期</td></tr>
<tr><td rowspan="5">岗位职责指标</td><td>安全环保（25 分）</td><td>本专业人员不发生人身伤亡事故，消除人为责任事故；控制障碍和异常</td><td>重大设备及人身伤亡事故 0 起、一般事故 0 起，障碍及异常 0 起。公司级人为误操作事故每次扣 20 分；中心每次扣 10 分；障碍及异常每次扣 3 分</td><td>事故报告</td><td rowspan="5">月度 / 季度 / 年度</td></tr>
<tr><td>生产运行（20 分）</td><td>能耗：吨二氧化硫氨耗优于设计标准；脱硫效率大于 98%，氮氧化物、二氧化硫、粉尘排放指标上传率大于 99%</td><td>能耗：每班次吨二氧化硫氨耗优于设计标准＜0.5 吨；脱硫效率大于 98%，氮氧化物、二氧化硫、粉尘排放指标上传率大于 99%。小指标参数调整超标每次扣 1 分；监盘不到位造成小指标取消者每次扣 10 分</td><td>环保报表、历史趋势、日常管理</td></tr>
<tr><td>设备（20 分）</td><td>完成脱硫设备巡检工作，及时发现设备缺陷，保证设备正常、可靠运行</td><td>巡检率 100%，定期工作正常进行。巡检不到位每次扣 2 分，缺陷填写不及时每次扣 1 分，定期工作不到位每次扣 5 分</td><td>巡检平台、工作日志、缺陷管理平台</td></tr>
<tr><td>质量技术（15 分）</td><td>二氧化硫、氮氧化物、粉尘排放合格率 100%</td><td>日均值二氧化硫＜35、氮氧化物＜50、粉尘排放＜10。操作不到位每次扣 3 分</td><td>环保报表</td></tr>
<tr><td>综合能力（20 分）</td><td>履职能力良好；及时完成工作任务并开展相关工作；年度测评合格</td><td>高效、高质量完成当班期间工作任务。不按时执行班值长指令每次扣 2 分，工作推诿找借口不按时完成每次扣 2 分；班组安排事项不按时完成或者完成不到位每次扣 1 分</td><td>班组每月绩效考评结果、年度总结</td></tr>
</table>

续表

| 指标类别 | 考核指标 | 考核内容 | 考核标准 | 信息来源 | 考核周期 |
|---|---|---|---|---|---|
| 非权重指标 | 奖励指标 | 工作建议及业务水平提升 | 本指标最多奖励10分。<br>1. 专利申报，每项加2分，论文发表每篇加0.5分，该项最高加2分；<br>2. 运行操作优化、合理化建议、五小成果、QC活动，中心或公司采纳每项加1分，该项最高加4分；<br>3. 宣传、报道，公司发表每篇加0.5分，板块发表每篇加1分，集团发表每篇加2分，该项最高加2分；<br>4. 重大隐患排查，每次加2分，该项最高加2分；<br>5. 技能或其他竞赛，获奖公司级加1分，板块级加2分，集团级加5分，该项最高加5分 | 公司及中心通报 | 月度/季度/年度 |
| | 否决指标 | 岗位重大工作失误 | 1. 因操作失误引起重大生产波动每次扣5分，非计划停运，每次扣10分；<br>2. 发生违法违纪行为，每次扣20分 | | |
| 备注 | 1. 考核指标类别基准分为100分，各项考核指标占比合计为100分。<br>2. 发生扣分事项时，扣分最大值不超过该项考核指标基准分 | | | | |

HG–MZY–058

## 发电厂用电运行值班长

| 岗位名称 | 发电厂用电运行值班长 | 所在部门 | 热电生产中心 |
|---|---|---|---|
| 职位职级序列 | 技能序列 | | |
| 直接上级 | 工艺技术管理 | | |
| 直接下级 | 主操 | | |
| 岗位职责 | 组织本班组的安全生产及事故处理，贯彻落实安环职防规章制度，严格执行运行规程、安全工作规程、调度规程 | | |
| | 负责分公司涉及电网全部调度命令的执行及电力系统事故处理，并对电网调度相关预警或通告等事件及时汇报；与电气调度配合执行各类电气倒闸操作，运行方式变化及事故处理 | | |
| | 合理调配运行方式，完成各项经济指标；组织开展本班现场处理方案演练，提高本班人员应急处置能力 | | |
| | 组织开展岗位风险辨识，落实岗位风险预控措施；严格执行“三票三制”，做到“五不伤害”，杜绝“三违”；参加或主持有关事故或不安全事件的调查分析工作，做到“四不放过” | | |
| | 督促检查本班员工正确使用劳动保护用品，熟悉着火、爆炸、烧伤、烫伤、中毒、窒息、水淹、触电等急救方法 | | |
| | 教育、督促全班人员遵守运行管理标准、技术标准、工作标准，不断提高班内技术力量。积极开展节能创新工作，优化运行方式，确保班组安全稳定高效运行 | | |
| 工作记录文档 | 交接班记录、生产记录、调度命令记录、班组建设资料以及 MES 生产运营管理系统 | | |

| 指标类别 | 考核指标 | 考核内容 | 考核标准 | 信息来源 | 考核周期 |
|---|---|---|---|---|---|
| 岗位职责指标 | 安全环保（25 分） | 热电生产中心安全目标指标；<br>杜绝人身伤亡及重大设备事故；<br>消灭人为责任事故，控制障碍和异常 | 重大设备及人身伤亡事故事故 0 起、一般事故 0 起，障碍及异常 0 起。<br>1. 人为误操作事故，公司级每次扣 20 分，中心级每次扣 10 分；<br>2. 监盘不认真发生异常事故，中心级每次扣 10 分；<br>3. 启停过程操作无误，按计划进行每次加 1 分；<br>4. 无故退出五防进行操作考核责任人每次扣 1 分 | 日常管理、事故分析报告 | 月度 / 季度 / 年度 |
| | 生产运行（20 分） | 电气生产任务指标：发电、上网、倒购及厂用电量；电能质量指标：控制电压和频率 | 分公司生产任务完成率 100%；<br>电能指标符合电气运行操作规程规定；杜绝全厂供电中断事故，消除电压波动及晃电事件。<br>依据小指标竞赛方案执行。<br>小指标参数调整超标每项扣 1 分。<br>监盘不到位造成小指标取消者每项扣 10 分 | 日常管理、MES 系统 | |

续表

| 指标类别 | 考核指标 | 考核内容 | 考核标准 | 信息来源 | 考核周期 |
|---|---|---|---|---|---|
| 岗位职责指标 | 设备（20 分） | 巡回检查，缺陷管理 | 设备缺陷发现率大于 96%；巡回检查到位率 100%；定期工作完成 100%。<br>1. 缺陷记录填写不准确、不按时填写者，每项考核责任人扣 1 分；<br>2. 定期工作执行不到位每次扣 5 分 | 点巡检系统、BFS++ 系统、生产运行日志、日常管理 | 月度 / 季度 / 年度 |
| | 质量技术（15 分） | 电气继电保护及自动装置；电气技术监督 | 保护及自动装置投入率 100%；<br>保护及自动装置投退未及时履行手续，每次扣 1 分；<br>对设备运行各参数出现异常报警没有及时发现每次扣 2 分 | 日常管理、系统 | |
| | 综合能力（20 分） | 工作任务完成，履职能力 | 工作任务完成率 100%；<br>完成五小成果，专利创造、论文发表，QC 活动任务。<br>不按时执行值长指令每次扣 2 分，工作推诿找借口不按时完成每次扣 2 分；班组安排事项不按时完成者或完成不到位每次扣 1 分 | | |
| 非权重指标 | 奖励指标 | 工作建议及业务水平提升 | 本指标最多奖励 10 分。<br>1. 专利申报，每项加 2 分，论文发表每篇加 0.5 分，该项最高加 2 分；<br>2. 运行操作优化、合理化建议、五小成果、QC 活动，中心或公司采纳每项加 1 分，该项最高加 3 分；<br>3. 重大隐患排查，每项加 2 分，该项最高加 6 分；<br>4. 配合电网调度处理事故得当，挽回重大经济损失加 2 分 | 公司及中心通报 | |
| | 否决指标 | 岗位重大工作失误 | 1. 因操作失误引起重大生产波动每次扣 5 分，非计划停运，每次扣 10 分；<br>2. 发生违法违纪行为，每次扣 20 分 | | |
| 备注 | 1. 考核指标类别基准分为 100 分，各项考核指标占比合计为 100 分。<br>2. 发生扣分事项时，扣分最大值不超过该项考核指标基准分 | | | | |

HG-MZY-059

## 发电厂用电运行监控主操

| 岗位名称 | 发电厂用电运行监控主操 | 所在部门 | 热电生产中心 |
|---|---|---|---|
| 职位职级序列 | 技能序列 | | |
| 直接上级 | 发电厂用电运行值班长 | | |
| 直接下级 | 发电厂用电运行操作及巡检 | | |
| 岗位职责 | 认真执行电力安全工作规程，工艺技术规程，运行操作和事故处理规程及“三票三制” | | |
| | 认真监盘、精心调整，控制各项生产安全指标在规定范围内，使机组各参数在正常工况下运行 | | |
| | 开展岗位风险辨识学习，落实岗位风险预控措施，熟悉现场应急处置方案。遇到异常及事故能够迅速做出判断并初步处理汇报，特别是对于电网发生的事故第一时间发现并将参数变化及事故现象汇报值长 | | |
| | 正确使用劳动保护用品；熟悉生产现场消防、灭火设施及器材的使用方法，熟悉烧伤、烫伤、中毒、窒息及触电急救方法；制止和纠正违章指挥、强令冒险作业、违反操作规程等行为 | | |
| | 精通电气运行技术和操作技能，对本装置中存在的问题及时发现并组织处理，保证设备良好稳定运行。协助班长完成发电生产任务，优化运行，降低成本 | | |
| 工作记录文档 | 交接班记录、生产记录、缺陷填写、台账、报表、班组建设以及 MES 生产运营管理系统 | | |

| 指标类别 | 考核指标 | 考核内容 | 考核标准 | 信息来源 | 考核周期 |
|---|---|---|---|---|---|
| 岗位职责指标 | 安全环保（25 分） | 发电运行安全目标指标；杜绝人身伤亡及重大设备事故；消灭人为责任事故，控制障碍和异常 | 重大设备及人身伤亡事故事故 0 起、一般事故 0 起，障碍及异常 0 起。人为误操作事故，公司级每次扣 20 分，中心级每次扣 10 分。监盘不认真发生异常事故，中心级每次扣 10 分。启停过程操作无误，按计划进行每次加 1 分 | 日常管理、事故分析报告 | 月度 / 季度 / 年度 |
| | 生产运行（20 分） | 电气生产任务指标：发电、上网、倒购及厂用电量；电能质量指标：主要控制电压和频率；能耗：降低发电厂用电率 | 班组生产任务完成率 100%。电能指标符合电气运行操作规程规定；杜绝厂用电中断事故，消除电压波动及晃电事件。小指标参数调整超标每次扣 1 分；监盘不到位造成小指标取消者每次扣 10 分；小指标竞赛结果纳入年终绩效考核；每发生一张不合格票，考核责任者扣 1 分 | 日常管理、MES 系统、BFS++ 系统 | |
| | 设备（20 分） | 缺陷管理；设备完好率；定期工作 | 设备缺陷发现率大于 96%；设备完好率 100%；定期工作完成 100%。缺陷记录填写不准确、不按时填写者，每项考核责任人扣 1 分。定期工作执行不到位每次扣 5 分 | 点巡检系统、BFS++ 系统、生产运行日志、日常管理 | |

续表

| 指标类别 | 考核指标 | 考核内容 | 考核标准 | 信息来源 | 考核周期 |
| --- | --- | --- | --- | --- | --- |
| 岗位职责指标 | 质量技术（15分） | 电气继电保护及自动装置；<br>防雷防静电检查合格 | 保护及自动装置投入正确率100%。<br>防雷防静电检查合格率100%。<br>保护及自动装置投退未及时履行手续，每次扣1分。<br>对设备运行各参数出现异常报警没有及时发现每次扣2分 | BFS++系统、生产运行日志、日常管理、技术监督报表 | 月度/季度/年度 |
|  | 综合能力（20分） | 工作任务完成，履职能力 | 工作任务完成率100%。<br>完成五小成果，专利创造、论文发表，QC活动任务。<br>不按时执行值长指令每次扣2分，工作推诿找借口不按时完成每次扣2分；班组安排事项不按时完成者或完成不到位每次扣1分 | 日常管理、系统 |  |
| 非权重指标 | 奖励指标 | 工作建议及业务水平提升 | 本指标最多奖励10分。<br>1. 专利申报，每项加2分，论文发表每篇加0.5分，该项最高加2分；<br>2. 运行操作优化、合理化建议、五小成果、QC活动，中心或公司采纳每项加1分，该项最高加3分；<br>3. 重大隐患排查，每次加2分，该项最高加6分 | 公司及中心通报 |  |
|  | 否决指标 | 岗位重大工作失误 | 1. 因操作失误引起重大生产波动每次扣5分，非计划停运，每次扣10分；<br>2. 发生违法违纪行为，每次扣20分 |  |  |
| 备注 | 1. 考核指标类别基准分为100分，各项考核指标占比合计为100分。<br>2. 发生扣分事项时，扣分最大值不超过该项考核指标基准分 |  |  |  |  |

HG-MZY-060

## 发电厂用电运行操作及巡检

| 岗位名称 | 发电厂用电运行操作及巡检 | 所在部门 | 热电生产中心 |
|---|---|---|---|
| 职位职级序列 | 技能序列 | | |
| 直接上级 | 发电厂用电运行监控主操 | | |
| 直接下级 | —— | | |
| 岗位职责 | 认真执行电力安全工作规程，工艺技术规程，运行操作和事故处理规程及“三票三制” | | |
| | 知道岗位风险及管控措施，不断学习现场应急处置方案内容并积极参与演练，熟悉电气安全工器具及便携式电气仪器的使用方法 | | |
| | 正确使用劳动保护用品；熟悉生产现场消防、灭火设施及器材的使用方法，熟悉烧伤、烫伤、中毒、窒息及触电急救方法；杜绝现场三违和人为误操作 | | |
| | 做好所辖电气设备的倒闸操作工作，执行班长主操各项操作指令，完成倒闸操作票的填写执行登记 | | |
| | 做好所辖电气设备的巡回检查工作，巡检中如发设备缺陷或异常情况立即汇报主操、班长并填写设备缺陷单 | | |
| 工作记录文档 | 缺陷填写、台账、报表、班组建设以及 MES 生产运营管理系统 | | |

| 指标类别 | 考核指标 | 考核内容 | 考核标准 | 信息来源 | 考核周期 |
|---|---|---|---|---|---|
| 岗位职责指标 | 安全环保（25 分） | 发电运行班组安全目标指标；<br>杜绝人身伤亡及重大设备事故；<br>消灭人为责任事故，控制障碍和异常 | 重大设备及人身伤亡事故 0 起、一般事故 0 起，障碍及异常 0 起。<br>人为误操作事故，公司级每次扣 20 分，中心级每次扣 10 分。<br>监盘不认真发生异常事故，中心级每次扣 10 分。<br>启停过程操作无误，按计划进行每次加 1 分 | 日常管理、事故分析报告 | 月度 / 季度 / 年度 |
| | 生产运行（20 分） | 电气生产任务指标：发电、上网、倒购及厂用电量；<br>电能质量指标：主要控制电压和频率 | 班组生产任务完成率 100%。<br>电能指标符合电气运行操作规程规定。<br>小指标参数调整超标每次扣 1 分；监盘不到位造成小指标取消者每次扣 10 分。<br>小指标竞赛结果纳入年终绩效考核 | 日常管理、MES 系统、BFS++ 系统 | |
| | 设备（20 分） | 缺陷管理；<br>设备完好率；<br>定期工作 | 设备缺陷发现率大于 96%。<br>设备完好率 100%。<br>定期工作完成率 100%。<br>缺陷记录填写不准确、不按时填写者，每项考核责任人扣 1 分。<br>定期工作执行不到位每次扣 5 分 | 点巡检系统、BFS++ 系统、生产运行日志、日常管理 | |
| | 质量技术（15 分） | 倒闸操作无差错；<br>巡回检查到位 | 倒闸操作合格率 100%。<br>巡回检查到位率 100%。<br>每发生一张不合格票，考核责任者扣 1 分。<br>每发生一次巡检漏检考核责任者扣 1 分 | 日常管理、系统 | |

续表

| 指标类别 | 考核指标 | 考核内容 | 考核标准 | 信息来源 | 考核周期 |
|---|---|---|---|---|---|
| 岗位职责指标 | 综合能力（20 分） | 工作任务完成，履职能力 | 工作任务完成率 100%。<br>完成五小成果，专利创造、论文发表，QC 活动任务。<br>不按时执行班长指令每次扣 2 分，安排工作推诿找借口不按时完成每次扣 2 分；班组安排事项不按时完成者或完成不到位每次扣 1 分 | 日常管理、系统 | 月度 / 季度 / 年度 |
| 非权重指标 | 奖励指标 | 工作建议及业务水平提升 | 本指标最多奖励 10 分。<br>1. 专利申报，每项加 2 分，论文发表每篇加 0.5 分，该项最高加 2 分；<br>2. 运行操作优化、合理化建议、五小成果、QC 活动，中心或公司采纳每项加 1 分，该项最高加 3 分；<br>3. 重大隐患排查，每次加 2 分，该项最高加 6 分 | 公司及中心通报 | |
| | 否决指标 | 岗位重大工作失误 | 1. 因操作失误引发设备误停每次扣 5 分，人身事故每次扣 10 分；<br>2. 发生违法违纪行为，每次扣 20 分 | | |
| 备注 | 1. 考核指标类别基准分为 100 分，各项考核指标占比合计为 100 分。<br>2. 发生扣分事项时，扣分最大值不超过该项考核指标基准分 | | | | |

HG-MZY-061

## 化学水主操副操

| 岗位名称 | 化学水主操副操 | 所在部门 | 热电生产中心 |
| --- | --- | --- | --- |
| 职位职级序列 | 技能序列 | | |
| 直接上级 | 班长 | | |
| 直接下级 | 化学水巡检 | | |
| 岗位职责 | 严格执行工艺技术规程、运行操作规程及“三票三制” | | |
| | 认真监盘、精心调整，控制各项生产指标、环保指标在规定范围内，控制主辅设备各参数在正常工况下运行 | | |
| | 开展岗位风险辨识学习，落实岗位风险预控措施，熟悉现场应急处置方案，遇到紧急情况能够正确迅速处理，熟练操作生产现场消防设施、灭火设施及器材、工器具，正确使用劳动保护用品，熟悉烧伤、烫伤、中毒、窒息等急救方法 | | |
| | 制止和纠正违章指挥、强令冒险作业、违反操作规程的行为 | | |
| | 精通化学装置运行技术和操作技能，保证化学设备的启停及日常调整，安排完成化学设备的定期检验工作，保证设备良好稳定运行，协助班长完成制、供水生产任务，优化运行，确保安全、降低成本 | | |
| | 组织本班组的安全技术及岗位练兵培训工作 | | |
| | 认真执行班长下达的各项指令，服从班长的指挥，控制好化学装置各项进出物料的平衡及产品质量 | | |
| 工作记录文档 | 交接班记录、生产记录、缺陷填写、台账、报表、班组建设资料以及 MES 生产运营管理系统 | | |

| 指标类别 | 考核指标 | 考核内容 | 考核标准 | 信息来源 | 考核周期 |
| --- | --- | --- | --- | --- | --- |
| 岗位职责指标 | 安全环保（25 分） | 本专业人员不发生人身伤亡事故，消除人为责任事故；控制障碍和异常 | 重大设备及人身伤亡事故事故 0 起、一般事故 0 起，障碍及异常 0 起；公司级人为误操作事故每次扣 20 分；中心级每次扣 10 分；障碍及异常每次扣 3 分 | 事故报告 | 月度 / 季度 / 年度 |
| | 生产运行（20 分） | 产量：公司生产任务；<br>能耗：酸碱耗等控制指标优于标准；<br>指标：化学各制、供水、供汽指标控制在标准范围内 | 发生“杜绝指标”执行上级公司的考核；各项指标符合标准；绩效考核工具 | 工艺卡片、报表、日常管理 | |
| | 设备（20 分） | 完成化学设备巡检工作，及时发现设备缺陷，保证设备正常、可靠运行 | 巡检率 100%，定期工作正常进行；巡检不到位每次扣 2 分，缺陷填写不及时每次扣 1 分，定期工作不到位每次扣 5 分 | 巡检平台、工作日志、日常管理 | |
| | 质量技术（15 分） | 水汽品质符合要求 | 水汽控制指标符合标准；绩效考核工具 | 工艺卡片、报表、日常管理 | |

续表

| 指标类别 | 考核指标 | 考核内容 | 考核标准 | 信息来源 | 考核周期 |
| --- | --- | --- | --- | --- | --- |
| 岗位职责指标 | 综合能力（20分） | 履职能力良好；<br>及时完成工作任务并开展相关工作；<br>年度测评合格 | 不按时执行班值长指令每次扣2分，工作推诿找借口不按时完成每次扣2分；班组安排事项不按时完成或者完成不到位每次扣1分 | 班组绩效考评结果、年度总结 | 月度/季度/年度 |
| 非权重指标 | 奖励指标 | 工作建议及业务水平提升 | 本指标最多奖励10分。<br>1. 专利申报，每项加2分，论文发表每篇加0.5分，该项最高加2分；<br>2. 运行操作优化、合理化建议、五小成果、QC活动，中心或公司采纳每项加1分，该项最高加4分；<br>3. 宣传、报道，公司发表每篇加0.5分，板块发表每篇加1分，集团发表每篇加2分，该项最高加2分；<br>4. 重大隐患排查，每次加2分，该项最高加2分；<br>5. 技能或其他竞赛，获奖公司级加1分，板块级加2分，集团级加5分，该项最高加5分 | 公司及中心通报 | |
| | 否决指标 | 岗位重大工作失误 | 1. 因操作失误引起重大生产波动每次扣5分，重要设备损坏每次扣10分；<br>2. 发生违法违纪行为，每次扣20分 | | |
| 备注 | 1. 考核指标类别基准分为100分，各项考核指标占比合计为100分。<br>2. 发生扣分事项时，扣分最大值不超过该项考核指标基准分 | | | | |

HG-MZY-062

## 电气二次设备维修工

| 岗位名称 | 电气二次设备维修工 | 所在部门 | 热电生产中心 |
|---|---|---|---|
| 职位职级序列 | 技能序列 | | |
| 直接上级 | 班长 | | |
| 直接下级 | —— | | |
| 岗位职责 | 严格贯彻执行本中心、本业务组各项规章制度，贯彻落实“业务保安”“一岗双责”职责 | | |
| | 开展岗位风险辨识，落实岗位风险预控措施；岗位风险主要有烧伤、烫伤、触电、机械伤害、高处坠落、物体打击、酸碱灼伤、中毒、窒息等风险 | | |
| | 熟悉现场应急处置方案，遇到紧急情况能够正确迅速处理 | | |
| | 加强消防知识与技能培训，能够熟练操作生产现场消防、灭火设施及器材 | | |
| | 认真执行中心领导及班长下达的各项指令，服从班长的指挥，严格执行交接班制度 | | |
| | 开展现场安全生产检查，及时消除事故隐患 | | |
| | 严格执行“三票三制”，做到“五不伤害”，杜绝“三违” | | |
| | 认真进行设备巡回检查，发现隐患、缺陷，及时汇报，保证所辖电气设备的安全稳定运行 | | |
| | 强化安全思想教育，积极参加安全技术培训，提高安全理念和技术水平 | | |
| | 能够正确使用劳动保护用品，做好职业健康防护工作，熟悉触电、烧伤、烫伤、中毒、窒息等急救方法 | | |
| 工作记录文档 | 检修记录、设备台账、消耗品台账、试验报告 | | |

| 指标类别 | 考核指标 | 考核内容 | 考核标准 | 信息来源 | 考核周期 |
|---|---|---|---|---|---|
| 岗位职责指标 | 安全环保（20分） | 检修前安全措施检查到位、安全监督有效合理、检修后环境卫生清理干净 | 按月完成，以绩效细则进行考核。未完成每次扣1分 | 日常管理系统 | 月度 |
| | 生产检修（25分） | 完成检修任务，缺陷消除任务、日常巡检任务 | 完成检修任务，以绩效细则进行考核。未完成每次扣1分 | BFS缺陷系统 | |
| | 设备（20分） | 检修工期按时完成，检修质量达标、电气设备管理提升有效合格、设备故障率稳步降低 | 按月计划完成，以绩效细则进行考核。未完成每次扣1分 | 月度设备运行分析会议 | |
| | 质量技术（15分） | 电气设备质量控制按时完成、设备联锁管理精准到位、数据分析按计划完成、设备技改按计划实施 | 按月完成，未完成每次扣1分 | DCS分散控制系统和NCS控制系统 | |

续表

| 指标类别 | 考核指标 | 考核内容 | 考核标准 | 信息来源 | 考核周期 |
| --- | --- | --- | --- | --- | --- |
| 岗位职责指标 | 综合能力（20分） | 岗位履职能力稳步提升、工作任务顺利完成、创新创效有序进行、党政工团工作按月计划实施 | 按月计划完成，未完成每项扣1分 | 日常管理系统 | 月度 |
| 非权重指标 | 奖励指标 | 工作建议及业务水平提升 | 本指标最多奖励10分。<br>1. 专利申报，每项加2分，论文发表每篇加0.5分，该项最高加2分；<br>2. 运行操作优化、合理化建议、五小成果、QC活动，中心或公司采纳每项加1分，该项最高加4分；<br>3. 宣传、报道，公司发表每篇加0.5分，板块发表每篇加1分，集团发表每篇加2分，该项最高加2分；<br>4. 重大隐患排查，每次加2分，该项最高加2分；<br>5. 技能或其他竞赛，获奖公司级加1分，板块级加2分，集团级加5分，该项最高加5分 | 公司及中心通报 | 月度/季度/年度 |
| | 否决指标 | 岗位重大工作失误 | 1. 因操作失误引起重大生产波动每次扣5分，重要设备损坏每次扣10分；<br>2. 发生违法违纪行为，每次扣20分 | | |
| 备注 | 1. 各考核指标基准分为100分；各考核类别权重合计为100%，考核类别中各考核指标占比合计为100%。<br>2. 关键绩效考核类别中，应根据重点工作任务分解（非否决项）具体情况确定各项考核指标权重。<br>3. 涉及年度评价的指标，应根据年度目标调整考评指标、权重及目标值，根据年度实施情况合理设定年度扣分值。<br>4. 发生扣分事项时，扣分最大值不超过该项考核指标基准分（100分） | | | | |

HG-MZY-063

## 计划统计管理

| 岗位名称 | 计划统计管理 | 所在部门 | 各生产中心 |
|---|---|---|---|
| 职位职级序列 | 技术序列 | | |
| 直接上级 | 生产副经理、设备业务经理 | | |
| 直接下级 | —— | | |
| 岗位职责 | 负责编制中心生产计划任务，分解中心绩效指标及考核 | | |
| | 负责中心统计汇总各装置工艺生产及产品质量数据，汇总生产、技术相关月报、年报，并及时上报相关部门 | | |
| | 负责汇总各装置经济与成本核算原始材料，汇总中心月度、年度经济分析并及时上报 | | |
| | 负责对中心计量仪表台账的建立与更新的监督，检查并核实各装置上报的生产数据、报表、台账的准确性 | | |
| | 负责中心碳排放基础数据的归集整理，协调各相关人员开展碳排放日常工作 | | |
| 工作记录文档 | 生产记录、台账、报表以及分析类材料 | | |

| 指标类别 | 考核指标 | 考核内容 | 考核标准 | 信息来源 | 考核周期 |
|---|---|---|---|---|---|
| 岗位职责指标 | 生产计划与指标（10分） | 计划编制与绩效建议 | 及时编制并上报公司，未按时完成，每次扣2分 | 中心领导、业务组领导 | 月度 |
| | 日报、月报（25分） | 报表完成与上报 | 及时完成日报、月报；未按时完成并上报，每次扣1分 | | |
| | 经营分析及专项分析（20分） | 分析材料编制与上报 | 及时报送经营分析材料；未及时报送导致中心扣分的，每次扣2分 | | |
| | 计量管理（10分） | 台账的监督、数据的检查核实 | 定期进行检查监督，收取计量台账。未开展每半年检查，每次扣2分 | | 半年 |
| | 碳排放管理（25分） | 碳排放数据完整齐全 | 未按照碳排放管理要求整理生产数据，每检查出问题扣2分 | | 月度 |
| | 领导交办（10分） | 领导安排的相关工作 | 未完成领导安排的工作，每次扣1分 | 业务组领导 | |
| 非权重指标 | 奖励指标：其他贡献 | 个人对业务组或单位精细化管理、各项协调与落实工作的效率及牵头工作的质量与效率方面的贡献 | 本指标奖励5—10分：<br>对业务组有贡献的，建议经业务组研究并采纳后，奖励5分。<br>对中心有贡献的建议经中心研究并采纳后，奖励10分 | 中心领导、业务组领导 | |

续表

| 指标类别 | 考核指标 | 考核内容 | 考核标准 | 信息来源 | 考核周期 |
|---|---|---|---|---|---|
| 非权重指标 | 否决指标 | 数据造假 | 没有任何依据却随意捏造数据的造假行为，发生一次扣10分 | 各级审核、检查及核查 | 月度 |
| 备注 | 1. 全部考核指标基准总分为100分。<br>2. 涉及年度评价的指标，将根据年度要求调整考评指标及目标值，根据年度实施情况合理进行考核。<br>3. 发生扣分事项时，扣分最大值不超过全部考核指标基准分（不含奖励指标） | | | | |

HG-MZY-064

## 气化区域工艺管理

| 岗位名称 | 气化区域工艺管理 | 所在部门 | 煤气化生产中心 |
|---|---|---|---|
| 职位职级序列 | 技术序列 | | |
| 直接上级 | 生产副经理、工艺业务经理 | | |
| 直接下级 | 气化区域班长 | | |
| 岗位职责 | 负责组织本装置生产管理，全面完成中心下达的生产计划及主要经济技术指标 | | |
| | 负责监督、检查装置各班组执行工艺纪律、遵守安全操作规程、生产操作记录及产品质量情况 | | |
| | 负责组织性能考核，保证装置平稳运行 | | |
| | 对区域内直接作业全过程进行风险管控 | | |
| | 负责本装置生产技术优化及技术升级改造，确保装置安全高效运行 | | |
| 工作记录文档 | 生产记录、台账、报表、各类方案以及 MES 生产运营管理系统 | | |

| 指标类别 | 考核指标 | 考核内容 | 考核标准 | 信息来源 | 考核周期 |
|---|---|---|---|---|---|
| 岗位职责指标 | 单位产品综合能耗（10 分） | 吨氢综合能耗 | 每减少 1% 加 0.5 分，每增加 1% 扣 0.5 分 | 生产部发布月度生产报表 | 月度 |
| | 产品产量（20 分） | 氢气产量 | 每减少 1% 扣 0.5 分，每增加 1% 加 0.5 分 | | |
| | 产品质量（15 分） | 气化粗合成气中有效气含量 | 月度平均达 79%；每减少 1% 扣 0.5 分，每增加 1% 加 0.5 分 | LIMS 实验室信息管理系统月度平均值 | |
| | 操作平稳率管理（10 分） | 对影响装置安全、稳定、经济运行的关键参数进行监管 | 月度平均达 97%；每减少 1% 扣 0.5 分，每增加 1% 加 0.5 分 | DCS 分散控制系统统计结果 | |
| | 装置异常波动或非停（15 分） | 重大生产波动、非停 | 发生重大生产波动每次扣 1 分，非停每次扣 1.5 分 | 装置运行记录 | |
| | 安全环保职业卫生（20 分） | 发生安全环保职业卫生事件、事故或未遂事件、事故 | 每发生一次事故扣 5 分，未遂事故扣 1 分 | 事故、事件记录台账 | |
| | 人员技能提升（10 分） | 技术职称、技能等级提升 | 符合申报条件人员通过率达 25%；每减少 1% 扣 0.5 分，每增加 1% 加 0.5 分 | 职称、技能等级证书 | |
| 非权重指标 | 奖励指标（创新创效） | 获得公司级及以上科技类奖励或授权国家专利，或获得公司级及以上个人科技类荣誉称号 | 获得公司级科技类奖励或授权国家专利及个人科技类荣誉每次加 1 分，获得公司级以上科技类奖励或授权国家专利及个人科技类荣誉每次加 2 分 | 集团 / 公司相关业务部门 | 年度 |

续表

| 指标类别 | 考核指标 | 考核内容 | 考核标准 | 信息来源 | 考核周期 |
|---|---|---|---|---|---|
| 非权重指标 | 否决指标（安全责任事故） | 伤害人身安全和健康，或者损坏设备设施、造成经济损失的、导致原生产经营活动暂时中止或永远终止的意外事件 | 发生一起轻伤，扣3分；发生一起重伤，扣5分；发生一起死亡，考核期记0分。发生50万元以上设备损坏无法修复，扣3分；发生100万元以上设备损坏无法修复，扣5分；发生500万元以上设备损坏无法修复，扣10分 | 公司安全建康环保部 | 年度 |
| | 否决指标（生态环保） | 生态环境监测指标、环境质量指数参评因子 | 发生违规事项每次扣3分，出现环保责任每次扣5分 | 公司相关部门 | |
| 备注 | 1. 全部考核指标基准总分为100分。<br>2. 涉及年度评价的指标，将根据年度要求调整考评指标及目标值，根据年度实施情况合理进行考核。<br>3. 发生扣分事项时，扣分最大值不超过全部考核指标基准分（不含奖励指标） | | | | |

HG-MZY-065

## 气化区域设备管理

| 岗位名称 | 气化区域设备管理 | 所在部门 | 煤气化生产中心 |
|---|---|---|---|
| 职位职级序列 | 技术序列 | | |
| 直接上级 | 设备副经理、设备业务经理 | | |
| 直接下级 | 班长及岗位操作人员 | | |
| 岗位职责 | 按照公司设备管理制度和中心具体要求完成定常工作，及时完善各类基础资料 | | |
| | 根据要求编制装置年度专业重点工作计划，督促责任人按计划持续推进 | | |
| | 装置建立和完善备品备件动态储备定额台账，严格控制备件采购计划的准确性 | | |
| | 制订年度设备检修计划，组织完成各类检修工作，按要求完成施工计划提报、验收等工作 | | |
| | 做好装置内设备及现场的检修维护工作，积极开展技术攻关和科研技改，定期组织排查设备隐患，降低设备故障率 | | |
| 工作记录文档 | 各类设备记录台账和技术档案、专业年度重点工作计划、年度设备检修计划，缺陷记录表 | | |

| 指标类别 | 考核指标 | 考核内容 | 考核标准 | 信息来源 | 考核周期 |
|---|---|---|---|---|---|
| 岗位职责指标 | 专业定常工作和基础资料完善（15分） | 按要求及时完成专业定常工作，及时完善相关基础资料 | 定常工作和专业基础资料日常检查和月度检查；定常工作未按时完成一项扣0.2分；基础资料检查每缺少一项扣0.2分 | 公司制度文件和中心设备管理手册 | 月度 |
| | 设备检维修质量管控（15分） | 严格做好设备检修质量管控 | 重要设备质量合格率100%；重要设备因检修质量原因影响装置开工运行的，每台次扣1分 | 公司考核数据 | 年度 |
| | 备品备件管控（15分） | 根据装置设备情况修订完善备品备件定额台账，对备品备件实行全过程管控 | 不得重复采购和超定额采购，专项备件材料不得无故积压；未按要求申报备件材料并造成库存积压的，每项次扣0.05分，被上级落实考核的中心加倍落实相应装置责任人 | 备品备件储备定额台账、年度检修计划 | |
| | 施工计划和结算管控（20分） | 外委结算项目根据公司要求做好施工计划的全过程管控 | 未按要求及时处理施工计划或验收结算的，每项次扣0.2分；如被上级考核加倍落实责任人 | 月度统计数据 | 月度 |
| | 设备故障率（20分） | 做好日常检维护和技术攻关，降低设备故障率 | 月度设备故障率不得超过0.5%；每超过0.1%扣1分，每降低0.1%加1分，最多加3分 | | |
| | 设备事故事件（15分） | 全年中心级设备事件 | 装置级设备事件不超过1起；中心级事件0起；装置级事件每增加1起扣3分，没有发生加3分；中心级事件每发生一起扣5分 | 公司和中心考核数据 | 年度 |

续表

| 指标类别 | 考核指标 | 考核内容 | 考核标准 | 信息来源 | 考核周期 |
|---|---|---|---|---|---|
| 非权重指标 | 奖励指标（创新创效） | 获得公司级及以上科技类奖励或授权国家专利，或获得公司级及以上个人科技类荣誉称号 | 省级以上期刊正式发表一篇专业论文，奖励 1 分；核心期刊正式发表一篇专业论文，奖励 3 分。<br>获得公司级创新创效类或五小成果类奖励的、国家授权实用新型专利或个人科技类荣誉的、个人合理化建议被公司采纳的每次加 2 分；获得化工公司及以上科技类奖励或国家授权发明专利及个人科技类荣誉、获地方市级以上科技类个人荣誉每次加 5 分 | 公司相关业务部门 | 年度 |
| | 否决指标（安全事故） | 伤害人身安全和健康，或者损坏设备设施，造成经济损失的，导致原生产经营活动暂时中止或永远终止的意外事件 | 发生一起轻伤，扣 3 分；发生一起重伤，扣 5 分；发生一起死亡，考核期记 0 分。发生 50 万元以上设备损坏无法修复，扣 3 分；发生 100 万元以上设备损坏无法修复，扣 5 分；发生 500 万元以上设备损坏无法修复，扣 10 分 | 公司安全考核通报 | |
| 备注 | 1. 全部考核指标基准总分为 100 分。<br>2. 涉及年度评价的指标，将根据年度要求调整考评指标及目标值，根据年度实施情况合理进行考核。<br>3. 发生扣分事项时，扣分最大值不超过全部考核指标基准分（不含奖励指标） | | | | |

HG-MZY-066

## 气化装置主操副操

<table>
<tr><td>岗位名称</td><td colspan="3">气化装置主操副操</td><td>所在部门</td><td>煤气化生产中心</td></tr>
<tr><td>职位职级序列</td><td colspan="5">技能序列</td></tr>
<tr><td>直接上级</td><td colspan="5">班长</td></tr>
<tr><td>直接下级</td><td colspan="5">——</td></tr>
<tr><td rowspan="5">岗位职责</td><td colspan="5">严格按照工艺技术规程和操作手册控制好装置工艺参数</td></tr>
<tr><td colspan="5">负责本装置的安全平稳运行，认真填写各项记录数据</td></tr>
<tr><td colspan="5">认真执行班长下达的各项指令，服从班长的指挥，严格执行交接班制度</td></tr>
<tr><td colspan="5">参加各项安全、技术培训活动、应急演练</td></tr>
<tr><td colspan="5">控制装置各项进出物料的平衡及产品质量</td></tr>
<tr><td>工作记录文档</td><td colspan="5">生产、设备、工艺和安全记录、台账、报表，以及 MES 生产运营和操作管理系统</td></tr>
<tr><td>指标类别</td><td>考核指标</td><td>考核内容</td><td>考核标准</td><td>信息来源</td><td>考核周期</td></tr>
<tr><td rowspan="7">岗位职责指标</td><td>安全环保（15 分）</td><td>发生安全环保职业卫生事件、事故或未遂事件、事故</td><td>每发生一次事故扣 5 分，未遂事故扣 1 分</td><td>事故、事件记录台账</td><td rowspan="6">月度</td></tr>
<tr><td>产品产量（20 分）</td><td>氢气产量</td><td>每减少 1% 扣 0.5 分，每增加 1% 加 0.5 分</td><td rowspan="2">装置内产量能耗统计台账报表</td></tr>
<tr><td>单位产品综合能耗（15 分）</td><td>吨氢综合能耗</td><td>每减少 1% 加 0.5 分，每增加 1% 扣 0.5 分</td></tr>
<tr><td>操作平稳率管理（15 分）</td><td>对影响装置安全、稳定、经济运行的关键参数进行监管</td><td>月度平均达 97%；每减少 1% 扣 0.5 分，每增加 1% 加 0.5 分</td><td>LIMS 实验室信息管理系统平稳率统计</td></tr>
<tr><td>设备操作维护（10 分）</td><td>运行期间设备维护保养、管理提升、设备故障处理和故障率</td><td>每发生一次设备事故扣 1 分，维护保养不到位扣 0.1 分</td><td>设备管理制度和记录台账</td></tr>
<tr><td>质量技术（15 分）</td><td>质量控制、联锁管理、三剂、检验分析</td><td>发生问题一次扣 0.1 分</td><td>工艺管理制度和记录台账</td></tr>
<tr><td>综合能力（10 分）</td><td>履职能力和班组团队建设</td><td>年终综合能力测评；满分 10 分，管理人员和班组人员测评打分后取平均值</td><td>员工年终测评统计</td><td rowspan="2">年度</td></tr>
<tr><td>非权重指标</td><td>奖励指标（创新创效）</td><td>管理、技术创新及合理化建议</td><td>中心立项的每项加 0.5 分</td><td>立项建议书及完成验收报告</td></tr>
</table>

续表

| 指标类别 | 考核指标 | 考核内容 | 考核标准 | 信息来源 | 考核周期 |
|---|---|---|---|---|---|
| 非权重指标 | 否决指标（管理工作失误） | 各项工作明显失职失责 | 由于工作不当导致生产、机电事故，对中心造成较大影响扣 5 分，造成重大影响扣 10 分 | 部门、中心考核 | 年度 |
| 备注 | 1. 全部考核指标基准总分为 100 分。<br>2. 涉及年度评价的指标，将根据年度要求调整考评指标及目标值，根据年度实施情况合理进行考核。<br>3. 发生扣分事项时，扣分最大值不超过全部考核指标基准分（不含奖励指标） | | | | |

HG-MZY-067

## 空分装置主操副操

| 岗位名称 | 空分装置主操副操 | 所在部门 | 煤气化生产中心 |
| --- | --- | --- | --- |
| 职位职级序列 | 技能序列 | | |
| 直接上级 | 班长 | | |
| 直接下级 | —— | | |
| 岗位职责 | 严格按照工艺技术规程和操作手册控制好装置工艺参数 | | |
| | 负责本装置的安全平稳运行，认真填写各项记录数据 | | |
| | 认真执行班长下达的各项指令，服从班长的指挥，严格执行交接班制度 | | |
| | 参加各项安全、技术培训活动、应急演练 | | |
| | 控制装置各项进出物料的平衡及产品质量 | | |
| 工作记录文档 | 生产、设备、工艺和安全记录、台账、报表，以及 MES 生产运营和操作管理系统 | | |

| 指标类别 | 考核指标 | 考核内容 | 考核标准 | 信息来源 | 考核周期 |
| --- | --- | --- | --- | --- | --- |
| 岗位职责指标 | 安全环保（15 分） | 发生安全环保职业卫生事件、事故或未遂事件、事故 | 每发生一次事故扣 5 分，未遂事故扣 1 分 | 事故、事件记录台账 | 月度 |
| | 产品产量（15 分） | 氮气、氧气产量 | 每减少 1% 扣 0.5 分，每增加 1% 加 0.5 分 | 装置内产量能耗统计台账报表 | |
| | 单位产品综合能耗和主要物料消耗（20 分） | 标立气体综合能耗；高压蒸汽单耗 | 每减少 1% 加 0.5 分，每增加 1% 扣 0.5 分 | | |
| | 操作平稳率管理（15 分） | 对影响装置安全、稳定、经济运行的关键参数进行监管 | 月度平均达 97%；每减少 1% 扣 0.5 分，每增加 1% 加 0.5 分 | LIMS 实验室信息管理系统平稳率统计 | |
| | 设备操作维护（10 分） | 运行期间设备维护保养、管理提升、设备故障处理和故障率 | 每发生一次设备事故扣 1 分，维护保养不到位扣 0.1 分 | 设备管理制度和记录台账 | |
| | 质量技术（15 分） | 质量控制、联锁管理、三剂、检验分析 | 发生问题一次扣 0.1 分 | 工艺管理制度和记录台账 | |
| | 综合能力（10 分） | 履职能力和班组团队建设 | 年终综合能力测评；满分 10 分，管理人员和班组人员测评打分后取平均值 | 员工年终测评统计 | |
| 非权重指标 | 奖励指标（创新创效） | 管理、技术创新及合理化建议 | 中心立项的每项加 0.5 分 | 立项建议书及完成验收报告 | 年度 |

续表

| 指标类别 | 考核指标 | 考核内容 | 考核标准 | 信息来源 | 考核周期 |
|---|---|---|---|---|---|
| 非权重指标 | 否决指标（管理工作失误） | 各项工作明显失职失责 | 由于工作不当导致生产、机电事故，对中心造成较大影响扣 5 分，造成重大影响扣 10 分 | 部门、中心考核 | 年度 |
| 备注 | 1. 全部考核指标基准总分为 100 分。<br>2. 涉及年度评价的指标，将根据年度要求调整考评指标及目标值，根据年度实施情况合理进行考核。<br>3. 发生扣分事项时，扣分最大值不超过全部考核指标基准分（不含奖励指标） | | | | |

HG-MZY-068

## 制氢区域工艺管理

<table>
<tr><td>岗位名称</td><td colspan="2">制氢区域工艺管理</td><td>所在部门</td><td colspan="2">煤气化生产中心</td></tr>
<tr><td>职位职级序列</td><td colspan="5">技术序列</td></tr>
<tr><td>直接上级</td><td colspan="5">生产副经理、工艺业务经理</td></tr>
<tr><td>直接下级</td><td colspan="5">制氢区域班长</td></tr>
<tr><td rowspan="5">岗位职责</td><td colspan="5">负责组织本装置生产管理，全面完成中心下达的生产计划及主要经济技术指标</td></tr>
<tr><td colspan="5">负责监督、检查装置各班组执行工艺纪律、遵守安全操作规程、生产操作记录及产品质量情况</td></tr>
<tr><td colspan="5">负责组织性能考核、标定等工作，保证装置平稳运行</td></tr>
<tr><td colspan="5">对区域内直接作业全过程进行风险管控</td></tr>
<tr><td colspan="5">负责本装置生产优化及技术升级改造，确保装置安全高效运行</td></tr>
<tr><td>工作记录文档</td><td colspan="5">生产记录、台账、报表、各类方案以及 MES 生产运营管理系统</td></tr>
</table>

<table>
<tr><th>指标类别</th><th>考核指标</th><th>考核内容</th><th>考核标准</th><th>信息来源</th><th>考核周期</th></tr>
<tr><td rowspan="7">岗位职责指标</td><td>单位产品综合能耗（10 分）</td><td>吨氢综合能耗</td><td>每减少 1% 加 0.5 分，每增加 1% 扣 0.5 分</td><td rowspan="2">生产部发布月度生产报表</td><td rowspan="7">月度</td></tr>
<tr><td>产品产量（20 分）</td><td>氢气产量</td><td>每减少 1% 扣 0.5 分，每增加 1% 加 0.5 分</td></tr>
<tr><td>产品质量（15 分）</td><td>产品氢气纯度</td><td>月度平均达 99.5%；每减少 1% 扣 0.5 分，每增加 1% 加 0.5 分</td><td>LIMS 实验室信息管理系统月度平均值</td></tr>
<tr><td>操作平稳率管理（10 分）</td><td>对影响装置安全、稳定、经济运行的关键参数进行监管</td><td>月度平均达 97%；每减少 1% 扣 0.5 分，每增加 1% 加 0.5 分</td><td>DCS 分散控制系统统计结果</td></tr>
<tr><td>装置异常波动或非停（15 分）</td><td>重大生产波动、非停</td><td>重大生产波动每次扣 1 分，非停每次扣 1.5 分</td><td>装置运行记录</td></tr>
<tr><td>安全环保职业卫生（20 分）</td><td>发生安全环保职业卫生事件、事故或未遂事件、事故</td><td>每发生一次事故扣 5 分，未遂事故扣 1 分</td><td>事故、事件记录台账</td></tr>
<tr><td>管理提升（10 分）</td><td>装置现场脏乱差等问题</td><td>公司部门及上级单位一次检查出五条以上问题扣 1 分，中心一次检查出十条以上问题扣 1 分</td><td>管理提升检查通报</td></tr>
<tr><td>非权重指标</td><td>奖励指标（创新创效）</td><td>获得公司级及以上科技类奖励或授权国家专利，或获得公司级及以上个人科技类荣誉称号</td><td>获得公司级科技类奖励或授权国家专利及个人科技类荣誉每次加 1 分，获得公司级以上科技类奖励或授权国家专利及个人科技类荣誉每次加 2 分</td><td>集团 / 公司相关业务部门</td><td>年度</td></tr>
</table>

续表

| 指标类别 | 考核指标 | 考核内容 | 考核标准 | 信息来源 | 考核周期 |
|---|---|---|---|---|---|
| 非权重指标 | 否决指标（安全责任事故） | 伤害人身安全和健康，或者损坏设备设施、造成经济损失的、导致原生产经营活动暂时中止或永远终止的意外事件 | 发生一起轻伤，扣 3 分；发生一起重伤，扣 5 分；发生一起死亡，考核期记 0 分。发生 50 万元以上设备损坏无法修复，扣 3 分；发生 100 万元以上设备损坏无法修复，扣 5 分；发生 500 万元以上设备损坏无法修复，扣 10 分 | 公司安全建康环保部 | 年度 |
| | 否决指标（生态环保） | 生态环境监测指标、环境质量指数参评因子 | 发生违规事项每次扣 3 分，出现环保责任每次扣 5 分 | 公司相关部门 | |
| 备注 | 1. 全部考核指标基准总分为 100 分。<br>2. 涉及年度评价的指标，将根据年度要求调整考评指标及目标值，根据年度实施情况合理进行考核。<br>3. 发生扣分事项时，扣分最大值不超过全部考核指标基准分（不含奖励指标） | | | | |

HG-MZY-069

## 制氢区域设备管理

| 岗位名称 | 制氢区域设备管理 | 所在部门 | 煤气化生产中心 |
| --- | --- | --- | --- |
| 职位职级序列 | 技术序列 | | |
| 直接上级 | 设备副经理、设备业务经理 | | |
| 直接下级 | 班长及岗位操作人员 | | |
| 岗位职责 | 按照公司设备管理制度和中心具体要求完成定常工作，及时完善各类基础资料 | | |
| | 根据要求编制装置年度专业重点工作计划，责任人按计划持续推进 | | |
| | 装置建立和完善备品备件动态储备定额台账，严格控制备件采购计划的准确性 | | |
| | 制订年度设备检修计划，组织完成各类检修工作，按要求完成施工计划提报、验收等工作 | | |
| | 做好装置内设备及现场的检修维护工作，积极开展技术攻关和科研技改，定期组织排查设备隐患，降低设备故障率 | | |
| 工作记录文档 | 各类设备记录台账和技术档案、专业年度重点工作计划、年度设备检修计划、缺陷记录表 | | |

| 指标类别 | 考核指标 | 考核内容 | 考核标准 | 信息来源 | 考核周期 |
| --- | --- | --- | --- | --- | --- |
| 岗位职责指标 | 专业定常工作和基础资料完善（15分） | 按要求及时完成专业定常工作，及时完善相关基础资料 | 定常工作和专业基础资料日常检查和月度检查；定常工作未按时完成一项扣0.2分；基础资料检查每缺少一项扣0.2分 | 公司制度文件和中心设备管理手册 | 月度 |
| | 设备检维修质量管控（15分） | 严格做好设备检修质量管控 | 重要设备质量合格率100%；重要设备因检修质量原因影响装置开工运行的，每台次扣1分 | 公司考核数据 | 年度 |
| | 备品备件管控（15分） | 根据装置设备情况修订完善备品备件定额台账，对备品备件实行全过程管控 | 不得重复采购和超定额采购，专项备件材料不得无故积压；未按要求申报备件材料并造成库存积压的，每项次扣0.05分，被上级落实考核的中心加倍落实相应装置责任人 | 备品备件储备定额台账、年度检修计划 | |
| | 施工计划和结算管控（20分） | 外委结算项目根据公司要求做好施工计划的全过程管控 | 未按要求及时处理施工计划或验收结算的，每项次扣0.2分；如被上级考核加倍落实责任人 | 月度统计数据 | 月度 |
| | 设备故障率（20分） | 做好日常检维护和技术攻关，降低设备故障率 | 月度设备故障率不得超过0.5%；每超过0.1%扣1分，每降低0.1%加1分，最多加3分 | | |
| | 设备事故事件（15分） | 全年中心级设备事件 | 装置级设备事件不超过一起；中心级事件0起；装置级事件每增加一起扣3分，没有发生加3分；中心级事件每发生一起扣5分 | 公司和中心考核数据 | 年度 |

续表

| 指标类别 | 考核指标 | 考核内容 | 考核标准 | 信息来源 | 考核周期 |
| --- | --- | --- | --- | --- | --- |
| 非权重指标 | 奖励指标（创新创效） | 获公司级及以上科技类奖励或授权国家专利，或获公司级及以上个人科技类荣誉称号 | 省级以上期刊正式发表一篇专业论文，奖励1分；核心期刊正式发表一篇专业论文，奖励3分。<br>获得公司级创新创效类或五小成果类奖励的、国家授权实用新型专利或个人科技类荣誉的，个人合理化建议被公司采纳的每次加2分；获得化工公司及以上科技类奖励或国家授权发明专利及个人科技类荣誉、获得地方市级以上科技类个人荣誉每次加5分 | 公司相关业务部门 | 年度 |
| | 否决指标（安全事故） | 伤害人身安全和健康，或者损坏设备设施，造成经济损失的，导致原生产经营活动暂时中止或永远终止的意外事件 | 发生一起轻伤，扣3分；发生一起重伤，扣5分；发生一起死亡，考核期记0分。发生50万元以上设备损坏无法修复，扣3分；发生100万元以上设备损坏无法修复，扣5分；发生500万元以上设备损坏无法修复，扣10分 | 公司安全考核通报 | |
| 备注 | 1. 全部考核指标基准总分为100分。<br>2. 涉及年度评价的指标，将根据年度要求调整考评指标及目标值，根据年度实施情况合理进行考核。<br>3. 发生扣分事项时，扣分最大值不超过全部考核指标基准分（不含奖励指标） | | | | |

HG-MZY-070

## 净化装置主操副操

| 岗位名称 | 净化装置主操副操 | 所在部门 | 煤气化生产中心 |
|---|---|---|---|
| 职位职级序列 | 技能序列 | | |
| 直接上级 | 班长 | | |
| 直接下级 | —— | | |
| 岗位职责 | 严格按照工艺技术规程和操作手册控制好装置工艺参数 | | |
| | 负责本装置的安全平稳运行，认真填写各项记录数据 | | |
| | 认真执行班长下达的各项指令，服从班长的指挥，严格执行交接班制度 | | |
| | 参加各项安全、技术培训活动、应急演练 | | |
| | 控制装置各项进出物料的平衡及产品质量 | | |
| 工作记录文档 | 生产、设备、工艺和安全记录、台账、报表，以及 MES 生产运营和操作管理系统 | | |

| 指标类别 | 考核指标 | 考核内容 | 考核标准 | 信息来源 | 考核周期 |
|---|---|---|---|---|---|
| 岗位职责指标 | 安全环保（15 分） | 发生安全环保职业卫生事件、事故或未遂事件、事故 | 每发生一次事故扣 5 分，未遂事故扣 1 分 | 事故、事件记录台账 | 月度 |
| | 产品产量（20 分） | 氢气产量 | 每减少 1% 扣 0.5 分，每增加 1% 加 0.5 分 | 装置内产量能耗统计台账报表 | |
| | 单位产品综合能耗（15 分） | 吨氢综合能耗 | 每减少 1% 加 0.5 分，每增加 1% 扣 0.5 分 | | |
| | 操作平稳率管理（15 分） | 对影响装置安全、稳定、经济运行的关键参数进行监管 | 月度平均未达到 97% 者，每减少 1% 扣 0.5 分，每增加 1% 加 0.5 分 | LIMS 实验室信息管理系统平稳率统计 | |
| | 设备操作维护（10 分） | 运行期间设备维护保养、管理提升、设备故障处理和故障率 | 每发生一次人为设备事故扣 1 分，维护保养不到位扣 0.1 分 | 设备管理制度和记录台账 | |
| | 质量技术（15 分） | 质量控制、联锁管理、三剂、检验分析 | 每发生一次质量控制事件扣 1 分，联锁管理、三剂、检验分析问题扣 0.1 分 | 工艺管理制度和记录台账 | |
| | 综合能力（10 分） | 履职能力和班组团队建设 | 管理人员和班组人员测评打分后取平均值 | 员工年终测评统计 | 年度 |
| 非权重指标 | 奖励指标（创新创效） | 获得授权专利，技能竞赛奖项及其他荣誉表彰 | 获得发明专利每项加 4 分，实用性专利每项加 2 分，技术能手每项加 4 分，集团级竞赛获奖或其他荣誉每项加 3 分，板块级竞赛获奖或其他荣誉每项加 2 分，分公司竞赛获奖或其他荣誉每项加 1 分 | 集团 / 板块 / 分公司相关业务部门 | |

续表

| 指标类别 | 考核指标 | 考核内容 | 考核标准 | 信息来源 | 考核周期 |
| --- | --- | --- | --- | --- | --- |
| 非权重指标 | 否决指标（失职失责） | 岗位重大工作失误 | 导致生产中断、停车，每次扣 5 分；导致生产中断、停车，造成较严重损失或不良影响，每次扣 10 分；造成重大损失或引发人身安全事故，每次扣 20 分 | 公司相关业务部门 | 年度 |
| 备注 | 1. 全部考核指标基准总分为 100 分。<br>2. 涉及年度评价的指标，将根据年度要求调整考评指标及目标值，根据年度实施情况合理进行考核。<br>3. 发生扣分事项时，扣分最大值不超过全部考核指标基准分（不含奖励指标） | | | | |

HG-MZY-071

## 天然气联合装置主操副操

| 岗位名称 | 天然气联合装置主操副操 | 所在部门 | 煤气化生产中心 |
|---|---|---|---|
| 职位职级序列 | 技能序列 | | |
| 直接上级 | 班长 | | |
| 直接下级 | —— | | |
| 岗位职责 | 严格按照工艺技术规程和操作手册控制好装置工艺参数 | | |
| | 负责本装置的安全平稳运行，认真填写各项记录数据 | | |
| | 认真执行班长下达的各项指令，服从班长的指挥，严格执行交接班制度 | | |
| | 参加各项安全、技术培训活动、应急演练 | | |
| | 控制装置各项进出物料的平衡及产品质量 | | |
| 工作记录文档 | 生产、设备、工艺和安全记录、台账、报表，以及 MES 生产运营和操作管理系统 | | |

| 指标类别 | 考核指标 | 考核内容 | 考核标准 | 信息来源 | 考核周期 |
|---|---|---|---|---|---|
| 岗位职责指标 | 安全环保（15 分） | 发生安全环保职业卫生事件、事故或未遂事件、事故 | 每发生一次事故扣 5 分，未遂事故扣 1 分 | 事故、事件记录台账 | 月度 |
| | 产品产量（20 分） | 氢气产量；沥青产量 | 每减少 1% 扣 0.5 分，每增加 1% 加 0.5 分 | 装置内产量能耗统计台账报表 | |
| | 单位产品综合能耗（20 分） | 吨氢综合能耗；吨沥青综合能耗 | 每减少 1% 加 0.5 分，每增加 1% 扣 0.5 分 | | |
| | 操作平稳率管理（15 分） | 对影响装置安全、稳定、经济运行的关键参数进行监管 | 月度平均达 97%；每减少 1% 扣 0.5 分，每增加 1% 加 0.5 分 | LIMS 实验室信息管理系统平稳率统计 | |
| | 设备操作维护（10 分） | 运行期间设备维护保养、管理提升、设备故障处理和故障率 | 每发生一次设备事故扣 1 分，维护保养不到位扣 0.1 分 | 设备管理制度和记录台账 | |
| | 质量技术（10 分） | 质量控制、联锁管理、三剂、检验分析 | 发生问题一次扣 0.1 分 | 工艺管理制度和记录台账 | |
| | 综合能力（10 分） | 履职能力和班组团队建设 | 年终综合能力测评；满分 10 分，管理人员和班组人员测评打分后取平均值 | 员工年终测评统计 | 年度 |
| 非权重指标 | 创新创效（奖励指标） | 管理、技术创新及合理化建议 | 中心立项的每项加 0.5 分 | 立项建议书及完成验收报告 | |

续表

| 指标类别 | 考核指标 | 考核内容 | 考核标准 | 信息来源 | 考核周期 |
|---|---|---|---|---|---|
| 非权重指标 | 管理工作失误（否决指标） | 各项工作明显失职失责 | 由于工作不当导致生产、机电事故，对中心造成较大影响扣 5 分，造成重大影响扣 10 分 | 部门、中心考核 | 年度 |
| 备注 | 1. 全部考核指标基准总分为 100 分。<br>2. 涉及年度评价的指标，将根据年度要求调整考评指标及目标值，根据年度实施情况合理进行考核。<br>3. 发生扣分事项时，扣分最大值不超过全部考核指标基准分（不含奖励指标） | | | | |

HG-MZY-072

## 各生产中心仪表维修工

| 岗位名称 | 仪表维修工 | 所在部门 | 各生产中心 |
|---|---|---|---|
| 职位职级序列 | 技能序列 | | |
| 直接上级 | 仪表管理 | | |
| 直接下级 | —— | | |
| 岗位职责 | 贯彻执行国家、上级部门关于 DCS 分散控制系统，PLC 控制系统，ESD、SIS、ITCC 控制系统的安全规定和标准 | | |
| | 负责 DCS、PLC、ESD、SIS、ITCC 等控制系统的日常维护、检修、组态修改、故障处理等工作 | | |
| | 负责工程师站、操作站及机房的安全与保密工作，包括定期备份、USB 接口可靠封闭等 | | |
| | 配合装置技术人员进行生产优化及技术升级控制系统改造工作，确保装置安全高效运行 | | |
| 工作记录文档 | 交接班记录、巡检记录、调校记录、台账 | | |

| 指标类别 | 考核指标 | 考核内容 | 考核标准 | 信息来源 | 考核周期 |
|---|---|---|---|---|---|
| 岗位职责指标 | 控制系统运行管理（20 分） | 按照相关制度严格执行定期巡检、及时消缺、认真交接等工作，维护控制系统稳定运行 | 是否按照相关制度要求严格执行定期巡检、及时消缺、认真交接等工作。相关记录错记、漏记每项扣 1 分，记录缺失的每项扣 3 分 | 控制系统巡检记录、交接班记录、故障记录 | 月度 |
| | 保密管理（15 分） | 工程师站及机房实施严格的安全与保密管理措施 | 未按照相关制度要求严格落实安全与保密管理措施的每次扣 1 分 | 外来人员登记本、控制系统作业审批单 | |
| | 联锁管理（15 分） | 按规定进行联锁投、切及票据整理 | 是否发生不按规定进行联锁投、切及票据整理行为。发生相关问题每票扣 1 分 | 中心及上级部门检查考核通报 | |
| | 变更管理（15 分） | 按照相关制度要求执行控制系统相关变更工作 | 是否发生不按照相关制度要求进行控制系统相关变更工作。发生相关问题每票扣 3 分 | | |
| | 数据归档（10 分） | 数据和历史趋势刻录光盘并检查内容及可用性 | 未按制度要求进行归档或因操作不当造成数据异常每次扣 2 分 | 中心数据管理 | |
| | 安全环保职业卫生（10 分） | 严格执行安环职防相关制度要求 | 是否发生安全环保职业卫生事件、事故或未遂事件、事故。每发生一次事故考核扣 5 分，未遂事故扣 2 分 | 发布的事故、事件通报 | |
| | 管理提升（15 分） | 按照管理提升相关要求，对负责区域进行自查自改，提高管理水平 | 不按要求进行自查自改每次扣 5 分，发现问题不及时整改每项扣 3 分 | 管理提升检查考核通报 | |

续表

| 指标类别 | 考核指标 | 考核内容 | 考核标准 | 信息来源 | 考核周期 |
| --- | --- | --- | --- | --- | --- |
| 非权重指标 | 奖励指标 | 公司检查通报，中心检查通报，业务组检查通报 | 参照各中心关键岗位奖励指标及否决指标项目标准 | 公司、中心及业务组处理决定 | 年度 |
| | 否决指标 | 1. 未遵守国家、地方法律法规和公司各项规章制度。<br>2. 发生安全环保事件，如着火、爆炸等 | | 公司处理决定 | |
| 备注 | 1. 各考核指标基准分为 100 分；各考核类别权重合计为 100%，考核类别中各考核指标占比合计为 100%。<br>2. 关键绩效考核类别中，应根据重点工作任务分解（非否决项）具体情况确定各项考核指标权重。<br>3. 涉及年度评价的指标，应根据年度目标调整考评指标、权重及目标值，根据年度实施情况合理设定年度扣分值。<br>4. 发生扣分事项时，扣分最大值不超过该项考核指标基准分（100 分） | | | | |

# 煤制烯烃

## 一、适用范围

本标准适用于国家能源投资集团有限责任公司所属的煤制烯烃生产企业的管理、专业技术、技能操作类关键岗位绩效考核管理。不包括安保、运输、餐饮、物业、办公服务等后勤服务类或外委业务岗位。

## 二、引用文件

1.《国家能源集团劳动定员标准》中的《煤化工企业劳动定员》(Q/GN 0009–2020)

2.《关于加强全员绩效考核工作的通知》(国家能源组织〔2021〕264 号)

## 三、关键岗位提取原则

1. 战略引领，瞄准目标

紧紧围绕集团公司“一个目标、三型五化、七个一流”发展战略和化工公司“一体两翼”

发展蓝图，牢牢把握公司发展思路和目标任务，从关键考核指标、关键业务流程、关键发展方向出发，以满足集团全员绩效考核指引工作需要为根本，确定科学、全面、合理、有效的关键岗位范围和数量。

2. 全面覆盖，广泛适用

在专业覆盖面上，坚持“全覆盖”，以集团煤制烯烃企业劳动定员为标准，横向覆盖所有职能部室、生产中心（车间）、生产装置（单元）重要岗位，纵向覆盖管理、专业技术、化工装置操作、配套业务操作、日常维护、物资等各类核心岗位，保证关键岗位考核办法在各煤制烯烃生产企业的适用性和可操作性。

3. 精益求精，树牢标杆

在各专业（工种）关键岗位数量上，坚持“少而精”，聚焦提取具有行业特色、具有一定复杂性、值得深入研究和复制推广的标杆型岗位作为关键岗位，同专业（工种）、同层次岗位原则上选择一个岗位作为关键岗位，为下一步考核指标设计、案例萃取、考核结果应用打好基础。

## 四、关键岗位列表

| 序号 | 组织机构 | 岗位名称 | 职位职级序列 | 主要工作内容 |
|---|---|---|---|---|
| HG–MZXT–001 | 生产中心 | 生产中心经理 | 技术序列 | 主持本中心工作，对本中心各项工作全面负责。负责本中心员工的岗位安排、调整、使用与考核等人事管理；全面完成公司下达的生产计划及主要经济技术指标；完成公司领导交办的其他工作 |
| HG–MZXT–002 | | 生产中心副经理（生产） | | 协助中心经理工作，分管本中心的生产工作。组织、协调本中心生产管理各项工作，对本中心生产的连续性、可靠性负责；负责完成公司下达的生产计划及主要经济指标 |
| HG–MZXT–003 | | 生产中心副经理（技术） | | 协助中心经理工作，负责本中心重大技措、安措、建设项目与生产装置的技术衔接工作；完成公司分管领导、中心经理交办的其他工作 |
| HG–MZXT–004 | | 生产中心副经理（设备） | | 协助中心经理工作，分管本中心设备管理工作。组织协调本中心设备运行维护、设备检修、技改技措施工管理各项工作；负责组织编制和实施本中心检维修计划；完成公司分管领导、中心经理交办的其他工作 |

续表一

| 序号 | 组织机构 | 岗位名称 | 职位职级序列 | 主要工作内容 |
| --- | --- | --- | --- | --- |
| HG–MZXT–005 | 生产中心 | 生产中心副经理（安全） | 技术序列 | 协助中心经理工作，分管本中心的安全工作。负责组织本中心危险源辨识和风险评价、环境因素识别和评价、工作场所职业病危害因素检测评价工作。协助中心经理做好其他有关安全、环保、职业病防治工作 |
| HG–MZXT–006 | 生产运营部 | 生产运营主管 | | 负责编制生产运营管理制度，完善生产管理流程，组织各单位落实生产计划，协调处置生产问题等工作 |
| HG–MZXT–007 | | 值班调度长 | | 负责生产组织与指挥协调、上下游生产调整、公用系统平衡、应急值守与生产汇报等工作 |
| HG–MZXT–008 | 机械动力部 | 动设备主管 | | 贯彻执行有关动设备和管道管理的法律法规，负责制订动设备技术管理制度，审核年度、月度以及临时检修动设备的相关内容，审核动设备大修方案、特护方案，动设备大修、特护工作的检查、新购动设备的选型、验收和备件质量验收等工作 |
| HG–MZXT–009 | | 检维修主管 | | 制订检维修技术管理相关制度、流程及管控权限，经批准后执行，并监督检查实施情况；协助上级贯彻执行有关检维修管理方面法律法规；遵循设备管理规程，组织人员对公司设备进行维修保养，确保设备正常运行；负责装置停车大检修管理；负责维修工程招标工作，工程招标文件、资料的管理；负责公司维修费用管理，组织对各中心维修费用的审核、分析与考核；参与保运合同的签订工作，负责保运合同执行情况和保运费用的考核工作 |
| HG–MZXT–010 | | 电气工程师 | | 在上级的指导下，建立完善公司电气管理体系；制订公司电气专业相关规章制度，并监督检查实施情况；贯彻执行有关电气专业法律法规；负责电气的技术管理与现场管理工作；监督检查电气作业“三三二五”制，做好电气隐患治理工作；审核关键电气设备大修方案、特护方案，对电气设备大修、特护工作进行监督检查；组织电气专业技术工作的开展以及与其他专业的协调；做好电气专业计划、总结工作；组织对电气事故的调查和分析；负责审核电气报废、转移等设备变动申报，监督按规定流程办理；审核装置停工检修、大修、技措等工程的计划和方案，并进行检查考核；定期监督检查动设备的运行情况，及时发现问题，处理隐患；参与或组织新购电气设备的选型、审核各类采购计划、监督检查到货电气设备组织的质量验收；监督检查动设备保养手册、设备说明书等技术档案的管理工作，编制、修订公司电气专业技术文件和运行报表；开展电气设备完好、电气设备管理评级、无泄漏、科学文明检修施工等活动；协助固定资产管理工程师做好公司电气生产性固定资产的管理；配合其他部门工作，完成上级布置的其他相关工作 |

续表二

| 序号 | 组织机构 | 岗位名称 | 职位职级序列 | 主要工作内容 |
| --- | --- | --- | --- | --- |
| HG–MZXT–011 | 安全健康环保部 | 环保及监测工程师 | 技术序列 | 贯彻执行国家、集团公司、地方政府和板块公司有关生态环保工作方针政策及相关法律、法规和制度；协助部门领导、公司领导提出本公司环境保护工作目标，编制公司环境保护工作规划，提出污染物排放、治理、综合利用的措施和建议；负责组织编制各项环境保护管理制度，并监督、检查各部门和中心的贯彻落实情况；组织公司各单位执行公司环境保护管理制度，有效开展环境保护工作，持续提升公司环保工作水平；负责公司“三废”治理设施的运行监督管理，对不达标情况提出整改要求和建议；负责组织建立公司级各种环保管理台帐、报表和记录，并检查填写和存档情况；结合公司实际及地方环保监督管理要求，制订公司年度环境监测计划，编制企业自行监测方案，组织开展公司环保信息公开工作；组织并参与环保相关适用法律、法规和其他要求的识别、评审，对相关法规执行情况进行合规性评价；负责组织监督检查公司环保设施的运行、维护及使用情况；负责组织新、改、扩建及技改技措项目环保“三同时”管理；负责组织环境因素识别与风险评价工作，并建立公司风险识别与评价台账，督促落实公司重大环境风险管控措施；负责督促环保隐患排查及隐患治理项目实施过程和竣工验收工作；负责组织公司突发环境事件应急预案的制订、修订及备案，并定期组织开展应急演练；按照国家、地方环保部门及上级公司的要求，推行公司清洁生产活动，组织清洁生产审核与验收评审工作；负责并组织公司环境统计相关工作，及时统计、上报公司各类报表、台账和总结；定期组织对公司各部门、生产中心环境保护工作进行考核评比，对环保工作有贡献者或事故、事件责任者，提出奖惩建议；负责组织环境污染事故的调查、处理、统计、上报工作；组织公司环境保护宣传、培训工作；遵守公司管理规定，按规范穿戴劳保着装进入生产区域，参加公司组织的职业健康体检；遵守公司管理规定，参与并接受安环职防教育培训和安全继续教育培训 |
| HG–MZXT–012 | | 环保主管 | | 负责按照国家环保法律法规、标准规范完成公司环境保护各项管理工作，包括环保专业制度编制建立、基础档案资料的建立、环保“三同时”、环境统计、环保自行监测、环保信息公开、环保培训、环保隐患监督治理等工作 |

续表三

| 序号 | 组织机构 | 岗位名称 | 职位职级序列 | 主要工作内容 |
| --- | --- | --- | --- | --- |
| HG–MZXT–013 | 质量技术部 | 技术主管 | 技术序列 | 负责并参与组织制订公司发展战略和发展规划、全厂化工三剂管理、节能减排管理、碳排放及碳交易管理、科技创新管理、知识产权管理、全厂质量管理（原辅料入厂、中间过程及终端产品质量）、产品市场服务、全厂生产工艺技术基础管理和技术专业化管理 |
| HG–MZXT–014 | | 技术管理工程师 | | 负责产品质量监督、检查、管理及产品质量情况的报告，组织重大产品质量问题的调查与处理。参与项目建设的质量管理与监督、编制并管理公司级质量的报表和台账 |
| HG–MZXT–015 | 甲醇中心 | 气化工艺主管 | | 负责本装置的工艺技术管理工作。编制本装置的工艺技术规程（岗位操作法），本装置新、改、扩建项目的安全、环保、职业病防治“三同时”工作的落实、跟踪，本装置危险源辨识和风险评价，环境因素识别和评价等工作 |
| HG–MZXT–016 | | 气化设备工程师 | | 负责本装置分管业务的设备技术管理工作。编制本装置的设备技术规程（岗位操作法），对本装置设备专业培训管理工作、持证上岗工作进行监督检查，对本装置管辖区域内危险化学品和重大危险源开展监控管理等工作 |
| HG–MZXT–017 | | 综合管理员 | 管理序列 | 协助中心经理做好中心的综合管理工作，包括班组基础管理、人员管理、宣传工作等等。协助做好中心的人事管理，包括劳动纪律和考勤、人员编制与奖金分配、岗位竞聘、职称评定等各项人力资源基础工作。协助做好中心的党工团及宣传工作，包括日常宣传、企业文化建设、员工来信来访、中心党工团工作等工作 |
| HG–MZXT–018 | | 气化班长 | 技能序列 | 负责本班组的安全环保生产和所管辖区域的安环职防工作，是班组安全第一责任人、班组 6S 管理第一责任人。严格履行本岗位的安环职防职责，参与本装置危险源辨识和风险评价、环境因素识别和评价工作；严格执行装置制订出的控制措施，负责对进入本班组管辖区域的施工承包人员进行班组级安全教育和危害因素告知，负责对本班组管辖区域内施工作业人员进行安全检查管理等工作 |
| HG–MZXT–019 | | 净化主操副操 | | 根据装置操作规程和技术规程规定，精心操作，严格执行工艺纪律、操作纪律和劳动纪律，完成装置内安全稳定生产监控与记录，并处理生产过程中的各类突发事故；完成班长安排的其他工作 |
| HG–MZXT–020 | 烯烃中心 | MTO 工艺主管 | 技术序列 | 负责 MTO 装置工艺技术管理工作。做好 MTO 装置生产运行工作，负责装置的开停车和生产运行管理工作；编制并不断完善本装置生产运行、安全环保等方面的管理规定，经批准后组织实施，并监督检查执行情况； |

续表四

| 序号 | 组织机构 | 岗位名称 | 职位职级序列 | 主要工作内容 |
|---|---|---|---|---|
| HG–MZXT–020 | 烯烃中心 | MTO 工艺主管 | 技术序列 | 编制并完善工艺技术规程、岗位操作规程等；组织处理生产过程中出现的问题与隐患；编制、整理本装置生产技术资料；组织制订本装置各项安全措施和事故应急处理预案，重大操作、技术改进等方面的措施和方案等工作 |
| HG–MZXT–021 | | 聚乙烯工艺工程师 | | 负责聚乙烯装置工艺技术管理工作。做好聚乙烯装置生产运行工作，负责装置的开停车和生产运行管理工作；编制并不断完善本装置生产运行、安全环保等方面的管理规定，经批准后组织实施，并监督检查执行情况；编制并完善工艺技术规程、岗位操作规程等；组织处理生产过程中出现的问题与隐患；组织编制、完善聚乙烯装置生产运行、操作维修、安全环保等方面的管理规定、操作规程，重大操作、技术改进等方面的措施和方案等工作 |
| HG–MZXT–022 | | 安全工程师 | | 协助中心安全副经理做好安全环保各项工作。参与辨识本中心所在区域的安全、职业健康危险源和环境因素，制订相应的措施控制本中心重大安全、职业健康危险源和重要环境因素；负责特殊工种人员、安全、消防设施等的管理；监督检查特殊工种人员持证上岗情况；负责各装置的安全消防报警设备、压力容器安全附件、消防设施、安全防护用具的检查工作；负责防火、防毒及危险化学品的管理工作；承担现场动火等作业票的办理和协调工作；协助装置生产的“三废”排放的管理工作 |
| HG–MZXT–023 | | 聚丙烯装置主操 | 技能序列 | 负责装置各反应系统、精馏系统、产品外送系统的运行监护和操作调整，严格执行生产纪律、工艺纪律，控制生产工艺指标，保证聚丙烯产品产量和质量，确保装置平稳运行、安全生产。发现并处理装置一般生产事故；完成班长安排的其他工作 |
| HG–MZXT–024 | | 聚丙烯装置造粒主操 | | 负责造粒岗位现场安全生产、节能降耗、设备维护、装置单元开工、停车操作及事故处理，关键工序的质量控制工作，对装置的工艺技术指标实行严格的监控，确保工艺指标合格率达标，确保产品质量达到规定指标，严格执行工艺技术（操作）规程、安全生产责任制等规章制度；集中精力监视装置工况，接受班长或主操的指令及时调整工艺参数，避免系统出现较大的波动，确保装置安、稳、长、满、优运行；严格执行工艺纪律和操作纪律，精心操作，认真按规范填写报表、记录、交接班日志，负责打扫操作室卫生及设备卫生，精心维护设备，保持生产作业现场整齐、清洁，实现文明生产 |

续表五

| 序号 | 组织机构 | 岗位名称 | 职位职级序列 | 主要工作内容 |
|---|---|---|---|---|
| HG–MZXT–025 | 热电中心 | 机炉工艺主管 | 技术序列 | 负责机炉单元工艺技术管理，做好机炉单元生产技术工作；负责单元的开停车和生产技术管理工作，下达日常的生产指令，负责组织处理生产过程中出现的问题与隐患；制订单元重大操作、技术改进等方面的措施和方案；监督检查执行工艺纪律情况、遵守安全操作规程情况，生产操作记录情况，产品质量情况。负责组织编制、整理机炉单元生产技术资料，制作机炉单元技术报表，建立健全机炉单元技术台账等工作 |
| HG–MZXT–026 | | 电气工程师 | | 负责中心电气设备的检维修、技改技措及监督检查管理工作；编制发电系统运行管理制度，编制、修订发电运行规程、系统图及其修改完善工作，监督管理操作票执行情况，对新出现的安全技术问题、重大设备改造问题，协助制定相关措施；负责编制发电专业安全措施、反事故措施计划；对现场的运行情况进行检查，提出合理的运行方式和处理意见 |
| HG–MZXT–027 | | 安全主管 | | 负责中心安全制度拟定及监督检查；负责中心现场安全监督管理；负责中心消防气防、职业健康、环保管理及安全培训以及特殊工种人员、特殊设备的管理，监督检查特殊工种人员持证上岗情况。负责制订各类紧急事件预案，并监督检查落实情况；负责中心现场操作安全措施的监督检测工作 |
| HG–MZXT–028 | | 锅炉班长 | 技能序列 | 负责组织当班锅炉安全生产工作，指挥当班人员进行正常运行操作、事故处理及运行参数调整；负责组织落实交接班制度；组织当班人员进行运行调整及设备巡回检查；完成交接班后，安排定期工作，对重要设备的试验和切换进行监护；及时发现、分析、判断主辅设备缺陷，执行设备缺陷管理制度；熟悉本班人员的技术与工作情况，带领本班人员认真完成各项操作和调整任务，使机组在安全、经济的工况下运行；做好安全生产经验反馈工作，及时发现缺陷，完成消缺的安全措施，消缺结束后的系统恢复、设备试运等工作；接受、办理工作票，审查工作票的安全措施和危险点分析的正确性，安排、指挥本机组人员执行安全措施并指出操作的注意事项和操作的危险 |
| HG–MZXT–029 | | 卸储煤主操 | | 协助班长完成本岗位设备运行，巡检、运行过程中各项指标调整，监盘等工作；协助班长完成各项经济指标、技术指标等任务；协助班长做好班组建设、行政管理和思想政治工作；负责各岗位的替班及重大操作的安全监护和定期工作的执行；负责所辖设备的安全、经济运行；生产过程中发现进入本装置的原料、燃料、化工辅助材料质量问题， |

续表六

| 序号 | 组织机构 | 岗位名称 | 职位职级序列 | 主要工作内容 |
| --- | --- | --- | --- | --- |
| HG–MZXT–029 | 热电中心 | 卸储煤主操 | 技能序列 | 须立即向班长和主管领导汇报，同时进行必要的紧急处置；及时掌握产品的质量分析数据，不得将不合格的产品物料外输出装置区及下一工序；完成上级交办的其他工作 |
| HG–MZXT–030 | 热电中心 | 化学水主操 | 技能序列 | 负责化学水专业各项经济指标、技术指标任务；负责重大操作的安全监护和定期检验工作；负责设备的安全、经济运行，管理好所在岗位设备、仪器、仪表、药品等 |
| HG–MZXT–031 | 热电中心 | 电气操作工 | 技能序列 | 作为电气运行岗位生产行为的监护人及执行人，在班长的带领下全面执行值班长下达的各项日程生产命令，专业技术行为受电气主管的领导，生产命令的执行受当值值班长和本班班长的领导；贯彻执行公司、中心相关管理规定和操作规程及国家和行业的有关技术与管理标准；全面执行本班组电气专业的生产指令；执行本班组“三票三制”规定；协助班长检查本班组生产日志、各种记录台账、表格报表填写情况；经常对现场设备的运行情况和存在问题进行检查、巡视，向班长提出合理的运行方式和处理意见；在班长带领下对本班组出现的不安全情况及时逐级反应，找出原因，吸取教训，采取措施，教育本人和他人；担任本专业大型复杂操作的执行人及小型简单操作的监护人；对本班组出现的各种直接、间接性电气生产事故、故障、异常负有责任；完成上级交办的其他工作 |
| HG–MZXT–032 | 公用工程中心 | 工艺主管 | 技术序列 | 协助上级制订、修订本中心有关运行、安全、技术监督、技术培训等生产技术管理规章制度、工作标准，并监督检查执行情况；协助上级做好本中心科研开发、技改技措、节能减排等工作，具体负责技改技措的立项、方案制订等；负责在上级的指导下，做好本中心的工艺技术管理工作；负责编写本中心的各种技术方案、操作规程等技术资料；负责监督、检查本中心工艺技术纪律的执行情况；负责本中心的节能降耗工作，定期对节能指标进行统计分析，提出改进措施；负责组织本中心的质量管理与检查工作；协助处理本中心产品质量存在的问题，分析存在的或潜在的不合格产生的原因，制订相应的纠正和预防措施；协助上级开展本中心引进装置的国内外技术的消化吸收工作；协助上级在本中心推广应用国内外先进工艺技术和现代化管理方法；协助上级组织并参与本中心的技术攻关，不断提高本中心生产技术水平；协助做好本中心员工的教育培训及培训效果的评估，建立本中心员工的培训台账；配合生产副经理做好本中心生产运行工作；协助有关部门做好生产操作事故调查和分析；配合其他部门工作，完成上级布置的其他相关工作 |

续表七

| 序号 | 组织机构 | 岗位名称 | 职位职级序列 | 主要工作内容 |
| --- | --- | --- | --- | --- |
| HG–MZXT–033 | 公用工程中心 | 值班长 | 技能序列 | 遵守国家地方安全环保职业卫生法律法规，执行集团、煤制油化工公司的各项安全环保职业卫生管理规定；参与中心危险源辨识与风险评价、重大环境因素的辨识与评价和清洁生产的工作；自觉参加公司与中心组织的各种安全教育和培训，参加班组安全活动，掌握本职工作所需要的安全生产知识，提高安全生产技能，增强事故预防和应急处理能力 |
| HG–MZXT–034 | | 循环水班长 | | 负责执行中心的生产计划和公司相关部门的生产指令，按质按量完成上级所下达的各项任务。全面负责本班组的劳动纪律、安全生产、节能降耗、设备维护、质量管理、岗位练兵等各项工作，确保净水场装置的安、稳、长、满、优运行；负责对装置的关键工艺技术指标实行严格监控，对各岗位的工艺指标执行情况、产品质量情况进行认真查看并及时督促相应人员进行调整，确保工艺指标合格率达标；负责组织操作调整，严格执行工艺纪律和操作纪律，认真按规范填写报表、记录、交接班日志，做到报表、记录、交接班日志按时、准确、详细、工整、无涂改；认真组织巡检，发现装置生产中的异常情况，及时汇报或带领班组成员调整和处理。及时检查净水场装置报表、交接班记录和装置运行工况后，按照要求组织交接班；负责督促、检查、落实工艺技术（操作）规程、安全生产责任制等规章制度。熟练掌握预防各类事故的具体方案（措施）和紧急情况下的应急对策；负责正确分析、判断和处理各类事故，在发生事故时要及时、果断地处理，保护好现场，做好详细记录并立即逐级汇报。参加事故的调查、分析，落实防范措施，吸取事故教训，杜绝同类事故的重复发生；负责班组员工劳动纪律的检查与考核。负责班组其他管理 |
| HG–MZXT–035 | | 储运主操 | | 负责储运岗位总控安全生产、节能降耗、设备维护、装置开工、停车操作及事故处理，对储运岗位的安全生产负直接责任；负责执行公司管理体系文件，加强岗位质量控制，尤其是关键工序的质量控制；对装置的工艺技术指标实行严格监控，确保工艺指标合格率达标，产品质量达到规定要求；负责严格执行工艺技术（操作）规程、安全生产责任制等规章制度，集中精力监视装置工况，及时调整工艺参数，避免系统出现较大的波动，确保装置安、稳、长、满、优运行；负责严格执行工艺纪律和操作纪律，精心操作，认真按规范填写报表、记录、交接班日志，做到按时、准确、详细、工整、无涂改；负责将生产过程中发现进入本装置的原料、燃料、化工辅助材料质量问题立即向班长汇报，同时进行必要的紧急处置；负责及时掌握产品的质量分析数据，不得将不合格的产品物料外输出装置区及下 |

续表八

| 序号 | 组织机构 | 岗位名称 | 职位职级序列 | 主要工作内容 |
| --- | --- | --- | --- | --- |
| HG–MZXT–035 | 公用工程中心 | 储运主操 | 技能序列 | 一工序；负责接班前检查储运岗位报表、交接班记录和装置运行工况，交接班时必须交接安全情况，为接班班组创造良好的安全生产条件；负责打扫操作室和现场卫生，精心维护设备，保持生产作业现场整齐、清洁，实现文明生产；负责按时巡查设备、仪表的运行状况，带领副操对总控和现场的关键和重点调节阀位进行检查对照，对储运岗位出现的设备、电气、仪表故障及时汇报班长并配合相关人员进行处理；负责正确分析、判断和处理各种事故苗头，发现异常情况及时处理和报告，把事故消除在萌芽状态；负责妥善维护、正确使用各种防护用品和消防器材，按要求劳保着装；负责在发生事故时及时如实向上级报告情况，按事故预案正确处理，并保护好现场，做好详细记录 |
| HG–MZXT–036 | 公用工程中心 | 污水副操 | 技能序列 | 在班长的指导下，负责污水岗位现场安全生产、节能降耗、设备维护、装置单元开工、停车操作及事故处理，对污水岗位的单元操作负直接责任；负责执行公司管理体系文件，加强质量控制，尤其是关键工序的质量控制；对装置的工艺技术指标实行严格监控，确保工艺指标合格率达标，产品质量达到规定指标；负责严格执行工艺技术（操作）规程、安全生产责任制等规章制度，集中精力监视装置工况，接受班长或主操的指令及时调整工艺参数，避免系统出现较大的波动，确保装置安、稳、长、满、优运行；负责严格执行工艺纪律和操作纪律，精心操作，认真按规范填写报表、记录、交接班日志，做到按时、准确、详细、工整、无涂改；负责接班前检查污水岗位报表、交接班记录和装置设备运行工况，交接班时必须交接安全情况，为接班班组创造的安全生产条件；负责打扫操作室卫生及设备卫生，精心维护设备，保持生产作业现场整齐、清洁，实现文明生产；负责妥善保管维护、正确使用各种防护用品和消防器材，按要求劳保着装；负责按规定要求认真检查现场设备及仪表的运行状况，配合主操对总控和现场的关键和重点调节阀位进行对照，对污水岗位出现的设备、电气、仪表故障及时汇报班长并配合相关人员进行处理；按时认真进行污水岗位现场设备的日常巡检，正确操作，精心维护，及时发现并联系处理装置的跑、冒、滴、漏；负责执行设备润滑管理制度，做好污水岗位设备润滑、防腐、密封工作；负责正确分析、判断和处理各种事故苗头，发现异常情况及时处理和报告，把事故消除在萌芽状态；负责及时如实向主操和班长报告事故情况，按事故预案正确处理，并保护好现场，做好详细记录；自觉参加岗位技术练兵活动，坚持学习业务知识，不断提高自身技术素质和工作技能；配合其他班组工作，完成上级安排的其他相关工作 |

续表九

| 序号 | 组织机构 | 岗位名称 | 职位职级序列 | 主要工作内容 |
|---|---|---|---|---|
| HG–MZXT–037 | 分析检测中心 | 质检安全主管 | 技术序列 | 协助建立完善公司质量检查管理体系，负责中心的质量检查工作；按照质量体系程序文件的要求参与检验和试验、对检验和试验状态进行管理；参与公司生产过程的原材料、半成品、成品质量检验和试验的组织实施、监管、抽查和管理工作；参与公司产品质量监督检查、协议标准的管理和实施工作；参与公司生产过程和产品质量降等降级、质量事故、质量投诉等的调查处理；参与公司生产过程的质量管理、监督检验工作及用户投诉处理工作；安全检查；负责落实公司、中心安全生产管理规定及安全隐患治理排查管理规定，负责中心危害因素辨识及安全事故的调查、处理；负责检查班组安全活动情况、劳动保护用品佩戴情况、消防器材保养情况；负责监督装置检修、停工、开工时班组的安全分析工作；每周组织深入分析检测现场检查一次，发现安全隐患及时排查、处理，制止违章作业，在紧急情况下对不听劝阻者有权停止作业并立即报请领导处理。监督检查直接作业环节安全措施落实情况；负责中心新来员工、外来培训人员的二级安全教育，按公司相关管理规定做好经常性的安全思想、安全知识和安全技术教育；负责编写中心二级应急救援预案；负责定期组织中心二级应急救援演练 |
| HG–MZXT–038 | | 分析化验技术主管 | | 贯彻执行国家、行业、上级及公司有关日常生产、分析技术的法规、制度和标准，并督促分析岗位落实；负责中心分析技术管理，及时组织解决分析化验过程中出现的技术问题；负责组织制订试验方法、分析标准，组织编制分析技改技措计划、方案；负责计划的实施及验收工作；负责组织员工的岗位业务培训、技术练兵活动及其他相关培训活动 |
| HG–MZXT–039 | | 综合主管 | | 协助上级做好本中心综合管理相关工作。组织做好本中心人力资源各项基础工作；组织完成公司人力资源部布置的相关工作；协助上级核算本中心人员的月度奖金分配；审核本中心须提交上报的人事管理相关资料；指导本中心人员进行职称评定资料的收集，初审通过后提交至人力资源部。负责组织安排本中心的日常接待工作；督促检查本中心公文的传阅、催办、归档及资料管理工作；负责归口管理本中心的经济合同、委托、协议等；负责本中心印章管理；负责组织员工竞赛、文体活动、检修等的后勤保障工作 |

续表十

| 序号 | 组织机构 | 岗位名称 | 职位职级序列 | 主要工作内容 |
| --- | --- | --- | --- | --- |
| HG–MZXT–040 | 分析检测中心 | 原料成品分析工程师 | 技术序列 | 协助上级完成新扩建装置原料、成品分析项目分析方法的准备，仪器操作规程及安全规章的制订；协助上级开展原料、成品试验方法、分析标准的制订、修订工作。负责实验室认可体系在中央化验室原料、成品分析岗位的贯彻实施；落实中央化验室原料、成品分析原始记录的检查，质量档案及 LIMS 实验室信息管理系统的维护与管理；协助上级监督中央化验室原料、成品分析计划的落实和实施 |
| HG–MZXT–041 | 分析检测中心 | 中控分析班长 | 技能序列 | 贯彻执行国家、行业、上级及公司有关生产、分析技术的法规、制度和标准；负责班组的日常管理、任务分配与工作的考评；组织班组员工按照有关操作规程完成正常频次的分析任务；组织班组员工及时完成加样及其他临时性样品的分析；负责班组原始记录的检查及外报分析数据的二级审核，对异常数据进行分析和处理，并及时向相关装置操作人员反馈，如发现疑难问题及时向工程师反馈；负责班组仪器的日常管理、维护与保养，保证本班组岗位仪器的正常运行；出现异常及时处理，处理不了的协调有关技术人员进行处理 |
| HG–MZXT–042 | 分析检测中心 | 原料成品分析化验员 | 技能序列 | 贯彻执行国家、行业、上级及公司、中心有关生产、分析技术的法规、制度和标准；负责完成中央化验室原料、成品控制分析项目的分析工作；及时填写原料、成品分析检验的原始记录，并对分析结果及时进行自检，上报分析数据；对异常数据进行分析和处理，并及时向班长反馈；配合班长、专业工程师做好异常分析结果的核查工作，负责本岗位分析仪器的日常维护和保养，学习及履行各类安全管理规章制度；积极参加中心、班组组织的安全演练，负责指导本岗位新到岗员工的实际操作技能培训 |
| HG–MZXT–043 | 供销中心 | 采购主管 | 管理序列 | 参与制定采购管理相关规章制度，经批准后执行，并监督检查实施情况；组织各专业采购工程师按公司管理体系文件规定开展采购工作，协助各专业采购工程师完成采购策划、招标、评标、合同谈判、合同签订等工作；负责对各专业采购工程师的采购工作进行全过程监督、检查，保证采购计划全面落实；协调处理采购过程中出现的各种问题，确保采购产品质量符合生产需要；参加公司合格供应厂商评审及复评，组织建立公司合格供应厂商名录、档案；监督指导采购合同的管理工作，协调解决采购合同纠纷，参与采购合同诉讼事宜 |

续表十一

| 序号 | 组织机构 | 岗位名称 | 职位职级序列 | 主要工作内容 |
| --- | --- | --- | --- | --- |
| HG–MZXT–044 | 供销中心 | 物资仓库主管 | 管理序列 | 协助上级拟定物资仓库管理规章制度，经批准后执行，并监督检查实施情况；制订仓储工作计划，全面做好综合仓库、备品备件库、危险品库、化学品库房的日常管理工作；组织有关部门定期进行仓库盘点工作，做到账物相符并及时预报库存；根据物资特性，指导仓库物资摆放工作；监督检查仓库防火、防盗、防损耗规章制度执行情况；严格按有关法律、法规、行业标准执行危险化学品的仓储工作；组织保管人员做好物资入库外观、质量、数量的检验工作，严格履行产品入库相关规定；协调有关部门，完成物资入库、出库装运工作；组织完成物资的调拨、供应工作；监控仓库物资的发放和使用情况 |
| HG–MZXT–045 | 消防气防中心 | 战训参谋 | 技术序列 | 负责组织、指挥公司及周边范围内的灭火救援、抢险救灾工作；负责专职消防队伍的训练和技战术训练，提升消防员实战水平；负责应急管理体系的建立与完善，公司突发事故（件）应急预案的制订和修改，并定期组织应急预案的演练；负责组织编制公司各个生产装置、罐区及其他关键装置要害（重点）部位的灭火抢险应急预案、人员疏散应急预案等；并积极组织实施演练，建立健全相关应急的演练的记录、台账，并按要求及时修订 |
| HG–MZXT–046 | | 消防气防员 | 技能序列 | 刻苦训练，体能达标，熟练掌握各类装备的操作使用和消防气防业务技能；负责公司抢险救援，参加中心、班组级应急演练、现场掩护、监护、服务等工作；努力学习政治、文化、业务知识，不断提高思想觉悟、文化素质、业务理论 |

# 五、关键岗位绩效考核标准

HG-MZXT-001

生产中心经理

| 岗位名称 | 经理 | 所在部门 | 生产中心 |
|---|---|---|---|
| 职位职级序列 | 技术序列 | | |
| 直接上级 | 公司分管领导 | | |
| 直接下级 | 中心副经理、综合主管 | | |
| 岗位职责 | 主持本中心工作，对本中心各项工作全面负责 | | |
| | 编制、修订本中心公司管理体系文件，中心管理规章制度，规范中心各项工作流程 | | |
| | 负责本中心员工的岗位安排、调整、使用与考核等人事管理 | | |
| | 负责做好本中心党务、宣传、工会、共青团工作，保持员工队伍的稳定 | | |
| | 全面完成公司下达的生产计划及主要经济技术指标 | | |
| | 完成公司领导交办的其他工作 | | |
| 工作记录文档 | 管理制度、工作方案、会议纪要、领导批示、相关检查记录等 | | |

| 指标类别 | 考核指标 | 考核内容 | 考核标准 | 信息来源 | 考核周期 |
|---|---|---|---|---|---|
| 岗位职责指标 | 计划财务（20分） | 产品产量、消耗、成本、计划预算准确率，计划、预算、经营分析，提质增效，七项费用，统计基础数据，报表及分析等 | 按照公司组织绩效考核细则执行；党建和经营业绩责任书 | 组织考核结果 | 年度 |
| | 安全健康环保（15分） | 安全环保事故、安全风险预控管理目标指标、事故调查处理率、排放指标、职业健康体检率，消防、气防设施和器材完好有效率等 | | | |
| | 生产管理（15分） | 生产调度管理、生产运行管理、计量管理、6S管理等 | | | |
| | 设备管理（15分） | 设备管理指标、设备现场管理、设备缺陷及故障、备品备件管理、检维修管理、框架协议及据实结算管理、修理费管控、检查问题及整改、设备事故等 | | | |

续表一

| 指标类别 | 考核指标 | 考核内容 | 考核标准 | 信息来源 | 考核周期 |
|---|---|---|---|---|---|
| 岗位职责指标 | 质量技术（10 分） | 产品质量、技改项目、工艺管理、能耗管理、联锁投用率、仪表自控率、质量事故、发明专利交局等 | 按照公司组织绩效考核细则执行；党建和经营业绩责任书 | 组织考核结果 | 年度 |
| | 物资管理（5 分） | 计划准确率、降库等 | | | |
| | 中心党建责任制完成情况（5 分） | 党的政治建设、理论武装与宣传思想、干部人才队伍建设、基层党建、党风廉政建设、统战群团工作等 | | 党建考核结果 | |
| | 组织人事（5 分） | 员工出勤率、培训管理、选人用人、员工违规违纪情况管理、劳务人员管理、奖金分配等 | | 组织考核结果 | |
| | 综合管理（5 分） | 公文管理、区域环境卫生管理、催督办管理、保密管理、网络安全和信息化管理等 | | | |
| | 内控审计（5 分） | 制度管理、体系管理、提质增效、依法治企、评标专家管理、组织绩效考核、审计配合支持等 | | | |
| 能力素质指标 | 政治素养（15 分） | 政治立场，政治觉悟，政治站位，政治判断力、政治领悟力、政治执行力，政治表现等 | 各指标的评价等级和对应分值：卓越（100 分）、优秀（90 分）、良好（80 分）、一般（70 分）、较差（60 分）；<br>考核主体评分。直接上级占 40%、其他上级领导评分占 20%、平级人员互评占 20%、下级员工代表占 20% | 人力资源系统 | |
| | 责任心（15 分） | 具有责任感，对自己和他人、对集体、对国家和社会所负责任的认识、情感和信念，以及与之相应的遵守规范、承担责任和履行义务的自觉态度 | | | |
| | 专业能力（15 分） | 从事本岗位的应具备的专业理论水平和能力 | | | |

续表二

| 指标类别 | 考核指标 | 考核内容 | 考核标准 | 信息来源 | 考核周期 |
| --- | --- | --- | --- | --- | --- |
| 能力素质指标 | 团结协作（15 分） | 互相支持，互相配合，顾全大局，明确共同目标，尊重他人，虚心诚恳，积极主动协同他人做好各项工作等 | 各指标的评价等级和对应分值：卓越（100 分）、优秀（90 分）、良好（80 分）、一般（70 分）、较差（60 分）；<br>考核主体评分。直接上级占 40%、其他上级领导评分占 20%、平级人员互评占 20%、下级员工代表占 20% | 人力资源系统 | 年度 |
| | 积极主动性（10 分） | 进取向上、努力工作的思想和表现，个人意愿与集体长远目标任务相统一的动机 | | | |
| | 沟通与组织协调（10 分） | 具有较强的逻辑思维能力和组织协调能力，具备团队领导力，善于表达观点和总结提炼团队管理经验和方法，有担当精神，在团队中能发挥引领作用 | | | |
| | 工作效率（10 分） | 工作中能够迅速理解上级意图，形成目标并制订出具体可操作的行动方案，通过有效组织各类资源和对任务优先顺序的安排，保证计划的高效、顺利实施，并具有高质量完成工作目标的能力 | | | |
| | 学习（10 分） | 培训（考试）参与率 = 实际参加培训课时（考试次数）/ 应参加培训课时（考试次数） | 满分 10 分。评分区间为 1—10 分，整数分值。<br>100% 得满分，99%—90% 得 9 分，以此类推 | 培训台账 | |
| | 素质提升（加分项） | 基本素质得分增长率 =（年末基本素质得分 – 年初基本素质得分）/ 年初基本素质得分 | 满分 5 分。评分区间为 1—5 分，整数分值。<br>50% 得满分，49%—40% 得 4 分，以此类推 | 人力资源系统 | |
| 非权重指标（含否决性指标） | 安全环保（100 分） | 着火、爆炸、中毒、泄漏等，烟尘排放量等控制在目标值内；<br>1.$SO_2$ 排放量≤1000 吨；<br>2. NOx 排放量≤1000 吨； | 国家、地方法律法规和公司各项规章制度；根据公司处理决定执行，按处理等级直接对应考核结果 | 公司处理决定 | |

续表三

<table>
<tr><th>指标类别</th><th>考核指标</th><th>考核内容</th><th>考核标准</th><th>信息来源</th><th>考核周期</th></tr>
<tr><td rowspan="3">非权重指标（含否决性指标）</td><td>安全环保（100分）</td><td>3. 烟尘排放量≤250吨；<br>4.VOCs排放量≤72吨</td><td rowspan="2">国家、地方法律法规和公司各项规章制度；根据公司处理决定执行，按处理等级直接对应考核结果</td><td rowspan="2">公司处理决定</td><td rowspan="3">年度</td></tr>
<tr><td>遵章守纪（100分）</td><td>遵守国家、地方法律法规和公司各项规章制度</td></tr>
<tr><td>奖励指标（成果荣誉和专利）</td><td>对员工年度内获得成果荣誉和专利情况进行量化加分</td><td>1. 发明专利独立完成计1.2分，1—3名计1.1分、4—10名计1分、11名以后计0.9分；实用新型独立完成计1.1分，1—3名计1分、4—10名计0.9分、11名以后计0.8分；外观设计独立完成1分，1—3名计0.9分、4—10名计0.8分、11名以后计0.7分。国际专利在以上基础上加0.3分；<br>2. 国家级：一等计3分、二等计2.8分。省部级：一等计2.6分、二等计2.4分、三等计2.2分。社会力量级Ⅰ：一等计2.4分、二等计2.2分、三等计2分。社会力量级Ⅱ：一等计2.2分、二等计2分、三等计1.8分。地（市）级、子分公司级：一等计0.8分、二等计0.6分、三等计0.4分。子分公司级技能竞赛：第一名计0.8分、第二名计0.6分、第三名计0.4分。中心级技能竞赛：第一名计0.5分、第二名计0.3分、第三名计0.2分。技能操作培训类：月度学习能手计0.2分，班组竞赛第一名计0.2分，第二名计0.1分</td><td>定量考核</td></tr>
<tr><td>备注</td><td colspan="5"></td></tr>
</table>

HG-MZXT-002

## 生产中心副经理（生产）

<table>
<tr><th>岗位名称</th><td colspan="2">副经理（生产）</td><th>所在部门</th><td>生产中心</td></tr>
<tr><td>职位职级序列</td><td colspan="4">技术序列</td></tr>
<tr><td>直接上级</td><td colspan="4">中心经理</td></tr>
<tr><td>直接下级</td><td colspan="4">中心工艺主管、各装置工艺主管</td></tr>
<tr><td rowspan="7">岗位职责</td><td colspan="4">协助中心经理工作，分管本中心的生产工作</td></tr>
<tr><td colspan="4">组织、协调本中心生产管理各项工作，对本中心生产的连续性、可靠性负责</td></tr>
<tr><td colspan="4">负责本中心日常生产的组织、协调和指挥，召开本中心日调度会</td></tr>
<tr><td colspan="4">负责完成公司下达的生产计划及主要经济指标</td></tr>
<tr><td colspan="4">负责安排本中心重要设备开停车、负荷调整和临时性停车等生产事项</td></tr>
<tr><td colspan="4">负责与生产运营部沟通与协调，向生产运营部报告本中心生产运行情况；接受和传达生产运营部下达的生产指令</td></tr>
<tr><td colspan="4">完成公司分管领导、中心经理交办的其他工作</td></tr>
<tr><td>工作记录文档</td><td colspan="4">管理制度、工作方案、会议纪要、领导批示、相关检查记录等</td></tr>
</table>

<table>
<tr><th>指标类别</th><th>考核指标</th><th>考核内容</th><th>考核标准</th><th>信息来源</th><th>考核周期</th></tr>
<tr><td rowspan="5">岗位职责指标</td><td>计划财务（30分）</td><td>产品产量、消耗、成本、计划预算准确率，计划、预算、经营分析，提质增效，统计基础数据，报表及分析等</td><td rowspan="5">按照公司组织绩效考核细则执行；党建和经营业绩责任书</td><td rowspan="4">组织考核结果</td><td rowspan="5">年度</td></tr>
<tr><td>生产运行管理（30分）</td><td>生产运行管理、装置运行平稳率、非停等</td></tr>
<tr><td>生产调度管理（15分）</td><td>生产调度管理、计量管理、6S管理等</td></tr>
<tr><td>安全健康环保（5分）</td><td>做好职责范围内的，安全环保管理工作等</td></tr>
<tr><td>中心党建责任制完成情况（5分）</td><td>根据职责范围，完成所在支部（小组）党的政治建设、理论武装与宣传思想、干部人才队伍建设、基层党建、党风廉政建设、统战群团工作等</td><td>党建考核结果</td></tr>
</table>

续表一

| 指标类别 | 考核指标 | 考核内容 | 考核标准 | 信息来源 | 考核周期 |
| --- | --- | --- | --- | --- | --- |
| 岗位职责指标 | 组织人事（5 分） | 做好职责范围内培训管理、选人用人、员工违规违纪情况管理、劳务人员管理、奖金分配等 | 按照公司组织绩效考核细则执行；党建和经营业绩责任书 | 组织考核结果 | 年度 |
| | 综合管理（5 分） | 做好职责范围内公文管理、区域环境卫生管理、催督办管理、保密管理、网络安全和信息化管理等 | | | |
| | 内控审计（5 分） | 做好职责范围内制度管理、体系管理、提质增效、依法治企、评标专家管理、组织绩效考核、审计配合支持等 | | | |
| 能力素质指标 | 政治素养（15 分） | 政治立场，政治觉悟，政治站位，政治判断力、政治领悟力、政治执行力，政治表现等 | 各指标的评价等级和对应分值：卓越（100 分）、优秀（90 分）、良好（80 分）、一般（70 分）、较差（60 分）；<br>考核主体评分。直接上级占 40%、其他上级领导评分占 20%、平级人员互评占 20%、下级员工代表占 20% | 人力资源系统 | |
| | 责任心（15 分） | 具有责任感，对自己和他人、对集体、对国家和社会所负责任的认识、情感和信念，以及与之相应的遵守规范、承担责任和履行义务的自觉态度 | | | |
| | 专业能力（15 分） | 从事本岗位的应具备的专业理论水平和能力 | | | |
| | 团结协作（15 分） | 互相支持，互相配合，顾全大局，明确共同目标，尊重他人，虚心诚恳，积极主动协同他人做好各项工作等 | | | |
| | 积极主动性（10 分） | 进取向上、努力工作的思想和表现，个人意愿与集体长远目标任务相统一的动机 | | | |

续表二

| 指标类别 | 考核指标 | 考核内容 | 考核标准 | 信息来源 | 考核周期 |
| --- | --- | --- | --- | --- | --- |
| 能力素质指标 | 沟通与组织协调（10分） | 具有较强的逻辑思维能力和组织协调能力，具备团队领导力，善于表达观点和总结提炼团队管理经验和方法，有担当精神，在团队中能发挥引领作用 | 各指标的评价等级和对应分值：卓越（100分）、优秀（90分）、良好（80分）、一般（70分）、较差（60分）；<br>考核主体评分。直接上级占40%、其他上级领导评分占20%、平级人员互评占20%、下级员工代表占20% | 人力资源系统 | 年度 |
| | 工作效率（10分） | 工作中能够迅速理解上级意图，形成目标并制订出具体可操作的行动方案，通过有效组织各类资源和对任务优先顺序的安排，保证计划的高效、顺利实施，并具有高质量完成工作目标的能力 | | | |
| | 学习（10分） | 培训（考试）参与率=实际参加培训课时（考试次数）/应参加培训课时（考试次数） | 满分10分。评分区间为1—10分，整数分值。<br>100%得满分，99%—90%得9分，以此类推 | 培训台账 | |
| | 素质提升（加分项） | 基本素质得分增长率=（年末基本素质得分－年初基本素质得分）/年初基本素质得分 | 满分5分。评分区间为1—5分，整数分值。50%得满分，49%—40%得4分，以此类推 | 人力资源系统 | |
| 非权重指标（含否决性指标） | 安全环保（100分） | 着火、爆炸、中毒、泄漏等，烟尘排放量等控制在目标值内；<br>1.$SO_2$排放量≤1000吨；<br>2. NOx排放量≤1000吨；<br>3. 烟尘排放量≤250吨；<br>4.VOCs排放量≤72吨 | 国家、地方法律法规和公司各项规章制度；根据公司处理决定执行，按处理等级直接对应考核结果 | 公司处理决定 | |
| | 遵章守纪（100分） | 遵守国家、地方法律法规和公司各项规章制度 | | | |

续表三

| 指标类别 | 考核指标 | 考核内容 | 考核标准 | 信息来源 | 考核周期 |
| --- | --- | --- | --- | --- | --- |
| 非权重指标（含否决性指标） | 奖励指标（成果荣誉和专利） | 对员工年度内获得成果荣誉和专利情况进行量化加分 | 1.发明专利独立完成计1.2分，1—3名计1.1分、4—10名计1分、11名以后计0.9分；实用新型独立完成计1.1分，1—3名计1分、4—10名计0.9分、11名以后计0.8分；外观设计独立完成计1分，1—3名计0.9分、4—10名计0.8分、11名以后计0.7分。国际专利在以上基础上加0.3分；<br>2. 国家级：一等计3分、二等计2.8分。省部级：一等计2.6分、二等计2.4分、三等计2.2分。社会力量级Ⅰ：一等计2.4分、二等计2.2分、三等计2分。社会力量级Ⅱ：一等计2.2分、二等计2分、三等计1.8分。地（市）级、子分公司级：一等计0.8分、二等计0.6分、三等计0.4分。子分公司级技能竞赛：第一名计0.8分、第二名计0.6分、第三名计0.4分。中心级技能竞赛：第一名计0.5分、第二名计0.3分、第三名计0.2分。技能操作培训类：月度学习能手计0.2分，班组竞赛第一名计0.2分，第二名计0.1分。<br>定量考核 | 组织人事部 | 年度 |
| 备注 | | | | | |

HG-MZXT-003

## 生产中心副经理（技术）

| 岗位名称 | 副经理（技术） | 所在部门 | 生产中心 |
|---|---|---|---|
| 职位职级序列 | 技术序列 | | |
| 直接上级 | 中心经理 | | |
| 直接下级 | 中心工艺技术主管、各装置工艺主管 | | |
| 岗位职责 | 分管本中心技术管理工作 | | |
| | 负责组织制订、修订本中心有关运行、技术监督、技术培训等生产技术管理制度、工作标准 | | |
| | 负责组织编写本中心的各种技术方案、操作规程等技术资料 | | |
| | 负责本中心质量管理和节能降耗工作 | | |
| | 负责本中心重大技措、安措、建设项目与生产装置的技术衔接工作 | | |
| | 负责组织本中心员工技术攻关，采用新技术、新材料，提高本中心生产技术水平 | | |
| | 根据公司安排，组织本中心员工参加各类教育培训及本中心员工培训效果的评估 | | |
| | 完成公司分管领导、中心经理交办的其他工作 | | |
| 工作记录文档 | 管理制度、工作方案、会议纪要、领导批示、相关检查记录等 | | |

| 指标类别 | 考核指标 | 考核内容 | 考核标准 | 信息来源 | 考核周期 |
|---|---|---|---|---|---|
| 岗位职责指标 | 计划财务（10分） | 产品产量、消耗、成本、计划预算准确率，计划、预算、经营分析，提质增效，统计基础数据、报表及分析等 | 按照公司组织绩效考核细则执行；党建和经营业绩责任书 | 组织考核结果 | 年度 |
| | 安全健康环保（5分） | 做好职责范围内的安全环保管理工作等 | | | |
| | 质量技术（15分） | 产品质量、质量事故 | | | |
| | 质量技术（15分） | 技改项目 | | | |
| | 质量技术（15分） | 工艺管理、能耗管理 | | | |
| | 质量技术（10分） | 联锁投用率、仪表自控率 | | | |
| | 质量技术（10分） | 发明专利交局 | | | |
| | 党建责任制完成情况（5分） | 根据职责范围，完成所在支部（小组）党的政治建设、理论武装与宣传思想、干部人才队伍 | | 党建考核结果 | |

续表一

| 指标类别 | 考核指标 | 考核内容 | 考核标准 | 信息来源 | 考核周期 |
| --- | --- | --- | --- | --- | --- |
| 岗位职责指标 | 党建责任制完成情况（5分） | 建设、基层党建、党风廉政建设、统战群团工作等 | 按照公司组织绩效考核细则执行；党建和经营业绩责任书 | 党建考核结果 | 年度 |
| | 组织人事（5分） | 做好职责范围内培训管理、选人用人、员工违规违纪情况管理、劳务人员管理、奖金分配等 | | 组织考核结果 | |
| | 综合管理（5分） | 做好职责范围内公文管理、区域环境卫生管理、催督办管理、保密管理、网络安全和信息化管理等 | | | |
| | 内控审计（5分） | 做好职责范围内制度管理、体系管理、提质增效、依法治企、评标专家管理、组织绩效考核、审计配合支持等 | | | |
| 能力素质指标 | 政治素养（15分） | 政治立场，政治觉悟，政治站位，政治判断力、政治领悟力、政治执行力，政治表现等 | 各指标的评价等级和对应分值：卓越（100分）、优秀（90分）、良好（80分）、一般（70分）、较差（60分）；<br>考核主体评分。直接上级占40%、其他上级领导评分占20%、平级人员互评占20%、下级员工代表占20% | 人力资源系统 | |
| | 责任心（15分） | 具有责任感，对自己和他人、对集体、对国家和社会所负责任的认识、情感和信念，以及与之相应的遵守规范、承担责任和履行义务的自觉态度 | | | |
| | 专业能力（15分） | 从事本岗位的应具备的专业理论水平和能力 | | | |
| | 团结协作（15分） | 互相支持、互相配合，顾全大局，明确共同目标，尊重他人，虚心诚恳，积极主动协同他人做好各项工作等 | | | |

续表二

| 指标类别 | 考核指标 | 考核内容 | 考核标准 | 信息来源 | 考核周期 |
|---|---|---|---|---|---|
| 能力素质指标 | 积极主动性（10分） | 进取向上、努力工作的思想和表现，个人意愿与集体长远目标任务相统一的动机 | 各指标的评价等级和对应分值：卓越（100分）、优秀（90分）、良好（80分）、一般（70分）、较差（60分）；<br>考核主体评分。直接上级占40%、其他上级领导评分占20%、平级人员互评占20%、下级员工代表占20% | 人力资源系统 | 年度 |
| | 沟通与组织协调（10分） | 具有较强的逻辑思维能力和组织协调能力，具备团队领导力，善于表达观点和总结提炼团队管理经验和方法，有担当精神，在团队中能发挥引领作用 | | | |
| | 工作效率（10分） | 工作中能够迅速理解上级意图，形成目标并制订出具体可操作的行动方案，通过有效组织各类资源和对任务优先顺序的安排，保证计划的高效、顺利实施，并具有高质量完成工作目标的能力 | | | |
| | 学习（10分） | 培训（考试）参与率=实际参加培训课时（考试次数）/应参加培训课时（考试次数） | 满分10分。评分区间为1—10分，整数分值。<br>100%得满分，99%—90%得9分，以此类推 | 培训台账 | |
| | 素质提升（加分项） | 基本素质得分增长率=（年末基本素质得分－年初基本素质得分）/年初基本素质得分 | 满分5分。评分区间为1—5分，整数分值。<br>50%得满分，49%—40%得4分，以此类推 | 人力资源系统 | |
| 非权重指标（含否决性指标） | 安全环保（100分） | 着火、爆炸、中毒、泄漏等，烟尘排放量等控制在目标值内；<br>1.$SO_2$排放量≤1000吨；<br>2. NOx排放量≤1000吨；<br>3. 烟尘排放量≤250吨；<br>4.VOCs排放量≤72吨 | 国家、地方法律法规和公司各项规章制度；根据公司处理决定执行，按处理等级直接对应考核结果 | 公司处理决定 | |
| | 遵章守纪（100分） | 遵守国家、地方法律法规和公司各项规章制度 | | | |

续表三

| 指标类别 | 考核指标 | 考核内容 | 考核标准 | 信息来源 | 考核周期 |
|---|---|---|---|---|---|
| 非权重指标（含否决性指标） | 奖励指标（成果荣誉和专利） | 对员工年度内获得成果荣誉和专利情况进行量化加分 | 1.发明专利独立完成1.2分,1—3名计1.1分、4—10名计1分、11名以后计0.9分；实用新型独立完成1.1分，1—3名计1分、4—10名计0.9分、11名以后计0.8分；外观设计独立完成1分，1—3名计0.9分、4—10名计0.8分、11名以后计0.7分。国际专利在以上基础上加0.3分；<br>2. 国家级：一等计3分、二等计2.8分。省部级：一等计2.6分、二等计2.4分、三等计2.2分。社会力量级Ⅰ：一等计2.4分、二等计2.2分、三等计2分。社会力量级Ⅱ：一等计2.2分、二等计2分、三等计1.8分。地（市）级、子分公司级：一等计0.8分、二等计0.6分、三等计0.4分。子分公司级技能竞赛：第一名计0.8分、第二名计0.6分、第三名计0.4分。中心级技能竞赛：第一名计0.5分、第二名计0.3分、第三名计0.2分。技能操作培训类：月度学习能手计0.2分，班组竞赛第一名计0.2分，第二名计0.1分。<br>定量考核 | 组织人事部 | 年度 |
| 备注 | | | | | |

HG-MZXT-004

## 生产中心副经理（设备）

<table>
<tr><th>岗位名称</th><td colspan="2">副经理（设备）</td><th colspan="2">所在部门</th><td>生产中心</td></tr>
<tr><td>职位职级序列</td><td colspan="5">技术序列</td></tr>
<tr><td>直接上级</td><td colspan="5">中心经理</td></tr>
<tr><td>直接下级</td><td colspan="5">中心设备主管、各装置设备主管</td></tr>
<tr><td rowspan="7">岗位职责</td><td colspan="5">协助中心经理工作，分管本中心设备管理工作，组织协调本中心设备运行维护、设备检修、技改技措施工管理各项工作</td></tr>
<tr><td colspan="5">负责本中心设备管理、使用、检维修工作</td></tr>
<tr><td colspan="5">负责本中心设备检维修费用使用，严格控制不合理开支</td></tr>
<tr><td colspan="5">负责组织编制和实施本中心检维修计划</td></tr>
<tr><td colspan="5">参加公司设备例会，汇报本中心设备工作情况，组织落实公司布置的各项工作任务</td></tr>
<tr><td colspan="5">指导下属履行职责，组织对设备技术人员的定期考核及技术培训</td></tr>
<tr><td colspan="5">完成公司分管领导、中心经理交办的其他工作</td></tr>
<tr><td>工作记录文档</td><td colspan="5">管理制度、工作方案、会议纪要、领导批示、相关检查记录等</td></tr>
</table>

<table>
<tr><th>指标类别</th><th>考核指标</th><th>考核内容</th><th>考核标准</th><th>信息来源</th><th>考核周期</th></tr>
<tr><td rowspan="7">岗位职责指标</td><td>设备管理（20分）</td><td>设备管理、设备现场管理、设备缺陷及故障管理</td><td rowspan="7">按照公司组织绩效考核细则执行；党建和经营业绩责任书</td><td rowspan="6">组织考核结果</td><td rowspan="7">年度</td></tr>
<tr><td>设备管理（20分）</td><td>备品备件管理、检维修管理</td></tr>
<tr><td>设备管理（15分）</td><td>框架协议及据实结算管理、修理费管控</td></tr>
<tr><td>设备管理（15分）</td><td>检查问题及整改、设备事故等</td></tr>
<tr><td>安全健康环保（5分）</td><td>做好职责范围内的安全环保管理工作等</td></tr>
<tr><td>物资管理（5分）</td><td>计划准确率、降库等</td></tr>
<tr><td>中心党建责任制完成情况（5分）</td><td>根据职责范围，完成所在支部（小组）党的政治建设、理论武装与宣传思想、干部人才队伍建设、基层党建、党风廉政建设、统战群团工作等</td><td>党建考核结果</td></tr>
</table>

续表一

| 指标类别 | 考核指标 | 考核内容 | 考核标准 | 信息来源 | 考核周期 |
| --- | --- | --- | --- | --- | --- |
| 岗位职责指标 | 组织人事（5分） | 做好职责范围内培训管理、选人用人、员工违规违纪情况管理、劳务人员管理、奖金分配等 | 按照公司组织绩效考核细则执行；党建和经营业绩责任书 | 组织考核结果 | 年度 |
| | 综合管理（5分） | 做好职责范围内公文管理、区域环境卫生管理、催督办管理、保密管理、网络安全和信息化管理等 | | | |
| | 内控审计（5分） | 做好职责范围内制度管理、体系管理、提质增效、依法治企、评标专家管理、组织绩效考核、审计配合支持等 | | | |
| 能力素质指标 | 政治素养（15分） | 政治立场，政治觉悟，政治站位，政治判断力、政治领悟力、政治执行力，政治表现等 | 各指标的评价等级和对应分值：卓越（100分）、优秀（90分）、良好（80分）、一般（70分）、较差（60分）；<br>考核主体评分。直接上级占40%、其他上级领导评分占20%、平级人员互评占20%、下级员工代表占20% | 人力资源系统 | |
| | 责任心（15分） | 具有责任感，对自己和他人、对集体、对国家和社会所负责任的认识、情感和信念，以及与之相应的遵守规范、承担责任和履行义务的自觉态度 | | | |
| | 专业能力（15分） | 从事本岗位的应具备的专业理论水平和能力 | | | |
| | 团结协作（15分） | 互相支持、互相配合，顾全大局，明确共同目标，尊重他人，虚心诚恳，积极主动协同他人做好各项工作等 | | | |
| | 积极主动性（10分） | 进取向上、努力工作的思想和表现，个人意愿与集体长远目标任务相统一的动机 | | | |

续表二

| 指标类别 | 考核指标 | 考核内容 | 考核标准 | 信息来源 | 考核周期 |
|---|---|---|---|---|---|
| 能力素质指标 | 沟通与组织协调（10 分） | 具有较强的逻辑思维能力和组织协调能力，具备团队领导力，善于表达观点和总结提炼团队管理经验和方法，有担当精神，在团队中能发挥引领作用 | 各指标的评价等级和对应分值：卓越（100 分）、优秀（90 分）、良好（80 分）、一般（70 分）、较差（60 分）；<br>考核主体评分。直接上级占 40%、其他上级领导评分占 20%、平级人员互评占 20%、下级员工代表占 20% | 人力资源系统 | 年度 |
| 能力素质指标 | 工作效率（10 分） | 工作中能够迅速理解上级意图，形成目标并制订出具体可操作的行动方案，通过有效组织各类资源和对任务优先顺序的安排，保证计划的高效、顺利实施，并具有高质量完成工作目标的能力 | 各指标的评价等级和对应分值：卓越（100 分）、优秀（90 分）、良好（80 分）、一般（70 分）、较差（60 分）；<br>考核主体评分。直接上级占 40%、其他上级领导评分占 20%、平级人员互评占 20%、下级员工代表占 20% | 人力资源系统 | 年度 |
| 能力素质指标 | 学习（10 分） | 培训（考试）参与率 = 实际参加培训课时（考试次数）/ 应参加培训课时（考试次数） | 满分 10 分。评分区间为 1—10 分，整数分值。<br>100% 得满分，99%—90% 得 9 分，以此类推 | 培训台账 | 年度 |
| 能力素质指标 | 素质提升（加分项） | 基本素质得分增长率 =（年末基本素质得分 – 年初基本素质得分）/ 年初基本素质得分 | 满分 5 分。评分区间为 1—5 分，整数分值。50% 得满分，49%—40% 得 4 分，以此类推 | 人力资源系统 | 年度 |
| 非权重指标（含否决性指标） | 安全环保（100 分） | 着火、爆炸、中毒、泄漏等，烟尘排放量等控制在目标值内；<br>1.$SO_2$ 排放量≤1000 吨；<br>2. NOx 排放量≤1000 吨；<br>3. 烟尘排放量≤250 吨；<br>4.VOCs 排放量≤72 吨 | 国家、地方法律法规和公司各项规章制度；根据公司处理决定执行，按处理等级直接对应考核结果 | 公司处理决定 | 年度 |
| 非权重指标（含否决性指标） | 遵章守纪（100 分） | 遵守国家、地方法律法规和公司各项规章制度 | 国家、地方法律法规和公司各项规章制度；根据公司处理决定执行，按处理等级直接对应考核结果 | 公司处理决定 | 年度 |

续表三

| 指标类别 | 考核指标 | 考核内容 | 考核标准 | 信息来源 | 考核周期 |
|---|---|---|---|---|---|
| 非权重指标（含否决性指标） | 奖励指标（成果荣誉和专利） | 对员工年度内获得成果荣誉和专利情况进行量化加分 | 1.发明专利独立完成计1.2分,1—3名计1.1分、4—10名计1分、11名以后计0.9分；实用新型独立完成计1.1分，1—3名计1分、4—10名计0.9分、11名以后计0.8分；外观设计独立完成计1分,1—3名计0.9分、4—10名计0.8分、11名以后计0.7分。国际专利在以上基础上加0.3分；<br>2. 国家级：一等计3分、二等计2.8分。省部级：一等计2.6分、二等计2.4分、三等计2.2分。社会力量级Ⅰ：一等计2.4分、二等计2.2分、三等计2分。社会力量级Ⅱ：一等计2.2分、二等计2分、三等计1.8分。地（市）级、子分公司级：一等计0.8分、二等计0.6分、三等计0.4分。子分公司级技能竞赛：第一名计0.8分、第二名计0.6分、第三名计0.4分。中心级技能竞赛：第一名计0.5分、第二名计0.3分、第三名计0.2分。技能操作培训类：月度学习能手计0.2分，班组竞赛第一名计0.2分，第二名计0.1分。<br>定量考核 | 组织人事部 | 年度 |
| 备注 | | | | | |

HG-MZXT-005

## 生产中心副经理（安全）

<table>
<tr><th>岗位名称</th><th colspan="3">副经理（安全）</th><th>所在部门</th><th>生产中心</th></tr>
<tr><td>职位职级序列</td><td colspan="5">技术序列</td></tr>
<tr><td>直接上级</td><td colspan="5">中心经理</td></tr>
<tr><td>直接下级</td><td colspan="5">中心安全主管</td></tr>
<tr><td rowspan="8">岗位职责</td><td colspan="5">协助中心经理对本中心的安全生产、环境保护、职业病防治工作负监督责任</td></tr>
<tr><td colspan="5">宣传与贯彻执行国家及地方有关安全、环保、职业病防治方针、政策、法律法规和标准、规范；贯彻落实公司的管理制度、规定及文件要求</td></tr>
<tr><td colspan="5">督促本中心新、改、扩建项目的安全、环保、职业病防治“三同时”监督管理和实施</td></tr>
<tr><td colspan="5">监督本中心落实危险化学品和重大危险源的安全管理措施</td></tr>
<tr><td colspan="5">负责组织本中心危险源辨识和风险评价、环境因素识别和评价、工作场所职业病危害因素检测评价工作</td></tr>
<tr><td colspan="5">负责组织检查本中心安全、环保、职业病防治状况，及时组织排查安全、环保、职业病防治事故隐患，提出改进意见和建议</td></tr>
<tr><td colspan="5">协助中心经理做好其他有关安全、环保、职业病防治工作</td></tr>
<tr><td colspan="5">完成公司领导交办的其他工作</td></tr>
<tr><td>工作记录文档</td><td colspan="5">管理制度、工作方案、会议纪要、领导批示、相关检查记录等</td></tr>
<tr><th>指标类别</th><th>考核指标</th><th>考核内容</th><th>考核标准</th><th>信息来源</th><th>考核周期</th></tr>
<tr><td rowspan="6">岗位职责指标</td><td>安全健康环保（15分）</td><td>安全环保事故，着火、爆炸、中毒窒息、危险化学品泄漏、重大环境污染事故</td><td rowspan="6">按照公司组织绩效考核细则执行；党建和经营业绩责任书</td><td rowspan="6">组织考核结果</td><td rowspan="6">年度</td></tr>
<tr><td>安全健康环保（15分）</td><td>安全风险预控管理目标指标</td></tr>
<tr><td>安全健康环保（15分）</td><td>事故调查处理率</td></tr>
<tr><td>安全健康环保（15分）</td><td>保证排放指标控制在目标值之内</td></tr>
<tr><td>安全健康环保（10分）</td><td>职业健康体检率、职工职业病发生次数</td></tr>
<tr><td>安全健康环保（10分）</td><td>消防、气防设施和器材完好有效率</td></tr>
</table>

续表一

| 指标类别 | 考核指标 | 考核内容 | 考核标准 | 信息来源 | 考核周期 |
| --- | --- | --- | --- | --- | --- |
| 岗位职责指标 | 党建责任制完成情况（5分） | 根据职责范围，完成所在支部（小组）党的政治建设、理论武装与宣传思想、干部人才队伍建设、基层党建、党风廉政建设、统战群团工作等 | 按照公司组织绩效考核细则执行；党建和经营业绩责任书 | 党建考核结果 | 年度 |
| | 组织人事（5分） | 全员安全能力、安全意识提升，人员安全培训，特殊工种取证工作，注册安全工程师教育管理 | | 组织考核结果 | |
| | 综合管理（5分） | 公文管理、区域环境卫生管理、催督办管理、保密管理、网络安全和信息化管理等 | | | |
| | 内控审计（5分） | 制度管理、体系管理、提质增效、依法治企、评标专家管理、组织绩效考核、审计配合支持等 | | | |
| 能力素质指标 | 政治素养（15分） | 政治立场，政治觉悟，政治站位，政治判断力、政治领悟力、政治执行力，政治表现等 | 各指标的评价等级和对应分值：卓越（100分）、优秀（90分）、良好（80分）、一般（70分）、较差（60分）；<br>考核主体评分。直接上级占40%、其他上级领导评分占20%、平级人员互评占20%、下级员工代表占20% | 人力资源系统 | |
| | 责任心（15分） | 具有责任感，对自己和他人、对集体、对国家和社会所负责任的认识、情感和信念，以及与之相应的遵守规范、承担责任和履行义务的自觉态度 | | | |
| | 专业能力（15分） | 从事本岗位的应具备的专业理论水平和能力 | | | |
| | 团结协作（15分） | 互相支持、互相配合，顾全大局，明确共同目标，尊重他人，虚心诚恳，积极主动协同他人做好各项工作等 | | | |

续表二

| 指标类别 | 考核指标 | 考核内容 | 考核标准 | 信息来源 | 考核周期 |
|---|---|---|---|---|---|
| 能力素质指标 | 积极主动性（10分） | 进取向上、努力工作的思想和表现，个人意愿与集体长远目标任务相统一的动机 | 各指标的评价等级和对应分值：卓越（100分）、优秀（90分）、良好（80分）、一般（70分）、较差（60分）；<br>考核主体评分。直接上级占40%、其他上级领导评分占20%、平级人员互评占20%、下级员工代表占20% | 人力资源系统 | 年度 |
| | 沟通与组织协调（10分） | 具有较强的逻辑思维能力和组织协调能力，具备团队领导力，善于表达观点和总结提炼团队管理经验和方法，有担当精神，在团队中能发挥引领作用 | | | |
| | 工作效率（10分） | 工作中能够迅速理解上级意图，形成目标并制订出具体可操作的行动方案，通过有效组织各类资源，和对任务优先顺序的安排，保证计划的高效、顺利实施，并具有高质量完成工作目标的能力 | | | |
| | 学习（10分） | 培训（考试）参与率=实际参加培训课时（考试次数）/应参加培训课时（考试次数） | 满分10分。评分区间为1—10分，整数分值。<br>100%得满分，99%—90%得9分，以此类推 | 培训台账 | |
| | 素质提升（加分项） | 基本素质得分增长率=（年末基本素质得分－年初基本素质得分）/年初基本素质得分 | 满分5分。评分区间为1—5分，整数分值。50%得满分，49%—40%得4分，以此类推 | 人力资源系统 | |
| 非权重指标（含否决性指标） | 安全环保（100分） | 着火、爆炸、中毒、泄漏等，烟尘排放量等控制在目标值内；<br>1.$SO_2$排放量≤1000吨；<br>2. NOx排放量≤1000吨；<br>3. 烟尘排放量≤250吨；<br>4.VOCs排放量≤72吨 | 国家、地方法律法规和公司各项规章制度；根据公司处理决定执行，按处理等级直接对应考核结果 | 公司处理决定 | |
| | 遵章守纪（100分） | 遵守国家、地方法律法规和公司各项规章制度 | | | |

续表三

| 指标类别 | 考核指标 | 考核内容 | 考核标准 | 信息来源 | 考核周期 |
| --- | --- | --- | --- | --- | --- |
| 非权重指标（含否决性指标） | 奖励指标（成果荣誉和专利） | 对员工年度内获得成果荣誉和专利情况进行量化加分 | 1. 发明专利独立完成计 1.2 分，1—3 名计 1.1 分、4—10 名计 1 分、11 名以后计 0.9 分；实用新型独立完成计 1.1 分，1—3 名计 1 分、4—10 名计 0.9 分、11 名以后计 0.8 分；外观设计独立完成计 1 分，1—3 名计 0.9 分、4—10 名计 0.8 分、11 名以后计 0.7 分。国际专利在以上基础上加 0.3 分；<br>2. 国家级：一等计 3 分、二等计 2.8 分。省部级：一等计 2.6 分、二等计 2.4 分、三等计 2.2 分。社会力量级Ⅰ：一等计 2.4 分、二等计 2.2 分、三等计 2 分。社会力量级Ⅱ：一等计 2.2 分、二等计 2 分、三等计 1.8 分。地（市）级、子分公司级：一等计 0.8 分、二等计 0.6 分、三等计 0.4 分。子分公司级技能竞赛：第一名计 0.8 分、第二名计 0.6 分、第三名计 0.4 分。中心级技能竞赛：第一名计 0.5 分、第二名计 0.3 分、第三名计 0.2 分。技能操作培训类：月度学习能手计 0.2 分，班组竞赛第一名计 0.2 分，第二名计 0.1 分。<br>定量考核 | 组织人事部 | 年度 |
| 备注 | | | | | |

HG-MZXT-006

## 生产运营主管

| 岗位名称 | 生产运营主管 | 所在部门 | 生产运营部 |
| --- | --- | --- | --- |
| 职位职级序列 | 技术序列 | | |
| 直接上级 | 副经理 | | |
| 直接下级 | 生产运营管理工程师 | | |
| 岗位职责 | 制订生产运营管理相关制度、流程及管控权限，完善公司生产运营管理体系 | | |
| | 组织各部门（中心）落实、执行公司生产计划，跟踪检查计划完成情况；联系和处理生产运行中出现的问题，保证生产均衡有序进行，按计划完成各项任务 | | |
| | 掌握原料及各种互供料的库存情况，协助做好总体调度、协调和生产平衡工作；组织建立生产运行管理台账，开展专业性生产运行管理工作 | | |
| | 组织、协调生产事故的处理，监督检查各中心分析事故原因，制定预防措施，落实事故责任，做出妥善处理；组织安全环保隐患排查工作，监督、检查生产现场工艺管理与工艺纪律 | | |
| | 组织编制开停工计划，协调停开工过程中存在的问题；编制部门岗位技能培训计划并组织实施 | | |
| 工作记录文档 | —— | | |

| 指标类别 | 考核指标 | 考核内容 | 考核标准 | 信息来源 | 考核周期 |
| --- | --- | --- | --- | --- | --- |
| 岗位职责指标 | 主要产品产量计划完成率（40分） | 加强生产组织与协调，确保完成公司MTO甲醇、聚烯烃产量计划 | 完成率100%得满分，每少产1%，扣0.5分，累计扣分5分为止；<br>查阅MES统计系统，根据实际产量完成数据与计划财务部下达的产量计划进行比较，计算产量计划完成率 | MES统计系统 | 年度 |
| | 非计划停车（20分） | 加强生产管理，不发生非外部原因导致的全厂性非计划停车 | 未发生得满分，发生非外部原因导致全厂性非计划停车，每次扣2分；<br>根据党建和经营业绩责任书相关指标评分细则评分 | 生产运行记录、开停工台账 | |
| | 生产运行管理规范性（10分） | 落实执行上级单位及公司生产运行管理规定、要求，保持良好的生产运行秩序 | 发生专业管理原因导致的生产波动、停车的，每次扣2分；各级单位专业检查存在问题的，每次扣5分。累计扣分10分为止。根据上级单位管理要求、公司生产管理制度 | 生产记录、管理资料 | |
| | 停开工组织与执行（10分） | 依据开停工安排，通过组织与协调，确保各项节点目标，不发生安全、环保事故 | 节点目标延迟的，每次扣1分；因组织、协调问题发生安全环保事故的，每次扣5分，累计扣分10分为止。查阅资料，过程监督，验收工作成果 | | |
| | 新建、改扩建项目生产准备与试车（10分） | 组织相关单位开展新建、改扩建项目生产准备工作，按照项目试车方案，规范做好试车条件确认，开展试车工作 | 程序不符合要求的，每次扣1分，资料缺失的，每次扣1分；未按照节点目标执行的，每次扣3分，累计扣分10分为止。<br>查阅资料，过程监督，验收工作成果 | | |

续表一

| 指标类别 | 考核指标 | 考核内容 | 考核标准 | 信息来源 | 考核周期 |
|---|---|---|---|---|---|
| 岗位职责指标 | 事故管理（10分） | 按照事故管理规定要求，针对生产操作类事故，组织相关单位认真分析查清原因，监督检查事故“四不放过”的落实 | 事故管理“四不放过”一项未落实，扣2分，累计扣分10分为止；<br>查阅资料，过程监督，验收工作成果 | 生产记录、管理资料 | 年度 |
| 能力素质指标 | 责任心（15分） | 具有责任感，对自己和他人、对集体、对国家和社会所负责任的认识、情感和信念，以及与之相应的遵守规范、承担责任和履行义务的自觉态度 | 各指标的评价等级和对应分值：卓越（100分）、优秀（90分）、良好（80分）、一般（70分）、较差（60分）；<br>考核主体评分。直接上级占40%、其他上级领导评分占20%、平级人员互评占20%、下级员工代表占20% | 人力资源系统 | |
| | 团结协作（15分） | 互相支持、互相配合，顾全大局，明确共同目标，尊重他人，虚心诚恳，积极主动协同他人做好各项工作等 | | | |
| | 专业能力（15分） | 从事本岗位应具备的专业理论水平和能力 | | | |
| | 积极主动性（10分） | 进取向上、努力工作的思想和表现，个人意愿与集体长远目标任务相统一的动机 | | | |
| | 沟通与组织协调（15分） | 具备较强的专业素质和沟通协调能力。能够在工作中为决策提出专业意见并沟通协调各组织间工作联络，有团队精神和奉献精神，个人业务素质过硬 | | | |
| | 执行效率（10分） | 工作中能够迅速理解上级意图，形成目标并制订出具体可操作的行动方案，通过有效组织各类资源和对任务优先顺序的安排，保证计划的高效、顺利实施，并具有高质量完成工作目标的能力 | | | |

续表二

<table>
<tr><th>指标类别</th><th>考核指标</th><th>考核内容</th><th>考核标准</th><th>信息来源</th><th>考核周期</th></tr>
<tr><td rowspan="3">能力素质指标</td><td>学习（10 分）</td><td>培训（考试）参与率 = 实际参加培训课时（考试次数）/ 应参加培训课时（考试次数）</td><td>满分 10 分。评分区间为 1—10 分，整数分值。<br>100% 得满分，99%—90% 得 9 分，以此类推</td><td>培训台账</td><td rowspan="6">年度</td></tr>
<tr><td>素质提升（加分项）</td><td>基本素质得分增长率 =（年末基本素质得分 – 年初基本素质得分）/ 年初基本素质得分</td><td>满分 5 分。评分区间为 1—5 分，整数分值。<br>50% 得满分，49%—40% 得 4 分，以此类推</td><td>人力资源系统</td></tr>
<tr><td>党建考核（适用于中共党员）（10 分）</td><td>完成所在支部考核指标和工作任务</td><td>根据所在支部党员考核细则执行</td><td>党建考核结果</td></tr>
<tr><td rowspan="3">非权重指标（含否决性指标）</td><td>安全环保（100 分）</td><td>着火、爆炸、中毒、泄漏等，烟尘排放量等控制在目标值内；<br>1.$SO_2$ 排放量≤1000 吨；<br>2. NOx 排放量≤1000 吨；<br>3. 烟尘排放量≤250 吨；<br>4.VOCs 排放量≤72 吨</td><td rowspan="2">国家、地方法律法规和公司各项规章制度；根据公司处理决定执行，按处理等级直接对应考核结果</td><td rowspan="2">公司处理决定</td></tr>
<tr><td>遵章守纪（100 分）</td><td>遵守国家、地方法律法规和公司各项规章制度</td></tr>
<tr><td>奖励指标（成果荣誉和专利）</td><td>对员工年度内获得成果荣誉和专利情况进行量化加分</td><td>1. 发明专利独立完成计 1.2 分，1—3 名计 1.1 分、4—10 名计 1 分、11 名以后计 0.9 分；实用新型独立完成计 1.1 分，1—3 名计 1 分、4—10 名计 0.9 分、11 名以后计 0.8 分；外观设计独立完成计 1 分，1—3 名计 0.9 分、4—10 名计 0.8 分、11 名以后计 0.7 分。国际专利在以上基础上加 0.3 分；<br>2. 国家级：一等计 3 分、二等计 2.8 分。省部级：一等计 2.6 分、二等计 2.4 分、三等计 2.2 分。社会力量级Ⅰ：一等计 2.4 分、二等计 2.2 分、三等计 2 分。社会力量级Ⅱ：一等计 2.2 分、二等计 2 分、三等计 1.8 分。地（市）级、子分公司级：一等计 0.8 分、二等计 0.6 分、三等计 0.4 分。子分公司级技能竞赛：第一名计 0.8 分、第二名计 0.6 分、第三名计 0.4 分。中心级技能竞赛：第一名计 0.5 分、第二名计 0.3 分、第三名计 0.2 分。技能操作培训类：月度学习能手计 0.2 分，班组竞赛第一名计 0.2 分，第二名计 0.1 分。<br>定量考核</td><td>组织人事部</td></tr>
<tr><td>备注</td><td colspan="5"></td></tr>
</table>

HG-MZXT-007

## 值班调度长

<table>
<tr><td>岗位名称</td><td>值班调度长</td><td>所在部门</td><td>生产运营部</td></tr>
<tr><td>职位职级序列</td><td colspan="3">技术序列</td></tr>
<tr><td>直接上级</td><td colspan="3">副经理</td></tr>
<tr><td>直接下级</td><td colspan="3">生产总调度员</td></tr>
<tr><td rowspan="5">岗位职责</td><td colspan="3">执行公司下达的生产计划，组织好当班各中心之间的物料、产、供、销和生产检修期间的生产平衡，确保公司生产计划的实现，保证生产过程的连续性、均衡性和科学性</td></tr>
<tr><td colspan="3">掌握原料、中间产品、副产品的质量、产量及库存情况，做好当班的总体调度、协调和生产平衡工作</td></tr>
<tr><td colspan="3">监督、检查生产过程工艺指标数据、产品质量情况。参与不合格原材料、半成品和成品的评审和认定</td></tr>
<tr><td colspan="3">掌握公司生产动态，处理日常生产事件和突发事故；在发生事故时，有权调动公司内部人力和物力进行事故处理</td></tr>
<tr><td colspan="3">贯彻执行生产、安全、检修等会议精神；认真填写交接班记录和调度记录，编写生产调度报表</td></tr>
<tr><td>工作记录文档</td><td colspan="3">——</td></tr>
</table>

| 指标类别 | 考核指标 | 考核内容 | 考核标准 | 信息来源 | 考核周期 |
|---|---|---|---|---|---|
| 岗位职责指标 | 生产调度与指挥（50分） | 通过生产调度指挥协调，确保生产连续平稳运行 | 因调度指挥协调不力导致的生产波动，每次扣5分，发生非计划停工，每次扣10分。查阅资料，过程监督 | 生产运行记录、开停工台账 | 年度 |
| | 生产计划完成率（20分） | 当月公司主要产品聚烯烃产量计划完成率 | 完成率100%得满分，每少产1%，扣0.5分，累计扣分5分为止。查阅资料，过程监督 | MES生产运营管理系统 | |
| | 应急值守管理（10分） | 监督检查公司生产值班情况，发生突发事故时，组织进行生产处置，启动相应等级预案，避免事故扩大化 | 公司值班签到、值班记录缺失，每次扣1分。因调度协调指挥不力，导致事故扩大，受到通报的，每次扣10分。累计扣分10分为止。查阅资料，过程监督 | 公司生产值班签到、记录、生产调度录音及事故调查报告等 | |
| | 环保达标排放管控（10分） | 严格执行环保达标排放指标，针对超标及时组织中心进行处理 | 环保达标排放率，每降低1%，扣1分。累计扣分10分为止。查阅资料，过程监督 | 安全健康环保部环保达标排放统计台账 | |
| | 生产请示汇报（10分） | 生产协调中，重大生产问题及时请示汇报，并确保汇报信息准确性 | 汇报不及时，每次扣5分；汇报信息不准确，每次扣10分。累计扣分10分为止。查阅资料，过程监督 | 生产调度记录、生产调度录音 | |

续表一

| 指标类别 | 考核指标 | 考核内容 | 考核标准 | 信息来源 | 考核周期 |
| --- | --- | --- | --- | --- | --- |
| 能力素质指标 | 责任心（15分） | 具有责任感，对自己和他人、对集体、对国家和社会所负责任的认识、情感和信念，以及与之相应的遵守规范、承担责任和履行义务的自觉态度 | 各指标的评价等级和对应分值：卓越（100分）、优秀（90分）、良好（80分）、一般（70分）、较差（60分）；<br>考核主体评分。直接上级占40%、其他上级领导评分占20%、平级人员互评占20%、下级员工代表占20% | 人力资源系统 | 年度 |
| | 团结协作（15分） | 互相支持、互相配合，顾全大局，明确共同目标，尊重他人，虚心诚恳，积极主动协同他人做好各项工作等 | | | |
| | 专业能力（15分） | 从事本岗位应具备的专业理论水平和能力 | | | |
| | 积极主动性（10分） | 进取向上、努力工作的思想和表现，个人意愿与集体长远目标任务相统一的动机 | | | |
| | 沟通与组织协调（15分） | 具备较强的专业素质和沟通协调能力。能够在工作中为决策提出专业意见并沟通协调各组织间工作联络，有团队精神和奉献精神，个人业务素质过硬 | | | |
| | 执行效率（10分） | 工作中能够迅速理解上级意图，形成目标并制定出具体可操作的行动方案，通过有效组织各类资源和对任务优先顺序的安排，保证计划的高效、顺利实施，并具有高质量完成工作目标的能力 | | | |
| | 学习（10分） | 培训（考试）参与率=实际参加培训课时（考试次数）/应参加培训课时（考试次数） | 满分10分。评分区间为1—10分，整数分值。<br>100%得满分，99%—90%得9分，以此类推 | 培训台账 | |

续表二

| 指标类别 | 考核指标 | 考核内容 | 考核标准 | 信息来源 | 考核周期 |
| --- | --- | --- | --- | --- | --- |
| 能力素质指标 | 素质提升（加分项） | 基本素质得分增长率=（年末基本素质得分－年初基本素质得分）/年初基本素质得分 | 满分5分。评分区间为1—5分，整数分值。50%得满分，49%—40%得4分，以此类推 | 人力资源系统 | 年度 |
| | 党建考核（适用于中共党员）（10分） | 完成所在支部考核指标和工作任务 | 根据所在支部党员考核细则执行 | 党建考核结果 | |
| 非权重指标（含否决性指标） | 安全环保（100分） | 着火、爆炸、中毒、泄漏等，烟尘排放量等控制在目标值内；<br>1. $SO_2$ 排放量≤1000吨；<br>2. NOx 排放量≤1000吨；<br>3. 烟尘排放量≤250吨；<br>4. VOCs 排放量≤72吨 | 国家、地方法律法规和公司各项规章制度<br>根据公司处理决定执行，按处理等级直接对应考核结果 | 公司处理决定 | |
| | 遵章守纪（100分） | 遵守国家、地方法律法规和公司各项规章制度 | | | |
| | 奖励指标（成果荣誉和专利） | 对员工年度内获得成果荣誉和专利情况进行量化加分 | 1. 发明专利独立完成计1.2分，1—3名计1.1分、4—10名计1分、11名以后计0.9分；实用新型独立完成计1.1分，1—3名计1分、4—10名计0.9分、11名以后计0.8分；外观设计独立完成计1分，1—3名计0.9分、4—10名计0.8分、11名以后计0.7分。国际专利在以上基础上加0.3分；<br>2. 国家级：一等计3分、二等计2.8分。省部级：一等计2.6分、二等计2.4分、三等计2.2分。社会力量级Ⅰ：一等计2.4分、二等计2.2分、三等计2分。社会力量级Ⅱ：一等计2.2分、二等计2分、三等计1.8分。地（市）级、子分公司级：一等计0.8分、二等计0.6分、三等计0.4分。子分公司级技能竞赛：第一名计0.8分、第二名计0.6分、第三名计0.4分。中心级技能竞赛：第一名计0.5分、第二名计0.3分、第三名计0.2分。技能操作培训类：月度学习能手计0.2分，班组竞赛第一名计0.2分，第二名计0.1分。<br>定量考核 | 组织人事部 | |
| 备注 | | | | | |

HG-MZXT-008

## 动设备主管

| 岗位名称 | 动设备主管 | 所在部门 | 机械动力部 |
|---|---|---|---|
| 职位职级序列 | 技术序列 | | |
| 直接上级 | 设备副经理 | | |
| 直接下级 | 动设备工程师 | | |
| 岗位职责 | 在上级的指导下，建立完善公司动设备技术管理体系 | | |
| | 协助上级制订动设备技术管理相关规章制度，并监督检查实施情况 | | |
| | 贯彻执行有关动设备和管道管理方面法律法规 | | |
| | 负责审核年度、月度以及临时检修动设备的相关内容 | | |
| | 审核动设备大修方案、特护方案，对动设备大修、特护工作进行检查 | | |
| | 督促检查各运行中心搞好机泵管理，负责处理机泵技术问题 | | |
| | 负责对设备在线和离线监测结果进行分析，并做出处理方案 | | |
| | 督促和检查运行中心的设备润滑及润滑油管理工作 | | |
| | 负责新购动设备的选型、验收和备件质量验收 | | |
| | 配合开展特种设备的技术、安全、维修管理 | | |
| | 审核动设备月度、年度和临时检修计划 | | |
| | 定期巡检动设备的运行情况，及时发现问题，处理隐患 | | |
| | 参加动设备检修和验收 | | |
| | 负责动设备保养手册、设备说明书等技术档案的管理工作 | | |
| | 组织与本专业有关的安全检查、评比、考核工作 | | |
| | 负责审核动设备报废、转移等设备变动申报，监督按规定流程办理 | | |
| | 协助固定资产管理工程师做好公司动设备生产性固定资产的管理 | | |
| | 配合其他部门工作，完成上级布置的其他相关工作 | | |
| 工作记录文档 | 记录、统计台账、月报、班组核算有关数据 | | |

| 指标类别 | 考核指标 | 考核内容 | 考核标准 | 信息来源 | 考核周期 |
|---|---|---|---|---|---|
| 岗位职责指标 | 动设备的管理体系和制度（10分） | 在上级的指导下，建立完善公司动设备技术管理体系，制定动设备技术管理相关规章制度，并监督检查实施情况 | 体系完善，制度满足保用要求；年度审核 | 各中心反馈 | 年度 |
| | 动设备检修（20分） | 审核动设备检修计划，参与检修与验收 | 检修计划合理，100%执行，检修质量合格率100%；<br>月报 | 统计 | |
| | 大机组运行及在线状态监测（20分） | 组织开展机组特护和在线状态监测活动，保证机组长周期运行 | 机组长周期运行，无非计划停车；<br>月报 | | |

续表一

| 指标类别 | 考核指标 | 考核内容 | 考核标准 | 信息来源 | 考核周期 |
|---|---|---|---|---|---|
| 岗位职责指标 | 机泵等动设备运行管理（20 分） | 做好机泵管理，负责处理机泵技术问题 | 机泵等动设备完好率 98% 以上；月报 | 统计 | 年度 |
| | 管理（10 分） | 督促和检查运行中心的设备润滑及润滑油管理工作 | 确保“五定三过滤”；月报 | | |
| | 监督检查，处理事故隐患（10 分） | 组织本专业有关的安全检查、评比、考核工作，定期巡检动设备的运行情况，及时发现问题，处理隐患 | 每月检修，及时发现和处理隐患；调度会 | | |
| | 维修费用（10 分） | 采取措施降低并节约修理费，确保年度修理费受控 | 提高检修质量，严控检修项目结算审核等，确保年度维修费用受控；年终总结 | 财务部 | |
| 能力素质指标 | 责任心（15 分） | 具有责任感，对自己和他人、对集体、对国家和社会所负责任的认识、情感和信念，以及与之相应的遵守规范、承担责任和履行义务的自觉态度 | 各指标的评价等级和对应分值：卓越（100 分）、优秀（90 分）、良好（80 分）、一般（70 分）、较差（60 分）；<br>考核主体评分。直接上级占 40%、其他上级领导评分占 20%、平级人员互评占 20%、下级员工代表占 20% | 人力资源系统 | |
| | 团结协作（15 分） | 互相支持、互相配合，顾全大局，明确共同目标，尊重他人，虚心诚恳，积极主动协同他人做好各项工作等 | | | |
| | 专业能力（15 分） | 从事本岗位应具备的专业理论水平和能力 | | | |
| | 积极主动性（10 分） | 进取向上、努力工作的思想和表现，个人意愿与集体长远目标任务相统一的动机 | | | |
| | 沟通与组织协调（15 分） | 具备较强的专业素质和沟通协调能力。能够在工作中为决策提出专业意见并沟通协调各组织间工作联络，有团队精神和奉献精神，个人业务素质过硬 | | | |

续表二

| 指标类别 | 考核指标 | 考核内容 | 考核标准 | 信息来源 | 考核周期 |
|---|---|---|---|---|---|
| 能力素质指标 | 执行效率（10分） | 工作中能够迅速理解上级意图，形成目标并制订出具体可操作的行动方案，通过有效组织各类资源和对任务优先顺序的安排，保证计划的高效、顺利实施，并具有高质量完成工作目标的能力 | 各指标的评价等级和对应分值：卓越（100分）、优秀（90分）、良好（80分）、一般（70分）、较差（60分）；<br>考核主体评分。直接上级占40%、其他上级领导评分占20%、平级人员互评占20%、下级员工代表占20% | 人力资源系统 | 年度 |
| | 学习（10分） | 培训（考试）参与率＝实际参加培训课时（考试次数）/应参加培训课时（考试次数） | 满分10分。评分区间为1—10分，整数分值。100%得满分，99%—90%得9分，以此类推 | 培训台账 | |
| | 素质提升（加分项） | 基本素质得分增长率＝（年末基本素质得分－年初基本素质得分）/年初基本素质得分 | 满分5分。评分区间为1—5分，整数分值。50%得满分，49%—40%得4分，以此类推 | 人力资源系统 | |
| | 党建考核（适用于中共党员）（10分） | 完成所在支部考核指标和工作任务 | 根据所在支部党员考核细则执行 | 党建考核结果 | |
| 非权重指标（含否决性指标） | 安全环保（100分） | 着火、爆炸、中毒、泄漏等，烟尘排放量等控制在目标值内；<br>1. $SO_2$排放量≤1000吨；<br>2. NOx排放量≤1000吨；<br>3. 烟尘排放量≤250吨；<br>4. VOCs排放量≤72吨 | 国家、地方法律法规和公司各项规章制度；根据公司处理决定执行，按处理等级直接对应考核结果 | 公司处理决定 | |
| | 遵章守纪（100分） | 遵守国家、地方法律法规和公司各项规章制度 | | | |
| | 奖励指标（成果荣誉和专利） | 对员工年度内获得成果荣誉和专利情况进行量化加分 | 1. 发明专利独立完成计1.2分，1—3名计1.1分、4—10名计1分、11名以后计0.9分；实用新型独立完成计1.1分，1—3名计1分、4—10名计0.9分、11名以后计0.8分；外观设计独立完成计1分，1—3名计0.9分、4—10名计0.8分、11名以后计0.7分。国际专利在以上基础上加0.3分； | 组织人事部 | |

续表三

| 指标类别 | 考核指标 | 考核内容 | 考核标准 | 信息来源 | 考核周期 |
| --- | --- | --- | --- | --- | --- |
| 非权重指标（含否决性指标） | 奖励指标（成果荣誉和专利） | 对员工年度内获得成果荣誉和专利情况进行量化加分 | 2. 国家级：一等计 3 分、二等计 2.8 分。省部级：一等计 2.6 分、二等计 2.4 分、三等计 2.2 分。社会力量级Ⅰ：一等计 2.4 分、二等计 2.2 分、三等计 2 分。社会力量级Ⅱ：一等计 2.2 分、二等计 2 分、三等计 1.8 分。地（市）级、子分公司级：一等计 0.8 分、二等计 0.6 分、三等计 0.4 分。子分公司级技能竞赛：第一名计 0.8 分、第二名计 0.6 分、第三名计 0.4 分。中心级技能竞赛：第一名计 0.5 分、第二名计 0.3 分、第三名计 0.2 分。技能操作培训类：月度学习能手计 0.2 分，班组竞赛第一名计 0.2 分，第二名计 0.1 分。<br>定量考核 | 组织人事部 | 年度 |
| 备注 | | | | | |

HG-MZXT-009

## 检维修主管

| 岗位名称 | 检维修主管 | 所在部门 | 机械动力部 |
|---|---|---|---|
| 职位职级序列 | 技术序列 | | |
| 直接上级 | 经理 | | |
| 直接下级 | 计划统计工程师 | | |
| 岗位职责 | 制订检维修技术管理相关制度、流程及管控权限，经批准后执行，并监督检查实施情况 | | |
| | 协助上级贯彻执行有关检维修管理方面法律法规 | | |
| | 遵循设备管理规程，组织人员对公司设备进行维修保养，确保设备正常运行 | | |
| | 负责装置停车大检修管理；负责维修工程招标工作，工程招标文件、资料的管理 | | |
| | 负责公司维修费用管理，组织对各中心维修费用的审核、分析与考核 | | |
| | 参与保运合同的签订工作，负责保运合同执行情况和保运费用的考核工作 | | |
| 工作记录文档 | —— | | |

| 指标类别 | 考核指标 | 考核内容 | 考核标准 | 信息来源 | 考核周期 |
|---|---|---|---|---|---|
| 岗位职责指标 | 检维修管理制度（5分） | 制订检维修技术管理相关制度、流程及管控权限，经批准后执行，并监督检查实施情况 | 体系完善，制度满足使用要求；年度审核 | 各中心反馈 | 年度 |
| | 法律法规（10分） | 协助上级贯彻执行有关检维修管理方面法律法规 | 检维修管理方面法规执行情况；年度审核 | 统计 | |
| | 日常保运工作（10分） | 组织保运人员对公司设备进行维修保养，确保设备正常运行 | 装置设备保运正常；年终总结 | 各中心反馈 | |
| | 框架协议维修（10分） | 组织框架协议单位对公司设备进行专项维修，保证日常维修 | 设备日常维修及时；年终总结 | | |
| | 合同管理（15分） | 检维修服务合同的编制、签订工作，合同条款解释及合同归档 | 合同签订及时，合同内容满足使用要求；年度审核 | 统计 | |
| | 月度检修计划（5分） | 完成月度检修计划的编制和发布 | 按时完成月度检修计划；年度审核 | | |
| | 招标采购工作（30分） | 检维修项目招标采购工作，公开招标、询比价、单一来源项目立项、招标文件编制、采购计划提报及招标过程跟踪 | 采购项目完成的合规性和及时性；年度审核 | | |

续表一

| 指标类别 | 考核指标 | 考核内容 | 考核标准 | 信息来源 | 考核周期 |
|---|---|---|---|---|---|
| 岗位职责指标 | 修理费管理（15分） | 公司修理费统筹管理，修理费预算申报、修理费分解、修理费使用分析、监督各中心修理费使用情况 | 确保年度修理费受控；年终总结 | 统计 | 年度 |
| 能力素质指标 | 责任心（15分） | 具有责任感，对自己和他人、对集体、对国家和社会所负责任的认识、情感和信念，以及与之相应的遵守规范、承担责任和履行义务的自觉态度 | 各指标的评价等级和对应分值：卓越（100分）、优秀（90分）、良好（80分）、一般（70分）、较差（60分）；<br>考核主体评分。直接上级占40%、其他上级领导评分占20%、平级人员互评占20%、下级员工代表占20% | 人力资源系统 | |
| | 团结协作（10分） | 互相支持、互相配合，顾全大局，明确共同目标，尊重他人，虚心诚恳，积极主动协同他人做好各项工作等 | | | |
| | 专业能力（15分） | 从事本岗位的应具备专业理论水平和能力 | | | |
| | 积极主动性（15分） | 进取向上、努力工作的思想和表现，个人意愿与集体长远目标任务相统一的动机 | | | |
| | 沟通与组织协调（15分） | 具备较强的专业素质和沟通协调能力。能够在工作中为决策提出专业意见并沟通协调各组织间工作联络，有团队精神和奉献精神，个人业务素质过硬 | | | |
| | 执行效率（10分） | 工作中能够迅速理解上级意图，形成目标并制订出具体可操作的行动方案，通过有效组织各类资源和对任务优先顺 | | | |

续表二

| 指标类别 | 考核指标 | 考核内容 | 考核标准 | 信息来源 | 考核周期 |
| --- | --- | --- | --- | --- | --- |
| 能力素质指标 | 执行效率（10分） | 序的安排，保证计划的高效、顺利实施，并具有高质量完成工作目标的能力 | 各指标的评价等级和对应分值：卓越（100分）、优秀（90分）、良好（80分）、一般（70分）、较差（60分）；<br>考核主体评分。直接上级占40%、其他上级领导评分占20%、平级人员互评占20%、下级员工代表占20% | 人力资源系统 | 年度 |
| | 学习（10分） | 培训（考试）参与率=实际参加培训课时（考试次数）/应参加培训课时（考试次数） | 满分10分。评分区间为1—10分，整数分值。<br>100%得满分，99%—90%得9分，以此类推 | 培训台账 | |
| | 素质提升（加分项） | 基本素质得分增长率=（年末基本素质得分－年初基本素质得分）/年初基本素质得分 | 满分5分。评分区间为1—5分，整数分值。50%得满分，49%—40%得4分，以此类推 | 人力资源系统 | |
| | 党建考核（适用于中共党员）（10分） | 完成所在支部考核指标和工作任务 | 根据所在支部党员考核细则执行 | 党建考核结果 | |
| 非权重指标（含否决性指标） | 安全环保（100分） | 着火、爆炸、中毒、泄漏等，烟尘排放量等控制在目标值内；<br>1.$SO_2$排放量≤1000吨；<br>2. NOx排放量≤1000吨；<br>3. 烟尘排放量≤250吨；<br>4.VOCs排放量≤72吨 | 国家、地方法律法规和公司各项规章制度；根据公司处理决定执行，按处理等级直接对应考核结果 | 公司处理决定 | |
| | 遵章守纪（100分） | 遵守国家、地方法律法规和公司各项规章制度 | | | |
| | 奖励指标（成果荣誉和专利） | 对员工年度内获得成果荣誉和专利情况进行量化加分 | 1.发明专利独立完成计1.2分，1—3名计1.1分、4—10名计1分、11名以后计0.9分；实用新型独立完成计1.1分，1—3名计1分、4—10名计0.9分、11名以后计0.8分；外观设计独立完成计1分，1—3名计0.9分、4—10名计0.8分、11名以后计0.7分。国际专利在以上基础上加0.3分； | 组织人事部 | |

续表三

| 指标类别 | 考核指标 | 考核内容 | 考核标准 | 信息来源 | 考核周期 |
| --- | --- | --- | --- | --- | --- |
| 非权重指标（含否决性指标） | 奖励指标（成果荣誉和专利） | 对员工年度内获得成果荣誉和专利情况进行量化加分 | 2. 国家级：一等计 3 分、二等计 2.8 分。省部级：一等计 2.6 分、二等计 2.4 分、三等计 2.2 分。社会力量级Ⅰ：一等计 2.4 分、二等计 2.2 分、三等计 2 分。社会力量级Ⅱ：一等计 2.2 分、二等计 2 分、三等计 1.8 分。地（市）级、子分公司级：一等计 0.8 分、二等计 0.6 分、三等计 0.4 分。子分公司级技能竞赛：第一名计 0.8 分、第二名计 0.6 分、第三名计 0.4 分。中心级技能竞赛：第一名计 0.5 分、第二名计 0.3 分、第三名计 0.2 分。技能操作培训类：月度学习能手计 0.2 分，班组竞赛第一名计 0.2 分，第二名计 0.1 分。<br>定量考核 | 组织人事部 | 年度 |
| 备注 | | | | | |

HG-MZXT-010

## 电气工程师

| 岗位名称 | 电气工程师 | 所在部门 | 机械动力部 |
|---|---|---|---|
| 职位职级序列 | 技术序列 | | |
| 直接上级 | 电气主管 | | |
| 直接下级 | —— | | |
| 岗位职责 | 在上级的指导下，建立完善公司电气管理体系 | | |
| | 制订公司电气专业相关规章制度，并监督检查实施情况 | | |
| | 贯彻执行有关电气专业法律法规 | | |
| | 负责电气的技术管理与现场管理工作 | | |
| | 监督检查电气作业“三三二五”制，做好电气隐患治理工作 | | |
| | 审核关键电气设备大修方案、特护方案，对电气设备大修、特护工作进行监督检查 | | |
| | 组织电气专业技术工作的开展以及与其他专业的协调 | | |
| | 做好电气专业计划、总结工作 | | |
| | 组织对电气事故的调查和分析 | | |
| | 负责审核电气报废、转移等设备变动申报，监督按规定流程办理 | | |
| | 审核装置停工检修、大修、技措等工程的计划和方案，并进行检查考核 | | |
| | 定期监督检查动设备的运行情况，及时发现问题，处理隐患 | | |
| | 参与或组织新购电气设备的选型、审核各类采购计划、监督检查到货电气设备组织的质量验收 | | |
| | 监督检查动设备保养手册、设备说明书等技术档案的管理工作，编制、修订公司电气专业技术文件和运行报表 | | |
| | 开展电气设备完好、电气设备管理评级、无泄漏、科学文明检修施工等活动 | | |
| | 协助固定资产管理工程师做好公司电气生产性固定资产的管理 | | |
| | 配合其他部门工作，完成上级布置的其他相关工作 | | |
| 工作记录文档 | —— | | |

| 指标类别 | 考核指标 | 考核内容 | 考核标准 | 信息来源 | 考核周期 |
|---|---|---|---|---|---|
| 岗位职责指标 | 电气管理体系和制度（8分） | 在上级的指导下，建立完善公司电气管理体系，制订电气专业相关规章制度，并监督检查实施情况 | 体系完善，制度满足保用要求；年度审核 | 各中心反馈 | 年度 |
| | 电气检修（35分） | 审核电气检修计划，参与检修与验收 | 检修计划合理，100%执行，检修质量合格率100%；<br>月报 | 统计 | |
| | “三三二五”制（20分） | 监督检查电气作业“三三二五”制，做好电气隐患治理工作 | “三三二五”制执行情况；<br>月报 | | |

续表一

| 指标类别 | 考核指标 | 考核内容 | 考核标准 | 信息来源 | 考核周期 |
| --- | --- | --- | --- | --- | --- |
| 岗位职责指标 | 关键大机组运行管理（20分） | 关键大机组设备安全稳定长周期运行 | 稳定运行；月报 | 统计 | 年度 |
| | 电动机润滑管理（6分） | 督促和检查生产中心的电动机润滑及润滑油管理工作 | 确保“五定三过滤”；月报 | | |
| | 监督检查，处理事故隐患（11分） | 组织本专业有关的安全检查、评比、考核工作，定期巡检动设备的运行情况，及时发现问题，处理隐患 | 每月检修，及时发现和处理隐患；调度会 | | |
| 能力素质指标 | 责任心（15分） | 具有责任感，对自己和他人、对集体、对国家和社会所负责任的认识、情感和信念，以及与之相应的遵守规范、承担责任和履行义务的自觉态度 | 各指标的评价等级和对应分值：卓越（100分）、优秀（90分）、良好（80分）、一般（70分）、较差（60分）；<br>考核主体评分。直接上级占40%、其他上级领导评分占20%、平级人员互评占20%、下级员工代表占20% | 人力资源系统 | |
| | 团结协作（15分） | 互相支持、互相配合，顾全大局，明确共同目标，尊重他人，虚心诚恳，积极主动协同他人做好各项工作等 | | | |
| | 专业能力（15分） | 从事本岗位应具备的专业理论水平和能力 | | | |
| | 积极主动性（10分） | 进取向上、努力工作的思想和表现，个人意愿与集体长远目标任务相统一的动机 | | | |
| | 沟通与组织协调（15分） | 具备较强的专业素质和沟通协调能力。能够在工作中为决策提出专业意见并沟通协调各组织间工作联络，有团队精神和奉献精神，个人业务素质过硬 | | | |

续表二

| 指标类别 | 考核指标 | 考核内容 | 考核标准 | 信息来源 | 考核周期 |
|---|---|---|---|---|---|
| 能力素质指标 | 执行效率（10 分） | 工作中能够迅速理解上级意图，形成目标并制订出具体可操作的行动方案，通过有效组织各类资源和对任务优先顺序的安排，保证计划的高效、顺利实施，并具有高质量完成工作目标的能力 | 各指标的评价等级和对应分值：卓越（100 分）、优秀（90 分）、良好（80 分）、一般（70 分）、较差（60 分）；<br>考核主体评分。直接上级占 40%、其他上级领导评分占 20%、平级人员互评占 20%、下级员工代表占 20% | 人力资源系统 | 年度 |
| | 学习（10 分） | 培训（考试）参与率 = 实际参加培训课时（考试次数）/ 应参加培训课时（考试次数） | 满分 10 分。评分区间为 1—10 分，整数分值。<br>100% 得满分，99%—90% 得 9 分，以此类推 | 培训台账 | |
| | 素质提升（加分项） | 基本素质得分增长率 =（年末基本素质得分 – 年初基本素质得分）/ 年初基本素质得分 | 满分 5 分。评分区间为 1—5 分，整数分值。<br>50% 得满分，49%—40% 得 4 分，以此类推 | 人力资源系统 | |
| | 党建考核（适用于中共党员）（10 分） | 完成所在支部考核指标和工作任务 | 根据所在支部党员考核细则执行 | 党建考核结果 | |
| 非权重指标（含否决性指标） | 安全环保（100 分） | 着火、爆炸、中毒、泄漏等，烟尘排放量等控制在目标值内；<br>1.$SO_2$ 排放量≤1000 吨；<br>2. NOx 排放量≤1000 吨；<br>3. 烟尘排放量≤250 吨；<br>4.VOCs 排放量≤72 吨 | 国家、地方法律法规和公司各项规章制度；根据公司处理决定执行，按处理等级直接对应考核结果 | 公司处理决定 | |
| | 遵章守纪（100 分） | 遵守国家、地方法律法规和公司各项规章制度 | | | |
| | 奖励指标（成果荣誉和专利） | 对员工年度内获得成果荣誉和专利情况进行量化加分 | 1. 发明专利独立完成计 1.2 分，1—3 名计 1.1 分、4—10 名计 1 分、11 名以后计 0.9 分；实用新型独立完成计 1.1 分，1—3 名计 1 分、4—10 名计 0.9 分、11 名以后计 0.8 分；外观设计独立完成计 1 分，1—3 名计 0.9 分、4—10 名计 0.8 分、11 名以后计 0.7 分。国际专利在以上基础上加 0.3 分； | 组织人事部 | |

续表三

| 指标类别 | 考核指标 | 考核内容 | 考核标准 | 信息来源 | 考核周期 |
|---|---|---|---|---|---|
| 非权重指标（含否决性指标） | 奖励指标（成果荣誉和专利） | 对员工年度内获得成果荣誉和专利情况进行量化加分 | 2. 国家级：一等计 3 分、二等计 2.8 分。省部级：一等计 2.6 分、二等计 2.4 分、三等计 2.2 分。社会力量级Ⅰ：一等计 2.4 分、二等计 2.2 分、三等计 2 分。社会力量级Ⅱ：一等计 2.2 分、二等计 2 分、三等计 1.8 分。地（市）级、子分公司级：一等计 0.8 分、二等计 0.6 分、三等计 0.4 分。子分公司级技能竞赛：第一名计 0.8 分、第二名计 0.6 分、第三名计 0.4 分。中心级技能竞赛：第一名计 0.5 分、第二名计 0.3 分、第三名计 0.2 分。技能操作培训类：月度学习能手计 0.2 分，班组竞赛第一名计 0.2 分，第二名计 0.1 分；定量考核 | 组织人事部 | 年度 |
| 备注 | | | | | |

HG-MZXT-011

## 环保及监测工程师

| 岗位名称 | 环保及监测工程师 | 所在部门 | 安全健康环保部 |
|---|---|---|---|
| 职位职级序列 | 技术序列 | | |
| 直接上级 | 环保及监测主管 | | |
| 直接下级 | —— | | |
| 岗位职责 | 贯彻执行国家、集团公司、地方政府和板块公司有关生态环保工作方针政策及相关法律、法规和制度 | | |
| | 协助部门领导、公司领导提出本公司环境保护工作目标，编制公司环境保护工作规划，提出污染物排放、治理、综合利用的措施和建议 | | |
| | 负责组织编制各项环境保护管理制度，并监督、检查各部门和中心的贯彻落实情况 | | |
| | 组织公司各单位执行公司环境保护管理制度，有效开展环境保护工作，持续提升公司环保工作水平 | | |
| | 负责公司“三废”治理设施的运行监督管理，对不达标情况提出整改要求和建议 | | |
| | 负责组织建立公司级各种环保管理台账、报表和记录，并检查填写和存档情况 | | |
| | 结合公司实际及地方环保监督管理要求，制订公司年度环境监测计划，编制企业自行监测方案，组织开展公司环保信息公开工作 | | |
| | 组织并参与环保相关适用法律、法规和其他要求的识别、评审，对相关法规执行情况进行合规性评价 | | |
| | 负责组织监督检查公司环保设施的运行、维护及使用情况 | | |
| | 负责组织新、改、扩建及技改技措项目环保“三同时”管理 | | |
| | 负责组织环境因素识别与风险评价工作，并建立公司风险识别与评价台账，督促落实公司重大环境风险管控措施 | | |
| | 负责督促环保隐患排查及隐患治理项目实施过程和竣工验收工作 | | |
| | 负责组织公司突发环境事件应急预案的制订、修订及备案，并定期组织开展应急演练 | | |
| | 按照国家、地方环保部门及上级公司的要求，推行公司清洁生产活动，组织清洁生产审核与验收评审工作 | | |
| | 负责并组织公司环境统计相关工作，及时统计、上报公司各类报表、台账和总结 | | |
| | 定期组织对公司各部门、生产中心环境保护工作进行考核评比，对环保工作有贡献者或事故、事件责任者，提出奖惩建议 | | |
| | 负责组织环境污染事故的调查、处理、统计、上报工作 | | |
| | 组织公司环境保护宣传、培训工作 | | |
| | 遵守公司管理规定，按规范穿戴劳保着装进入生产区域，参加公司组织的职业健康体检 | | |
| | 遵守公司管理规定，参与并接受安环职防教育培训和安全继续教育培训 | | |
| 工作记录文档 | 记录、统计台账、月报 | | |

| 指标类别 | 考核指标 | 考核内容 | 考核标准 | 信息来源 | 考核周期 |
|---|---|---|---|---|---|
| 岗位职责指标 | 环保责任制落实（10分） | 按照岗位安环职防履职清单执行 | 未按清单执行每项扣月度奖金5%；逐项累加考核 | 月度统计 | 月度 |

续表一

| 指标类别 | 考核指标 | 考核内容 | 考核标准 | 信息来源 | 考核周期 |
|---|---|---|---|---|---|
| 岗位职责指标 | 目标、指标（10分） | 1. 环保风险预控管理目标指标责任执行，分管业务目标指标按时间节点完成率100%。<br>2. 安全环保1号文件工作任务，分管任务按时间节点完成率100% | 未按照计划节点完成每项任务扣月度奖金5%；逐项累加考核 | 月度统计 | 月度 |
| | 环保污染及事故（事件）管理（10分） | 1. 环境事故（事件）为零；按照公司事故管理规定及安环职防月度绩效考核标准对公司责任单位环保事故（事件）按照“四不放过”做好事故调查和处理，做到事故调查处理率100%。<br>2. 督促各类未遂事故和事故的汇总、统计、分析和对外上报，并建立相关记录 | 根据发生环保污染及事故的严重程度和分级，实施相应考核；部门自评，事故报告、处理建议 | 环保事故统计 | |
| | 风险预控管理（10分） | 1. 编制环境因素辨识计划，每年至少组织一次全员环境因素辨识和风险评价。<br>2. 督查公司级重点关注环保风险管控措施落实情况，每月至少1次。<br>3. 各中心应每年组织一次环境因素辨识和风险评价工作，并对重大环境因素制订控制措施，依据辨识结果分类登记、及时更新档案 | 每减少1%或未执行，扣月度奖金10%（包括不足1%）；部门自评，逐项累加考核 | 月度统计 | |
| | “三废”排放（10分） | 1. 严格按照排污许可证排放标准对公司“三废”排放进行管控。<br>2. 根据上级单位下达的“三废”排放指标，制订公司年度排放指标，督促各中心编制本中心排放指标。<br>3. 废气、废水排放有效率、达标率、传输率达到100%。<br>4. 危险废物全部合规转移处置。<br>5. 一般固体废物进行全过程监管 | 每减少1%或未执行，扣月度奖金5%（包括不足1%）；部门自评，逐项累加考核 | | |

续表二

| 指标类别 | 考核指标 | 考核内容 | 考核标准 | 信息来源 | 考核周期 |
| --- | --- | --- | --- | --- | --- |
| 岗位职责指标 | 环保隐患治理（10分） | 1. 执行公司《环保隐患排查及治理管理规定》，隐患整改治理按时间节点完成率100%。<br>2. 隐患整改按照“五定原则”进行整改落实。执行落实率100%。<br>3. 及时跟踪环保隐患项目治理进度，至少每月更新一次。<br>4. 当发生以下情形之一时，安全健康环保部、机械动力部、质量技术部、生产运营部等相应专业部门（中心）组织专项或综合性专业排查：<br>（1）公布实施有关新法律法规、标准规范或原有适用法律法规、标准规范重新修订的；<br>（2）组织机构和人员发生重大调整的；<br>（3）装置工艺、设备、电气、仪表、公用工程或操作参数发生重大改变的；<br>（4）外部环境发生重大变化的；<br>（5）发生环保事故或对安全事故、事件有新认识的；<br>（6）气候条件发生大的变化或预报可能发生重大自然灾害前。<br>5. 督促日常排查出的重大事故隐患上报至化工公司，24小时内上报至集团安环部 | 每减少1%或未执行，扣月度奖金5%（包括不足1%）；部门自评，逐项累加考核 | 月度统计 | 月度 |
| | 环保监测（10分） | 按照排污许可证有关监测要求，对公司“三废”进行日、周、月、季、年度在线监测和手工监测 | | 重大危险源及关键装置要害安全监控台账、检查台账、考核记录 | |
| | 环保检查（10分） | 1. 执行公司《环保隐患排查及治理管理规定》，定期开展环保排查工作。<br>2. 对查出的环保问题按照“五定原则”进行处理，对重大环保问题按要求列入环保隐患，制订隐患治理方案，按时间节点要求完成 | | | |

续表三

| 指标类别 | 考核指标 | 考核内容 | 考核标准 | 信息来源 | 考核周期 |
|---|---|---|---|---|---|
| 岗位职责指标 | 环保培训（10分） | 按照国家法规和上级单位要求制订年度环保培训计划，计划执行率100% | 每减少1%或未执行，扣月度奖金5%（包括不足1%）；部门自评，逐项累加考核 | 重大危险源及关键装置要害安全监控台账、检查台账、考核记录 | 月度 |
| | 环境应急管理（10分） | 1. 环境应急预案至少每三年修订一次，证照备案有效率100%。<br>2. 开展应急预案评审、培训。<br>3. 制订应急演练计划，演练计划执行率100%。<br>4. 每半年至少组织一次综合应急预案演练或者专项应急预案演练。<br>5. 每季度监督应急物资的日常管理和维护，对各点应急事故柜进行监督检查。<br>6. 应急物资外部调用：开展向承包商单位获取外部资源的协调工作 | | 月度统计 | |
| 能力素质指标 | 责任心（15分） | 具有责任感，对自己和他人、对集体、对国家和社会所负责任的认识、情感和信念，以及与之相应的遵守规范、承担责任和履行义务的自觉态度 | 各指标的评价等级和对应分值：卓越（100分）、优秀（90分）、良好（80分）、一般（70分）、较差（60分）；<br>考核主体评分。直接上级占40%、其他上级领导评分占20%、平级人员互评占20%、下级员工代表占20% | 人力资源系统 | 年度 |
| | 团结协作（15分） | 互相支持、互相配合，顾全大局，明确共同目标，尊重他人，虚心诚恳，积极主动协同他人做好各项工作等 | | | |
| | 专业能力（15分） | 从事本岗位应具备的专业理论水平和能力 | | | |
| | 积极主动性（10分） | 进取向上、努力工作的思想和表现，个人意愿与集体长远目标任务相统一的动机 | | | |

续表四

<table>
<tr><th>指标类别</th><th>考核指标</th><th>考核内容</th><th>考核标准</th><th>信息来源</th><th>考核周期</th></tr>
<tr><td rowspan="7">能力素质指标</td><td>沟通与组织协调（15 分）</td><td>具备较强的专业素质和沟通协调能力。能够在工作中为决策提出专业意见并沟通协调各组织间工作联络，有团队精神和奉献精神，个人业务素质过硬</td><td rowspan="2">各指标的评价等级和对应分值：卓越（100 分）、优秀（90 分）、良好（80 分）、一般（70 分）、较差（60 分）；<br>考核主体评分。直接上级占 40%、其他上级领导评分占 20%、平级人员互评占 20%、下级员工代表占 20%</td><td rowspan="2">人力资源系统</td><td rowspan="9">年度</td></tr>
<tr><td>执行效率（10 分）</td><td>工作中能够迅速理解上级意图，形成目标并制订出具体可操作的行动方案，通过有效组织各类资源和对任务优先顺序的安排，保证计划的高效、顺利实施，并具有高质量完成工作目标的能力</td></tr>
<tr><td rowspan="2">学习能力（10 分）</td><td>培训（考试）参与率 = 实际参加培训课时（考试次数）/ 应参加培训课时（考试次数）</td><td rowspan="2">1. 满分 10 分。评分区间为 1—10 分，整数分值；<br>2. 无注册安全工程师证书，不符合要求，按月扣月度奖金 50%；<br>3. 100% 得满分，99%—90% 得 9 分，以此类推；<br>4. 按照集团关于注册安全工程师取证要求，超时不符合，调换岗位</td><td rowspan="2">培训台账</td></tr>
<tr><td>具备国家注册安全工程师资格</td></tr>
<tr><td>素质提升（加分项）</td><td>基本素质得分增长率 =（年末基本素质得分 – 年初基本素质得分）/ 年初基本素质得分</td><td>满分 5 分。评分区间为 1—5 分，整数分值 50% 得满分；49%—40% 得 4 分；以此类推</td><td>人力资源系统</td></tr>
<tr><td>党建考核（适用于中共党员）（10 分）</td><td>完成所在支部考核指标和工作任务</td><td>根据所在支部党员考核细则执行</td><td>党建考核结果</td></tr>
<tr></tr>
<tr><td rowspan="2">非权重指标（含否决性指标）</td><td>安全环保（100 分）</td><td>着火、爆炸、中毒、泄漏等，烟尘排放量等控制在目标值内；<br>1. $SO_2$ 排放量≤1000 吨；<br>2. NOx 排放量≤1000 吨；<br>3. 烟尘排放量≤250 吨；<br>4. VOCs 排放量≤72 吨</td><td rowspan="2">国家、地方法律法规和公司各项规章制度；<br>根据公司处理决定执行，按处理等级直接对应考核结果</td><td rowspan="2">公司处理决定</td></tr>
<tr><td>遵章守纪（100 分）</td><td>遵守国家、地方法律法规和公司各项规章制度</td></tr>
</table>

续表五

| 指标类别 | 考核指标 | 考核内容 | 考核标准 | 信息来源 | 考核周期 |
|---|---|---|---|---|---|
| 非权重指标（含否决性指标） | 奖励指标（成果荣誉和专利） | 对员工年度内获得成果荣誉和专利情况进行量化加分 | 1. 发明专利独立完成计 1.2 分，1—3 名计 1.1 分、4—10 名计 1 分、11 名以后计 0.9 分；实用新型独立完成计 1.1 分，1—3 名计 1 分、4—10 名计 0.9 分、11 名以后计 0.8 分；外观设计独立完成计 1 分，1—3 名计 0.9 分、4—10 名计 0.8 分、11 名以后计 0.7 分。国际专利在以上基础上加 0.3 分；<br>2. 国家级：一等计 3 分、二等计 2.8 分。省部级：一等计 2.6 分、二等计 2.4 分、三等计 2.2 分。社会力量级Ⅰ：一等计 2.4 分、二等计 2.2 分、三等计 2 分。社会力量级Ⅱ：一等计 2.2 分、二等计 2 分、三等计 1.8 分。地（市）级、子分公司级：一等计 0.8 分、二等计 0.6 分、三等计 0.4 分。子分公司级技能竞赛：第一名计 0.8 分、第二名计 0.6 分、第三名计 0.4 分。中心级技能竞赛：第一名计 0.5 分、第二名计 0.3 分、第三名计 0.2 分。技能操作培训类：月度学习能手计 0.2 分，班组竞赛第一名计 0.2 分，第二名计 0.1 分。定量考核 | 组织人事部 | 年度 |
| 备注 | | | | | |

HG-MZXT-012

## 环保主管

<table>
<tr><td>岗位名称</td><td>环保主管</td><td>所在部门</td><td>安全健康环保部</td></tr>
<tr><td>职位职级序列</td><td colspan="3">技术序列</td></tr>
<tr><td>直接上级</td><td colspan="3">经理</td></tr>
<tr><td>直接下级</td><td colspan="3">环保工程师</td></tr>
<tr><td rowspan="11">岗位职责</td><td colspan="3">根据公司实际提出本公司环境保护目标，编制环境保护规划，制订污染物排放、治理、综合利用等技术措施计划</td></tr>
<tr><td colspan="3">负责现场污染源的控制和管理，制定污水、废气、废渣和噪声等的控制标准，对各执行中心的环保工作负责考核</td></tr>
<tr><td colspan="3">负责公司“三废”治理、工艺技术管理</td></tr>
<tr><td colspan="3">参与组织环境污染事故的调查、处理、统计、上报工作</td></tr>
<tr><td colspan="3">参加紧急事故（事件）处理和各类环境污染事故的调查、分析和处理，参与各类环境污染事故报告的编制工作</td></tr>
<tr><td colspan="3">对在环境保护工作中有突出贡献者或造成环境污染事故者，提出奖惩意见</td></tr>
<tr><td colspan="3">配合有关部门建立管理体系，负责推广环保科研成果，不断提高公司的管理水平</td></tr>
<tr><td colspan="3">按照集团公司的要求，在公司内部推行清洁生产活动，组织清洁生产审核工作</td></tr>
<tr><td colspan="3">参加有关安全环保检查和会议</td></tr>
<tr><td colspan="3">组织环境保护宣传、培训工作</td></tr>
<tr><td colspan="3">及时向集团公司、省、市主管部门汇报工作，报送总结报表，并接受监督检查</td></tr>
<tr><td>工作记录文档</td><td colspan="3">记录、统计台账、月报、班组核算有关数据</td></tr>
</table>

<table>
<tr><th>指标类别</th><th>考核指标</th><th>考核内容</th><th>考核标准</th><th>信息来源</th><th>考核周期</th></tr>
<tr><td rowspan="4">岗位职责指标</td><td>安环职防责任（10分）</td><td>进一步完善安全生产责任制</td><td rowspan="4">公司组织绩效考核细则；按照公司组织绩效考核细则执行</td><td rowspan="2">月度统计</td><td rowspan="4">月度</td></tr>
<tr><td>安环职防责任（10分）</td><td>推动安环职防失责追究，促进责任落实</td></tr>
<tr><td>风险预控和隐患排查治理（10分）</td><td>有效管控安全环保风险</td><td rowspan="2">安全生产事故统计、月度统计</td></tr>
<tr><td>风险预控和隐患排查治理（10分）</td><td>完善隐患排查治理体系</td></tr>
</table>

续表一

| 指标类别 | 考核指标 | 考核内容 | 考核标准 | 信息来源 | 考核周期 |
| --- | --- | --- | --- | --- | --- |
| 岗位职责指标 | 生态环境保护风险管控（10分） | 严格执行国家排污许可管理 | 公司组织绩效考核细则；按照公司组织绩效考核细则执行 | 报告 | 年度 |
| | 安全环保教育培训（10分） | 认真做好安全环保教育培训工作 | | 月度统计 | 月度 |
| | 安全环保基础管理（10分） | 健全完善安全环保组织机构 | | 重大危险源及关键装置要害安全监控台账、检查台账、考核记录 | |
| | 生态环境保护风险管控（10分） | 强化环保监管责任落实 | | 月度统计、季度统计 | 月度/季度 |
| | 生态环境保护风险管控（10分） | 持续开展蓝天、碧水、净土保卫战 | | | |
| | 生态环境保护风险管控（10分） | 加强公司固废、危险废物与辐射管理工作 | | | |
| 能力素质指标 | 政治素养（15分） | 政治立场，政治觉悟，政治站位，政治判断力、政治领悟力、政治执行力，政治表现等 | 各指标的评价等级和对应分值：卓越（100分）、优秀（90分）、良好（80分）、一般（70分）、较差（60分）；<br>考核主体评分。直接上级占40%、其他上级领导评分占20%、平级人员互评占20%、下级员工代表占20% | 人力资源系统 | 年度 |
| | 责任心（15分） | 具有责任感，对自己和他人、对集体、对国家和社会所负责任的认识、情感和信念，以及与之相应的遵守规范、承担责任和履行义务的自觉态度 | | | |
| | 专业能力（15分） | 从事本岗位应具备的专业理论水平和能力 | | | |

续表二

| 指标类别 | 考核指标 | 考核内容 | 考核标准 | 信息来源 | 考核周期 |
| --- | --- | --- | --- | --- | --- |
| 能力素质指标 | 团结协作（15分） | 互相支持、互相配合，顾全大局，明确共同目标，尊重他人，虚心诚恳，积极主动协同他人做好各项工作等 | 各指标的评价等级和对应分值：卓越（100分）、优秀（90分）、良好（80分）、一般（70分）、较差（60分）；<br>考核主体评分。直接上级占40%、其他上级领导评分占20%、平级人员互评占20%、下级员工代表占20% | 人力资源系统 | 年度 |
| | 积极主动性（10分） | 进取向上、努力工作的思想和表现，个人意愿与集体长远目标任务相统一的动机 | | | |
| | 沟通与组织协调（10分） | 具备较强的专业素质和沟通协调能力。能够在工作中为决策提出专业意见并沟通协调各组织间工作联络，有团队精神和奉献精神，个人业务素质过硬 | | | |
| | 工作效率（10分） | 工作中能够迅速理解上级意图，形成目标并制订出具体可操作的行动方案，通过有效组织各类资源和对任务优先顺序的安排，保证计划的高效、顺利实施，并具有高质量完成工作目标的能力 | | | |
| | 学习（10分） | 培训（考试）参与率=实际参加培训课时（考试次数）/应参加培训课时（考试次数） | 满分10分。评分区间为1—10分，整数分值。<br>100%得满分，99%—90%得9分，以此类推 | 培训台账 | |
| | 素质提升（加分项） | 基本素质得分增长率=（年末基本素质得分－年初基本素质得分）/年初基本素质得分 | 满分5分。评分区间为1—5分，整数分值。<br>50%得满分，49%—40%得4分，以此类推 | 人力资源系统 | |
| 非权重指标（含否决性指标） | 安全环保（100分） | 着火、爆炸、中毒、泄漏等，烟尘排放量等控制在目标值内；<br>1.$SO_2$排放量≤1000吨；<br>2. NOx排放量≤1000吨；<br>3. 烟尘排放量≤250吨；<br>4.VOCs排放量≤72吨 | 国家、地方法律法规和公司各项规章制度；<br>根据公司处理决定执行，按处理等级直接对应考核结果 | 公司处理决定 | |

续表三

| 指标类别 | 考核指标 | 考核内容 | 考核标准 | 信息来源 | 考核周期 |
|---|---|---|---|---|---|
| 非权重指标（含否决性指标） | 遵章守纪（100分） | 遵守国家、地方法律法规和公司各项规章制度 | 国家、地方法律法规和公司各项规章制度；根据公司处理决定执行，按处理等级直接对应考核结果 | 公司处理决定 | 年度 |
| | 奖励指标（成果荣誉和专利） | 对员工年度内获得成果荣誉和专利情况进行量化加分 | 1.发明专利独立完成计1.2分，1—3名计1.1分、4—10名计1分、11名以后计0.9分；实用新型独立完成计1.1分，1—3名计1分、4—10名计0.9分、11名以后计0.8分；外观设计独立完成计1分，1—3名计0.9分、4—10名计0.8分、11名以后计0.7分。国际专利在以上基础上加0.3分；<br>2. 国家级：一等计3分、二等计2.8分。省部级：一等计2.6分、二等计2.4分、三等计2.2分。社会力量级Ⅰ：一等计2.4分、二等计2.2分、三等计2分。社会力量级Ⅱ：一等计2.2分、二等计2分、三等计1.8分。地（市）级、子分公司级：一等计0.8分、二等计0.6分、三等计0.4分。子分公司级技能竞赛：第一名计0.8分、第二名计0.6分、第三名计0.4分。中心级技能竞赛：第一名计0.5分、第二名计0.3分、第三名计0.2分。技能操作培训类：月度学习能手计0.2分，班组竞赛第一名计0.2分，第二名计0.1分。<br>定量考核 | 组织人事部 | |
| 备注 | | | | | |

## HG-MZXT-013

### 技术主管

| 岗位名称 | 技术主管 | 所在部门 | 质量技术部 |
|---|---|---|---|
| 职位职级序列 | 技术序列 | | |
| 直接上级 | 副经理 | | |
| 直接下级 | 技术、质量管理工程师（技术、总图），技术、质量管理工程师（技术、三剂），技术、质量管理工程师（质量），技术、质量管理工程师（科研、节能） | | |
| 岗位职责 | 负责并参与组织制订公司发展战略和发展规划、全厂化工三剂管理、节能减排管理、碳排放及碳交易管理、科技创新管理、知识产权管理、全厂质量管理（原辅料入厂、中间过程及终端产品质量）、产品市场服务、全厂生产工艺技术基础管理和技术专业化管理等 | | |
| | 参与公司内重大工艺事故的调查、分析、处理工作；参与公司各种工艺技术攻关工作 | | |
| | 参与科研开发，新技术、新经验的推广应用，组织公司内外技术交流，提高工艺技术管理水平 | | |
| | 参与解决有关生产技术问题，组织解决公司范围内具有普遍性或对产品质量、消耗、安全稳定生产有较大影响的工艺技术和工艺技术管理问题 | | |
| | 监督检查各生产中心质量目标、指标落实情况 | | |
| 工作记录文档 | 技术月（年）报及附表、节能月（年）报及附表、科技创新项目月（年）报及科研投入月（年）报、化工三剂消耗台账及库存台账、部门月度绩效考核、部门月（年）度管理计划、知识产权各类台账、论文及著作台账、碳排放核算月报等 | | |

| 指标类别 | 考核指标 | 考核内容 | 考核标准 | 信息来源 | 考核周期 |
|---|---|---|---|---|---|
| 岗位职责指标 | 单位产品综合能耗（15分） | 每生产1吨聚烯烃产品所消耗的标煤数量 | 奋斗值：4.85吨标准煤；<br>目标值：5.15吨标准煤；<br>基准值：5.20吨标准煤；<br>定量 | 公司MES系统、LIMS实验室信息管理系统 | 年度 |
| | 甲醇单耗（无水无灰基）（15分） | 每生产1吨甲醇（无水级）所消耗的原料煤（无水无灰基）的数量 | 奋斗值：≯1.20吨/吨；<br>目标值：≯1.22吨/吨；<br>基准值：≯1.23吨/吨；<br>定量 | | |
| | 聚烯烃耗甲醇（无水级）（15分） | 每生产1吨聚烯烃产品所消耗的甲醇（无水级）数量 | 奋斗值：≯2.83吨；<br>目标值：≯2.90吨；<br>基准值：≯2.95吨；<br>定量 | | |
| | 双烯耗甲醇（无水级）（15分） | 每生产1吨乙烯+丙烯所消耗的甲醇（无水级）数量 | 奋斗值：≯2.84吨；<br>目标值：≯2.91吨；<br>基准值：≯2.96吨；<br>定量 | | |

续表一

| 指标类别 | 考核指标 | 考核内容 | 考核标准 | 信息来源 | 考核周期 |
| --- | --- | --- | --- | --- | --- |
| 岗位职责指标 | 吨产品水耗（15 分） | 每生产 1 吨聚烯烃产品所消耗的水量 | 奋斗值：22 吨以内；<br>目标值：24 吨以内；<br>基准值：26 吨以内；<br>定量 | 公司 MES 系统、LIMS 实验室信息管理系统 | 年度 |
| | 科技投入（15 分） | 企业开展研发、研发成果应用及科技服务等全部科技活动的支出 | 奋斗值：2.0 亿元；<br>目标值：1.5 亿元；<br>基准值：1.0 亿元；<br>定量 | 财务数据 | |
| | 发明专利（10 分） | 员工职务发明创造，依法提交至国家知识产权局受理的发明专利 | 奋斗值：10 项；<br>目标值：9 项；<br>基准值：8 项；<br>定量 | 国家知识产权局文件 | |
| 能力素质指标 | 责任心（10 分） | 具有责任感，对自己和他人、对集体、对国家和社会所负责任的认识、情感和信念，以及与之相应的遵守规范、承担责任和履行义务的自觉态度 | 各指标的评价等级和对应分值：卓越（100 分）、优秀（90 分）、良好（80 分）、一般（70 分）、较差（60 分）；<br>考核主体评分。直接上级占 40%、其他上级领导评分占 20%、平级人员互评占 20%、下级员工代表占 20% | 人力资源系统 | |
| | 团结协作（10 分） | 互相支持、互相配合，顾全大局，明确共同目标，尊重他人，虚心诚恳，积极主动协同他人做好各项工作等 | | | |
| | 专业能力（10 分） | 从事本岗位应具备的专业理论水平和能力 | | | |
| | 积极主动性（10 分） | 进取向上、努力工作的思想和表现，个人意愿与集体长远目标任务相统一的动机 | | | |
| | 沟通与组织协调（10 分） | 具备较强的专业素质和沟通协调能力。能够在工作中为决策提出专业意见并沟通协调各组织间工作联络，有团队精神和奉献精神，个人业务素质过硬 | | | |

续表二

| 指标类别 | 考核指标 | 考核内容 | 考核标准 | 信息来源 | 考核周期 |
| --- | --- | --- | --- | --- | --- |
| 能力素质指标 | 执行效率（10分） | 工作中能够迅速理解上级意图，形成目标并制订出具体可操作的行动方案，通过有效组织各类资源和对任务优先顺序的安排，保证计划的高效、顺利实施，并具有高质量完成工作目标的能力 | 各指标的评价等级和对应分值：卓越（100分）、优秀（90分）、良好（80分）、一般（70分）、较差（60分）；<br>考核主体评分。直接上级占40%、其他上级领导评分占20%、平级人员互评占20%、下级员工代表占20% | 人力资源系统 | 年度 |
| | 学习创新（10分） | 个人有学习计划和实践措施，不断增加学识、提高技能，并应用到日常工作中以提高个人和组织绩效 | | | |
| | 执行效率（10分） | 根据具体目标，将工作分解为若干关键及可操作性步骤，设立优先次序，形成任务时间进度表 | | | |
| | 培训（10分） | 培训（考试）参与率 = 实际参加培训课时（考试次数）/ 应参加培训课时（考试次数） | 满分10分。评分区间为1—10分，整数分值。<br>100%得满分，99%—90%得9分，以此类推 | 培训台账 | |
| | 素质提升（加分项） | 基本素质得分增长率 =（年末基本素质得分 − 年初基本素质得分）/ 年初基本素质得分 | 满分5分。评分区间为1—5分，整数分值。<br>50%得满分，49%—40%得4分，以此类推 | 人力资源系统 | |
| | 党建考核（适用于中共党员）（10分） | 完成所在支部考核指标和工作任务 | 根据所在支部党员考核细则执行 | 党建考核结果 | |
| 非权重指标（含否决性指标） | 安全环保（100分） | 着火、爆炸、中毒、泄漏等，烟尘排放量等控制在目标值内；<br>1.$SO_2$ 排放量≤1000吨；<br>2. NOx 排放量≤1000吨；<br>3. 烟尘排放量≤250吨；<br>4.VOCs 排放量≤72吨 | 国家、地方法律法规和公司各项规章制度；根据公司处理决定执行，按处理等级直接对应考核结果 | 公司处理决定 | |

续表三

| 指标类别 | 考核指标 | 考核内容 | 考核标准 | 信息来源 | 考核周期 |
| --- | --- | --- | --- | --- | --- |
| 非权重指标（含否决性指标） | 遵章守纪（100分） | 遵守国家、地方法律法规和公司各项规章制度 | 国家、地方法律法规和公司各项规章制度；根据公司处理决定执行，按处理等级直接对应考核结果 | 公司处理决定 | 年度 |
|  | 奖励指标（成果荣誉和专利） | 对员工年度内获得成果荣誉和专利情况进行量化加分 | 1. 发明专利独立完成计 1.2 分，1—3 名计 1.1 分、4—10 名计 1 分、11 名以后计 0.9 分；实用新型独立完成计 1.1 分，1—3 名计 1 分、4—10 名计 0.9 分、11 名以后计 0.8 分；外观设计独立完成计 1 分，1—3 名计 0.9 分、4—10 名计 0.8 分、11 名以后计 0.7 分。国际专利在以上基础上加 0.3 分；<br>2. 国家级：一等计 3 分、二等计 2.8 分。省部级：一等计 2.6 分、二等计 2.4 分、三等计 2.2 分。社会力量级Ⅰ：一等计 2.4 分、二等计 2.2 分、三等计 2 分。社会力量级Ⅱ：一等计 2.2 分、二等计 2 分、三等计 1.8 分。地（市）级、子分公司级：一等计 0.8 分、二等计 0.6 分、三等计 0.4 分。子分公司级技能竞赛：第一名计 0.8 分、第二名计 0.6 分、第三名计 0.4 分。中心级技能竞赛：第一名计 0.5 分、第二名计 0.3 分、第三名计 0.2 分。技能操作培训类：月度学习能手计 0.2 分，班组竞赛第一名计 0.2 分，第二名计 0.1 分。<br>定量考核 | 组织人事部 |  |
| 备注 |  |  |  |  |  |

HG-MZXT-014

## 技术管理工程师

<table>
<tr><th>岗位名称</th><td>技术管理工程师</td><th>所在部门</th><td>质量技术部</td></tr>
<tr><td>职位职级序列</td><td colspan="3">技术序列</td></tr>
<tr><td>直接上级</td><td colspan="3">技术主管</td></tr>
<tr><td>直接下级</td><td colspan="3">——</td></tr>
<tr><td rowspan="5">岗位职责</td><td colspan="3">参与制订公司发展战略和发展规划，负责全厂化工三剂管理、节能减排管理、碳排放及碳交易管理、科技创新管理、知识产权管理、全厂质量管理（原辅料入厂、中间过程及终端产品质量）、产品市场服务、全厂生产工艺技术基础管理和技术专业化管理等专业的某一个或两个专业管理</td></tr>
<tr><td colspan="3">参与项目实施过程中动土作业工作票的会签</td></tr>
<tr><td colspan="3">组织制订（修订）节能规章制度等，并对各生产中心执行节能管理制度情况进行监督检查</td></tr>
<tr><td colspan="3">参与公司质量目标分解和各生产中心质量指标落实情况的监督检查</td></tr>
<tr><td colspan="3">组织进行科技创新项目、技术标准项目的申报、立项、前期手续工作；完成科研项目的立项审批手续，协助完成安评、环评等项目前期工作</td></tr>
<tr><td>工作记录文档</td><td colspan="3">技术月（年）报及附表、节能月（年）报及附表、科技创新项目月（年）报及科研投入月（年）报、化工三剂消耗台账及库存台账、部门月度绩效考核、部门月（年）度管理计划、知识产权各类台账、论文及著作台账、碳排放核算月报等</td></tr>
</table>

<table>
<tr><th>指标类别</th><th>考核指标</th><th>考核内容</th><th>考核标准</th><th>信息来源</th><th>考核周期</th></tr>
<tr><td rowspan="5">岗位职责指标</td><td>单位产品综合能耗（15 分）</td><td>每生产 1 吨聚烯烃产品所消耗的标煤数量</td><td>奋斗值：4.85 吨标准煤；<br>目标值：5.15 吨标准煤；<br>基准值：5.20 吨标准煤；<br>定量</td><td rowspan="5">公司 MES 系统、LIMS 实验室信息管理系统</td><td rowspan="5">年度</td></tr>
<tr><td>甲醇单耗（无水无灰基）（15 分）</td><td>每生产 1 吨甲醇（无水级）所消耗的原料煤（无水无灰基）的数量</td><td>奋斗值：≯ 1.20 吨 / 吨；<br>目标值：≯ 1.22 吨 / 吨；<br>基准值：≯ 1.23 吨 / 吨；<br>定量</td></tr>
<tr><td>聚烯烃耗甲醇（无水级）（15 分）</td><td>每生产 1 吨聚烯烃产品所消耗的甲醇（无水级）数量</td><td>奋斗值：≯ 2.83 吨；<br>目标值：≯ 2.90 吨；<br>基准值：≯ 2.95 吨；<br>定量</td></tr>
<tr><td>双烯耗甲醇（无水级）（15 分）</td><td>每生产 1 吨乙烯 + 丙烯所消耗的甲醇（无水级）数量</td><td>奋斗值：≯ 2.84 吨；<br>目标值：≯ 2.91 吨；<br>基准值：≯ 2.96 吨；<br>定量</td></tr>
<tr><td>吨产品水耗（15 分）</td><td>每生产 1 吨聚烯烃产品所消耗的水量</td><td>奋斗值：22 吨以内；<br>目标值：24 吨以内；<br>基准值：26 吨以内；<br>定量</td></tr>
</table>

续表一

| 指标类别 | 考核指标 | 考核内容 | 考核标准 | 信息来源 | 考核周期 |
| --- | --- | --- | --- | --- | --- |
| 岗位职责指标 | 科技投入（15分） | 企业开展研发、研发成果应用及科技服务等全部科技活动的支出 | 奋斗值：2.0亿元；<br>目标值：1.5亿元；<br>基准值：1.0亿元；<br>定量 | 财务数据 | 年度 |
| | 发明专利（10分） | 员工职务发明创造，依法提交至国家知识产权局受理的发明专利 | 奋斗值：10项；<br>目标值：9项；<br>基准值：8项；<br>定量 | 国家知识产权局文件 | |
| 能力素质指标 | 责任心（10分） | 具有责任感，对自己和他人、对集体、对国家和社会所负责任的认识、情感和信念，以及与之相应的遵守规范、承担责任和履行义务的自觉态度 | 各指标的评价等级和对应分值：卓越（100分）、优秀（90分）、良好（80分）、一般（70分）、较差（60分）；<br>考核主体评分。直接上级占40%、其他上级领导评分占20%、平级人员互评占20%、下级员工代表占20% | 人力资源系统 | |
| | 团结协作（10分） | 互相支持、互相配合，顾全大局，明确共同目标，尊重他人，虚心诚恳，积极主动协同他人做好各项工作等 | | | |
| | 专业能力（10分） | 从事本岗位的应具备专业理论水平和能力 | | | |
| | 积极主动性（10分） | 进取向上、努力工作的思想和表现，个人意愿与集体长远目标任务相统一的动机 | | | |
| | 沟通与组织协调（10分） | 具备较强的专业素质和沟通协调能力。能够在工作中为决策提出专业意见并沟通协调各组织间工作联络，有团队精神和奉献精神，个人业务素质过硬 | | | |
| | 执行效率（10分） | 工作中能够迅速理解上级意图，形成目标并制订出具体可操作的行动方案，通过有效组织各 | | | |

续表二

| 指标类别 | 考核指标 | 考核内容 | 考核标准 | 信息来源 | 考核周期 |
| --- | --- | --- | --- | --- | --- |
| 能力素质指标 | 执行效率（10分） | 类资源和对任务优先顺序的安排，保证计划的高效、顺利实施，并具有高质量完成工作目标的能力 | 各指标的评价等级和对应分值：卓越（100分）、优秀（90分）、良好（80分）、一般（70分）、较差（60分）；<br>考核主体评分。直接上级占40%、其他上级领导评分占20%、平级人员互评占20%、下级员工代表占20% | 人力资源系统 | 年度 |
| | 学习创新（10分） | 个人有学习计划和实践措施，不断增加学识、提高技能，并应用到日常工作中以提高个人和组织绩效 | | | |
| | 执行效率（10分） | 根据具体目标，将工作分解为若干的关键可操作性步骤，设立优先次序，形成任务时间进度表 | | | |
| | 培训（10分） | 培训（考试）参与率＝实际参加培训课时（考试次数）/应参加培训课时（考试次数） | 满分10分。评分区间为1—10分，整数分值。<br>100%得满分，99%—90%得9分，以此类推 | 培训台账 | |
| | 素质提升（加分项） | 基本素质得分增长率＝（年末基本素质得分－年初基本素质得分）/年初基本素质得分 | 满分5分。评分区间为1—5分，整数分值。50%得满分，49%—40%得4分，以此类推 | 人力资源系统 | |
| | 党建考核（适用于中共党员）（10分） | 完成所在支部考核指标和工作任务 | 根据所在支部党员考核细则执行 | 党建考核结果 | |
| 非权重指标（含否决性指标） | 安全环保（100分） | 着火、爆炸、中毒、泄漏等，烟尘排放量等控制在目标值内；<br>1.$SO_2$排放量≤1000吨；<br>2. NOx排放量≤1000吨；<br>3. 烟尘排放量≤250吨；<br>4.VOCs排放量≤72吨 | 国家、地方法律法规和公司各项规章制度；根据公司处理决定执行，按处理等级直接对应考核结果 | 公司处理决定 | |
| | 遵章守纪（100分） | 遵守国家、地方法律法规和公司各项规章制度 | 国家、地方法律法规和公司各项规章制度；根据公司处理决定执行，按处理等级直接对应考核结果 | | |

续表三

| 指标类别 | 考核指标 | 考核内容 | 考核标准 | 信息来源 | 考核周期 |
| --- | --- | --- | --- | --- | --- |
| 非权重指标（含否决性指标） | 奖励指标（成果荣誉和专利） | 对员工年度内获得成果荣誉和专利情况进行量化加分 | 1. 发明专利独立完成计 1.2 分，1—3 名计 1.1 分、4—10 名计 1 分、11 名以后计 0.9 分；实用新型独立完成计 1.1 分，1—3 名计 1 分、4—10 名计 0.9 分、11 名以后计 0.8 分；外观设计独立完成计 1 分，1—3 名计 0.9 分、4—10 名计 0.8 分、11 名以后计 0.7 分。国际专利在以上基础上加 0.3 分；<br>2. 国家级：一等计 3 分、二等计 2.8 分。省部级：一等计 2.6 分、二等计 2.4 分、三等计 2.2 分。社会力量级Ⅰ：一等计 2.4 分、二等计 2.2 分、三等计 2 分。社会力量级Ⅱ：一等计 2.2 分、二等计 2 分、三等计 1.8 分。地（市）级、子分公司级：一等计 0.8 分、二等计 0.6 分、三等计 0.4 分。子分公司级技能竞赛：第一名计 0.8 分、第二名计 0.6 分、第三名计 0.4 分。中心级技能竞赛：第一名计 0.5 分、第二名计 0.3 分、第三名计 0.2 分。技能操作培训类：月度学习能手计 0.2 分，班组竞赛第一名计 0.2 分，第二名计 0.1 分。<br>定量考核 | 组织人事部 | 年度 |
| 备注 | | | | | |

HG–MZXT–015

## 气化工艺主管

| 岗位名称 | 气化工艺主管 | 所在部门 | 甲醇中心 |
|---|---|---|---|
| 职位职级序列 | 技术序列 | | |
| 直接上级 | 中心副经理 | | |
| 直接下级 | 工艺工程师 | | |
| 岗位职责 | 负责组织装置生产工作，完成生产计划及主要经济技术指标，对装置生产的安全性、连续性、可靠性负责，开展经济核算，严格控制物料消耗 | | |
| | 负责组织装置技术工作，制订和执行各项技术方案、操作规程等，组织和协调解决装置的产品质量、技改技措、技术攻关等相关的技术工作 | | |
| | 负责装置安全管理工作，落实装置人员的安全生产责任制，组织和落实安全生产检查、人员日常安全教育、应急管理体系等，维护装置安全生产状态 | | |
| | 负责装置综合管理工作，包括班组管理、人员管理、宣传工作等 | | |
| | 负责装置的整体运行管理和全面评价，推进技术创新、节能降耗、提质增效等工作的开展 | | |
| | 完成其他部门和中心安排的其他工作 | | |
| 工作记录文档 | 生产记录、台账、技术月报及报表、班组核算有关数据 | | |

| 指标类别 | 考核指标 | 考核内容 | 考核标准 | 信息来源 | 考核周期 |
|---|---|---|---|---|---|
| 岗位职责指标 | 煤耗（10 分） | 完成煤耗年度计划（要求原料煤低位热值不低于 5500 大卡） | 依据公司和中心相关管理制度和考核细则定量考核 | 生产运营系统 | 年度 |
| | 氧耗（10 分） | 完成氧耗年度计划（要求原料煤低位热值不低于 5500 大卡） | | | |
| | 三剂单耗（5 分） | 气化三剂控制指标：水煤浆添加剂≤8.2kg/t、分散剂≤0.6kg/t、絮凝剂≤0.011kg/t | | 技术月报 | |
| | 水煤浆浓度（5 分） | 水煤浆月平均浓度≥60% | | 生产运营系统 | |
| | 异常波动及非停（10 分） | 波动引起装置负荷调整、产量及长周期运行等 | | 公司处理决定 | |
| | 安全环保消防职业卫生（15 分） | 装置安全环保消防职业卫生等管理到位 | 依据公司和中心相关管理制度和考核细则定性考核 | 检查通报 | |

续表一

| 指标类别 | 考核指标 | 考核内容 | 考核标准 | 信息来源 | 考核周期 |
| --- | --- | --- | --- | --- | --- |
| 岗位职责指标 | 生产管理（15分） | 装置生产管理到位，主要包括生产计划、盲板、计量管理、防冻防凝等日常生产管理工作 | 依据公司和中心相关管理制度和考核细则定性考核 | 生产例会 | 年度 |
| | 技术管理（15分） | 装置技术管理到位，主要包括工艺指标、技改技措、药剂管理、培训工作等日常技术管理工作 | | 技术例会 | |
| | 综合管理（15分） | 装置综合管理到位，主要包括劳动纪律与考勤、宣传工作、班组及人员管理等日常综合管理工作 | | TM3 中心考核评价得分系统 | |
| 能力素质指标 | 责任心（10分） | 具有责任感，对自己和他人、对集体、对国家和社会所负责任的认识、情感和信念，以及与之相应的遵守规范、承担责任和履行义务的自觉态度 | 各指标的评价等级和对应分值：卓越（100分）、优秀（90分）、良好（80分）、一般（70分）、较差（60分）；<br>考核主体评分。直接上级占40%、其他上级领导评分占20%、平级人员互评占20%、下级员工代表占20% | 人力资源系统 | |
| | 团结协作（10分） | 互相支持、互相配合，顾全大局，明确共同目标，尊重他人，虚心诚恳，积极主动协同他人做好各项工作等 | | | |
| | 专业能力（10分） | 从事本岗位应具备的专业理论水平和能力 | | | |
| | 积极主动性（10分） | 进取向上、努力工作的思想和表现，个人意愿与集体长远目标任务相统一的动机 | | | |
| | 沟通与组织协调（10分） | 具备较强的专业素质和沟通协调能力。能够在工作中为决策提出专业意见并沟通协调各组织间工作联络，有团队精神和奉献精神，个人业务素质过硬 | | | |

续表二

| 指标类别 | 考核指标 | 考核内容 | 考核标准 | 信息来源 | 考核周期 |
|---|---|---|---|---|---|
| 能力素质指标 | 执行效率（10分） | 工作中能够迅速理解上级意图，形成目标并制订出具体可操作的行动方案，通过有效组织各类资源和对任务优先顺序的安排，保证计划的高效、顺利实施，并具有高质量完成工作目标的能力 | 各指标的评价等级和对应分值：卓越（100分）、优秀（90分）、良好（80分）、一般（70分）、较差（60分）；<br>考核主体评分。直接上级占40%、其他上级领导评分占20%、平级人员互评占20%、下级员工代表占20% | 人力资源系统 | 年度 |
| | 探索创新（10分） | 勇于打破常规，积极探索各种可能性，大胆尝试新的工作思路或方法 | | | |
| | 务实担当（10分） | 树立正确的业绩观，勤于履责，办实事，重实效；关键时刻顶得上，敢于承担决策风险和管理责任 | | | |
| | 学习（10分） | 培训（考试）参与率＝实际参加培训课时（考试次数）/应参加培训课时（考试次数） | 满分10分。评分区间为1—10分，整数分值。<br>100%得满分，99%—90%得9分，以此类推 | 培训台账 | |
| | 素质提升（加分项） | 基本素质得分增长率＝（年末基本素质得分－年初基本素质得分）/年初基本素质得分 | 满分5分。评分区间为1—5分，整数分值。<br>50%得满分，49%—40%得4分，以此类推 | 人力资源系统 | |
| | 党建考核（适用于中共党员）（10分） | 完成所在支部考核指标和工作任务 | 根据所在支部党员考核细则执行 | 党建考核结果 | |
| 非权重指标（含否决性指标） | 安全环保（100分） | 着火、爆炸、中毒、泄漏等，烟尘排放量等控制在目标值内；<br>1.$SO_2$ 排放量≤1000吨；<br>2. NOx 排放量≤1000吨；<br>3. 烟尘排放量≤250吨；<br>4.VOCs 排放量≤72吨 | 遵守国家、地方法律法规和公司各项规章制度；<br>根据公司处理决定执行，按处理等级直接对应考核结果 | 公司处理决定 | |
| | 遵章守纪（100分） | 遵守国家、地方法律法规和公司各项规章制度 | | | |

续表三

| 指标类别 | 考核指标 | 考核内容 | 考核标准 | 信息来源 | 考核周期 |
| --- | --- | --- | --- | --- | --- |
| 非权重指标（含否决性指标） | 奖励指标（成果荣誉和专利） | 对员工年度内获得成果荣誉和专利情况进行量化加分 | 1. 发明专利独立完成计 1.2 分，1—3 名计 1.1 分、4—10 名计 1 分、11 名以后计 0.9 分；实用新型独立完成计 1.1 分，1—3 名计 1 分、4—10 名计 0.9 分、11 名以后计 0.8 分；外观设计独立完成计 1 分，1—3 名计 0.9 分、4—10 名计 0.8 分、11 名以后计 0.7 分。国际专利在以上基础上加 0.3 分；<br>2. 国家级：一等计 3 分、二等计 2.8 分。省部级：一等计 2.6 分、二等计 2.4 分、三等计 2.2 分。社会力量级Ⅰ：一等计 2.4 分、二等计 2.2 分、三等计 2 分。社会力量级Ⅱ：一等计 2.2 分、二等计 2 分、三等计 1.8 分。地（市）级、子分公司级：一等计 0.8 分、二等计 0.6 分、三等计 0.4 分。子分公司级技能竞赛：第一名计 0.8 分、第二名计 0.6 分、第三名计 0.4 分。中心级技能竞赛：第一名计 0.5 分、第二名计 0.3 分、第三名计 0.2 分。技能操作培训类：月度学习能手计 0.2 分，班组竞赛第一名计 0.2 分，第二名计 0.1 分。<br>定量考核 | 组织人事部 | 年度 |
| 备注 | | | | | |

HG-MZXT-016

## 气化设备工程师

| 岗位名称 | 气化设备工程师 | 所在部门 | 甲醇中心 |
| --- | --- | --- | --- |
| 职位职级序列 | 技术序列 | | |
| 直接上级 | 气化设备主管 | | |
| 直接下级 | —— | | |
| 岗位职责 | 负责装置的设备安全以及相关作业的安全管理工作 | | |
| | 负责装置的设备日常管理，包括运行、维修、保养和检测等，编制和指导设备的停开、维修等技术文件，收集和整理相关的设备台账、记录、关键数据等 | | |
| | 负责装置的设备作业，包括作业的计划准备、过程实施和监管、备件的领用和管理、试车运行等整体工作 | | |
| | 及时处理装置的设备缺陷和装备问题，总结经验教训，完善装置运行 | | |
| | 协助完成装置的技改技措、技术攻关和改造、节能降耗、提质增效等相关工作 | | |
| | 完成其他部门和中心交办的其他工作 | | |
| 工作记录文档 | 设备台账、检维修记录、设备技术报表报告等 | | |

| 指标类别 | 考核指标 | 考核内容 | 考核标准 | 信息来源 | 考核周期 |
| --- | --- | --- | --- | --- | --- |
| 岗位职责指标 | 设备运行管理（5分） | 设备按照规定切换、盘车，润滑油管理，特种设备100%符合管理规定要求 | 依据公司和中心相关管理制度和考核细则定量考核 | 生产运营管理系统 | 年度 |
| | 设备完好率（10分） | 设备完好率要求大于95%，主要设备完好率≥95%，动静设备泄漏率＜0.3‰，设备联锁投用率≥100% | | | |
| | 缺陷管理（15分） | 设备缺陷管理按管理规定100%符合要求，动设备故障率＜5%；上级部门、中心及装置查出的问题，要及时整改，整改期限内整改完成，整改率100% | | | |
| | 检修与计划指标（10分） | 检修计划、物资计划按要求正确上报，检修计划完成率≥95% | | | |
| | 物资与预算指标（10分） | 物资计划准确率100%，提报物资计划需考虑库存、消耗周期、采购周期；严格按照要求提报 | | 设备管理平台 | |

续表一

| 指标类别 | 考核指标 | 考核内容 | 考核标准 | 信息来源 | 考核周期 |
|---|---|---|---|---|---|
| 岗位职责指标 | 物资与预算指标（10分） | 据实结算，并认真做好预算，把预算做到与实际偏差小于20% | 依据公司和中心相关管理制度和考核细则定量考核 | 设备管理平台 | 年度 |
| | 设备技术管理（10分） | 固定资产管理、台账、报表及上报资料及时更新上报 | 依据公司和中心相关管理制度和考核细则定性考核 | TM3中心考核评价得分系统 | |
| | 库存与物资情况（10分） | 物资降库有措施，认真执行并完成降库分配指标。物资领用管理，确保出库的严谨性、必要性、真实性。ERP上的领料单及出库需求计划填报需符合相关要求 | | | |
| | 检维修情况（15分） | 严格执行检修过程全控制，做到文明检修，杜绝三违，现场消缺卡、文件包，齐全并符合现场检修要求 | | | |
| | 费控管理（15分） | 按照中心分配到气化装置维修费用额度，制订年度、月度检维修计划及费用预算。完成给予奖励，超预算给予扣分。据实结算类项目必须明确工程量和必要性以及费用预算 | | | |
| 能力素质指标 | 责任心（10分） | 具有责任感，对自己和他人、对集体、对国家和社会所负责任的认识、情感和信念，以及与之相应的遵守规范、承担责任和履行义务的自觉态度 | 各指标的评价等级和对应分值：卓越（100分）、优秀（90分）、良好（80分）、一般（70分）、较差（60分）；<br>考核主体评分。直接上级占40%、其他上级领导评分占20%、平级人员互评占20%、下级员工代表占20% | 人力资源系统 | |
| | 团结协作（10分） | 互相支持、互相配合，顾全大局，明确共同目标，尊重他人，虚心诚恳，积极主动协同他人做好各项工作等 | | | |

续表二

| 指标类别 | 考核指标 | 考核内容 | 考核标准 | 信息来源 | 考核周期 |
|---|---|---|---|---|---|
| 能力素质指标 | 专业能力（10分） | 从事本岗位的应具备的专业理论水平和能力 | 各指标的评价等级和对应分值：卓越（100分）、优秀（90分）、良好（80分）、一般（70分）、较差（60分）；<br>考核主体评分。直接上级占40%、其他上级领导评分占20%、平级人员互评占20%、下级员工代表占20% | 人力资源系统 | 年度 |
| | 积极主动性（10分） | 进取向上、努力工作的思想和表现，个人意愿与集体长远目标任务相统一的动机 | | | |
| | 沟通与组织协调（10分） | 具备较强的专业素质和沟通协调能力。能够在工作中为决策提出专业意见并沟通协调各组织间工作联络，有团队精神和奉献精神，个人业务素质过硬 | | | |
| | 执行效率（10分） | 工作中能够迅速理解上级意图，形成目标并制订出具体可操作的行动方案，通过有效组织各类资源和对任务优先顺序的安排，保证计划的高效、顺利实施，并具有高质量完成工作目标的能力 | | | |
| | 探索创新（10分） | 勇于打破常规，积极探索各种可能性，大胆尝试新的工作思路或方法 | | | |
| | 务实担当（10分） | 树立正确的业绩观，勤于履责，办实事，重实效；关键时刻顶得上，敢于承担决策风险和管理责任 | | | |
| | 学习（10分） | 培训（考试）参与率=实际参加培训课时（考试次数）/应参加培训课时（考试次数） | 满分10分。评分区间为1—10分，整数分值。<br>100%得满分，99%—90%得9分，以此类推 | 培训台账 | |
| | 素质提升（加分项） | 基本素质得分增长率=（年末基本素质得分－年初基本素质得分）/年初基本素质得分 | 满分5分。评分区间为1—5分，整数分值。<br>50%得满分，49%—40%得4分，以此类推 | 人力资源系统 | |

续表三

| 指标类别 | 考核指标 | 考核内容 | 考核标准 | 信息来源 | 考核周期 |
|---|---|---|---|---|---|
| 能力素质指标 | 党建考核（适用于中共党员）（10 分） | 完成所在支部考核指标和工作任务 | 根据所在支部党员考核细则执行 | 党建考核结果 | 年度 |
| 非权重指标（含否决性指标） | 安全环保（100 分） | 着火、爆炸、中毒、泄漏等，烟尘排放量等控制在目标值内；<br>1.$SO_2$ 排放量≤1000 吨；<br>2. NOx 排放量≤1000 吨；<br>3. 烟尘排放量≤250 吨；<br>4.VOCs 排放量≤72 吨 | 遵守国家、地方法律法规和公司各项规章制度；<br>根据公司处理决定执行，按处理等级直接对应考核结果 | 公司处理决定 | |
| | 遵章守纪（100 分） | 遵守国家、地方法律法规和公司各项规章制度 | | | |
| 非权重指标（含否决性指标） | 奖励指标（成果荣誉和专利） | 对员工年度内获得成果荣誉和专利情况进行量化加分 | 1. 发明专利独立完成计 1.2 分，1—3 名计 1.1 分、4—10 名计 1 分、11 名以后计 0.9 分；实用新型独立完成计 1.1 分，1—3 名计 1 分、4—10 名计 0.9 分、11 名以后计 0.8 分；外观设计独立完成计 1 分，1—3 名计 0.9 分、4—10 名计 0.8 分、11 名以后计 0.7 分。国际专利在以上基础上加 0.3 分；<br>2. 国家级：一等计 3 分、二等计 2.8 分。省部级：一等计 2.6 分、二等计 2.4 分、三等计 2.2 分。社会力量级Ⅰ：一等计 2.4 分、二等计 2.2 分、三等计 2 分。社会力量级Ⅱ：一等计 2.2 分、二等计 2 分、三等计 1.8 分。地（市）级、子分公司级：一等计 0.8 分、二等计 0.6 分、三等计 0.4 分。子分公司级技能竞赛：第一名计 0.8 分、第二名计 0.6 分、第三名计 0.4 分。中心级技能竞赛：第一名计 0.5 分、第二名计 0.3 分、第三名计 0.2 分。技能操作培训类：月度学习能手计 0.2 分，班组竞赛第一名计 0.2 分，第二名计 0.1 分。<br>定量考核 | 组织人事部 | |
| 备注 | | | | | |

HG-MZXT-017

## 综合管理员

<table>
<tr><th>岗位名称</th><th>综合管理员</th><th>所在部门</th><th>甲醇中心</th></tr>
<tr><td>职位职级序列</td><td colspan="3">管理序列</td></tr>
<tr><td>直接上级</td><td colspan="3">综合主管</td></tr>
<tr><td>直接下级</td><td colspan="3">——</td></tr>
<tr><td rowspan="6">岗位职责</td><td colspan="3">协助做好中心的综合管理工作，包括班组管理、人员管理、宣传工作等等</td></tr>
<tr><td colspan="3">协助做好中心的人事管理，包括劳动纪律和考勤，人员编制与奖金分配，岗位竞聘，职称评定等各项人力资源基础工作</td></tr>
<tr><td colspan="3">协助做好中心的财务管理，包括出差审批与报销，费用预算与统计，班组经济核算等工作</td></tr>
<tr><td colspan="3">协助做好中心的行政后勤工作，包括日常接待，公文的传阅催办归档及资料管理，印章管理、员工竞赛、文体活动等后勤保障工作</td></tr>
<tr><td colspan="3">协助做好中心的党工团及宣传工作，包括日常宣传、企业文化建设、员工来信来访、中心党工团工作等</td></tr>
<tr><td colspan="3">完成其他部门和中心交办的其他工作</td></tr>
<tr><td>工作记录文档</td><td colspan="3">办公用品领用台账、印章使用登记表、私家车办理人员台账、人员信息台账、劳动合同台账、住宿人员信息台账、固定资产清点台账、办公电脑物理地址登记表、自行车管理使用台账、差旅费报销台账、员工请休假台账、6S 月度报告、员工工资套改信息核对表、医疗报销台账等</td></tr>
</table>

<table>
<tr><th>指标类别</th><th>考核指标</th><th>考核内容</th><th>考核标准</th><th>信息来源</th><th>考核周期</th></tr>
<tr><td rowspan="5">岗位职责指标</td><td>考勤率（10 分）</td><td>考核中心考勤管理的质量，原始考勤率大于 80%，满勤率达到 99% 以上</td><td rowspan="5">依据公司和中心相关管理制度和考核细则定量考核</td><td>TM3 中心考核评价得分系统</td><td rowspan="5">年度</td></tr>
<tr><td>选人用人管理（15 分）</td><td>选拔空缺岗位人才，公平公正率达到 100%</td><td>竞聘方案评定</td></tr>
<tr><td>七项费用管理（10 分）</td><td>中心费用预算达成率 95% 以上、报销达成率 100%</td><td rowspan="3">TM3 中心考核评价得分系统</td></tr>
<tr><td>公文管理（10 分）</td><td>收文、发文、传阅、签报各种公文种类，及时办理率达到 100%</td></tr>
<tr><td>宣传工作（15 分）</td><td>配合中心宣传工作公司排名进入前三</td></tr>
</table>

续表一

| 指标类别 | 考核指标 | 考核内容 | 考核标准 | 信息来源 | 考核周期 |
|---|---|---|---|---|---|
| 岗位职责指标 | 档案、保密、网络安全和信息化管理（10分） | 反映档案资料管理的工作成就；加强保密文件、资料的日常管理；保证中心内部网络安全，不受盗版软件威胁 | 依据公司和中心相关管理制度和考核细则定性考核 | TM3中心考核评价得分系统 | 年度 |
| | 班组及考核核算管理（10分） | 协助中心生产专业和各装置做好班组管理和TM3中心考核评价得分系统，定期完成五型班组绩效考核的录入、审核和评比工作 | | | |
| | 薪酬福利及绩效考核（15分） | 中心薪酬福利工作成效显著，发放公平公正；绩效考核合理到位，奖罚得当 | | | |
| | 办公区域6S管理（5分） | 中心办公区域环境卫生管理 | | | |
| 能力素质指标 | 责任心（10分） | 具有责任感，对自己和他人、对集体、对国家和社会所负责任的认识、情感和信念，以及与之相应的遵守规范、承担责任和履行义务的自觉态度 | 各指标的评价等级和对应分值：卓越（100分）、优秀（90分）、良好（80分）、一般（70分）、较差（60分）；<br>考核主体评分。直接上级占40%、其他上级领导评分占20%、平级人员互评占20%、下级员工代表占20% | 人力资源系统 | |
| | 团结协作（10分） | 互相支持、互相配合，顾全大局，明确共同目标，尊重他人，虚心诚恳，积极主动协同他人做好各项工作等 | | | |
| | 专业能力（10分） | 从事本岗位应具备的专业理论水平和能力 | | | |
| | 积极主动性（10分） | 进取向上、努力工作的思想和表现，个人意愿与集体长远目标任务相统一的动机 | | | |

续表二

| 指标类别 | 考核指标 | 考核内容 | 考核标准 | 信息来源 | 考核周期 |
|---|---|---|---|---|---|
| 能力素质指标 | 沟通与组织协调（10分） | 具备较强的专业素质和沟通协调能力。能够在工作中为决策提出专业意见并沟通协调各组织间工作联络，有团队精神和奉献精神，个人业务素质过硬 | 各指标的评价等级和对应分值：卓越（100分）、优秀（90分）、良好（80分）、一般（70分）、较差（60分）；<br>考核主体评分。直接上级占40%、其他上级领导评分占20%、平级人员互评占20%、下级员工代表占20% | 人力资源系统 | 年度 |
| | 执行效率（10分） | 工作中能够迅速理解上级意图，形成目标并制订出具体可操作的行动方案，通过有效组织各类资源和对任务优先顺序的安排，保证计划的高效、顺利实施，并具有高质量完成工作目标的能力 | | | |
| | 探索创新（10分） | 勇于打破常规，积极探索各种可能性，大胆尝试新的工作思路或方法 | | | |
| | 务实担当（10分） | 树立正确的业绩观，勤于履责，办实事，重实效；关键时刻顶得上，敢于承担决策风险和管理责任 | | | |
| | 学习（10分） | 培训（考试）参与率=实际参加培训课时（考试次数）/应参加培训课时（考试次数） | 满分10分。评分区间为1—10分，整数分值。<br>100%得满分，99%—90%得9分，以此类推 | 培训台账 | |
| | 素质提升（加分项） | 基本素质得分增长率=（年末基本素质得分－年初基本素质得分）/年初基本素质得分 | 满分5分。评分区间为1—5分，整数分值。50%得满分，49%—40%得4分，以此类推 | 人力资源系统 | |
| | 党建考核（适用于中共党员）（10分） | 完成所在支部考核指标和工作任务 | 根据所在支部党员考核细则执行 | 党建考核结果 | |

续表三

| 指标类别 | 考核指标 | 考核内容 | 考核标准 | 信息来源 | 考核周期 |
| --- | --- | --- | --- | --- | --- |
| 非权重指标（含否决性指标） | 安全环保（100分） | 着火、爆炸、中毒、泄漏等，烟尘排放量等控制在目标值内；<br>1.$SO_2$ 排放量≤1000吨；<br>2. NOx 排放量≤1000吨；<br>3. 烟尘排放量≤250吨；<br>4.VOCs 排放量≤72吨 | 遵守国家、地方法律法规和公司各项规章制度；<br>根据公司处理决定执行，按处理等级直接对应考核结果 | 公司处理决定 | 年度 |
| | 遵章守纪（100分） | 遵守国家、地方法律法规和公司各项规章制度 | | | |
| | 奖励指标（成果荣誉和专利） | 对员工年度内获得成果荣誉和专利情况进行量化加分 | 1. 发明专利独立完成计1.2分，1—3名计1.1分、4—10名计1分、11名以后计0.9分；实用新型独立完成计1.1分，1—3名计1分、4—10名计0.9分、11名以后计0.8分；外观设计独立完成计1分，1—3名计0.9分、4—10名计0.8分、11名以后计0.7分。国际专利在以上基础上加0.3分；<br>2. 国家级：一等计3分、二等计2.8分。省部级：一等计2.6分、二等计2.4分、三等计2.2分。社会力量级Ⅰ：一等计2.4分、二等计2.2分、三等计2分。社会力量级Ⅱ：一等计2.2分、二等计2分、三等计1.8分。地（市）级、子分公司级：一等计0.8分、二等计0.6分、三等计0.4分。子分公司级技能竞赛：第一名计0.8分、第二名计0.6分、第三名计0.4分。中心级技能竞赛：第一名计0.5分、第二名计0.3分、第三名计0.2分。技能操作培训类：月度学习能手计0.2分，班组竞赛第一名计0.2分，第二名计0.1分。<br>定量考核 | 组织人事部 | |
| 备注 | | | | | |

HG-MZXT-018

## 气化班长

| 岗位名称 | 气化班长 | 所在部门 | 甲醇中心 |
|---|---|---|---|
| 职位职级序列 | 技能序列 | | |
| 直接上级 | 值班长 | | |
| 直接下级 | 气化副班长、气化主操副操 | | |
| 岗位职责 | 负责班组安全工作，督促班组人员的安全生产责任制，组织和落实安全生产检查，人员日常安全教育，应急管理体系等，维护班组和装置的安全生产状态 | | |
| | 负责班组的生产工作，执行生产计划、生产指令，交接班及巡检，操作调整，故障或异常工况处理，清洁生产等，确保装置的安、稳、长、满、优运行 | | |
| | 负责班组的工艺技术工作，严格执行工艺指标和经济指标、操作规程和技术规程、联锁和自控率，报警管理，产品质量，员工学习和培训，记录和报表等 | | |
| | 负责装置的设备工作，严格执行设备巡检，隐患排查和整改，设备切换盘车和润滑检查，检维修工艺处理、确认、监护等 | | |
| | 负责班组的综合管理，包括劳动纪律与考勤、宣传工作、班组经济核算和文化建设等工作 | | |
| | 完成中心交办的其他工作 | | |
| 工作记录文档 | 岗位记录报表、交接班记录本、中心其他相关记录等 | | |

| 指标类别 | 考核指标 | 考核内容 | 考核标准 | 信息来源 | 考核周期 |
|---|---|---|---|---|---|
| 岗位职责指标 | 运行情况（15分） | 生产波动和非计划停车，安全稳定运行率达到100% | 依据公司和中心相关管理制度和考核细则定量考核 | TM3中心考核评价得分系统 | 年度 |
| | 生产执行（10分） | 生产指令和巡检日执行率达到100%；交接班和生产记录日执行率达到99% | | | |
| | 工艺技术（15分） | 工艺指标和经济指标达标率大于95%；联锁率100%，自控率大于90%；产品质量或中间产品合格率大于99% | | | |
| | 设备执行（10分） | 设备切换盘车和润滑检查日执行率达到98%；检维修工艺处理、确认、直接作业监护率达到100% | | | |
| | 安全管理（20分） | 负责班组的整体安全工作，包括班中装置的运 | | | |

续表一

<table>
<tr><th>指标类别</th><th>考核指标</th><th>考核内容</th><th>考核标准</th><th>信息来源</th><th>考核周期</th></tr>
<tr><td rowspan="5">岗位职责指标</td><td>安全管理（20分）</td><td>行、人员的安全生产、安全隐患的排查检查、消防设施以及事故应急处置、事故的防范和杜绝、直接作业的安全管控等工作</td><td rowspan="5">依据公司和中心相关管理制度和考核细则定性考核</td><td rowspan="5">TM3 中心考核评价得分系统</td><td rowspan="8">年度</td></tr>
<tr><td>生产管理（10分）</td><td>配合完成相关生产工作，主要包括生产计划、开停工、操作调整及应急、盲板、计量管理、防冻防凝等</td></tr>
<tr><td>技术管理（10分）</td><td>配合完成相关技术工作，主要包括技改技措、技术攻关和优化、药剂管理、培训工作等</td></tr>
<tr><td>设备管理（5分）</td><td>负责完成相关设备工作，主要包括设备的巡检和完好、隐患的发现与整改、检维修配合、关键设备开停操作等</td></tr>
<tr><td>综合管理（5分）</td><td>配合完成班组综合工作，包括劳动纪律与考勤、宣传报道及人员管理等</td></tr>
<tr><td rowspan="3">能力素质指标</td><td>责任心（10分）</td><td>具有责任感，对自己和他人、对集体、对国家和社会所负责任的认识、情感和信念，以及与之相应的遵守规范、承担责任和履行义务的自觉态度</td><td rowspan="3">各指标的评价等级和对应分值：卓越（100分）、优秀（90分）、良好（80分）、一般（70分）、较差（60分）；<br>考核主体评分。直接上级占40%、其他上级领导评分占20%、平级人员互评占20%、下级员工代表占20%</td><td rowspan="3">人力资源系统</td></tr>
<tr><td>团结协作（10分）</td><td>互相支持、互相配合，顾全大局，明确共同目标，尊重他人，虚心诚恳，积极主动协同他人做好各项工作等</td></tr>
<tr><td>专业能力（10分）</td><td>从事本岗位应具备的专业理论水平和能力</td></tr>
</table>

续表二

| 指标类别 | 考核指标 | 考核内容 | 考核标准 | 信息来源 | 考核周期 |
| --- | --- | --- | --- | --- | --- |
| 能力素质指标 | 积极主动性（10分） | 进取向上、努力工作的思想和表现，个人意愿与集体长远目标任务相统一的动机 | 各指标的评价等级和对应分值：卓越（100分）、优秀（90分）、良好（80分）、一般（70分）、较差（60分）；<br>考核主体评分。直接上级占40%、其他上级领导评分占20%、平级人员互评占20%、下级员工代表占20% | 人力资源系统 | 年度 |
| | 沟通与组织协调（10分） | 具有良好的执行力和本岗位需要的专业技术能力。工作中能够解决实际问题，并具有一定的团队协作精神和集体荣誉感，持续保持学习能力，具备一定的沟通协调能力 | | | |
| | 执行效率（10分） | 工作中能够迅速理解上级意图，形成目标并制订出具体可操作的行动方案，通过有效组织各类资源和对任务优先顺序的安排，保证计划的高效、顺利实施，并具有高质量完成工作目标的能力 | | | |
| | 探索创新（10分） | 勇于打破常规，积极探索各种可能性，大胆尝试新的工作思路或方法 | | | |
| | 务实担当（10分） | 树立正确的业绩观，勤于履责，办实事，重实效；关键时刻顶得上，敢于承担决策风险和管理责任 | | | |
| | 学习（10分） | 培训（考试）参与率=实际参加培训课时（考试次数）/应参加培训课时（考试次数） | 满分10分。评分区间为1—10分，整数分值。<br>100%得满分，99%—90%得9分，以此类推 | 培训台账 | |
| | 素质提升（加分项） | 基本素质得分增长率=（年末基本素质得分－年初基本素质得分）/年初基本素质得分 | 满分5分。评分区间为1—5分，整数分值。<br>50%得满分，49%—40%得4分，以此类推 | 人力资源系统 | |

续表三

| 指标类别 | 考核指标 | 考核内容 | 考核标准 | 信息来源 | 考核周期 |
| --- | --- | --- | --- | --- | --- |
| 能力素质指标 | 党建考核（适用于中共党员）（10分） | 完成所在支部考核指标和工作任务 | 根据所在支部党员考核细则执行 | 党建考核结果 | 年度 |
| 非权重指标（含否决性指标） | 安全环保（100分） | 着火、爆炸、中毒、泄漏等，烟尘排放量等控制在目标值内；<br>1. $SO_2$ 排放量≤1000吨；<br>2. NOx排放量≤1000吨；<br>3. 烟尘排放量≤250吨；<br>4. VOCs排放量≤72吨 | 国家、地方法律法规和公司各项规章制度；根据公司处理决定执行，按处理等级直接对应考核结果 | 公司处理决定 | |
| | 遵章守纪（100分） | 遵守国家、地方法律法规和公司各项规章制度 | | | |
| | 奖励指标（成果荣誉和专利） | 对员工年度内获得成果荣誉和专利情况进行量化加分 | 1. 发明专利独立完成计1.2分，1—3名计1.1分、4—10名计1分、11名以后计0.9分；实用新型独立完成计1.1分，1—3名计1分、4—10名计0.9分、11名以后计0.8分；外观设计独立完成计1分，1—3名计0.9分、4—10名计0.8分、11名以后计0.7分。国际专利在以上基础上加0.3分；<br>2. 国家级：一等计3分、二等计2.8分。省部级：一等计2.6分、二等计2.4分、三等计2.2分。社会力量级Ⅰ：一等计2.4分、二等计2.2分、三等计2分。社会力量级Ⅱ：一等计2.2分、二等计2分、三等计1.8分。地（市）级、子分公司级：一等计0.8分、二等计0.6分、三等计0.4分。子分公司级技能竞赛：第一名计0.8分、第二名计0.6分、第三名计0.4分。中心级技能竞赛：第一名计0.5分、第二名计0.3分、第三名计0.2分。技能操作培训类：月度学习能手计0.2分，班组竞赛第一名计0.2分，第二名计0.1分。<br>定量考核 | 组织人事部 | |
| 备注 | | | | | |

HG-MZXT-019

## 净化主操副操

<table>
<tr><td>岗位名称</td><td>净化主操副操</td><td>所在部门</td><td>甲醇中心</td></tr>
<tr><td>职位职级序列</td><td colspan="3">技能序列</td></tr>
<tr><td>直接上级</td><td colspan="3">净化班长 / 副班长</td></tr>
<tr><td>直接下级</td><td colspan="3">——</td></tr>
<tr><td rowspan="6">岗位职责</td><td colspan="3">协助完成班组安全工作，执行安全生产责任制、安全生产检查，人员日常安全教育，应急管理体系等，维护班组和装置的安全生产状态</td></tr>
<tr><td colspan="3">协助完成班组的生产工作，执行生产计划、生产指令，交接班及巡检，操作调整，故障或异常工况处理，清洁生产等，确保装置的安、稳、长、满、优运行</td></tr>
<tr><td colspan="3">协助完成班组的工艺技术工作，严格执行工艺指标和经济指标、操作规程和技术规程、联锁和自控率，报警管理，产品质量，员工学习和培训，记录和报表等</td></tr>
<tr><td colspan="3">协助完成装置的设备工作，严格执行设备巡检，隐患排查和整改，设备切换盘车和润滑检查，检维修工艺处理、确认、监护等</td></tr>
<tr><td colspan="3">协助完成班组的综合管理，包括劳动纪律与考勤、宣传工作、班组经济核算和文化建设等工作</td></tr>
<tr><td colspan="3">完成中心交办的其他工作</td></tr>
<tr><td>工作记录文档</td><td colspan="3">岗位记录报表、交接班记录本、中心其他相关记录等</td></tr>
</table>

<table>
<tr><th>指标类别</th><th>考核指标</th><th>考核内容</th><th>考核标准</th><th>信息来源</th><th>考核周期</th></tr>
<tr><td rowspan="5">岗位职责指标</td><td>运行情况（15 分）</td><td>生产波动和非计划停车，安全稳定运行率达到 100%</td><td rowspan="5">依据公司和中心相关管理制度和考核细则定量考核</td><td rowspan="5">TM3 中心考核评价得分系统</td><td rowspan="5">年度</td></tr>
<tr><td>生产执行（10 分）</td><td>生产指令和巡检日执行率达到 100%；交接班和生产记录日执行率达到 99%</td></tr>
<tr><td>工艺技术（15 分）</td><td>工艺指标和经济指标达标率大于 95%；联锁率 100%，自控率大于 90%；产品质量或中间产品合格率大于 99%</td></tr>
<tr><td>设备执行（10 分）</td><td>设备切换盘车和润滑检查日执行率达到 98%；检维修工艺处理、确认、直接作业监护率达到 100%</td></tr>
<tr><td>安全管理（20 分）</td><td>配合班组的整体安全工作，包括班中装置的运行、人员的安全生产、</td></tr>
</table>

续表一

| 指标类别 | 考核指标 | 考核内容 | 考核标准 | 信息来源 | 考核周期 |
|---|---|---|---|---|---|
| 岗位职责指标（100分） | 安全管理（20分） | 安全隐患的排查检查、消防设施以及事故应急处置、事故的防范和杜绝、直接作业的安全管控等工作 | 依据公司和中心相关管理制度和考核细则定性考核 | TM3中心考核评价得分系统 | 年度 |
| | 生产管理（10分） | 配合完成相关生产工作，主要包括生产计划、开停工、操作调整与应急、盲板、计量管理、防冻防凝等 | | | |
| | 技术管理（10分） | 配合完成相关技术工作，主要包括技改技措、技术攻关和优化、药剂管理、培训工作等 | | | |
| | 设备管理（5分） | 配合完成相关设备工作，主要包括设备的巡检和完好、隐患的发现与整改、检维修配合、关键设备开停操作等 | | | |
| | 综合管理（5分） | 配合完成班组综合工作，包括劳动纪律与考勤、宣传报道及人员管理等 | | | |
| 能力素质指标 | 责任心（10分） | 具有责任感，对自己和他人、对集体、对国家和社会所负责任的认识、情感和信念，以及与之相应的遵守规范、承担责任和履行义务的自觉态度 | 各指标的评价等级和对应分值：卓越（100分）、优秀（90分）、良好（80分）、一般（70分）、较差（60分）；<br>考核主体评分。直接上级占40%、其他上级领导评分占20%、平级人员互评占20%、下级员工代表占20% | 人力资源系统 | |
| | 团结协作（10分） | 互相支持、互相配合，顾全大局，明确共同目标，尊重他人，虚心诚恳，积极主动协同他人做好各项工作等 | | | |
| | 专业能力（10分） | 从事本岗位应具备的专业理论水平和能力 | | | |

续表二

| 指标类别 | 考核指标 | 考核内容 | 考核标准 | 信息来源 | 考核周期 |
| --- | --- | --- | --- | --- | --- |
| 能力素质指标 | 积极主动性（10 分） | 进取向上、努力工作的思想和表现，个人意愿与集体长远目标任务相统一的动机 | 各指标的评价等级和对应分值：卓越（100 分）、优秀（90 分）、良好（80 分）、一般（70 分）、较差（60 分）；<br>考核主体评分。直接上级占 40%、其他上级领导评分占 20%、平级人员互评占 20%、下级员工代表占 20% | 人力资源系统 | 年度 |
| | 沟通与组织协调（10 分） | 具有良好的执行力和本岗位需要的专业技术能力。工作中能够解决实际问题，并具有一定的团队协作精神和集体荣誉感，持续保持学习能力，具备一定的沟通协调能力 | | | |
| | 执行效率（10 分） | 工作中能够迅速理解上级意图，形成目标并制订出具体可操作的行动方案，通过有效组织各类资源和对任务优先顺序的安排，保证计划的高效、顺利实施，并具有高质量完成工作目标的能力 | | | |
| | 探索创新（10 分） | 勇于打破常规，积极探索各种可能性，大胆尝试新的工作思路或方法 | | | |
| | 务实担当（10 分） | 树立正确的业绩观，勤于履责，办实事，重实效；关键时刻顶得上，敢于承担决策风险和管理责任 | | | |
| | 学习（10 分） | 培训（考试）参与率 = 实际参加培训课时（考试次数）/ 应参加培训课时（考试次数） | 满分 10 分。评分区间为 1—10 分，整数分值。<br>100% 得满分，99%—90% 得 9 分，以此类推 | 培训台账 | |
| | 素质提升（加分项） | 基本素质得分增长率 =（年末基本素质得分 – 年初基本素质得分）/ 年初基本素质得分 | 满分 5 分。评分区间为 1—5 分，整数分值。50% 得满分，49%—40% 得 4 分，以此类推 | 人力资源系统 | |

续表三

| 指标类别 | 考核指标 | 考核内容 | 考核标准 | 信息来源 | 考核周期 |
|---|---|---|---|---|---|
| 能力素质指标 | 党建考核（适用于中共党员）（10 分） | 完成所在支部考核指标和工作任务 | 根据所在支部党员考核细则执行 | 党建考核结果 | 年度 |
| 非权重指标（含否决性指标） | 安全环保（100 分） | 着火、爆炸、中毒、泄漏等，烟尘排放量等控制在目标值内；<br>1.$SO_2$ 排放量≤1000 吨；<br>2. NOx 排放量≤1000 吨；<br>3. 烟尘排放量≤250 吨；<br>4.VOCs 排放量≤72 吨 | 国家、地方法律法规和公司各项规章制度；根据公司处理决定执行，按处理等级直接对应考核结果 | 公司处理决定 | |
| | 遵章守纪（100 分） | 遵守国家、地方法律法规和公司各项规章制度 | | | |
| | 奖励指标（成果荣誉和专利） | 对员工年度内获得成果荣誉和专利情况进行量化加分 | 1. 发明专利独立完成计 1.2 分，1—3 名计 1.1 分、4—10 名计 1 分、11 名以后计 0.9 分；实用新型独立完成计 1.1 分，1—3 名计 1 分、4—10 名计 0.9 分、11 名以后计 0.8 分；外观设计独立完成计 1 分，1—3 名计 0.9 分、4—10 名计 0.8 分、11 名以后计 0.7 分。国际专利在以上基础上加 0.3 分；<br>2. 国家级：一等计 3 分、二等计 2.8 分。省部级：一等计 2.6 分、二等计 2.4 分、三等计 2.2 分。社会力量级Ⅰ：一等计 2.4 分、二等计 2.2 分、三等计 2 分。社会力量级Ⅱ：一等计 2.2 分、二等计 2 分、三等计 1.8 分。地（市）级、子分公司级：一等计 0.8 分、二等计 0.6 分、三等计 0.4 分。子分公司级技能竞赛：第一名计 0.8 分、第二名计 0.6 分、第三名计 0.4 分。中心级技能竞赛：第一名计 0.5 分、第二名计 0.3 分、第三名计 0.2 分。技能操作培训类：月度学习能手计 0.2 分，班组竞赛第一名计 0.2 分，第二名计 0.1 分。<br>定量考核 | 组织人事部 | |
| 备注 | | | | | |

## HG-MZXT-020

### MTO 工艺主管

<table>
<tr><th>岗位名称</th><td colspan="2">MTO 工艺主管</td><th colspan="2">所在部门</th><td colspan="2">烯烃中心</td></tr>
<tr><td>职位职级序列</td><td colspan="6">技术序列</td></tr>
<tr><td>直接上级</td><td colspan="6">生产副经理</td></tr>
<tr><td>直接下级</td><td colspan="6">工艺工程师</td></tr>
<tr><td rowspan="5">岗位职责</td><td colspan="6">负责本装置的生产、安全、技术及综合管理，完成生产计划及主要经济技术指标</td></tr>
<tr><td colspan="6">组织编制 MTO 装置重大操作、技术改进、性能考核、检维修、开停车、班组经济核算、绩效考核及应急预案等方面的措施和方案</td></tr>
<tr><td colspan="6">监督、检查 MTO 装置各班组执行工艺纪律、遵守安全操作规程情况，生产操作记录情况，产品质量情况</td></tr>
<tr><td colspan="6">负责组织生产记录、台账、报表的编制和下发、收集、整理、归档工作</td></tr>
<tr><td colspan="6">负责组织对本装置生产运行的全面评价</td></tr>
<tr><td>工作记录文档</td><td colspan="6">生产记录、台账、月报及报表、班组核算有关数据</td></tr>
<tr><th>指标类别</th><th>考核指标</th><th>考核内容</th><th colspan="2">考核标准</th><th>信息来源</th><th>考核周期</th></tr>
<tr><td rowspan="6">岗位职责指标</td><td>烯烃耗折纯甲醇（40 分）</td><td>单位时间甲醇消耗量 / 单位时间烯烃产量</td><td colspan="2">完成月度计划；<br>完成计划得基本分；高于计划值 0.01，扣 0.1 分；低于计划值 0.01，加 0.1 分；加扣分上限 0.5 分</td><td>生产运营系统</td><td rowspan="6">年度</td></tr>
<tr><td>MTO 主催化剂单耗（10 分）</td><td>单位时间催化剂消耗量 / 单位时间烯烃产量</td><td colspan="2">完成月度计划；<br>完成计划得基本分；高于计划值 0.003，扣 0.1 分；低于计划值 0.003，加 0.1 分；加扣分上限 0.5 分</td><td>统计月报</td></tr>
<tr><td>装置综合能耗（20 分）</td><td>（能源输入量 – 能源输出量）/ 烯烃产品产量</td><td colspan="2">完成月度计划；<br>完成计划得基本分；高于计划值 10，扣 0.1 分；低于计划值 10，加 0.1 分；加扣分上限 0.5 分</td><td>技术月报</td></tr>
<tr><td>异常波动及非停（15 分）</td><td>波动引起装置负荷调整、产量及长周期运行等</td><td colspan="2">0 波动、0 停车；<br>出现一次异常波动，考核本项分数 50%；出现一次非停，本项月度不得分</td><td>公司处理决定</td></tr>
<tr><td>技改技措（10 分）</td><td>装置所承担的技改项目实施进度、安全及质量</td><td colspan="2">完成年度计划；<br>出现一次进度、质量不符合要求的，月度考核扣本项分数的 30%；出现一次安全事故，本项月度不得分</td><td>检查、验收报告</td></tr>
<tr><td>创新创效（5 分）</td><td>发明专利、实用新型、QC 等</td><td colspan="2">完成年度计划；<br>完成计划，得基本分；多一项发明专利、实用新型、QC 获公司级以上奖励，加本项分数的 200%</td><td>统计数据及报告</td></tr>
</table>

续表一

| 指标类别 | 考核指标 | 考核内容 | 考核标准 | 信息来源 | 考核周期 |
| --- | --- | --- | --- | --- | --- |
| 能力素质指标 | 责任心（10分） | 具有责任感，对自己和他人、对集体、对国家和社会所负责任的认识、情感和信念，以及与之相应的遵守规范、承担责任和履行义务的自觉态度 | 各指标的评价等级和对应分值：卓越（100分）、优秀（90分）、良好（80分）、一般（70分）、较差（60分）；<br>考核主体评分。直接上级占40%、其他上级领导评分占20%、平级人员互评占20%、下级员工代表占20% | 人力资源系统 | 年度 |
| | 团结协作（10分） | 互相支持、互相配合，顾全大局，明确共同目标，尊重他人，虚心诚恳，积极主动协同他人做好各项工作等 | | | |
| | 专业能力（10分） | 从事本岗位应具备的专业理论水平和能力 | | | |
| | 积极主动性（10分） | 进取向上、努力工作的思想和表现，个人意愿与集体长远目标任务相统一的动机 | | | |
| | 沟通与组织协调（10分） | 具备较强的专业素质和沟通协调能力。能够在工作中为决策提出专业意见并沟通协调各组织间工作联络，有团队精神和奉献精神，个人业务素质过硬 | | | |
| | 执行效率（10分） | 工作中能够迅速理解上级意图，形成目标并制订出具体可操作的行动方案，通过有效组织各类资源和对任务优先顺序的安排，保证计划的高效、顺利实施，并具有高质量完成工作目标的能力 | | | |
| | 装置管理监督（20分） | 装置工艺纪律良好、创新创效能力强、员工积极向上，积极参与中心文化建设 | | 领导评价 | |

续表二

| 指标类别 | 考核指标 | 考核内容 | 考核标准 | 信息来源 | 考核周期 |
|---|---|---|---|---|---|
| 能力素质指标 | 学习（10分） | 培训（考试）参与率=实际参加培训课时（考试次数）/应参加培训课时（考试次数） | 满分10分。评分区间为1—10分，整数分值。<br>100%得满分，99%—90%得9分，以此类推 | 培训台账 | 年度 |
| | 素质提升（加分项） | 基本素质得分增长率=（年末基本素质得分－年初基本素质得分）/年初基本素质得分 | 满分5分。评分区间为1—5分，整数分值。50%得满分，49%—40%得4分，以此类推 | 人力资源系统 | |
| | 党建考核（适用于中共党员）（10分） | 完成所在支部考核指标和工作任务 | 根据所在支部党员考核细则执行 | 党建考核结果 | |
| 非权重指标（含否决性指标） | 安全环保（100分） | 着火、爆炸、中毒、泄漏等，烟尘排放量等控制在目标值内；<br>1.$SO_2$排放量≤1000吨；<br>2. NOx排放量≤1000吨；<br>3. 烟尘排放量≤250吨；<br>4.VOCs排放量≤72吨 | 国家、地方法律法规和公司各项规章制度；根据公司处理决定执行，按处理等级直接对应考核结果 | 公司处理决定 | |
| | 遵章守纪（100分） | 遵守国家、地方法律法规和公司各项规章制度 | | | |
| | 奖励指标（成果荣誉和专利） | 对员工年度内获得成果荣誉和专利情况进行量化加分 | 1.发明专利独立完成计1.2分，1—3名计1.1分、4—10名计1分、11名以后计0.9分；实用新型独立完成计1.1分，1—3名计1分、4—10名计0.9分、11名以后计0.8分；外观设计独立完成计1分，1—3名计0.9分，4—10名计0.8分、11名以后计0.7分。国际专利在以上基础上加0.3分；<br>2. 国家级：一等计3分、二等计2.8分。省部级：一等计2.6分、二等计2.4分、三等计2.2分。社会力量级Ⅰ：一等计2.4分、二等计2.2分、三等计2分。社会力量级Ⅱ：一等计2.2分、二等计2分、三等计1.8分。地（市）级、子分公司级：一等计0.8分、二等计0.6分、三等计0.4分。子分公司级技能竞赛：第一名计0.8分、第二名计0.6分、第三名计0.4分。中心级技能竞赛：第一名计0.5分、第二名计0.3分、第三名计0.2分。技能操作培训类：月度学习能手计0.2分，班组竞赛第一名计0.2分，第二名计0.1分。<br>定量考核 | 组织人事部 | |
| 备注 | | | | | |

HG-MZXT-021

## 聚乙烯工艺工程师

| 岗位名称 | 聚乙烯工艺工程师 | 所在部门 | 烯烃中心 |
| --- | --- | --- | --- |
| 职位职级序列 | 技术序列 | | |
| 直接上级 | 聚乙烯工艺主管 | | |
| 直接下级 | 班长 | | |
| 岗位职责 | 聚乙烯装置工艺技术、安全生产管理，完成生产计划及主要经济技术指标 | | |
| | 参与装置的开停车和生产运行管理、管理体系文件编制；编制、完善聚乙烯装置生产运行、操作维修、安全环保等方面的管理规定、操作规程、作业指导书等 | | |
| | 制订聚乙烯装置重大操作、技术改进、安全作业和事故应急预案等方案；制订班组核算办法，监督聚乙烯装置经济技术指标完成情况；监督、检查工艺纪律、遵守安全操作规程情况，检查操作记录情况、产品质量情况 | | |
| | 制订聚乙烯装置添加剂、化学品等月、季、年作用计划；编制、整理聚乙烯装置生产技术资料，制订聚乙烯装置技术报表，建立健全聚乙烯装置技术台账 | | |
| | 组织生产记录、台账、报表的编制和下发、收集、整理、归档工作 | | |
| 工作记录文档 | 生产记录、台账、月报及报表、班组核算有关数据 | | |

| 指标类别 | 考核指标 | 考核内容 | 考核标准 | 信息来源 | 考核周期 |
| --- | --- | --- | --- | --- | --- |
| 岗位职责指标 | 聚乙烯耗（乙烯+丁烯）（30分） | （单位时间乙烯+丁烯-1消耗量）/单位时间聚乙烯产量 | 完成月度计划。<br>完成计划得基本分；高于计划值0.001，扣0.1分；低于计划值0.001，加0.1分；加扣分上限0.5分 | 生产运营系统 | 年度 |
| | 聚乙烯产品质量（10分） | 单位时间聚乙烯合格品/单位时间聚乙烯总产量 | 完成月度计划。<br>完成计划得基本分；高于计划值1%，扣0.1分；低于计划值1%，加0.1分；加扣分上限0.5分 | LIMS实验室管理信息系统 | |
| | 装置综合能耗（20分） | （能源输入量–能源输出量）/烯烃产品产量 | 完成月度计划。<br>完成计划得基本分；高于计划值10，扣0.1分；低于计划值10，加0.1分；加扣分上限0.5分 | 技术月报 | |
| | 聚乙烯产品单位成本（20分） | 聚乙烯装置总成本/聚乙烯总产量 | 完成月度计划。<br>完成计划得基本分；成本增加1%，扣0.1分；成本降低1%，加0.1分；加扣分上限0.5分 | 经营分析报告 | |
| | 异常波动及非停（10分） | 波动引起装置负荷调整、产量及长周期运行等 | 0波动、0停车。<br>出现一次异常波动，扣本项分数50%；出现一次非停，本项月度不得分 | 公司处理决定 | |
| | 创新创效（10分） | 新牌号开发、发明专利、实用新型、QC等 | 完成年度计划。<br>完成计划，得基本分；多一项发明专利、实用新型、新牌号、QC获公司级以上奖励，加本项分数的200% | 统计数据及报告 | |

续表一

| 指标类别 | 考核指标 | 考核内容 | 考核标准 | 信息来源 | 考核周期 |
| --- | --- | --- | --- | --- | --- |
| 能力素质指标 | 责任心（10分） | 具有责任感，对自己和他人、对集体、对国家和社会所负责任的认识、情感和信念，以及与之相应的遵守规范、承担责任和履行义务的自觉态度 | 各指标的评价等级和对应分值：卓越（100分）、优秀（90分）、良好（80分）、一般（70分）、较差（60分）；<br>考核主体评分。直接上级占40%、其他上级领导评分占20%、平级人员互评占20%、下级员工代表占20% | 人力资源系统 | 年度 |
| | 团结协作（10分） | 互相支持、互相配合，顾全大局，明确共同目标，尊重他人，虚心诚恳，积极主动协同他人做好各项工作等 | | | |
| | 专业能力（15分） | 从事本岗位应具备的专业理论水平和能力 | | | |
| | 积极主动性（10分） | 进取向上、努力工作的思想和表现，个人意愿与集体长远目标任务相统一的动机 | | | |
| | 沟通与组织协调（10分） | 具备较强的专业素质和沟通协调能力。能够在工作中为决策提出专业意见并沟通协调各组织间工作联络，有团队精神和奉献精神，个人业务素质过硬 | | | |
| | 执行效率（10分） | 工作中能够迅速理解上级意图，形成目标并制订出具体可操作的行动方案，通过有效组织各类资源和对任务优先顺序的安排，保证计划的高效、顺利实施，并具有高质量完成工作目标的能力 | | | |
| | 装置管理监督（15分） | 装置工艺纪律良好、创新创效能力强、员工积极向上，积极参与中心文化建设 | | 领导评价 | |

续表二

| 指标类别 | 考核指标 | 考核内容 | 考核标准 | 信息来源 | 考核周期 |
| --- | --- | --- | --- | --- | --- |
| 能力素质指标 | 学习（10分） | 培训（考试）参与率=实际参加培训课时（考试次数）/应参加培训课时（考试次数） | 满分10分。评分区间为1—10分，整数分值。<br>100%得满分，99%—90%得9分，以此类推 | 培训台账 | 年度 |
| | 素质提升（加分项） | 基本素质得分增长率=（年末基本素质得分－年初基本素质得分）/年初基本素质得分 | 满分5分。评分区间为1—5分，整数分值。50%得满分，49%—40%得4分，以此类推 | 人力资源系统 | |
| | 党建考核（适用于中共党员）（10分） | 完成所在支部考核指标和工作任务 | 根据所在支部党员考核细则执行 | 党建考核结果 | |
| 非权重指标（含否决性指标） | 安全环保（100分） | 着火、爆炸、中毒、泄漏等，烟尘排放量等控制在目标值内；<br>1.$SO_2$ 排放量≤1000吨；<br>2. NOx排放量≤1000吨；<br>3. 烟尘排放量≤250吨；<br>4.VOCs排放量≤72吨 | 国家、地方法律法规和公司各项规章制度；根据公司处理决定执行，按处理等级直接对应考核结果 | 公司处理决定 | |
| | 遵章守纪（100分） | 遵守国家、地方法律法规和公司各项规章制度 | | | |
| | 奖励指标（成果荣誉和专利） | 对员工年度内获得成果荣誉和专利情况进行量化加分 | 1. 发明专利独立完成计1.2分，1—3名计1.1分、4—10名计1分、11名以后计0.9分；实用新型独立完成计1.1分，1—3名计1分、4—10名计0.9分、11名以后计0.8分；外观设计独立完成计1分，1—3名计0.9分、4—10名计0.8分、11名以后计0.7分。国际专利在以上基础上加0.3分；<br>2. 国家级：一等计3分、二等计2.8分。省部级：一等计2.6分、二等计2.4分、三等计2.2分。社会力量级Ⅰ：一等计2.4分、二等计2.2分、三等计2分。社会力量级Ⅱ：一等计2.2分、二等计2分、三等计1.8分。地（市）级、子分公司级：一等计0.8分、二等计0.6分、三等计0.4分。子分公司级技能竞赛：第一名计0.8分、第二名计0.6分、第三名计0.4分。中心级技能竞赛：第一名计0.5分、第二名计0.3分、第三名计0.2分。技能操作培训类：月度学习能手计0.2分，班组竞赛第一名计0.2分，第二名计0.1分。<br>定量考核 | 组织人事部 | |
| 备注 | | | | | |

HG–MZXT–022

## 安全工程师

<table>
<tr><td colspan="2">岗位名称</td><td>安全工程师</td><td>所在部门</td><td colspan="2">烯烃中心</td></tr>
<tr><td colspan="2">职位职级序列</td><td colspan="4">技术序列</td></tr>
<tr><td colspan="2">直接上级</td><td colspan="4">中心安全主管</td></tr>
<tr><td colspan="2">直接下级</td><td colspan="4">——</td></tr>
<tr><td colspan="2" rowspan="5">岗位职责</td><td colspan="4">参与辨识本中心所在区域的安全、职业健康危险源和环境因素，制订相应的措施控制本中心重大安全、职业健康危险源和重要环境因素</td></tr>
<tr><td colspan="4">协助制订各类紧急预案，并监督检查落实情况；监督检查公司各类紧急预案中与本中心有关的措施和要求落实情况；协助中心级安全教育培训，监督检查班组级安全教育培训实施情况</td></tr>
<tr><td colspan="4">负责特殊工种人员、安全、消防设施等的管理，监督检查特殊工种人员持证上岗情况；负责各装置的安全消防报警设备、压力容器安全附件、消防设施、安全防护用具的检查工作；负责防火、防毒及危险化学品的管理工作；承担现场动火等作业票的办理和协调工作；协助装置生产的“三废”排放的管理工作</td></tr>
<tr><td colspan="4">负责现场操作安全措施的监督检测、生产作业和检维修施工作业的安全防护工作检查、技改技措方面的安全审查工作；安全隐患整改工作；负责监督检查本中心员工个人劳动保护用品佩戴、使用情况</td></tr>
<tr><td colspan="4">安全培训教育台账、安全作业票、消防设施检查台账、风险预控记录等资料的整理及归档</td></tr>
<tr><td colspan="2">工作记录文档</td><td colspan="4">生产记录、台账、月报及报表、班组核算有关数据</td></tr>
<tr><th>指标类别</th><th>考核指标</th><th>考核内容</th><th>考核标准</th><th>信息来源</th><th>考核周期</th></tr>
<tr><td rowspan="3">岗位职责指标</td><td>公司1号文落实情况（20分）</td><td>根据1号文相关要求，分管任务按时间节点完成情况</td><td rowspan="3">完成基准要求得基本分；由于主观原因未按照时间节点完成每次项扣0.1分；得到公司奖励每次项加0.1分</td><td rowspan="3">公司考核</td><td rowspan="3">年度</td></tr>
<tr><td>安全风险预控管理目标（10分）</td><td>本岗位安全风险预控管理签订的目标指标责任书的完成情况</td></tr>
<tr><td>安全教育培训开展情况（10分）</td><td>安全教育培训计划的制订及执行完成率；安全管理人员持证资格上岗率；入职及入厂人员三级安全教育开展及建档合格率；转岗、新上岗人员的培训及建档合格率；特种作业人员持证上岗率</td></tr>
</table>

续表一

| 指标类别 | 考核指标 | 考核内容 | 考核标准 | 信息来源 | 考核周期 |
| --- | --- | --- | --- | --- | --- |
| 岗位职责指标 | 危险源辨识、重大危险源及风险评价管理情况（10分） | 危险源辨识及风险评价、风险管控的合规性 | 完成基准要求得基本分；由于主观原因未按照时间节点完成每次项扣 0.1 分；得到公司奖励每次项加 0.1 分 | 公司考核 | 年度 |
| | 直接作业管控（10分） | 预申报作业执行率，对动火、受限空间作业票证的合规性、现场作业过程的安全监管履行情况 | 完成基准要求得基本分；公司或上级检查被扣分的每次项扣 0.1 分 | | |
| | 应急管理工作（10分） | 中心现场处置方案编制情况；应急预案培训开展情况；中心应急演练计划开展情况；演练档案建立情况；应急物资配备标准的建立及配备情况的监督检查 | 完成基准要求得基本分；未按照时间节点完成每次项扣 0.1 分 | | |
| | 安全检查及事故隐患排查治理工作（10分） | 安全检查及隐患排查定期开展情况，生产安全事故隐患排查及治理情况 | | | |
| | 危险化学品管理（10分） | 危险化学品建档、定期检查及变更管理 | | | |
| | 职业健康管理（10分） | 劳动防护用品的申报、领用、发放、培训教育、使用监督及建档；职业健康体检率的控制，员工岗前、在岗、离岗体检率 100%；职业病防治知识培训的开展情况；职业危害因素检测达标率控制 | | | |

续表二

| 指标类别 | 考核指标 | 考核内容 | 考核标准 | 信息来源 | 考核周期 |
| --- | --- | --- | --- | --- | --- |
| 能力素质指标 | 责任心（10分） | 具有责任感，对自己和他人、对集体、对国家和社会所负责任的认识、情感和信念，以及与之相应的遵守规范、承担责任和履行义务的自觉态度 | 各指标的评价等级和对应分值：卓越（100分）、优秀（90分）、良好（80分）、一般（70分）、较差（60分）；<br>考核主体评分。直接上级占40%、其他上级领导评分占20%、平级人员互评占20%、下级员工代表占20% | 人力资源系统 | 年度 |
| | 团结协作（10分） | 互相支持、互相配合，顾全大局，明确共同目标，尊重他人，虚心诚恳，积极主动协同他人做好各项工作等 | | | |
| | 专业能力（10分） | 从事本岗位应具备的专业理论水平和能力 | | | |
| | 积极主动性（10分） | 进取向上、努力工作的思想和表现，个人意愿与集体长远目标任务相统一的动机 | | | |
| | 沟通与组织协调（10分） | 具备较强的专业素质和沟通协调能力。能够在工作中为决策提出专业意见并沟通协调各组织间工作联络，有团队精神和奉献精神，个人业务素质过硬 | 各指标的评价等级和对应分值：卓越（100分）、优秀（90分）、良好（80分）、一般（70分）、较差（60分）；<br>考核主体评分。直接上级占40%、其他上级领导评分占20%、平级人员互评占20%、下级员工代表占20% | | |
| | 执行效率（10分） | 工作中能够迅速理解上级意图，形成目标并制订出具体可操作的行动方案，通过有效组织各类资源和对任务优先顺序的安排，保证计划的高效、顺利实施，并具有高质量完成工作目标的能力 | | | |
| | 安全管理监督（20分） | 对中心安全工作的监督管理职能的发挥 | | 领导评价 | |
| | 学习（10分） | 培训（考试）参与率=实际参加培训课时（考试次数）/应参加培训课时（考试次数） | 满分10分。评分区间为1—10分，整数分值。<br>100%得满分，99%—90%得9分，以此类推 | 培训台账 | |

续表三

| 指标类别 | 考核指标 | 考核内容 | 考核标准 | 信息来源 | 考核周期 |
| --- | --- | --- | --- | --- | --- |
| 能力素质指标 | 素质提升（加分项） | 基本素质得分增长率＝（年末基本素质得分－年初基本素质得分）/年初基本素质得分 | 满分5分。评分区间为1—5分，整数分值。50%得满分，49%—40%得4分，以此类推 | 人力资源系统 | 年度 |
| | 党建考核（适用于中共党员）（10分） | 完成所在支部考核指标和工作任务 | 根据所在支部党员考核细则执行 | 党建考核结果 | |
| 非权重指标（含否决性指标） | 安全环保（100分） | 着火、爆炸、中毒、泄漏等，烟尘排放量等控制在目标值内；<br>1.$SO_2$排放量≤1000吨；<br>2. NOx排放量≤1000吨；<br>3. 烟尘排放量≤250吨；<br>4.VOCs排放量≤72吨 | 国家、地方法律法规和公司各项规章制度；根据公司处理决定执行，按处理等级直接对应考核结果 | 公司处理决定 | |
| | 遵章守纪（100分） | 遵守国家、地方法律法规和公司各项规章制度 | 国家、地方法律法规和公司各项规章制度；根据公司处理决定执行，按处理等级直接对应考核结果 | | |
| | 奖励指标（成果荣誉和专利） | 对员工年度内获得成果荣誉和专利情况进行量化加分 | 1. 发明专利独立完成计1.2分，1—3名计1.1分、4—10名计1分、11名以后计0.9分；实用新型独立完成计1.1分，1—3名计1分、4—10名计0.9分、11名以后计0.8分；外观设计独立完成计1分，1—3名计0.9分、4—10名计0.8分、11名以后计0.7分。国际专利在以上基础上加0.3分；<br>2. 国家级：一等计3分、二等计2.8分。省部级：一等计2.6分、二等计2.4分、三等计2.2分。社会力量级Ⅰ：一等计2.4分、二等计2.2分、三等计2分。社会力量级Ⅱ：一等计2.2分、二等计2分、三等计1.8分。地（市）级、子分公司级：一等计0.8分、二等计0.6分、三等计0.4分。子分公司级技能竞赛：第一名计0.8分、第二名计0.6分、第三名计0.4分。中心级技能竞赛：第一名计0.5分、第二名计0.3分、第三名计0.2分。技能操作培训类：月度学习能手计0.2分，班组竞赛第一名计0.2分，第二名计0.1分。<br>定量考核 | 组织人事部 | |
| 备注 | | | | | |

HG–MZXT–023

## 聚丙烯装置主操

<table>
<tr><td colspan="2">岗位名称</td><td>聚丙烯装置主操</td><td>所在部门</td><td colspan="2">烯烃中心</td></tr>
<tr><td colspan="2">职位职级序列</td><td colspan="4">技能序列</td></tr>
<tr><td colspan="2">直接上级</td><td colspan="4">班长</td></tr>
<tr><td colspan="2">直接下级</td><td colspan="4">——</td></tr>
<tr><td colspan="2" rowspan="5">岗位职责</td><td colspan="4">严格执行工艺纪律，控制工艺指标，保证产品质量，做到平稳运行，保证安全生产</td></tr>
<tr><td colspan="4">负责本岗位的各反应器、精馏塔系统、产品外送系统的运行监护和室内操作，保证装置安、稳、长、满、优运行</td></tr>
<tr><td colspan="4">认真监盘，发现异常现象及时正确处理，解决生产中问题，对本岗位的安全生产负直接责任。正确分析、判断和处理各种突发事故；在发生事故时，及时报告，按应急预案正确处理，并保护好现场</td></tr>
<tr><td colspan="4">负责本岗位的生产记录、台账、报表的填写和整理工作</td></tr>
<tr><td colspan="4">及时完成装置、班长交办的其他工作</td></tr>
<tr><td colspan="2">工作记录文档</td><td colspan="4">生产记录、台账</td></tr>
<tr><td>指标类别</td><td>考核指标</td><td>考核内容</td><td>考核标准</td><td>信息来源</td><td>考核周期</td></tr>
<tr><td rowspan="6">岗位职责指标</td><td>产品产量（20 分）</td><td>单位时间总产量</td><td>公司月度产量计划分解；<br>完成基准产量得基本分；每减少基准产量的 1%，扣 0.1 分；每增加基准产量得 1%，加 0.1 分</td><td>生产运营管理系统</td><td rowspan="6">年度</td></tr>
<tr><td>产品质量（30 分）</td><td>单位时间产品质量合格</td><td>公司计划单耗指标分解；<br>完成计划值得基本分；质量每增加 1% 奖励 0.1 分；单耗每增加 1% 扣 0.1 分</td><td>统计信息系统</td></tr>
<tr><td>操作平稳率（20 分）</td><td>重要生产控制指标运行平稳率</td><td>班组月平稳率≥97%，个人按系数分摊<br>分摊至个人的平稳率，每降低 1% 扣 0.1 分，每高于 1% 加 0.1 分</td><td>DCS 分散控制系统</td></tr>
<tr><td>异常波动及非停（10 分）</td><td>操作因素导致的生产故障和非计划停车</td><td>0 波动、0 停车；<br>因个人原因出现一次异常波动，扣本项分数 50%；出现一次非停，本项月度不得分</td><td>装置评价定责</td></tr>
<tr><td>岗位记录、台账（5 分）</td><td>按规范填写</td><td rowspan="2">公司和中心相关管理规定；<br>日查周检发现问题，每次扣 0.1 分，月度累计发现问题三次以上，本项不得分</td><td rowspan="2">日查周检记录</td></tr>
<tr><td>装置工艺指标（15 分）</td><td>装置工艺卡片</td></tr>
</table>

续表一

| 指标类别 | 考核指标 | 考核内容 | 考核标准 | 信息来源 | 考核周期 |
| --- | --- | --- | --- | --- | --- |
| 能力素质指标 | 责任心（10分） | 具有责任感，对自己和他人、对集体、对国家和社会所负责任的认识、情感和信念，以及与之相应的遵守规范、承担责任和履行义务的自觉态度 | 各指标的评价等级和对应分值：卓越（100分）、优秀（90分）、良好（80分）、一般（70分）、较差（60分）；<br>考核主体评分。直接上级占40%、其他上级领导评分占20%、平级人员互评占20%、下级员工代表占20% | 人力资源系统 | 年度 |
| | 团结协作（10分） | 互相支持、互相配合，顾全大局，明确共同目标，尊重他人，虚心诚恳，积极主动协同他人做好各项工作等 | | | |
| | 专业能力（10分） | 从事本岗位应具备的专业理论水平和能力 | | | |
| | 积极主动性（10分） | 进取向上、努力工作的思想和表现，个人意愿与集体长远目标任务相统一的动机 | | | |
| | 沟通与组织协调（10分） | 具有良好的执行力和本岗位需要的专业技术能力。工作中能够解决实际问题，并具有一定的团队协作精神和集体荣誉感，持续保持学习能力，具备一定的沟通协调能力 | | | |
| | 执行效率（10分） | 工作中能够迅速理解上级意图，形成目标并制订出具体可操作的行动方案，通过有效组织各类资源和对任务优先顺序的安排，保证计划的高效、顺利实施，并具有高质量完成工作目标的能力 | | | |
| | 遵守中心管理（20分） | 遵守中心各项管理规定，包括公寓与更衣间管理、新闻宣传管理、6S管理、防疫管理、舆情管理等 | 根据中心各项管理规定及考评细则执行；<br>日查周检发现问题，每次扣0.1分，月度累计发现问题三次以上，本项不得分 | 日查周检记录 | |

续表二

| 指标类别 | 考核指标 | 考核内容 | 考核标准 | 信息来源 | 考核周期 |
|---|---|---|---|---|---|
| 能力素质指标 | 学习（10分） | 培训（考试）参与率=实际参加培训课时（考试次数）/应参加培训课时（考试次数） | 满分10分。评分区间为1—10分，整数分值。<br>100%得满分，99%—90%得9分，以此类推 | 培训台账 | 年度 |
| | 素质提升（加分项） | 基本素质得分增长率=（年末基本素质得分–年初基本素质得分）/年初基本素质得分 | 满分5分。评分区间为1—5分，整数分值。50%得满分，49%—40%得4分，以此类推 | 人力资源系统 | |
| | 党建考核（适用于中共党员）（10分） | 完成所在支部考核指标和工作任务 | 根据所在支部党员考核细则执行 | 党建考核结果 | |
| 非权重指标（含否决性指标） | 安全环保（100分） | 着火、爆炸、中毒、泄漏等，烟尘排放量等控制在目标值内；<br>1.$SO_2$排放量≤1000吨；<br>2. NOx排放量≤1000吨；<br>3. 烟尘排放量≤250吨；<br>4.VOCs排放量≤72吨 | 国家、地方法律法规和公司各项规章制度；根据公司处理决定执行，按处理等级直接对应考核结果 | 公司处理决定 | |
| | 遵章守纪（100分） | 遵守国家、地方法律法规和公司各项规章制度 | | | |
| | 奖励指标（成果荣誉和专利） | 对员工年度内获得成果荣誉和专利情况进行量化加分 | 1. 发明专利独立完成计1.2分，1—3名计1.1分、4—10名计1分、11名以后计0.9分；实用新型独立完成计1.1分，1—3名计1分、4—10名计0.9分、11名以后计0.8分；外观设计独立完成计1分，1—3名计0.9分、4—10名计0.8分、11名以后计0.7分。国际专利在以上基础上加0.3分；<br>2. 国家级：一等计3分、二等计2.8分。省部级：一等计2.6分、二等计2.4分、三等计2.2分。社会力量级Ⅰ：一等计2.4分、二等计2.2分、三等计2分。社会力量级Ⅱ：一等计2.2分、二等计2分、三等计1.8分。地（市）级、子分公司级：一等计0.8分、二等计0.6分、三等计0.4分。子分公司级技能竞赛：第一名计0.8分、第二名计0.6分、第三名计0.4分。中心级技能竞赛：第一名计0.5分、第二名计0.3分、第三名计0.2分。技能操作培训类：月度学习能手计0.2分，班组竞赛第一名计0.2分，第二名计0.1分。<br>定量考核 | 组织人事部 | |
| 备注 | | | | | |

HG-MZXT-024

## 聚丙烯装置造粒主操

<table>
<tr><td>岗位名称</td><td colspan="2">聚丙烯装置造粒主操</td><td colspan="2">所在部门</td><td>烯烃中心</td></tr>
<tr><td>职位职级序列</td><td colspan="5">技能序列</td></tr>
<tr><td>直接上级</td><td colspan="5">班长</td></tr>
<tr><td>直接下级</td><td colspan="5">——</td></tr>
<tr><td rowspan="5">岗位职责</td><td colspan="5">严格执行工艺纪律，控制工艺指标，保证产品质量，做到平稳运行，保证安全生产</td></tr>
<tr><td colspan="5">负责本岗位的各反应器、精馏塔系统、产品外送系统的运行监护和室内操作，保证装置安、稳、长、满、优运行</td></tr>
<tr><td colspan="5">认真监盘，发现异常现象及时正确处理，解决生产中问题，对本岗位的安全生产负直接责任。正确分析、判断和处理各种突发事故；在发生事故时，及时报告，按应急预案正确处理，并保护好现场</td></tr>
<tr><td colspan="5">负责本岗位的生产记录、台账、报表的填写和整理工作</td></tr>
<tr><td colspan="5">及时完成装置工作、班长交办的其他工作</td></tr>
<tr><td>工作记录文档</td><td colspan="5">生产记录、台账</td></tr>
<tr><td>指标类别</td><td>考核指标</td><td>考核内容</td><td>考核标准</td><td>信息来源</td><td>考核周期</td></tr>
<tr><td rowspan="6">岗位职责指标</td><td>聚丙烯产量（20分）</td><td>本班聚丙烯产量</td><td>公司月度产量计划分解；<br>完成基准产量得基本分；每减少基准产量的1%，扣0.1分；每增加基准产量的1%，加0.1分</td><td>生产运营管理系统</td><td rowspan="6">年度</td></tr>
<tr><td>聚丙烯耗丙烯单耗（30分）</td><td>本班聚丙烯耗丙烯单耗</td><td>公司计划单耗指标分解；<br>完成计划值得基本分；单耗每增加0.003扣0.1分；单耗每降低0.003加0.1分</td><td>统计信息系统</td></tr>
<tr><td>操作平稳率（20分）</td><td>重要生产控制指标运行平稳率</td><td>班组月平稳率≥97%，个人按系数分摊；<br>分摊至个人的平稳率，每降低1%扣0.1分，每高于1%加0.1分</td><td>DCS分散控制系统</td></tr>
<tr><td>生产故障及非计划停车（10分）</td><td>操作因素导致的生产故障和非计划停车</td><td>0波动、0停车；<br>因个人原因出现一次异常波动，扣本项分数50%；出现一次非停，本项月度不得分</td><td>装置评价定责</td></tr>
<tr><td>安环职防日常巡查与维护（5分）</td><td>按要求完成日常巡回检查和记录，对故障设备设施记录汇报和联系维修。按规定掌握和使用相关器材</td><td>公司和中心相关管理规定；<br>日查周检发现问题，每次扣0.1分，月度累计发现问题三次以上，本项不得分</td><td rowspan="2">日查周检记录</td></tr>
<tr><td>直接作业准备与监护（15分）</td><td>按要求完成直接作业前的各项准备工作，做好作业整个过程的监护工作</td><td>公司和中心相关管理规定；<br>违反作业准备及监护管理规定，每次扣0.3分，月度累计发现问题三次以上，本项不得分</td></tr>
</table>

续表一

| 指标类别 | 考核指标 | 考核内容 | 考核标准 | 信息来源 | 考核周期 |
|---|---|---|---|---|---|
| 能力素质指标 | 责任心（10分） | 具有责任感，对自己和他人、对集体、对国家和社会所负责任的认识、情感和信念，以及与之相应的遵守规范、承担责任和履行义务的自觉态度 | 各指标的评价等级和对应分值：卓越（100分）、优秀（90分）、良好（80分）、一般（70分）、较差（60分）；<br>考核主体评分。直接上级占40%、其他上级领导评分占20%、平级人员互评占20%、下级员工代表占20% | 人力资源系统 | 年度 |
| | 团结协作（10分） | 互相支持、互相配合，顾全大局，明确共同目标，尊重他人，虚心诚恳，积极主动协同他人做好各项工作等 | | | |
| | 专业能力（10分） | 从事本岗位应具备的专业理论水平和能力 | | | |
| | 积极主动性（10分） | 进取向上、努力工作的思想和表现，个人意愿与集体长远目标任务相统一的动机 | | | |
| | 沟通与组织协调（10分） | 具有良好的执行力和本岗位需要的专业技术能力。工作中能够解决实际问题，并具有一定的团队协作精神和集体荣誉感，持续保持学习能力，具备一定的沟通协调能力 | | | |
| | 执行效率（10分） | 工作中能够迅速理解上级意图，形成目标并制订出具体可操作的行动方案，通过有效组织各类资源和对任务优先顺序的安排，保证计划的高效、顺利实施，并具有高质量完成工作目标的能力 | | | |
| | 遵守中心管理（20分） | 遵守中心各项管理规定，包括公寓与更衣间管理、新闻宣传管理、6S管理、防疫管理、舆情管理等 | 根据中心各项管理规定及考评细则执行；<br>日查周检发现问题，每次扣0.1分，月度累计发现问题三次以上，本项不得分 | 日查周检记录 | |

续表二

| 指标类别 | 考核指标 | 考核内容 | 考核标准 | 信息来源 | 考核周期 |
| --- | --- | --- | --- | --- | --- |
| 能力素质指标 | 学习（10分） | 培训（考试）参与率=实际参加培训课时（考试次数）/应参加培训课时（考试次数） | 满分10分。评分区间为1—10分，整数分值。<br>100%得满分，99%—90%得9分，以此类推 | 培训台账 | 年度 |
| | 素质提升（加分项） | 基本素质得分增长率=（年末基本素质得分－年初基本素质得分）/年初基本素质得分 | 满分5分。评分区间为1—5分，整数分值。50%得满分，49%—40%得4分，以此类推 | 人力资源系统 | |
| | 党建考核（适用于中共党员）（10分） | 完成所在支部考核指标和工作任务 | 根据所在支部党员考核细则执行 | 党建考核结果 | |
| 非权重指标（含否决性指标） | 安全环保（100分） | 着火、爆炸、中毒、泄漏等，烟尘排放量等控制在目标值内；<br>1.$SO_2$排放量≤1000吨；<br>2. NOx排放量≤1000吨；<br>3. 烟尘排放量≤250吨；<br>4.VOCs排放量≤72吨 | 国家、地方法律法规和公司各项规章制度；根据公司处理决定执行，按处理等级直接对应考核结果 | 公司处理决定 | |
| | 遵章守纪（100分） | 遵守国家、地方法律法规和公司各项规章制度 | | | |
| | 奖励指标（成果荣誉和专利） | 对员工年度内获得成果荣誉和专利情况进行量化加分 | 1. 发明专利独立完成计1.2分，1—3名计1.1分、4—10名计1分、11名以后计0.9分；实用新型独立完成计1.1分，1—3名计1分、4—10名计0.9分、11名以后计0.8分；外观设计独立完成计1分，1—3名计0.9分、4—10名计0.8分、11名以后计0.7分。国际专利在以上基础上加0.3分；<br>2. 国家级：一等计3分、二等计2.8分。省部级：一等计2.6分、二等计2.4分、三等计2.2分。社会力量级Ⅰ：一等计2.4分、二等计2.2分、三等计2分。社会力量级Ⅱ：一等计2.2分、二等计2分、三等计1.8分。地（市）级、子分公司级：一等计0.8分、二等计0.6分、三等计0.4分。子分公司级技能竞赛：第一名计0.8分、第二名计0.6分、第三名计0.4分。中心级技能竞赛：第一名计0.5分、第二名计0.3分、第三名计0.2分。技能操作培训类：月度学习能手计0.2分，班组竞赛第一名计0.2分，第二名计0.1分。<br>定量考核 | 组织人事部 | |
| 备注 | | | | | |

HG-MZXT-025

## 机炉工艺主管

<table>
<tr><td>岗位名称</td><td colspan="2">机炉工艺主管</td><td>所在部门</td><td colspan="2">热电中心</td></tr>
<tr><td>职位职级序列</td><td colspan="5">技术序列</td></tr>
<tr><td>直接上级</td><td colspan="5">中心工艺主管</td></tr>
<tr><td>直接下级</td><td colspan="5">锅炉工艺工程师、汽机工艺工程师</td></tr>
<tr><td rowspan="9">岗位职责</td><td colspan="5">负责机炉单元工艺技术管理，指导单元工艺工程师工作</td></tr>
<tr><td colspan="5">协助中心工艺技术主管做好机炉单元生产技术工作，负责单元的开停车和生产技术管理工作，下达日常的生产指令，负责组织处理生产过程中出现的问题与隐患、制订安全措施和事故应急处理预案，并组织实施</td></tr>
<tr><td colspan="5">在中心组织下，参与生产准备计划和管理体系文件编制，负责组织编制、完善机炉单元生产运行、操作维修、安全环保等方面的管理规定、操作规程等</td></tr>
<tr><td colspan="5">组织制定机炉单元班组核算办法，监督机炉单元经济技术指标完成情况</td></tr>
<tr><td colspan="5">监督、检查机炉单元各班组执行工艺纪律、遵守安全操作规程情况，生产操作记录情况，产品质量情况</td></tr>
<tr><td colspan="5">制订、审报机炉单元所需物料年、季、月使用计划</td></tr>
<tr><td colspan="5">协助中心工艺技术主管做好机炉单元安全、环保工作；负责制订单元动火、进入受限空间作业、高空作业安全措施，并监督检查措施实施情况</td></tr>
<tr><td colspan="5">负责组织编制、整理机炉单元生产技术资料，制订机炉单元技术报表，建立健全机炉单元技术台账；负责组织生产记录、台账、报表的编制和下发、收集、整理、归档工作</td></tr>
<tr><td colspan="5">完成上级交办的其他工作</td></tr>
<tr><td>工作记录文档</td><td colspan="5">生产记录、台账、技术月报及报表、生产经营分析、班组核算有关数据等</td></tr>
<tr><td>指标类别</td><td>考核指标</td><td>考核内容</td><td>考核标准</td><td>信息来源</td><td>考核周期</td></tr>
<tr><td rowspan="5">岗位职责指标</td><td>产品产量（30分）</td><td>自发电量</td><td rowspan="5">基准值：完成公司年度责任状100%；<br>目标值：完成公司年度责任状102%；<br>奋斗值：完成公司年度责任状105%；<br>依据《热电中心月度绩效考核细则》；<br>定量考核</td><td rowspan="5">MES生产运营管理系统</td><td rowspan="5">年度</td></tr>
<tr><td>吨蒸汽耗煤（20分）</td><td>单位时间燃料煤消耗量/单位时间高压蒸汽产量</td></tr>
<tr><td>吨蒸汽耗循环水（10分）</td><td>单位时间循环水消耗量/单位时间高压蒸汽产量</td></tr>
<tr><td>吨蒸汽耗电（10分）</td><td>单位时间生产蒸汽消耗厂用电量/单位时间高压蒸汽产量</td></tr>
<tr><td>蒸汽单位可控成本（20分）</td><td>单位时间高压蒸汽总成本/单位时间高压蒸汽产量</td></tr>
</table>

续表一

| 指标类别 | 考核指标 | 考核内容 | 考核标准 | 信息来源 | 考核周期 |
| --- | --- | --- | --- | --- | --- |
| 岗位职责指标 | 吨蒸汽能耗（10分） | 单位时间生产高压蒸汽消耗各能源折标煤量之和 / 单位时间高压蒸汽产量 | 基准值：完成公司年度责任状 100%；<br>目标值：完成公司年度责任状 102%；<br>奋斗值：完成公司年度责任状 105%；<br>依据《热电中心月度绩效考核细则》；<br>定量考核 | MES 生产运营管理系统 | 年度 |
| 能力素质指标 | 责任心（15分） | 具有责任感，对自己和他人、对集体、对国家和社会所负责任的认识、情感和信念，以及与之相应的遵守规范、承担责任和履行义务的自觉态度 | 各指标的评价等级和对应分值：卓越（100分）、优秀（90分）、良好（80分）、一般（70分）、较差（60分）；<br>考核主体评分。直接上级占 40%、其他上级领导评分占 20%、平级人员互评占 20%、下级员工代表占 20% | 人力资源系统 | |
| | 团结协作（10分） | 互相支持、互相配合，顾全大局，明确共同目标，尊重他人，虚心诚恳，积极主动协同他人做好各项工作等 | | | |
| | 专业能力（20分） | 从事本岗位应具备的专业理论水平和能力 | | | |
| | 积极主动性（15分） | 进取向上、努力工作的思想和表现，个人意愿与集体长远目标任务相统一的动机 | | | |
| | 沟通与组织协调（10分） | 具备较强的专业素质和沟通协调能力。能够在工作中为决策提出专业意见并沟通协调各组织间工作联络，有团队精神和奉献精神，个人业务素质过硬 | | | |
| | 执行效率（10分） | 工作中能够迅速理解上级意图，形成目标并制订出具体可操作的行动方案，通过有效组织各类资源和对任务优先顺序的安排，保证计划的高效、顺利实施，并具有高质量完成工作目标的能力 | | | |

续表二

| 指标类别 | 考核指标 | 考核内容 | 考核标准 | 信息来源 | 考核周期 |
| --- | --- | --- | --- | --- | --- |
| 能力素质指标 | 学习（10分） | 培训（考试）参与率 = 实际参加培训课时（考试次数）/ 应参加培训课时（考试次数） | 满分10分。评分区间为1—10分，整数分值。<br>100% 得满分，99%—90% 得9分，以此类推 | 培训台账 | 年度 |
| | 素质提升（加分项） | 基本素质得分增长率 =（年末基本素质得分 – 年初基本素质得分）/ 年初基本素质得分 | 满分5分。评分区间为1—5分，整数分值。50% 得满分，49%—40% 得4分，以此类推 | 人力资源系统 | |
| | 党建考核（适用于中共党员）（10分） | 完成所在支部考核指标和工作任务 | 根据所在支部党员考核细则执行 | 党建考核结果 | |
| 非权重指标（含否决性指标） | 安全环保（100分） | 着火、爆炸、中毒、泄漏等，烟尘排放量等控制在目标值内；<br>1.$SO_2$ 排放量≤1000吨；<br>2. NOx 排放量≤1000吨；<br>3. 烟尘排放量≤250吨；<br>4.VOCs 排放量≤72吨 | 国家、地方法律法规和公司各项规章制度；根据公司处理决定执行，按处理等级直接对应考核结果 | 公司处理决定 | |
| | 遵章守纪（100分） | 遵守国家、地方法律法规和公司各项规章制度 | | | |
| | 奖励指标（成果荣誉和专利） | 对员工年度内获得成果荣誉和专利情况进行量化加分 | 1. 发明专利独立完成计1.2分，1—3名计1.1分、4—10名计1分、11名以后计0.9分；实用新型独立完成计1.1分，1—3名计1分、4—10名计0.9分、11名以后计0.8分；外观设计独立完成计1分，1—3名计0.9分、4—10名计0.8分、11名以后计0.7分。国际专利在以上基础上加0.3分；<br>2. 国家级：一等计3分、二等计2.8分。省部级：一等计2.6分、二等计2.4分、三等计2.2分。社会力量级Ⅰ：一等计2.4分、二等计2.2分、三等计2分。社会力量级Ⅱ：一等计2.2分、二等计2分、三等计1.8分。地（市）级、子分公司级：一等计0.8分、二等计0.6分、三等计0.4分。子分公司级技能竞赛：第一名计0.8分、第二名计0.6分、第三名计0.4分。中心级技能竞赛：第一名计0.5分、第二名计0.3分、第三名计0.2分。技能操作培训类：月度学习能手计0.2分，班组竞赛第一名计0.2分，第二名计0.1分。<br>定量考核 | 组织人事部 | |
| 备注 | | | | | |

HG-MZXT-026

## 电气工程师

<table>
<tr><th>岗位名称</th><td>电气工程师</td><th>所在部门</th><td>热电中心</td></tr>
<tr><td>职位职级序列</td><td colspan="3">技术序列</td></tr>
<tr><td>直接上级</td><td colspan="3">电气主管</td></tr>
<tr><td>直接下级</td><td colspan="3">电气班长</td></tr>
<tr><td rowspan="7">岗位职责</td><td colspan="3">在电气主管领导下，负责发电专业技术</td></tr>
<tr><td colspan="3">编制发电系统运行管理制度，编制、修订发电运行规程、系统图及其修改完善工作，监督管理操作票执行情况，对新出现的安全技术问题、重大设备改造问题，协助制订相关措施；负责编制发电专业安全措施、反事故措施计划</td></tr>
<tr><td colspan="3">负责检查发电专业经济技术指标的完成情况；指导本专业的运行方式调整和经济运行工作；参加经济活动分析会，参加安全生产工作例会</td></tr>
<tr><td colspan="3">专业出现不安全情况及时组织现场分析，找出原因，吸取教训，采取措施，教育员工</td></tr>
<tr><td colspan="3">对现场的运行情况进行检查，提出合理的运行方式和处理意见</td></tr>
<tr><td colspan="3">负责调整发电系统运行方式的方案编制，对本专业运行方式的薄弱环节和设备存在的重大缺陷进行分析，并提出预防性措施</td></tr>
<tr><td colspan="3">完成上级安排的其他工作</td></tr>
<tr><td>工作记录文档</td><td colspan="3">生产记录、台账、技术月报及报表、生产经营分析、班组核算有关数据等</td></tr>
</table>

<table>
<tr><th>指标类别</th><th>考核指标</th><th>考核内容</th><th>考核标准</th><th>信息来源</th><th>考核周期</th></tr>
<tr><td rowspan="4">岗位职责指标</td><td>产品产量（40 分）</td><td>全年自发电量</td><td>基准值：完成公司年度责任状 100%；<br>目标值：完成公司年度责任状 102%；<br>奋斗值：完成公司年度责任状 105%；<br>依据《热电中心月度绩效考核细则》，定量考核</td><td rowspan="2">MES 生产运营管理系统</td><td rowspan="4">年度</td></tr>
<tr><td>主要设备完好率（15 分）</td><td>一、二类完好设备台数 / 评级设备总台数 ×100%</td><td>基准值：主要设备完好率≥98%；<br>目标值：主要设备完好率≥98.5%；<br>奋斗值：主要设备完好率≥99%；<br>依据《热电中心月度绩效考核细则》，定量考核</td></tr>
<tr><td>动静设备泄漏率（15 分）</td><td>动静设备泄漏点数 / 密封点数 ×1000‰</td><td>基准值：动静密封点泄漏率≤0.3‰；<br>目标值：动静密封点泄漏率≤0.25‰；<br>奋斗值：动静密封点泄漏率≤0.20‰；<br>依据《热电中心月度绩效考核细则》，定量考核</td><td rowspan="2">设备管理平台</td></tr>
<tr><td>设备联锁投用率（15 分）</td><td>设备联锁保护回路投用数量 / 设备联锁保护回路总数 ×100%</td><td>设备联锁投用率 100%；<br>依据《热电中心月度绩效考核细则》，定量考核</td></tr>
</table>

续表一

| 指标类别 | 考核指标 | 考核内容 | 考核标准 | 信息来源 | 考核周期 |
| --- | --- | --- | --- | --- | --- |
| 岗位职责指标 | 全年修理费（15分） | 设备管理指标 | 基准值：完成公司年度责任状100%；<br>目标值：完成公司年度责任状102%；<br>奋斗值：完成公司年度责任状105%；<br>依据《热电中心月度绩效考核细则》；<br>定量考核 | MES生产运营管理系统 | 年度 |
| 能力素质指标 | 责任心（15分） | 具有责任感，对自己和他人、对集体、对国家和社会所负责任的认识、情感和信念，以及与之相应的遵守规范、承担责任和履行义务的自觉态度 | 各指标的评价等级和对应分值：卓越（100分）、优秀（90分）、良好（80分）、一般（70分）、较差（60分）；<br>考核主体评分。直接上级占40%、其他上级领导评分占20%、平级人员互评占20%、下级员工代表占20% | 人力资源系统 | |
| | 团结协作（10分） | 互相支持、互相配合，顾全大局，明确共同目标，尊重他人，虚心诚恳，积极主动协同他人做好各项工作等 | | | |
| | 专业能力（20分） | 从事本岗位应具备的专业理论水平和能力 | | | |
| | 积极主动性（15分） | 进取向上、努力工作的思想和表现，个人意愿与集体长远目标任务相统一的动机 | | | |
| | 沟通与组织协调（10分） | 具备较强的专业素质和沟通协调能力。能够在工作中为决策提出专业意见并沟通协调各组织间工作联络，有团队精神和奉献精神，个人业务素质过硬 | | | |
| | 执行效率（10分） | 工作中能够迅速理解上级意图，形成目标并制订出具体可操作的行动方案，通过有效组织各类资源和对任务优先顺序的安排，保证计划的高效、顺利实施，并具有高质量完成工作目标的能力 | | | |

续表二

| 指标类别 | 考核指标 | 考核内容 | 考核标准 | 信息来源 | 考核周期 |
|---|---|---|---|---|---|
| 能力素质指标 | 学习（10分） | 培训（考试）参与率=实际参加培训课时（考试次数）/应参加培训课时（考试次数） | 满分10分。评分区间为1—10分，整数分值。<br>100%得满分，99%—90%得9分，以此类推 | 培训台账 | 年度 |
| | 素质提升（加分项） | 基本素质得分增长率=（年末基本素质得分－年初基本素质得分）/年初基本素质得分 | 满分5分。评分区间为1—5分，整数分值。50%得满分，49%—40%得4分，以此类推 | 人力资源系统 | |
| | 党建考核（适用于中共党员）（10分） | 完成所在支部考核指标和工作任务 | 根据所在支部党员考核细则执行 | 党建考核结果 | |
| 非权重指标（含否决性指标） | 安全环保（100分） | 着火、爆炸、中毒、泄漏等，烟尘排放量等控制在目标值内；<br>1.$SO_2$排放量≤1000吨；<br>2. NOx排放量≤1000吨；<br>3. 烟尘排放量≤250吨；<br>4.VOCs排放量≤72吨 | 国家、地方法律法规和公司各项规章制度；根据公司处理决定执行，按处理等级直接对应考核结果 | 公司处理决定 | |
| | 遵章守纪（100分） | 遵守国家、地方法律法规和公司各项规章制度 | | | |
| | 奖励指标（成果荣誉和专利） | 对员工年度内获得成果荣誉和专利情况进行量化加分 | 1.发明专利独立完成计1.2分，1—3名计1.1分、4—10名计1分、11名以后计0.9分；实用新型独立完成计1.1分，1—3名计1分、4—10名计0.9分、11名以后计0.8分；外观设计独立完成计1分，1—3名计0.9分、4—10名计0.8分、11名以后计0.7分。国际专利在以上基础上加0.3分；<br>2. 国家级：一等计3分、二等计2.8分。省部级：一等计2.6分、二等计2.4分、三等计2.2分。社会力量级Ⅰ：一等计2.4分、二等计2.2分、三等计2分。社会力量级Ⅱ：一等计2.2分、二等计2分、三等计1.8分。地（市）级、子分公司级：一等计0.8分、二等计0.6分、三等计0.4分。子分公司级技能竞赛：第一名计0.8分、第二名计0.6分、第三名计0.4分。中心级技能竞赛：第一名计0.5分、第二名计0.3分、第三名计0.2分。技能操作培训类：月度学习能手计0.2分，班组竞赛第一名计0.2分，第二名计0.1分。<br>定量考核 | 组织人事部 | |
| 备注 | | | | | |

HG-MZXT-027

## 安全主管

<table>
<tr><td>岗位名称</td><td>安全主管</td><td>所在部门</td><td>热电中心</td></tr>
<tr><td>职位职级序列</td><td colspan="3">技术序列</td></tr>
<tr><td>直接上级</td><td colspan="3">安全经理</td></tr>
<tr><td>直接下级</td><td colspan="3">安全工程师</td></tr>
<tr><td rowspan="9">岗位职责</td><td colspan="3">负责中心安全制度拟定及监督检查；负责中心现场安全监督管理；负责中心消防气防、职业健康、环保管理及安全培训以及特殊工种人员、特殊设备的管理，监督检查特殊工种人员持证上岗情况</td></tr>
<tr><td colspan="3">负责组织本中心安全管理制度、安全生产责任制度、安全操作规程，并经审核通过后监督检查执行情况</td></tr>
<tr><td colspan="3">负责制订各类紧急事件预案，并监督检查落实情况；负责中心现场操作安全措施的监督检测工作</td></tr>
<tr><td colspan="3">在中心经理、安全副经理的领导下，负责本中心的安全管理工作，指导安全工程师工作</td></tr>
<tr><td colspan="3">负责组织编制年度安全工作计划、安全技术措施计划并监督执行</td></tr>
<tr><td colspan="3">负责组织辨识本中心所在区域的安全、职业健康危险源和环境因素，并制订相应的措施</td></tr>
<tr><td colspan="3">监督检查公司各类紧急预案中与本中心有关的措施和要求落实情况；负责本中心安全隐患整改工作</td></tr>
<tr><td colspan="3">负责本中心生产作业和检维修施工作业人员劳动保护用品佩戴、使用的安全防护工作检查</td></tr>
<tr><td colspan="3">负责本中心技改技措方面的安全审查工作</td></tr>
<tr><td>工作记录文档</td><td colspan="3">安全记录、台账、月报及报表、生产经营分析、班组核算有关数据等</td></tr>
</table>

<table>
<tr><th>指标类别</th><th>考核指标</th><th>考核内容</th><th>考核标准</th><th>信息来源</th><th>考核周期</th></tr>
<tr><td rowspan="6">岗位职责指标</td><td>产品产量（30分）</td><td>自发电量</td><td rowspan="6">基准值：完成公司年度责任状 100%；<br>目标值：完成公司年度责任状 102%；<br>奋斗值：完成公司年度责任状 105%；<br>依据《热电中心月度绩效考核细则》；<br>定量考核</td><td rowspan="6">MES 生产运营管理系统</td><td rowspan="6">年度</td></tr>
<tr><td>吨蒸汽耗煤（10分）</td><td>单位时间燃料煤消耗量 / 单位时间高压蒸汽产量</td></tr>
<tr><td>吨蒸汽耗循环水（10分）</td><td>单位时间循环水消耗量 / 单位时间高压蒸汽产量</td></tr>
<tr><td>吨蒸汽耗电（10分）</td><td>单位时间生产蒸汽消耗厂用电量 / 单位时间高压蒸汽产量</td></tr>
<tr><td>蒸汽单位可控成本（10分）</td><td>单位时间高压蒸汽总成本 / 单位时间高压蒸汽产量</td></tr>
<tr><td>吨脱盐水耗电（10分）</td><td>单位时间化学制水消耗厂用电量 / 单位时间高压蒸汽产量</td></tr>
</table>

续表一

| 指标类别 | 考核指标 | 考核内容 | 考核标准 | 信息来源 | 考核周期 |
|---|---|---|---|---|---|
| 岗位职责指标 | 吨脱盐水耗工业水（10分） | 单位时间工业水消耗量/单位时间脱盐水产量 | 基准值：完成公司年度责任状100%；<br>目标值：完成公司年度责任状102%；<br>奋斗值：完成公司年度责任状105%；<br>依据《热电中心月度绩效考核细则》；<br>定量考核 | MES生产运营管理系统 | 年度 |
| | 化学水单位可控成本（10分） | 单位时间化学水制水总成本/单位时间脱盐水产量 | | | |
| 能力素质指标 | 责任心（15分） | 具有责任感，对自己和他人、对集体、对国家和社会所负责任的认识、情感和信念，以及与之相应的遵守规范、承担责任和履行义务的自觉态度 | 各指标的评价等级和对应分值：卓越（100分）、优秀（90分）、良好（80分）、一般（70分）、较差（60分）；<br>考核主体评分。直接上级占40%、其他上级领导评分占20%、平级人员互评占20%、下级员工代表占20% | 人力资源系统 | |
| | 团结协作（10分） | 互相支持、互相配合，顾全大局，明确共同目标，尊重他人，虚心诚恳，积极主动协同他人做好各项工作等 | | | |
| | 专业能力（20分） | 从事本岗位应具备的专业理论水平和能力 | | | |
| | 积极主动性（15分） | 进取向上、努力工作的思想和表现，个人意愿与集体长远目标任务相统一的动机 | | | |
| | 沟通与组织协调（10分） | 具备较强的专业素质和沟通协调能力。能够在工作中为决策提出专业意见并沟通协调各组织间工作联络，有团队精神和奉献精神，个人业务素质过硬 | | | |
| | 执行效率（10分） | 工作中能够迅速理解上级意图，形成目标并制订出具体可操作的行动方案，通过有效组织各类资源和对任务优先顺序的安排，保证计划的高效、顺利实施，并具有高质量完成工作目标的能力 | | | |

续表二

| 指标类别 | 考核指标 | 考核内容 | 考核标准 | 信息来源 | 考核周期 |
| --- | --- | --- | --- | --- | --- |
| 能力素质指标 | 学习（10分） | 培训（考试）参与率=实际参加培训课时（考试次数）/应参加培训课时（考试次数） | 满分10分。评分区间为1—10分，整数分值。<br>100%得满分，99%—90%得9分，以此类推 | 培训台账 | 年度 |
| | 素质提升（加分项） | 基本素质得分增长率=（年末基本素质得分–年初基本素质得分）/年初基本素质得分 | 满分5分。评分区间为1—5分，整数分值。50%得满分，49%—40%得4分，以此类推 | 人力资源系统 | |
| | 党建考核（适用于中共党员）（10分） | 完成所在支部考核指标和工作任务 | 根据所在支部党员考核细则执行 | 党建考核结果 | |
| 非权重指标（含否决性指标） | 安全环保（100分） | 着火、爆炸、中毒、泄漏等，烟尘排放量等控制在目标值内；<br>1.$SO_2$排放量≤1000吨；<br>2. NOx排放量≤1000吨；<br>3. 烟尘排放量≤250吨；<br>4.VOCs排放量≤72吨 | 国家、地方法律法规和公司各项规章制度；根据公司处理决定执行，按处理等级直接对应考核结果 | 公司处理决定 | |
| | 遵章守纪（100分） | 遵守国家、地方法律法规和公司各项规章制度 | | | |
| | 奖励指标（成果荣誉和专利） | 对员工年度内获得成果荣誉和专利情况进行量化加分 | 1. 发明专利独立完成计1.2分，1—3名计1.1分、4—10名计1分、11名以后计0.9分；实用新型独立完成计1.1分，1—3名计1分、4—10名计0.9分、11名以后计0.8分；外观设计独立完成计1分，1—3名计0.9分、4—10名计0.8分、11名以后计0.7分。国际专利在以上基础上加0.3分；<br>2. 国家级：一等计3分、二等计2.8分。省部级：一等计2.6分、二等计2.4分、三等计2.2分。社会力量级Ⅰ：一等计2.4分、二等计2.2分、三等计2分。社会力量级Ⅱ：一等计2.2分、二等计2分、三等计1.8分。地（市）级、子分公司级：一等计0.8分、二等计0.6分、三等计0.4分。子分公司级技能竞赛：第一名计0.8分、第二名计0.6分、第三名计0.4分。中心级技能竞赛：第一名计0.5分、第二名计0.3分、第三名计0.2分。技能操作培训类：月度学习能手计0.2分，班组竞赛第一名计0.2分，第二名计0.1分。<br>定量考核 | 组织人事部 | |
| 备注 | | | | | |

HG-MZXT-028

## 锅炉班长

| 岗位名称 | 锅炉班长 | 所在部门 | 热电中心 |
|---|---|---|---|
| 职位职级序列 | 技能序列 | | |
| 直接上级 | 值班长 | | |
| 直接下级 | 锅炉主操、副操 | | |
| 岗位职责 | 负责组织当班机炉安全生产工作 | | |
| | 指挥当班操作人员进行当班正常运行操作、事故处理及运行参数调整工作 | | |
| | 负责组织落实交接班制度；组织当班人员进行运行调整及设备巡回检查工作 | | |
| | 完成交接班后，安排定期工作，对重要设备的试验和切换进行监护 | | |
| | 及时发现、分析、判断主、辅设备缺陷，执行设备缺陷管理制度 | | |
| | 熟悉本班人员的技术与工作情况，带领本班人员认真完成各项操作和调整任务，使机组在安全、经济的工况下运行 | | |
| | 做好安全生产经验反馈工作，及时发现缺陷，完成消缺的安全措施、消缺结束后的系统恢复、设备试运等工作 | | |
| | 接受、办理工作票，审查工作票的安全措施和危险点分析的正确性，安排、指挥本机组人员进行安全措施的执行并指出操作的注意事项和危险 | | |
| | 完成上级安排的其他工作 | | |
| 工作记录文档 | 交接班记录、岗位操作记录、台账、报表、班组核算有关数据等 | | |

| 指标类别 | 考核指标 | 考核内容 | 考核标准 | 信息来源 | 考核周期 |
|---|---|---|---|---|---|
| 岗位职责指标 | 产品产量（30 分） | 自发电量 | 基准值：完成公司年度责任状 100%；<br>目标值：完成公司年度责任状 102%；<br>奋斗值：完成公司年度责任状 105%；<br>依据《热电中心月度绩效考核细则》；<br>定量考核 | MES 生产运营管理系统 | 年度 |
| | 吨蒸汽耗煤（20 分） | 单位时间燃料煤消耗量 / 单位时间高压蒸汽产量 | | | |
| | 吨蒸汽耗循环水（5 分） | 单位时间循环水消耗量 / 单位时间高压蒸汽产量 | | | |
| | 吨蒸汽耗电（10 分） | 单位时间生产蒸汽消耗厂用电量 / 单位时间高压蒸汽产量 | | | |
| | 蒸汽单位可控成本（5 分） | 单位时间高压蒸汽总成本 / 单位时间高压蒸汽产量 | | | |
| | 吨蒸汽能耗（10 分） | 单位时间生产高压蒸汽消耗各能源折标煤量之和 / 单位时间高压蒸汽产量 | | | |

续表一

| 指标类别 | 考核指标 | 考核内容 | 考核标准 | 信息来源 | 考核周期 |
|---|---|---|---|---|---|
| 岗位职责指标 | 工艺指标平稳率（20 分） | 统计期内工艺指标合格数量 / 统计期内装置工艺指标总数量 ×100% | 依据《热电中心月度绩效考核细则》；定量考核 | 设备管理平台 | 年度 |
| 能力素质指标 | 责任心（15 分） | 具有责任感，对自己和他人、对集体、对国家和社会所负责任的认识、情感和信念，以及与之相应的遵守规范、承担责任和履行义务的自觉态度 | 各指标的评价等级和对应分值：卓越（100 分）、优秀（90 分）、良好（80 分）、一般（70 分）、较差（60 分）；<br>考核主体评分。直接上级占 40%、其他上级领导评分占 20%、平级人员互评占 20%、下级员工代表占 20% | 人力资源系统 | |
| | 团结协作（10 分） | 互相支持、互相配合，顾全大局，明确共同目标，尊重他人，虚心诚恳，积极主动协同他人做好各项工作等 | | | |
| | 专业能力（20 分） | 从事本岗位应具备的专业理论水平和能力 | | | |
| | 积极主动性（15 分） | 进取向上、努力工作的思想和表现，个人意愿与集体长远目标任务相统一的动机 | | | |
| | 沟通与组织协调（10 分） | 具有良好的执行力和本岗位需要的专业技术能力。工作中能够解决实际问题，并具有一定的团队协作精神和集体荣誉感，持续保持学习能力，具备一定的沟通协调能力 | | | |
| | 执行效率（10 分） | 工作中能够迅速理解上级意图，形成目标并制订出具体可操作的行动方案，通过有效组织各类资源和对任务优先顺序的安排，保证计划的高效、顺利实施，并具有高质量完成工作目标的能力 | | | |
| | 学习（10 分） | 培训（考试）参与率 = 实际参加培训课时（考试次数）/ 应参加培训课时（考试次数） | 满分 10 分。评分区间为 1—10 分，整数分值。<br>100% 得满分，99%—90% 得 9 分，以此类推 | 培训台账 | |

续表二

| 指标类别 | 考核指标 | 考核内容 | 考核标准 | 信息来源 | 考核周期 |
| --- | --- | --- | --- | --- | --- |
| 能力素质指标 | 素质提升（加分项） | 基本素质得分增长率 =（年末基本素质得分 – 年初基本素质得分）/ 年初基本素质得分 | 满分 5 分。评分区间为 1—5 分，整数分值。50% 得满分，49%—40% 得 4 分，以此类推 | 人力资源系统 | 年度 |
| | 党建考核（适用于中共党员）（10 分） | 完成所在支部考核指标和工作任务 | 根据所在支部党员考核细则执行 | 党建考核结果 | |
| 非权重指标（含否决性指标） | 安全环保（100 分） | 着火、爆炸、中毒、泄漏等，烟尘排放量等控制在目标值内；<br>1. $SO_2$ 排放量≤1000 吨；<br>2. NOx 排放量≤1000 吨；<br>3. 烟尘排放量≤250 吨；<br>4.VOCs 排放量≤72 吨 | 国家、地方法律法规和公司各项规章制度；根据公司处理决定执行，按处理等级直接对应考核结果 | 公司处理决定 | |
| | 遵章守纪（100 分） | 遵守国家、地方法律法规和公司各项规章制度 | | | |
| | 奖励指标（成果荣誉和专利） | 对员工年度内获得成果荣誉和专利情况进行量化加分 | 1. 发明专利独立完成计 1.2 分，1—3 名计 1.1 分、4—10 名计 1 分、11 名以后计 0.9 分；实用新型独立完成计 1.1 分，1—3 名计 1 分、4—10 名计 0.9 分、11 名以后计 0.8 分；外观设计独立完成计 1 分，1—3 名计 0.9 分、4—10 名计 0.8 分、11 名以后计 0.7 分。国际专利在以上基础上加 0.3 分；<br>2. 国家级：一等计 3 分、二等计 2.8 分。省部级：一等计 2.6 分、二等计 2.4 分、三等计 2.2 分。社会力量级Ⅰ：一等计 2.4 分、二等计 2.2 分、三等计 2 分。社会力量级Ⅱ：一等计 2.2 分、二等计 2 分、三等计 1.8 分。地（市）级、子分公司级：一等计 0.8 分、二等计 0.6 分、三等计 0.4 分。子分公司级技能竞赛：第一名计 0.8 分、第二名计 0.6 分、第三名计 0.4 分。中心级技能竞赛：第一名计 0.5 分、第二名计 0.3 分、第三名计 0.2 分。技能操作培训类：月度学习能手计 0.2 分，班组竞赛第一名计 0.2 分，第二名计 0.1 分。<br>定量考核 | 组织人事部 | |
| 备注 | | | | | |

## HG-MZXT-029

### 卸储煤主操

<table>
<tr><th>岗位名称</th><td>卸储煤主操</td><th>所在部门</th><td>热电中心</td></tr>
<tr><td>职位职级序列</td><td colspan="3">技能序列</td></tr>
<tr><td>直接上级</td><td colspan="3">卸储煤班长</td></tr>
<tr><td>直接下级</td><td colspan="3">卸储煤副操</td></tr>
<tr><td rowspan="7">岗位职责</td><td colspan="3">协助班长完成本岗位设备运行，巡检、运行过程中各项指标调整，监盘等工作</td></tr>
<tr><td colspan="3">协助班长完成各项经济指标、技术指标等任务</td></tr>
<tr><td colspan="3">协助班长做好班组建设，行政管理和思想政治工作</td></tr>
<tr><td colspan="3">负责各岗位的替班及重大操作的安全监护和定期工作的执行</td></tr>
<tr><td colspan="3">负责所辖设备的安全、经济运行</td></tr>
<tr><td colspan="3">生产过程中发现进入本装置的原料、燃料、化工辅助材料质量问题，须立即向班长和主管领导汇报，同时进行必要的紧急处置；及时掌握产品的质量分析数据，不得将不合格的产品物料外输出装置区及下一工序</td></tr>
<tr><td colspan="3">完成上级交办的其他工作</td></tr>
<tr><td>工作记录文档</td><td colspan="3">交接班记录、岗位操作记录、台账、报表、班组核算有关数据等</td></tr>
</table>

<table>
<tr><th>指标类别</th><th>考核指标</th><th>考核内容</th><th>考核标准</th><th>信息来源</th><th>考核周期</th></tr>
<tr><td rowspan="5">岗位职责指标</td><td>产品产量（20 分）</td><td>自发电量</td><td>基准值：完成公司年度责任状 100%；<br>目标值：完成公司年度责任状 102%；<br>奋斗值：完成公司年度责任状 105%；<br>依据《热电中心月度绩效考核细则》；<br>定量考核</td><td rowspan="4">MES 生产运营管理系统</td><td rowspan="6">年度</td></tr>
<tr><td>吨煤用电单耗（20 分）</td><td>单位时间消耗厂用电量 / 单位时间卸供煤量 ×100%</td><td rowspan="4">依据《热电中心卸储煤班组竞赛方案》；<br>定量考核</td></tr>
<tr><td>卸煤总量（20 分）</td><td>统计期内翻车机卸煤总量</td></tr>
<tr><td>供煤总量（20 分）</td><td>统计期内各皮带供煤总量</td></tr>
<tr><td>工艺指标平稳率（20 分）</td><td>统计期内工艺指标合格数量 / 统计期内装置工艺指标总数量 ×100%</td><td>设备管理平台</td></tr>
<tr><td>能力素质指标</td><td>责任心（15 分）</td><td>具有责任感，对自己和他人、对集体、对国家和社会所负责任的认识、情感和信念，以及与之相应的遵守规范、承担责任和履行义务的自觉态度</td><td>各指标的评价等级和对应分值：卓越（100 分）、优秀（90 分）、良好（80 分）、一般（70 分）、较差（60 分）；<br>考核主体评分。直接上级占 40%、其他上级领导评分占 20%、平级人员互评占 20%、下级员工代表占 20%</td><td>人力资源系统</td></tr>
</table>

续表一

| 指标类别 | 考核指标 | 考核内容 | 考核标准 | 信息来源 | 考核周期 |
|---|---|---|---|---|---|
| 能力素质指标 | 团结协作（10分） | 互相支持、互相配合，顾全大局，明确共同目标，尊重他人，虚心诚恳，积极主动协同他人做好各项工作等 | 各指标的评价等级和对应分值：卓越（100分）、优秀（90分）、良好（80分）、一般（70分）、较差（60分）；<br>考核主体评分。直接上级占40%、其他上级领导评分占20%、平级人员互评占20%、下级员工代表占20% | 人力资源系统 | 年度 |
| | 专业能力（20分） | 从事本岗位应具备的专业理论水平和能力 | | | |
| | 积极主动性（15分） | 进取向上、努力工作的思想和表现，个人意愿与集体长远目标任务相统一的动机 | | | |
| | 沟通与组织协调（10分） | 具有良好的执行力和本岗位需要的专业技术能力。工作中能够解决实际问题，并具有一定的团队协作精神和集体荣誉感，持续保持学习能力，具备一定的沟通协调能力 | | | |
| | 执行效率（10分） | 工作中能够迅速理解上级意图，形成目标并制订出具体可操作的行动方案，通过有效组织各类资源和对任务优先顺序的安排，保证计划的高效、顺利实施，并具有高质量完成工作目标的能力 | | | |
| | 学习（10分） | 培训（考试）参与率=实际参加培训课时（考试次数）/应参加培训课时（考试次数） | 满分10分。评分区间为1—10分，整数分值。<br>100%得满分，99%—90%得9分，以此类推 | 培训台账 | |
| | 素质提升（加分项） | 基本素质得分增长率=（年末基本素质得分－年初基本素质得分）/年初基本素质得分 | 满分5分。评分区间为1—5分，整数分值。<br>50%得满分，49%—40%得4分，以此类推 | 人力资源系统 | |
| | 党建考核（适用于中共党员）（10分） | 完成所在支部考核指标和工作任务 | 根据所在支部党员考核细则执行 | 党建考核结果 | |

续表二

<table>
<tr><th>指标类别</th><th>考核指标</th><th>考核内容</th><th>考核标准</th><th>信息来源</th><th>考核周期</th></tr>
<tr><td rowspan="3">非权重指标（含否决性指标）</td><td>安全环保（100分）</td><td>着火、爆炸、中毒、泄漏等，烟尘排放量等控制在目标值内；<br>1.$SO_2$排放量≤1000吨；<br>2. NOx排放量≤1000吨；<br>3. 烟尘排放量≤250吨；<br>4.VOCs排放量≤72吨</td><td rowspan="2">国家、地方法律法规和公司各项规章制度；根据公司处理决定执行，按处理等级直接对应考核结果</td><td rowspan="2">公司处理决定</td><td rowspan="3">年度</td></tr>
<tr><td>遵章守纪（100分）</td><td>遵守国家、地方法律法规和公司各项规章制度</td></tr>
<tr><td>奖励指标（成果荣誉和专利）</td><td>对员工年度内获得成果荣誉和专利情况进行量化加分</td><td>1.发明专利独立完成计1.2分,1—3名计1.1分、4—10名计1分、11名以后计0.9分；实用新型独立完成计1.1分，1—3名计1分、4—10名计0.9分、11名以后计0.8分；外观设计独立完成计1分,1—3名计0.9分、4—10名计0.8分、11名以后计0.7分。国际专利在以上基础上加0.3分；<br>2. 国家级：一等计3分、二等计2.8分。省部级：一等计2.6分、二等计2.4分、三等计2.2分。社会力量级Ⅰ：一等计2.4分、二等计2.2分、三等计2分。社会力量级Ⅱ：一等计2.2分、二等计2分、三等计1.8分。地（市）级、子分公司级：一等计0.8分、二等计0.6分、三等计0.4分。子分公司级技能竞赛：第一名计0.8分、第二名计0.6分、第三名计0.4分。中心级技能竞赛：第一名计0.5分、第二名计0.3分、第三名计0.2分。技能操作培训类：月度学习能手计0.2分，班组竞赛第一名计0.2分，第二名计0.1分。<br>定量考核</td><td>组织人事部</td></tr>
<tr><td>备注</td><td colspan="5"></td></tr>
</table>

HG–MZXT–030

## 化学水主操

| 岗位名称 | 化学水主操 | 所在部门 | 热电中心 |
|---|---|---|---|
| 职位职级序列 | 技能序列 | | |
| 直接上级 | 化学水班长 | | |
| 直接下级 | 化学水副操 | | |
| 岗位职责 | 协助班长完成本岗位设备运行，巡检、运行过程中各项指标调整，监盘等工作 | | |
| | 协助班长完成各项经济指标、技术指标等任务 | | |
| | 协助班长搞好班组建设，行政管理和思想政治工作 | | |
| | 负责各岗位的替班及重大操作的安全监护和定期工作的执行 | | |
| | 负责所辖设备的安全、经济运行 | | |
| | 完成上级交办的其他工作 | | |
| 工作记录文档 | 交接班记录、岗位操作记录、台账、报表、班组核算有关数据等 | | |

| 指标类别 | 考核指标 | 考核内容 | 考核标准 | 信息来源 | 考核周期 |
|---|---|---|---|---|---|
| 岗位职责指标 | 产品产量（30 分） | 自发电量 | 基准值：完成公司年度责任状 100%；<br>目标值：完成公司年度责任状 102%；<br>奋斗值：完成公司年度责任状 105%；<br>依据《热电中心月度绩效考核细则》；<br>定量考核 | MES 生产运营管理系统 | 年度 |
| | 吨脱盐水耗电（10 分） | 单位时间化学制水消耗厂用电量 / 单位时间高压蒸汽产量 | | | |
| | 吨脱盐水耗工业水（20 分） | 单位时间工业水消耗量 / 单位时间脱盐水产量 | | | |
| | 化学水单位可控成本（10 分） | 单位时间化学水制水总成本 / 单位时间脱盐水产量 | | | |
| | 炉水、给水、蒸汽、脱盐水质量合格率（10 分） | 单位时间汽、水检测合格数 / 单位时间汽、水检测总数 | | | |
| | 工艺指标平稳率（20 分） | 统计期内工艺指标合格数量 / 统计期内装置工艺指标总数量 ×100% | 依据《热电中心月度绩效考核细则》；<br>定量考核 | 设备管理平台 | |
| 能力素质指标 | 责任心（15 分） | 具有责任感，对自己和他人、对集体、对国家和社会所负责任的认识、情感和信念，以及与之相应的遵守规范、承担责任和履行义务的自觉态度 | 各指标的评价等级和对应分值：卓越（100 分）、优秀（90 分）、良好（80 分）、一般（70 分）、较差（60 分）；<br>考核主体评分。直接上级占 40%、其他上级领导评分占 20%、平级人员互评占 20%、下级员工代表占 20% | 人力资源系统 | |

续表一

| 指标类别 | 考核指标 | 考核内容 | 考核标准 | 信息来源 | 考核周期 |
| --- | --- | --- | --- | --- | --- |
| 能力素质指标 | 团结协作（10 分） | 互相支持、互相配合，顾全大局，明确共同目标，尊重他人，虚心诚恳，积极主动协同他人做好各项工作等 | 各指标的评价等级和对应分值：卓越（100 分）、优秀（90 分）、良好（80 分）、一般（70 分）、较差（60 分）；<br>考核主体评分。直接上级占 40%、其他上级领导评分占 20%、平级人员互评占 20%、下级员工代表占 20% | 人力资源系统 | 年度 |
| | 专业能力（20 分） | 从事本岗位应具备的专业理论水平和能力 | | | |
| | 积极主动性（15 分） | 进取向上、努力工作的思想和表现，个人意愿与集体长远目标任务相统一的动机 | | | |
| | 沟通与组织协调（10 分） | 具有良好的执行力和本岗位需要的专业技术能力。工作中能够解决实际问题，并具有一定的团队协作精神和集体荣誉感，持续保持学习能力，具备一定的沟通协调能力 | | | |
| | 执行效率（10 分） | 工作中能够迅速理解上级意图，形成目标并制订出具体可操作的行动方案，通过有效组织各类资源和对任务优先顺序的安排，保证计划的高效、顺利实施，并具有高质量完成工作目标的能力 | | | |
| | 学习（10 分） | 培训（考试）参与率 = 实际参加培训课时（考试次数）/ 应参加培训课时（考试次数） | 满分 10 分。评分区间为 1—10 分，整数分值。<br>100% 得满分，99%—90% 得 9 分，以此类推 | 培训台账 | |
| | 素质提升（加分项） | 基本素质得分增长率 =（年末基本素质得分 – 年初基本素质得分）/ 年初基本素质得分 | 满分 5 分。评分区间为 1—5 分，整数分值。<br>50% 得满分，49%—40% 得 4 分，以此类推 | 人力资源系统 | |
| | 党建考核（适用于中共党员）（10 分） | 完成所在支部考核指标和工作任务 | 根据所在支部党员考核细则执行 | 党建考核结果 | |

续表二

| 指标类别 | 考核指标 | 考核内容 | 考核标准 | 信息来源 | 考核周期 |
| --- | --- | --- | --- | --- | --- |
| 非权重指标（含否决性指标） | 安全环保（100分） | 着火、爆炸、中毒、泄漏等，烟尘排放量等控制在目标值内；<br>1.$SO_2$ 排放量≤1000吨；<br>2. NOx 排放量≤1000吨；<br>3. 烟尘排放量≤250吨；<br>4.VOCs 排放量≤72吨 | 国家、地方法律法规和公司各项规章制度；根据公司处理决定执行，按处理等级直接对应考核结果 | 公司处理决定 | 年度 |
| | 遵章守纪（100分） | 遵守国家、地方法律法规和公司各项规章制度 | | | |
| | 奖励指标（成果荣誉和专利） | 对员工年度内获得成果荣誉和专利情况进行量化加分 | 1. 发明专利独立完成计1.2分，1—3名计1.1分、4—10名计1分、11名以后计0.9分；实用新型独立完成计1.1分，1—3名计1分、4—10名计0.9分、11名以后计0.8分；外观设计独立完成计1分，1—3名计0.9分、4—10名计0.8分、11名以后计0.7分。国际专利在以上基础上加0.3分；<br>2. 国家级：一等计3分、二等计2.8分。省部级：一等计2.6分、二等计2.4分、三等计2.2分。社会力量级Ⅰ：一等计2.4分、二等计2.2分、三等计2分。社会力量级Ⅱ：一等计2.2分、二等计2分、三等计1.8分。地（市）级、子分公司级：一等计0.8分、二等计0.6分、三等计0.4分。子分公司级技能竞赛：第一名计0.8分、第二名计0.6分、第三名计0.4分。中心级技能竞赛：第一名计0.5分、第二名计0.3分、第三名计0.2分。技能操作培训类：月度学习能手计0.2分，班组竞赛第一名计0.2分，第二名计0.1分。<br>定量考核 | 组织人事部 | |
| 备注 | | | | | |

HG-MZXT-031

## 电气操作工

<table>
<tr><td>岗位名称</td><td>电气操作工</td><td>所在部门</td><td>热电中心</td></tr>
<tr><td>职位职级序列</td><td colspan="3">技能序列</td></tr>
<tr><td>直接上级</td><td colspan="3">电气班长</td></tr>
<tr><td>直接下级</td><td colspan="3">——</td></tr>
<tr><td rowspan="6">岗位职责</td><td colspan="3">作为电气运行岗位生产行为的监护人及执行人，在班长的带领下全面执行值班长下达的各项日程生产命令，专业技术行为受电气主管的领导，生产命令的执行受当值值班长和本班班长的领导</td></tr>
<tr><td colspan="3">贯彻执行公司、中心相关管理规定和操作规程及国家和行业的有关技术与管理标准；全面执行本班组电气专业的生产指令；执行本班组“三票三制”规定</td></tr>
<tr><td colspan="3">协助班长检查本班组生产日志、各种记录台账、表格报表填写情况；经常对现场设备的运行情况和存在问题进行检查、巡视，向班长提出合理的运行方式和处理意见</td></tr>
<tr><td colspan="3">在班长带领下对本班组出现的不安全情况及时逐级反应，找出原因，吸取教训，采取措施，教育本人和他人</td></tr>
<tr><td colspan="3">担任本专业大型复杂操作的执行人及小型简单操作的监护人；对本班组出现的各种直接、间接性电气生产事故、故障、异常负有责任</td></tr>
<tr><td colspan="3">完成上级交办的其他工作</td></tr>
<tr><td>工作记录文档</td><td colspan="3">生产记录、台账、报表、班组核算有关数据等</td></tr>
</table>

<table>
<tr><th>指标类别</th><th>考核指标</th><th>考核内容</th><th>考核标准</th><th>信息来源</th><th>考核周期</th></tr>
<tr><td rowspan="4">岗位职责指标</td><td>产品产量（40 分）</td><td>自发电量</td><td rowspan="3">基准值：完成公司年度责任状 100%；<br>目标值：完成公司年度责任状 102%；<br>奋斗值：完成公司年度责任状 105%；<br>依据《热电中心月度绩效考核细则》；<br>定量考核</td><td rowspan="3">MES 生产运营管理系统</td><td rowspan="5">年度</td></tr>
<tr><td>吨蒸汽耗电（20 分）</td><td>单位时间生产蒸汽消耗厂用电量 / 单位时间高压蒸汽产量</td></tr>
<tr><td>吨脱盐水耗电（20 分）</td><td>单位时间化学制水消耗厂用电量 / 单位时间高压蒸汽产量</td></tr>
<tr><td>工艺指标平稳率（20 分）</td><td>统计期内工艺指标合格数量 / 统计期内装置工艺指标总数量 ×100%</td><td>依据《热电中心月度绩效考核细则》；<br>定量考核</td><td>设备管理平台</td></tr>
<tr><td>能力素质指标</td><td>责任心（15 分）</td><td>具有责任感，对自己和他人、对集体、对国家和社会所负责任的认识、情感和信念，以及与之相应的遵守规范、承担责任和履行义务的自觉态度</td><td>各指标的评价等级和对应分值：卓越（100 分）、优秀（90 分）、良好（80 分）、一般（70 分）、较差（60 分）；<br>考核主体评分。直接上级占 40%、其他上级领导评分占 20%、平级人员互评占 20%、下级员工代表占 20%</td><td>人力资源系统</td></tr>
</table>

续表一

<table>
<tr><th>指标类别</th><th>考核指标</th><th>考核内容</th><th>考核标准</th><th>信息来源</th><th>考核周期</th></tr>
<tr><td rowspan="9">能力素质指标</td><td>团结协作（10 分）</td><td>互相支持、互相配合，顾全大局，明确共同目标，尊重他人，虚心诚恳，积极主动协同他人做好各项工作等</td><td rowspan="5">各指标的评价等级和对应分值：卓越（100 分）、优秀（90 分）、良好（80 分）、一般（70 分）、较差（60 分）；<br>考核主体评分。直接上级占 40%、其他上级领导评分占 20%、平级人员互评占 20%、下级员工代表占 20%</td><td rowspan="5">人力资源系统</td><td rowspan="9">年度</td></tr>
<tr><td>专业能力（20 分）</td><td>从事本岗位应具备的专业理论水平和能力</td></tr>
<tr><td>积极主动性（15 分）</td><td>进取向上、努力工作的思想和表现，个人意愿与集体长远目标任务相统一的动机</td></tr>
<tr><td>沟通与组织协调（10 分）</td><td>具有良好的执行力和本岗位需要的专业技术能力。工作中能够解决实际问题，并具有一定的团队协作精神和集体荣誉感，持续保持学习能力，具备一定的沟通协调能力</td></tr>
<tr><td>执行效率（10 分）</td><td>工作中能够迅速理解上级意图，形成目标并制订出具体可操作的行动方案，通过有效组织各类资源和对任务优先顺序的安排，保证计划的高效、顺利实施，并具有高质量完成工作目标的能力</td></tr>
<tr><td>学习（10 分）</td><td>培训（考试）参与率 = 实际参加培训课时（考试次数）/ 应参加培训课时（考试次数）</td><td>满分 10 分。评分区间为 1—10 分，整数分值。<br>100% 得满分，99%—90% 得 9 分，以此类推</td><td>培训台账</td></tr>
<tr><td>素质提升（加分项）</td><td>基本素质得分增长率 =（年末基本素质得分 – 年初基本素质得分）/ 年初基本素质得分</td><td>满分 5 分。评分区间为 1—5 分，整数分值。50% 得满分，49%—40% 得 4 分，以此类推</td><td>人力资源系统</td></tr>
<tr><td>党建考核（适用于中共党员）（10 分）</td><td>完成所在支部考核指标和工作任务</td><td>根据所在支部党员考核细则执行</td><td>党建考核结果</td></tr>
</table>

续表二

| 指标类别 | 考核指标 | 考核内容 | 考核标准 | 信息来源 | 考核周期 |
|---|---|---|---|---|---|
| 非权重指标（含否决性指标） | 安全环保（100分） | 着火、爆炸、中毒、泄漏等，烟尘排放量等控制在目标值内；<br>1. $SO_2$ 排放量≤1000吨；<br>2. NOx 排放量≤1000吨；<br>3. 烟尘排放量≤250吨；<br>4. VOCs 排放量≤72吨 | 国家、地方法律法规和公司各项规章制度；根据公司处理决定执行，按处理等级直接对应考核结果 | 公司处理决定 | 年度 |
| | 遵章守纪（100分） | 遵守国家、地方法律法规和公司各项规章制度 | | | |
| | 奖励指标（成果荣誉和专利） | 对员工年度内获得成果荣誉和专利情况进行量化加分 | 1. 发明专利独立完成计1.2分，1—3名计1.1分、4—10名计1分、11名以后计0.9分；实用新型独立完成计1.1分，1—3名计1分、4—10名计0.9分、11名以后计0.8分；外观设计独立完成计1分，1—3名计0.9分、4—10名计0.8分、11名以后计0.7分。国际专利在以上基础上加0.3分；<br>2. 国家级：一等计3分、二等计2.8分。省部级：一等计2.6分、二等计2.4分、三等计2.2分。社会力量级Ⅰ：一等计2.4分、二等计2.2分、三等计2分。社会力量级Ⅱ：一等计2.2分、二等计2分、三等计1.8分。地（市）级、子分公司级：一等计0.8分、二等计0.6分、三等计0.4分。子分公司级技能竞赛：第一名计0.8分、第二名计0.6分、第三名计0.4分。中心级技能竞赛：第一名计0.5分、第二名计0.3分、第三名计0.2分。技能操作培训类：月度学习能手计0.2分，班组竞赛第一名计0.2分，第二名计0.1分。<br>定量考核 | 组织人事部 | |
| 备注 | | | | | |

HG-MZXT-032

## 工艺主管

<table>
<tr><td>岗位名称</td><td>工艺主管</td><td>所在部门</td><td>公用工程中心</td></tr>
<tr><td>职位职级序列</td><td colspan="3">技术序列</td></tr>
<tr><td>直接上级</td><td colspan="3">技术副经理</td></tr>
<tr><td>直接下级</td><td colspan="3">工艺工程师</td></tr>
<tr><td rowspan="15">岗位职责</td><td colspan="3">协助上级制订、修订本中心有关运行、安全、技术监督、技术培训等生产技术管理规章制度、工作标准，并监督检查执行情况</td></tr>
<tr><td colspan="3">协助上级做好本中心科研开发、技改技措、节能减排等工作，具体负责技改技措的立项、方案制订等</td></tr>
<tr><td colspan="3">负责在上级的指导下，做好本中心的工艺技术管理工作</td></tr>
<tr><td colspan="3">负责编写本中心的各种技术方案、操作规程等技术资料</td></tr>
<tr><td colspan="3">负责监督、检查本中心工艺技术纪律的执行情况</td></tr>
<tr><td colspan="3">负责本中心的节能降耗工作，定期对节能指标进行统计分析，提出改进措施</td></tr>
<tr><td colspan="3">负责组织本中心的质量管理与检查工作</td></tr>
<tr><td colspan="3">协助处理本中心产品质量存在的问题，分析存在的或潜在的不合格产生的原因，制订相应的纠正和预防措施</td></tr>
<tr><td colspan="3">协助上级开展本中心引进装置的国内外技术的消化吸收工作</td></tr>
<tr><td colspan="3">协助上级在本中心推广应用国内外先进工艺技术和现代化管理方法</td></tr>
<tr><td colspan="3">协助上级组织并参与本中心的技术攻关，不断提高本中心生产技术水平</td></tr>
<tr><td colspan="3">协助做好本中心员工的教育培训及培训效果的评估，建立本中心员工的培训台账</td></tr>
<tr><td colspan="3">配合生产副经理做好本中心生产运行工作</td></tr>
<tr><td colspan="3">协助有关部门做好生产操作事故调查和分析</td></tr>
<tr><td colspan="3">配合其他部门工作，完成上级布置的其他相关工作</td></tr>
<tr><td>工作记录文档</td><td colspan="3">三剂化学品台账、技术月报、质量月报、分析化验台账、大事记台账、节能减排台账、生产统计台账、工艺指标管理台账、工艺联锁变更台账、工艺事故台账、生产装置开停工台账、技改技措台账、中心原料管理台账</td></tr>
</table>

<table>
<tr><th>指标类别</th><th>考核指标</th><th>考核内容</th><th>考核标准</th><th>信息来源</th><th>考核周期</th></tr>
<tr><td rowspan="2">岗位职责指标</td><td>质量合格率（20分）</td><td>确保各装置质量合格</td><td>对各装置产水合格率进行检查、考核：<br>循环水、回用水质量合格率≥98.0%；<br>污水、生产水质量全棉率≥98.0%。<br>无故合格率每下降1%，扣1分；<br>未开展此项工作，每发生一次扣1分</td><td>LIMS实验室信息管理系统</td><td rowspan="2">月度/季度</td></tr>
<tr><td>装置平稳率管理（20分）</td><td>对影响装置平稳运行的关键平稳率（温度、压力、液位等）控制指标进行监管</td><td>目标值98%。<br>达到目标值不扣分；99%以下97%以上，每降低1%扣2分，97%以下，每降低1%扣3分，95%以下为0分</td><td>DCS分散控制系统</td></tr>
</table>

续表一

| 指标类别 | 考核指标 | 考核内容 | 考核标准 | 信息来源 | 考核周期 |
| --- | --- | --- | --- | --- | --- |
| 岗位职责指标 | 吨水能耗（10分） | 吨循环水综合能耗指标 | 对循环水吨水能耗情况进行月度检查，考核指标为≤0.06kgce/t；<br>无故单位产量综合能耗每增加1%扣1分，未采取措施，扣1分 | MES生产运营管理系统 | 月度/季度 |
|  | 联锁自控（20分） | 联锁投用率 | 联锁投用率100%。<br>根据联锁投用率公用工程中心月度联锁投用率由于工艺和设备原因，每降低1.0个百分点，扣1分 | 技术月报 |  |
|  |  | 仪表自控率 | 仪表自控率≥85%。<br>每降低1%，扣1分 |  |  |
|  | 工艺基础工作管理（20分） | 监督、检查本中心工艺基础工作，修订本中心工艺技术指标、操作规程等技术资料 | 根据生产实际情况，对工艺卡片、技术规程、操作法、操作卡中不符合项进行修订；<br>组织对新修订的工艺卡片、技术规程、操作法、操作卡进行培训；<br>工艺卡片指标设定不合理，未审核出问题扣1—10分；<br>未开展对各装置的工艺卡片、操作法、操作卡培训的，每缺少一项扣1分；<br>报送的方案类文件，每发生一处错误，扣1分 | 工艺卡片、操作记录、培训记录 | 年度 |
|  | 三剂管理（10分） | 中心三剂管理工作 | 主持对各装置工艺工程师三剂验收程序、消耗台账及使用评价方面的执行情况进行管理。<br>达到目标值不扣分：<br>未建立台账扣10分；<br>台账未及时更新扣2分；<br>三剂验收缺少必要单据视情况扣1—10分；<br>对药剂使用情况未做出有效评价视情况扣1—10分 | 技术月报<br>工艺检查通报 | 季度 |
| 能力素质指标 | 责任心（15分） | 具有责任感，对自己和他人、对集体、对国家和社会所负责任的认识、情感和信念，以及与之相应的遵守规范、承担责任和履行义务的自觉态度 | 各指标的评价等级和对应分值：卓越（100分）、优秀（90分）、良好（80分）、一般（70分）、较差（60分）；<br>考核主体评分。直接上级占40%、其他上级领导评分占20%、平级人员互评占20%、下级员工代表占20% | 人力资源系统 | 年度 |

续表二

| 指标类别 | 考核指标 | 考核内容 | 考核标准 | 信息来源 | 考核周期 |
| --- | --- | --- | --- | --- | --- |
| 能力素质指标 | 团结协作（15分） | 互相支持、互相配合，顾全大局，明确共同目标，尊重他人，虚心诚恳，积极主动协同他人做好各项工作等 | 各指标的评价等级和对应分值：卓越（100分）、优秀（90分）、良好（80分）、一般（70分）、较差（60分）；<br>考核主体评分。直接上级占40%、其他上级领导评分占20%、平级人员互评占20%、下级员工代表占20% | 人力资源系统 | 年度 |
| | 专业能力（15分） | 从事本岗位应具备的专业理论水平和能力 | | | |
| | 积极主动性（15分） | 进取向上、努力工作的思想和表现，个人意愿与集体长远目标任务相统一的动机 | | | |
| | 沟通与组织协调（15分） | 具备较强的专业素质和沟通协调能力。能够在工作中为决策提出专业意见并沟通协调各组织间工作联络，有团队精神和奉献精神，个人业务素质过硬 | | | |
| | 执行效率（15分） | 工作中能够迅速理解上级意图，形成目标并制订出具体可操作的行动方案，通过有效组织各类资源和对任务优先顺序的安排，保证计划的高效、顺利实施，并具有高质量完成工作目标的能力 | | | |
| | 素质提升（加分项） | 基本素质得分增长率=（年末基本素质得分－年初基本素质得分）/年初基本素质得分 | 满分5分。评分区间为1—5分，整数分值。50%得满分，49%—40%得4分，以此类推 | | |
| | 党建考核（适用于中共党员）（10分） | 完成所在支部考核指标和工作任务 | 根据所在支部党员考核细则执行 | 党建考核结果 | |

续表三

| 指标类别 | 考核指标 | 考核内容 | 考核标准 | 信息来源 | 考核周期 |
| --- | --- | --- | --- | --- | --- |
| 非权重指标（含否决性指标） | 安全环保（100分） | 着火、爆炸、中毒、泄漏等，烟尘排放量等控制在目标值内；<br>1.$SO_2$排放量≤1000吨；<br>2. NOx排放量≤1000吨；<br>3. 烟尘排放量≤250吨；<br>4.VOCs排放量≤72吨 | 国家、地方法律法规和公司各项规章制度；根据公司处理决定执行，按处理等级直接对应考核结果 | 公司处理决定 | 年度 |
| | 遵章守纪（100分） | 遵守国家、地方法律法规和公司各项规章制度 | | | |
| | 奖励指标（成果荣誉和专利） | 对员工年度内获得成果荣誉和专利情况进行量化加分 | 1. 发明专利独立完成计1.2分，1—3名计1.1分、4—10名计1分、11名以后计0.9分；实用新型独立完成计1.1分，1—3名计1分、4—10名计0.9分、11名以后计0.8分；外观设计独立完成计1分，1—3名计0.9分、4—10名计0.8分、11名以后计0.7分。国际专利在以上基础上加0.3分<br>2. 国家级：一等计3分、二等计2.8分。省部级：一等计2.6分、二等计2.4分、三等计2.2分。社会力量级Ⅰ：一等计2.4分、二等计2.2分、三等计2分。社会力量级Ⅱ：一等计2.2分、二等计2分、三等计1.8分。地（市）级、子分公司级：一等计0.8分、二等计0.6分、三等计0.4分。子分公司级技能竞赛：第一名计0.8分、第二名计0.6分、第三名计0.4分。中心级技能竞赛：第一名计0.5分、第二名计0.3分、第三名计0.2分。技能操作培训类：月度学习能手计0.2分，班组竞赛第一名计0.2分，第二名计0.1分。<br>定量考核 | 组织人事部 | |
| 备注 | | | | | |

HG-MZXT-033

## 值班长

<table>
<tr><th>岗位名称</th><th>值班长</th><th>所在部门</th><th>公用工程中心</th></tr>
<tr><td>职位职级序列</td><td colspan="3">技能序列</td></tr>
<tr><td>直接上级</td><td colspan="3">中心副经理</td></tr>
<tr><td>直接下级</td><td colspan="3">班长</td></tr>
<tr><td rowspan="10">岗位职责</td><td colspan="3">遵守国家地方安全环保职业卫生法律法规，执行集团、煤制油化工公司、公司的各项安全环保职业卫生管理规定</td></tr>
<tr><td colspan="3">参与中心危险源辨识与风险评价、重大环境因素的辨识与评价和清洁生产的工作</td></tr>
<tr><td colspan="3">做好公司安全风险预控管理体系涉及中心生产运行方面的工作</td></tr>
<tr><td colspan="3">自觉参加公司与中心组织的各种安全教育和培训，参加班组安全活动，掌握本职工作所需要的安全生产知识，提高安全生产技能，增强事故预防和应急处理能力</td></tr>
<tr><td colspan="3">按公司规定进行劳保着装，佩戴合适的劳动防护用品，做好职业病防护，参加公司每年组织的职业健康体检</td></tr>
<tr><td colspan="3">当班期间全面负责中心各装置当班班组的劳动纪律、安全生产、环境保护、个体防护、工艺纪律、节能降耗、岗位练兵等各项工作的监督检查，确保中心各装置的安全运行</td></tr>
<tr><td colspan="3">对中心各装置的关键工艺技术指标实行严格监控，对各岗位的工艺指标执行情况进行认真查看并及时督促岗位进行调整，确保当班期间安全生产</td></tr>
<tr><td colspan="3">认真巡检，及时发现装置生产中心的异常情况，及时汇报或带领班组成员调整和处理</td></tr>
<tr><td colspan="3">对污水、回用水、火炬等重要环保设施的正常运行监督管理，发现问题及时组织处理、汇报</td></tr>
<tr><td colspan="3">熟练掌握各类事故的应急预案，正确分析、判断和处理各类事故，发生事故时要及时、果断地处理，必要时启动中心级应急预案</td></tr>
<tr><td>工作记录文档</td><td colspan="3">生产记录、生产日报、中心水平衡有关数据</td></tr>
</table>

<table>
<tr><th>指标类别</th><th>考核指标</th><th>考核内容</th><th>考核标准</th><th>信息来源</th><th>考核周期</th></tr>
<tr><td rowspan="6">岗位职责指标</td><td rowspan="2">生产指令执行及任务完成（20 分）</td><td>严格执行公司、中心生产指令</td><td>未执行指令扣 5 分，逐项累加考核</td><td rowspan="2">月度统计</td><td rowspan="2">月度</td></tr>
<tr><td>对当班生产情况要准确及时地掌握</td><td>掌握不准确的扣 1 分，逐项累加考核</td></tr>
<tr><td>废水排放指标（15 分）</td><td>年度废水 COD、氨氮排放总量</td><td>年度废水 COD150 吨、氨氮 8 吨排放总量不超标。参照每年的排放总量考核</td><td>外委检测数据</td><td>年度</td></tr>
<tr><td>耗原水总量（15 分）</td><td>净水厂原水来水水量</td><td>完成月计划；单耗每增加 3%，扣 1 分</td><td>统计报表</td><td rowspan="3">月度</td></tr>
<tr><td>生产变动（10 分）</td><td>中心各装置生产变动及时上报</td><td>上报不及时，每次扣 1 分，逐项累加考核</td><td rowspan="2">月度统计</td></tr>
<tr><td>劳动纪律（5 分）</td><td>严格管理岗位劳动纪律</td><td>发现违反劳动纪律的人员，每人次扣 1 分，逐项累加考核</td></tr>
</table>

续表一

| 指标类别 | 考核指标 | 考核内容 | 考核标准 | 信息来源 | 考核周期 |
|---|---|---|---|---|---|
| 岗位职责指标 | 协调中心各装置生产（10分） | 积极协调中心各装置生产 | 协调不力的，每次扣1分，逐项累加考核 | 月度统计 | 月度 |
| | 操作票执行检查（5分） | 严格检查、执行操作票规定 | 未能发现不能执行操作票的，每次扣1分，逐项累加考核 | | |
| | 岗位巡检检查（5分） | 检查各岗位巡检情况 | 未能发现班组不按巡检规定执行的，每次扣1分，逐项累加考核 | | |
| | 生产指令执行及任务完成（15分） | 接上级（中心领导）指示精神，传达迅速、准确，反馈及时 | 传达及反馈不及时扣3分；逐项累加考核 | | |
| 能力素质指标 | 责任心（15分） | 具有责任感，对自己和他人、对集体、对国家和社会所负责任的认识、情感和信念，以及与之相应的遵守规范、承担责任和履行义务的自觉态度 | 各指标的评价等级和对应分值：卓越（100分）、优秀（90分）、良好（80分）、一般（70分）、较差（60分）；<br>考核主体评分。直接上级占40%、其他上级领导评分占20%、平级人员互评占20%、下级员工代表占20% | 人力资源系统 | 年度 |
| | 团结协作（15分） | 互相支持、互相配合，顾全大局，明确共同目标，尊重他人，虚心诚恳，积极主动协同他人做好各项工作等 | | | |
| | 专业能力（15分） | 从事本岗位应具备的专业理论水平和能力 | | | |
| | 积极主动性（10分） | 进取向上、努力工作的思想和表现，个人意愿与集体长远目标任务相统一的动机 | | | |
| | 沟通与组织协调（15分） | 具备较强的专业素质和沟通协调能力。能够在工作中为决策提出专业意见并沟通协调各组织间工作联络，有团队精神和奉献精神，个人业务素质过硬 | | | |

续表二

| 指标类别 | 考核指标 | 考核内容 | 考核标准 | 信息来源 | 考核周期 |
| --- | --- | --- | --- | --- | --- |
| 能力素质指标 | 执行效率（10分） | 工作中能够迅速理解上级意图，形成目标并制订出具体可操作的行动方案，通过有效组织各类资源和对任务优先顺序的安排，保证计划的高效、顺利实施，并具有高质量完成工作目标的能力 | 各指标的评价等级和对应分值：卓越（100分）、优秀（90分）、良好（80分）、一般（70分）、较差（60分）；<br>考核主体评分。直接上级占40%、其他上级领导评分占20%、平级人员互评占20%、下级员工代表占20% | 人力资源系统 | 年度 |
| | 学习（10分） | 培训（考试）参与率=实际参加培训课时（考试次数）/应参加培训课时（考试次数） | 满分10分。评分区间为1—10分，整数分值。<br>100%得满分，99%—90%得9分，以此类推 | 培训台账 | |
| | 素质提升（加分项） | 基本素质得分增长率=（年末基本素质得分–年初基本素质得分）/年初基本素质得分 | 满分5分。评分区间为1—5分，整数分值。50%得满分，49%—40%得4分，以此类推 | 人力资源系统 | |
| | 党建考核（适用于中共党员）（10分） | 完成所在支部考核指标和工作任务 | 根据所在支部党员考核细则执行 | 党建考核结果 | |
| 非权重指标（含否决性指标） | 安全环保（100分） | 着火、爆炸、中毒、泄漏等，烟尘排放量等控制在目标值内；<br>1.$SO_2$排放量≤1000吨；<br>2. NOx排放量≤1000吨；<br>3. 烟尘排放量≤250吨；<br>4.VOCs排放量≤72吨 | 国家、地方法律法规和公司各项规章制度；<br>根据公司处理决定执行，按处理等级直接对应考核结果 | 公司处理决定 | |
| | 遵章守纪（100分） | 遵守国家、地方法律法规和公司各项规章制度 | | | |
| | 奖励指标（成果荣誉和专利） | 对员工年度内获得成果荣誉和专利情况进行量化加分 | 1. 发明专利独立完成计1.2分，1—3名计1.1分、4—10名计1分、11名以后计0.9分；实用新型独立完成计1.1分，1—3名计1分、4—10名计0.9分、11名以后计0.8分；外观设计独立完成计1分，1—3名计0.9分、4—10名计0.8分、11名以后计0.7分。国际专利在以上基础上加0.3分； | 组织人事部 | |

续表三

| 指标类别 | 考核指标 | 考核内容 | 考核标准 | 信息来源 | 考核周期 |
| --- | --- | --- | --- | --- | --- |
| 非权重指标（含否决性指标） | 奖励指标（成果荣誉和专利） | 对员工年度内获得成果荣誉和专利情况进行量化加分 | 2. 国家级：一等计 3 分、二等计 2.8 分。省部级：一等计 2.6 分、二等计 2.4 分、三等计 2.2 分。社会力量级Ⅰ：一等计 2.4 分、二等计 2.2 分、三等计 2 分。社会力量级Ⅱ：一等计 2.2 分、二等计 2 分、三等计 1.8 分。地（市）级、子分公司级：一等计 0.8 分、二等计 0.6 分、三等计 0.4 分。子分公司级技能竞赛：第一名计 0.8 分、第二名计 0.6 分、第三名计 0.4 分。中心级技能竞赛：第一名计 0.5 分、第二名计 0.3 分、第三名计 0.2 分。技能操作培训类：月度学习能手计 0.2 分，班组竞赛第一名计 0.2 分，第二名计 0.1 分。<br>定量考核 | 组织人事部 | 年度 |
| 备注 | | | | | |

HG–MZXT–034

## 循环水班长

| 岗位名称 | 循环水班长 | 所在部门 | 公用工程中心 |
|---|---|---|---|
| 职位职级序列 | 技能序列 | | |
| 直接上级 | 值班长 | | |
| 直接下级 | 循环水主操副操 | | |
| 岗位职责 | 负责执行中心的生产计划和公司相关部门的生产指令，按质按量完成上级所下达的各项任务。全面负责本班组的劳动纪律、安全生产、节能降耗、设备维护、质量管理、岗位练兵等各项工作，确保净水场装置的安、稳、长、满、优运行 | | |
| | 负责对装置的关键工艺技术指标实行严格监控，对各岗位的工艺指标执行情况、产品质量情况进行认真查看并及时督促相应人员进行调整，确保工艺指标合格率达标 | | |
| | 负责组织操作调整，严格执行工艺纪律和操作纪律，认真按规范填写报表、记录、交接班日志，做到报表、记录、交接班日志按时、准确、详细、工整、无涂改 | | |
| | 认真组织巡检，发现装置生产中的异常情况，及时汇报或带领班组成员调整和处理。及时检查净水场装置报表、交接班记录和装置运行工况后，按照要求组织交接班 | | |
| | 负责督促、检查、落实工艺技术（操作）规程、安全生产责任制等规章制度。熟练掌握预防各类事故的具体方案（措施）和紧急情况下的应急对策 | | |
| | 负责正确分析、判断和处理各类事故，在发生事故时要及时、果断地处理，保护好现场，做好详细记录并立即逐级汇报。参加事故的调查、分析，落实防范措施，吸取事故教训，杜绝同类事故的重复发生 | | |
| | 负责班组员工劳动纪律的检查与考核。负责班组其他管理 | | |
| 工作记录文档 | 生产记录、系统指标台账、操作报表、能耗报表、班组绩效核算有关数据 | | |

| 指标类别 | 考核指标 | 考核内容 | 考核标准 | 信息来源 | 考核周期 |
|---|---|---|---|---|---|
| 岗位职责指标 | 安全生产（30分） | 按照值班长指令及工艺技术规程、岗位操作法组织班组确保生产稳定运行，保质保量完成生产任务及临时指令；<br>确保直接作业顺利开展，督促落实安全保障措施；<br>安全精神的传达、学习和落实；<br>安全设施的维护和保养杜绝“三违”、开展风险辨识； | 监管不到位，违反安全管理规定造成后果扣1分；<br>班组没有履行监护职责，监护人安全措施没有落实的扣1分；<br>没有办理工作票进行危险作业的扣1分；<br>没有组织安全学习未及时记录扣1分；<br>劳动保护用品已过保质期，未及时上报更换而导致安全事故者扣1分；<br>灭火器缺失或失效而未及时发现扣0.5分；<br>班组每月未按时进行应急演练扣1分；<br>对事故谎报、瞒报扣2分；<br>责任区隐患排查不到位被专业组通报一项扣0.5分； | TM3班组核算及绩效考核系统 | 月度 |

续表一

| 指标类别 | 考核指标 | 考核内容 | 考核标准 | 信息来源 | 考核周期 |
|---|---|---|---|---|---|
| 岗位职责指标 | 安全生产（30分） | 执行公司《生产安全事故隐患排查及治理管理规定》，主动落实岗位隐患排查治理；<br>正确维护使用安全消防设备设施，处理初期事故；<br>参与事故演练，做好记录 | 排查申报隐患奖励：中心一级隐患加1分、二级加0.8分、三级加0.6分、四级加0.4分、五级加0.2分，申报公司隐患一次加1.5分；<br>安全消防设施维护不到位一次扣0.5分；<br>不会正确使用安全消防设备设施一次扣1分；<br>不参加事故演练一次扣0.5分；<br>演练记录不签字一次扣0.2分；<br>演练内容程序不清楚一次扣0.2分。<br>逐项累加考核，最高不超过总分 | TM3班组核算及绩效考核系统 | 月度 |
| | 运行管控（25分） | 执行工艺操作规程、操作法及操作票证，保持标准化规范操作；<br>按制度规定实施岗位现场巡检，确保岗位平稳运行；<br>对影响装置平稳运行的关键平稳率（温度、压力、液位、流量等）指标进行控制，在工艺卡片范围内 | 违规操作一次扣1分；<br>票证填写签字不全扣0.2分；<br>未填写票证扣0.5分；<br>票证涉及内容落实不到位扣0.2分；<br>不按时巡检一次扣0.5分，巡检确认不到位一次扣0.2分，巡检牌挂错一次扣0.5分<br>每班次超指标运行一次扣0.2分，不及时调整一次扣0.5分；<br>非计划停车一次扣2分。<br>逐项累计扣，最高不超过总分 | | |
| | 设备维护（20分） | 组织执行设备点检维护管理规定，规范岗位在线设备维护保养；<br>组织按工作日实施设备盘车；<br>组织对设备异常及时进行处理；<br>组织按规定做好设备清扫 | 未盘车一次扣0.5分，润滑油位不达标一次扣0.2分，卫生不良一次扣0.2分，附件不齐全一次扣0.2分；<br>设备带病运行一次扣1分，润滑油不按期更换一次扣1分，设备相关台账记录不全一次扣0.2分，设备不按时巡检一次扣0.2分。<br>逐项累加考核 | | |
| | 交接班（5分） | 按规定检查岗位报表、交接班记录、能耗表、运行工况；组织召开班前会、班后会 | 交接时报表记录不全一次扣0.2分；<br>运行工况不稳交接未说明一次扣1分；<br>能耗报表未对接一次扣0.2分，未执行“十交五不接”一次扣0.2分；<br>工器具交接缺失一次扣0.1分；<br>未组织召开班前会、班后会扣0.2分。<br>逐项累加考核，最高不超过总分 | | |

续表二

| 指标类别 | 考核指标 | 考核内容 | 考核标准 | 信息来源 | 考核周期 |
| --- | --- | --- | --- | --- | --- |
| 岗位职责指标 | 可视化管理（5分） | 组织打扫操作室和现场卫生，精心维护设备，保持生产作业现场整齐、清洁，实现文明生产 | 责任区卫生不良一次扣0.5分；<br>包机设备卫生不良一次扣0.2分；<br>维持管理承诺践行不到位一次扣0.2分；<br>设施物资定位不准扣0.1分。<br>逐项累加考核，最高不超过总分 | TM3班组核算及绩效考核系统 | 月度 |
| | 记录台账（5分） | 严格执行工艺纪律，做到报表、记录、日志按时、准确、详细、工整、无涂改 | 报表、记录、日志不准确一次扣0.1分；<br>存在涂改一次扣0.1分，书写不规范一次扣0.1分。<br>逐项累加考核，最高不超过总分 | | |
| | 职业健康（5分） | 按规定参加职业健康体检<br>正确佩戴使用劳动防护用品 | 不参加年度体检一次扣2分；<br>不规范穿戴劳保一次扣0.5分；<br>应急救援设备设施用后不清洗规整一次扣0.2分。<br>逐项累加考核，最高不超过总分 | | |
| | 培训教育（5分） | 参加年度安全培训教育，每年不少于20学时<br>参加班组岗位练兵<br>参加专业培训和技能大赛 | 参加安全培训课时不够扣5分；<br>岗位练兵每不参加一次扣0.5分；<br>专业培训不参加一次扣0.5分；<br>月度专业考试不合格一次扣0.5分。<br>逐项累加考核最高不超过总分 | | |
| 能力素质指标 | 责任心（20分） | 具有责任感，对自己和他人、对集体、对国家和社会所负责任的认识、情感和信念，以及与之相应的遵守规范、承担责任和履行义务的自觉态度 | 各指标的评价等级和对应分值：卓越（100分）、优秀（90分）、良好（80分）、一般（70分）、较差（60分）；<br>考核主体评分。直接上级占40%、其他上级领导评分占20%、平级人员互评占20%、下级员工代表占20% | 人力资源系统 | 年度 |
| | 团结协作（20分） | 互相支持、互相配合，顾全大局，明确共同目标，尊重他人，虚心诚恳，积极主动协同他人做好各项工作等 | | | |
| | 专业能力（10分） | 从事本岗位应具备的专业理论水平和能力 | | | |
| | 积极主动性（10分） | 进取向上、努力工作的思想和表现，个人意愿与集体长远目标任务相统一的动机 | | | |

续表三

<table>
<tr><th>指标类别</th><th>考核指标</th><th>考核内容</th><th>考核标准</th><th>信息来源</th><th>考核周期</th></tr>
<tr><td rowspan="5">能力素质指标</td><td>沟通与组织协调（10分）</td><td>具有良好的执行力和本岗位需要的专业技术能力。工作中能够解决实际问题，并具有一定的团队协作精神和集体荣誉感，持续保持学习能力，具备一定的沟通协调能力</td><td rowspan="2">各指标的评价等级和对应分值：卓越（100分）、优秀（90分）、良好（80分）、一般（70分）、较差（60分）；<br>考核主体评分。直接上级占40%、其他上级领导评分占20%、平级人员互评占20%、下级员工代表占20%</td><td rowspan="2">人力资源系统</td><td rowspan="7">年度</td></tr>
<tr><td>执行效率（10分）</td><td>工作中能够迅速理解上级意图，形成目标并制订出具体可操作的行动方案，通过有效组织各类资源和对任务优先顺序的安排，保证计划的高效、顺利实施，并具有高质量完成工作目标的能力</td></tr>
<tr><td>学习（10分）</td><td>培训（考试）参与率=实际参加培训课时（考试次数）/应参加培训课时（考试次数）</td><td>满分10分。评分区间为1—10分，整数分值。<br>100%得满分，99%—90%得9分，以此类推</td><td>培训台账</td></tr>
<tr><td>素质提升（加分项）</td><td>基本素质得分增长率=（年末基本素质得分－年初基本素质得分）/年末基本素质得分</td><td>满分5分。评分区间1—5分，整分值；50%得满分，49%—40%得4分，以此类推</td><td>人力资源系统</td></tr>
<tr><td>党建考核（适用于中共党员）（10分）</td><td>完成所在支部考核指标和工作任务</td><td>根据所在支部党员考核细则执行。<br>以优秀、良好、合格评价</td><td>党建考核结果</td></tr>
<tr><td rowspan="2">非权重指标（含否决性指标）</td><td>安全环保（100分）</td><td>着火、爆炸、中毒、泄漏等，烟尘排放量等控制在目标值内；<br>1.$SO_2$排放量≤1000吨；<br>2. NOx排放量≤1000吨；<br>3. 烟尘排放量≤250吨；<br>4.VOCs排放量≤72吨</td><td rowspan="2">国家、地方法律法规和公司各项规章制度；<br>根据公司处理决定执行，按处理等级直接对应考核结果</td><td rowspan="2">公司处理决定</td></tr>
<tr><td>遵章守纪（100分）</td><td>遵守国家、地方法律法规和公司各项规章制度</td></tr>
</table>

续表四

| 指标类别 | 考核指标 | 考核内容 | 考核标准 | 信息来源 | 考核周期 |
| --- | --- | --- | --- | --- | --- |
| 非权重指标（含否决性指标） | 奖励指标（成果荣誉和专利） | 对员工年度内获得成果荣誉和专利情况进行量化加分 | 1.发明专利独立完成计1.2分,1—3名计1.1分、4—10名计1分、11名以后计0.9分；实用新型独立完成计1.1分，1—3名计1分、4—10名计0.9分、11名以后计0.8分；外观设计独立完成计1分,1—3名计0.9分,4—10名计0.8分、11名以后计0.7分。国际专利在以上基础上加0.3分。<br>2. 国家级：一等计3分、二等计2.8分。省部级：一等计2.6分、二等计2.4分、三等计2.2分。社会力量级Ⅰ：一等计2.4分、二等计2.2分、三等计2分。社会力量级Ⅱ：一等计2.2分、二等计2分、三等计1.8分。地（市）级、子分公司级：一等计0.8分、二等计0.6分、三等计0.4分。子分公司级技能竞赛：第一名计0.8分、第二名计0.6分、第三名计0.4分。中心级技能竞赛：第一名计0.5分、第二名计0.3分、第三名计0.2分。技能操作培训类：月度学习能手计0.2分，班组竞赛第一名计0.2分，第二名计0.1分。<br>定量考核 | 组织人事部 | 年度 |
| 备注 | | | | | |

HG-MZXT-035

## 储运主操

<table>
<tr><td>岗位名称</td><td colspan="2">储运主操</td><td colspan="2">所在部门</td><td>公用工程中心</td></tr>
<tr><td>职位职级序列</td><td colspan="5">技能序列</td></tr>
<tr><td>直接上级</td><td colspan="5">储运班长</td></tr>
<tr><td>直接下级</td><td colspan="5">储运副操</td></tr>
<tr><td rowspan="12">岗位职责</td><td colspan="5">负责储运岗位总控安全生产、节能降耗、设备维护、装置开工、停车操作及事故处理，对储运岗位的安全生产负直接责任</td></tr>
<tr><td colspan="5">负责执行公司管理体系文件，加强岗位质量控制，尤其是关键工序的质量控制；对装置的工艺技术指标实行严格监控，确保工艺指标合格率达标，产品质量达到规定要求</td></tr>
<tr><td colspan="5">负责严格执行工艺技术（操作）规程、安全生产责任制等规章制度，集中精力监视装置工况，及时调整工艺参数，避免系统出现较大的波动，确保装置安、稳、长、满、优运行</td></tr>
<tr><td colspan="5">负责严格执行工艺纪律和操作纪律，精心操作，认真按规范填写报表、记录、交接班日志，做到按时、准确、详细、工整、无涂改</td></tr>
<tr><td colspan="5">负责将生产过程中发现进入本装置的原料、燃料、化工辅助材料质量问题立即向班长汇报，同时进行必要的紧急处置</td></tr>
<tr><td colspan="5">负责及时掌握产品的质量分析数据，不得将不合格的产品物料外输出装置区及下一工序</td></tr>
<tr><td colspan="5">负责接班前检查储运岗位报表、交接班记录和装置运行工况，交接班时必须交接安全情况，为接班班组创造良好的安全生产条件</td></tr>
<tr><td colspan="5">负责打扫操作室和现场卫生，精心维护设备，保持生产作业现场整齐、清洁，实现文明生产</td></tr>
<tr><td colspan="5">负责按时巡查设备、仪表的运行状况，带领副操对总控和现场的关键和重点调节阀位进行检查对照，对储运岗位出现的设备、电气、仪表故障及时汇报班长并配合相关人员进行处理</td></tr>
<tr><td colspan="5">负责正确分析、判断和处理各种事故苗头，发现异常情况及时处理和报告，把事故消除在萌芽状态</td></tr>
<tr><td colspan="5">负责妥善维护、正确使用各种防护用品和消防器材，按要求劳保着装</td></tr>
<tr><td colspan="5">负责在发生事故时及时如实向上级报告情况，按事故预案正确处理，并保护好现场，做好详细记录</td></tr>
<tr><td>工作记录文档</td><td colspan="5">生产记录、系统指标台账、操作报表、能耗报表、班组绩效核算有关数据</td></tr>
</table>

| 指标类别 | 考核指标 | 考核内容 | 考核标准 | 信息来源 | 考核周期 |
|---|---|---|---|---|---|
| 岗位职责指标 | 安全生产（40分） | 1. 按照班组长指令保质保量完成汽车装卸栈台装卸车任务，完成月计划及临时指令；<br>2. 按照班组长指令保质保量完成酸碱卸车送料任务，完成月计划及临时指令； | 1. 每装卸错产品一车扣5分；<br>2. 槽车附件证件不齐全引入栈台一车扣1分；<br>3. 槽车氧含量不合格引入栈台一次扣5分；<br>4. 每卸错一车酸碱扣5分；<br>5. 每发生一次酸碱泄漏扣3分；<br>6. 送料沟通确认不到位一次扣1分；<br>7. 火炬冒黑烟一次扣2分； | 安全生产事故统计、专业检查通报、 | 月度 |

续表一

| 指标类别 | 考核指标 | 考核内容 | 考核标准 | 信息来源 | 考核周期 |
|---|---|---|---|---|---|
| 岗位职责指标 | 安全生产（40分） | 3. 维持火炬系统安全生产、环保达标稳定运行；<br>4. 规范做好外管网巡检查 | 8. 外管网存在跑、冒、滴、漏未及时发现上报处置一次扣1分。<br>逐项累加 | DCS分散控制系统、CCTV监视视频、PLC系统 | 月度 |
| | 可视化管理（30分） | 打扫操作室和现场卫生，精心维护设备，保持生产作业现场整齐、清洁，实现文明生产 | 1. 责任区卫生不良一次扣1分；<br>2. 包机设备卫生不良一次扣1分；<br>3. 区域设施物资定位不准扣1分；<br>4. 检修现场脏乱差一次扣1分。<br>逐项累加 | 安全生产事故统计、专业检查通报、DCS分散控制系统、CCTV监视视频、PLC系统 | |
| | 运行管控（30分） | 1. 执行工艺操作规程、操作法及操作票证，保持标准化规范操作；<br>2. 按制度规定实施岗位现场巡检，确保岗位平稳运行；<br>3. 对影响装置平稳运行的关键平稳率（温度、压力、液位、流量等）指标进行控制在工艺卡片范围内 | 1. 不按票证操作一次扣2分；<br>2. 票证填写代签漏签字一次扣1分；<br>3. 未填写票证一次扣1分；<br>4. 票证涉及内容未落实一次扣1分；<br>5. 巡检确认不到位一次扣1分；<br>6. 巡检牌挂错一次扣2分；<br>7. 每班次超指标运行一次扣1分；<br>8. 不及时调整工况一次扣1分。<br>逐项累加 | 工艺检查通报、工艺操作票证 | |
| 综合性指标 | 交接班（25分） | 根据岗位出现的异常生产、设备进行应急处置 | 1. 报表记录不全交接一次扣1分；<br>2. 现场生产情况了解不清楚交接一次扣1分；<br>3. 工器具交接缺失一次扣1分；<br>4. 未参加交接班一次扣1分。<br>逐项累加 | TM3班组核算及绩效考核系统 | |
| | 应急处置（25分） | 根据岗位出现的异常生产、设备情况进行应急处理 | 1. 未与班长、副操协调好导致生产异常、设备异常得不到及时处理一次扣2分；<br>2. 未执行上级应急处置指令一次扣2分。<br>逐项累加 | 事故通报 | |

续表二

| 指标类别 | 考核指标 | 考核内容 | 考核标准 | 信息来源 | 考核周期 |
|---|---|---|---|---|---|
| 综合性指标 | 培训教育（25分） | 1. 参加年度安全培训教育，每年不少于20学时；<br>2. 参加专业培训和技能大赛 | 1. 专业培训不参加一次扣1分；<br>2. 月度专业考试不合格一次扣2分；<br>3. 技能大赛专业第一名奖励1.5分、第二名奖励1分、第三名奖励0.5分。<br>逐项累加 | TM3班组核算及绩效考核系统、技能大赛成绩单 | 月度 |
| | 智慧党建（25分） | 完成规定的学习课时及履职履责项目 | 未按时完成“两学一做”学习内容一次扣1—2分；未参加党支部活动一次扣1—3分；逐项累加 | 支部通报 | |
| 能力素质指标 | 责任心（10分） | 具有责任感，对自己和他人、对集体、对国家和社会所负责任的认识、情感和信念，以及与之相应的遵守规范、承担责任和履行义务的自觉态度 | 各指标的评价等级和对应分值：卓越（100分）、优秀（90分）、良好（80分）、一般（70分）、较差（60分）；<br>考核主体评分。直接上级占40%、其他上级领导评分占20%、平级人员互评占20%、下级员工代表占20% | 人力资源系统 | 年度 |
| | 团结协作（10分） | 互相支持、互相配合，顾全大局，明确共同目标，尊重他人，虚心诚恳，积极主动协同他人做好各项工作等 | | | |
| | 专业能力（10分） | 从事本岗位应具备的专业理论水平和能力 | | | |
| | 积极主动性（10分） | 进取向上、努力工作的思想和表现，个人意愿与集体长远目标任务相统一的动机 | | | |
| | 沟通与组织协调（20分） | 具有良好的执行力和本岗位需要的专业技术能力。工作中能够解决实际问题，并具有一定的团队协作精神和集体荣誉感，持续保持学习能力，具备一定的沟通协调能力 | | | |
| | 执行效率（20分） | 工作中能够迅速理解上级意图，形成目标并制订出具体可操作的行动方案，通过有效组织各 | | | |

续表三

| 指标类别 | 考核指标 | 考核内容 | 考核标准 | 信息来源 | 考核周期 |
|---|---|---|---|---|---|
| 能力素质指标 | 执行效率（20分） | 类资源和对任务优先顺序的安排，保证计划的高效、顺利实施，并具有高质量完成工作目标的能力 | 各指标的评价等级和对应分值：卓越（100分）、优秀（90分）、良好（80分）、一般（70分）、较差（60分）；<br>考核主体评分。直接上级占40%、其他上级领导评分占20%、平级人员互评占20%、下级员工代表占20% | 人力资源系统 | 年度 |
| | 学习（10分） | 培训（考试）参与率=实际参加培训课时（考试次数）/应参加培训课时（考试次数） | 满分10分。评分区间为1—10分，整数分值。<br>100%得满分，99%—90%得9分，以此类推 | 培训台账 | |
| | 素质提升（加分项） | 基本素质得分增长率=（年末基本素质得分－年初基本素质得分）/年初基本素质得分 | 满分5分。评分区间为1—5分，整数分值。50%得满分，49%—40%得4分，以此类推 | 人力资源系统 | |
| | 党建考核（适用于中共党员）（10分） | 完成所在支部考核指标和工作任务 | 根据所在支部党员考核细则执行 | 党建考核结果 | |
| 非权重指标（含否决性指标） | 安全环保（100分） | 着火、爆炸、中毒、泄漏等，烟尘排放量等控制在目标值内；<br>1.$SO_2$排放量≤1000吨；<br>2. NOx排放量≤1000吨；<br>3. 烟尘排放量≤250吨；<br>4.VOCs排放量≤72吨 | 国家、地方法律法规和公司各项规章制度；根据公司处理决定执行，按处理等级直接对应考核结果 | 公司处理决定 | |
| | 遵章守纪（100分） | 遵守国家、地方法律法规和公司各项规章制度 | | | |
| | 奖励指标（成果荣誉和专利） | 对员工年度内获得成果荣誉和专利情况进行量化加分 | 1. 发明专利独立完成计1.2分，1—3名计1.1分、4—10名计1分、11名以后计0.9分；实用新型独立完成计1.1分，1—3名计1分、4—10名计0.9分、11名以后计0.8分；外观设计独立完成计1分，1—3名计0.9分、4—10名计0.8分、11名以后计0.7分。国际专利在以上基础上加0.3分。 | 组织人事部 | |

续表四

| 指标类别 | 考核指标 | 考核内容 | 考核标准 | 信息来源 | 考核周期 |
| --- | --- | --- | --- | --- | --- |
| 非权重指标（含否决性指标） | 奖励指标（成果荣誉和专利） | 对员工年度内获得成果荣誉和专利情况进行量化加分 | 2. 国家级：一等计 3 分、二等计 2.8 分。省部级：一等计 2.6 分、二等计 2.4 分、三等计 2.2 分。社会力量级Ⅰ：一等计 2.4 分、二等计 2.2 分、三等计 2 分。社会力量级Ⅱ：一等计 2.2 分、二等计 2 分、三等计 1.8 分。地（市）级、子分公司级：一等计 0.8 分、二等计 0.6 分、三等计 0.4 分。子分公司级技能竞赛：第一名计 0.8 分、第二名计 0.6 分、第三名计 0.4 分。中心级技能竞赛：第一名计 0.5 分、第二名计 0.3 分、第三名计 0.2 分。技能操作培训类：月度学习能手计 0.2 分，班组竞赛第一名计 0.2 分，第二名计 0.1 分。<br>定量考核 | 组织人事部 | 年度 |
| 备注 | | | | | |

HG-MZXT-036

## 污水副操

| 岗位名称 | 污水副操 | 所在部门 | 公用工程中心 |
|---|---|---|---|
| 职位职级序列 | 技能序列 | | |
| 直接上级 | 污水班长 | | |
| 直接下级 | —— | | |
| 岗位职责 | 在班长的指导下，负责污水岗位现场安全生产、节能降耗、设备维护、装置单元开工、停车操作及事故处理，对污水岗位的单元操作负直接责任 | | |
| | 负责执行公司管理体系文件，加强质量控制，尤其是关键工序的质量控制；对装置的工艺技术指标实行严格监控，确保工艺指标合格率达标，产品质量达到规定指标 | | |
| | 负责严格执行工艺技术（操作）规程、安全生产责任制等规章制度，集中精力监视装置工况，接受班长或主操的指令及时调整工艺参数，避免系统出现较大的波动，确保装置安、稳、长、满、优运行 | | |
| | 负责严格执行工艺纪律和操作纪律，精心操作，认真按规范填写报表、记录、交接班日志，做到按时、准确、详细、工整、无涂改 | | |
| | 负责接班前检查污水岗位报表、交接班记录和装置设备运行工况，交接班时必须交接安全情况，为接班班组创造的安全生产条件 | | |
| | 负责打扫操作室卫生及设备卫生，精心维护设备，保持生产作业现场整齐、清洁，实现文明生产 | | |
| | 负责妥善保管维护、正确使用各种防护用品和消防器材，按要求劳保着装 | | |
| | 负责按规定要求认真检查现场设备及仪表的运行状况，配合主操对总控和现场的关键和重点调节阀位进行对照，对污水岗位出现的设备、电气、仪表故障及时汇报班长并配合相关人员进行处理 | | |
| | 按时认真进行污水岗位现场设备的日常巡检，正确操作，精心维护，及时发现并联系处理装置的跑、冒、滴、漏 | | |
| | 负责执行设备润滑管理制度，做好污水岗位设备润滑、防腐、密封工作 | | |
| | 负责正确分析、判断和处理各种事故苗头，发现异常情况及时处理和报告，把事故消除在萌芽状态 | | |
| | 负责及时如实向主操和班长报告事故情况，按事故预案正确处理，并保护好现场，做好详细记录 | | |
| | 自觉参加岗位技术练兵活动，坚持学习业务知识，不断提高自身技术素质和工作技能 | | |
| | 配合其他班组工作，完成上级安排的其他相关工作 | | |
| 工作记录文档 | 生产记录、台账、月报及报表、班组核算有关数据 | | |

| 指标类别 | 考核指标 | 考核内容 | 考核标准 | 信息来源 | 考核周期 |
|---|---|---|---|---|---|
| 岗位职责指标 | 安全生产（20分） | 1. 按照班组长指令保质保量完成收酸、碱、甲醇以及药剂消耗吨数；<br>2. 维持污水系统安全生产、环保达标稳定运行； | 1. 劳保着装不达标或存在三违行为一次扣1—2分；<br>2. 每发生一次酸、碱、甲醇泄漏扣1—3分；<br>3. 收酸、碱、甲醇沟通确认不到位导致事故一次扣1—3分； | 安全生产事故统计专业检查通报、 | 月度 |

续表一

| 指标类别 | 考核指标 | 考核内容 | 考核标准 | 信息来源 | 考核周期 |
| --- | --- | --- | --- | --- | --- |
| 岗位职责指标 | 安全生产（20分） | 3. 规范做好现场巡检及异常处置调整，冬季做好防冻凝工作，保证系统平稳运行 | 4. 现场存在跑、冒、滴、漏未及时发现上报处置一次扣1—3分；<br>5. 现场设备、管线冻凝一次扣1—5分。<br>现场监督，查DCS分散控制系统趋势，逐项累加考核 | DCS分散控制系统、PLC系统 | 月度 |
| | 能耗管控（10分） | 污水岗位消耗能源量控制，按规定完成班次、日、月度计划指标 | 1. 超指标一项一班次扣1—2分；<br>2. 未按时统计录入系统一次扣1—2分。查录入系统情况，逐项累加考核 | MES生产运营管理系统 | |
| | 设备维护（20分） | 1. 执行设备点检维护管理规定，规范岗位在线设备维护保养；<br>2. 按工作日实施设备盘车；<br>3. 对设备异常及时进行处理；<br>4. 按规定做好设备清扫 | 1. 未盘车一次扣1—2分，润滑油位不达标一次扣1—3分，卫生不良一次扣1—2分，附件不齐全一次扣1—5分；<br>2. 设备超负荷运行一次扣1—10分，润滑油不按期更换一次扣1—5分，设备相关台账记录不全一次扣1—2分，设备不按时巡检一次扣1—2分。<br>现场设备检查监督，逐项累加考核 | 设备专业检查报告、台账记录 | |
| | 交接班（10分） | 按时参加交接班会议，不得迟到早退 | 未按时参加交接班会议，有迟到早退现象根据情况扣1—5分；<br>每日交接班清点人员 | TM3班组核算及绩效考核系统 | |
| | 记录台账（10分） | 严格执行工艺纪律，做到报表、记录、日志按时、准确、详细、工整、无涂改 | 1. 报表、记录、日志不准确一次扣1—5分；<br>2. 存在涂改一次扣1—2分，书写不规范一次扣1—2分。<br>检查操作记录是否规范，逐项累加考核 | 工艺检查通报表 | |
| | 运行管控（20分） | 1. 执行工艺操作规程、操作法及操作票证，保持标准化规范操作；<br>2. 按制度规定实施岗位现场巡检，确保岗位平稳运行；<br>3. 对影响装置平稳运行的关键平稳率（温度、压力、液位、流量等）指标进行控制在工艺卡片范围内 | 1. 违规操作一次扣1—10分；<br>2. 票证填写签字不全扣1—2分；<br>3. 未填写票证扣3分；<br>4. 票证涉及内容落实不到位扣1—3分。<br>5. 不按时巡检一次扣3分，巡检确认不到位一次扣1分，巡检牌挂错一次扣1—2分；<br>6. 每班次超指标运行一次扣1—3分，不及时调整一次扣1—3分。<br>现场监督，工艺检查，逐项累加考核 | 工艺检查通报、工艺操作票证 | |
| | 职业健康（10分） | 1. 按规定参加职业健康体检；<br>2. 正确佩戴使用劳动防护用品 | 1. 不参加年度体检一次扣2分；<br>2. 不规范穿戴劳保一次扣1—3分；<br>3. 应急救援设备设施用后不清洗规整一次扣1—5分。<br>逐项累加考核 | 专业检查统计 | 年度 |

续表二

| 指标类别 | 考核指标 | 考核内容 | 考核标准 | 信息来源 | 考核周期 |
| --- | --- | --- | --- | --- | --- |
| 能力素质指标 | 责任心（10分） | 具有责任感，对自己和他人、对集体、对国家和社会所负责任的认识、情感和信念，以及与之相应的遵守规范、承担责任和履行义务的自觉态度 | 各指标的评价等级和对应分值：卓越（100分）、优秀（90分）、良好（80分）、一般（70分）、较差（60分）；<br>考核主体评分。直接上级占40%、其他上级领导评分占20%、平级人员互评占20%、下级员工代表占20% | 人力资源系统 | 年度 |
| | 团结协作（10分） | 互相支持、互相配合，顾全大局，明确共同目标，尊重他人，虚心诚恳，积极主动协同他人做好各项工作等 | | | |
| | 专业能力（10分） | 从事本岗位应具备的专业理论水平和能力 | | | |
| | 积极主动性（10分） | 进取向上、努力工作的思想和表现，个人意愿与集体长远目标任务相统一的动机 | | | |
| | 沟通与组织协调（20分） | 具有良好的执行力和本岗位需要的专业技术能力。工作中能够解决实际问题，并具有一定的团队协作精神和集体荣誉感，持续保持学习能力，具备一定的沟通协调能力 | | | |
| | 执行效率（20分） | 工作中能够迅速理解上级意图，形成目标并制订出具体可操作的行动方案，通过有效组织各类资源和对任务优先顺序的安排，保证计划的高效、顺利实施，并具有高质量完成工作目标的能力 | | | |
| | 学习（10分） | 培训（考试）参与率＝实际参加培训课时（考试次数）/应参加培训课时（考试次数） | 满分10分。评分区间为1—10分，整数分值。<br>100%得满分，99%—90%得9分，以此类推 | 培训台账 | |

续表三

| 指标类别 | 考核指标 | 考核内容 | 考核标准 | 信息来源 | 考核周期 |
|---|---|---|---|---|---|
| 能力素质指标 | 素质提升（加分项） | 基本素质得分增长率 =（年末基本素质得分 - 年初基本素质得分）/ 年初基本素质得分 | 满分 5 分。评分区间为 1—5 分，整数分值。50% 得满分，49%—40% 得 4 分，以此类推 | 人力资源系统 | 年度 |
| | 党建考核（适用于中共党员）（10 分） | 完成所在支部考核指标和工作任务 | 根据所在支部党员考核细则执行 | 党建考核结果 | |
| 非权重指标（含否决性指标） | 安全环保（100 分） | 着火、爆炸、中毒、泄漏等，烟尘排放量等控制在目标值内；<br>1.$SO_2$ 排放量≤1000 吨；<br>2. NOx 排放量≤1000 吨；<br>3. 烟尘排放量≤250 吨；<br>4.VOCs 排放量≤72 吨 | 国家、地方法律法规和公司各项规章制度；根据公司处理决定执行，按处理等级直接对应考核结果 | 公司处理决定 | |
| | 遵章守纪（100 分） | 遵守国家、地方法律法规和公司各项规章制度 | | | |
| | 奖励指标（成果荣誉和专利） | 对员工年度内获得成果荣誉和专利情况进行量化加分 | 1. 发明专利独立完成计 1.2 分，1—3 名计 1.1 分、4—10 名计 1 分、11 名以后计 0.9 分；实用新型独立完成计 1.1 分，1—3 名计 1 分、4—10 名计 0.9 分、11 名以后计 0.8 分；外观设计独立完成计 1 分，1—3 名计 0.9 分、4—10 名计 0.8 分、11 名以后计 0.7 分。国际专利在以上基础上加 0.3 分。<br>2. 国家级：一等计 3 分、二等计 2.8 分。省部级：一等计 2.6 分、二等计 2.4 分、三等计 2.2 分。社会力量级Ⅰ：一等计 2.4 分、二等计 2.2 分、三等计 2 分。社会力量级Ⅱ：一等计 2.2 分、二等计 2 分、三等计 1.8 分。地（市）级、子分公司级：一等计 0.8 分、二等计 0.6 分、三等计 0.4 分。子分公司级技能竞赛：第一名计 0.8 分、第二名计 0.6 分、第三名计 0.4 分。中心级技能竞赛：第一名计 0.5 分、第二名计 0.3 分、第三名计 0.2 分。技能操作培训类：月度学习能手计 0.2 分，班组竞赛第一名计 0.2 分，第二名计 0.1 分。<br>定量考核 | 组织人事部 | |
| 备注 | | | | | |

HG-MZXT-037

## 质检安全主管

| 岗位名称 | 质检安全主管 | 所在部门 | 分析检测中心 |
|---|---|---|---|
| 职位职级序列 | 技术序列 | | |
| 直接上级 | 副经理 | | |
| 直接下级 | 质检安全工程师 | | |
| 岗位职责 | 协助建立完善公司质量检查管理体系，负责中心的质量检查工作 | | |
| | 按照质量体系程序文件的要求参与检验和试验、对检验和试验状态进行管理；参与公司生产过程的原材料、半成品、成品质量检验和试验的组织实施、监管、抽查和管理工作；参与公司产品质量监督检查、协议标准的管理和实施工作 | | |
| | 参与公司生产过程和产品质量降等降级、质量事故、质量投诉等的调查处理；参与公司生产过程的质量管理、监督检验工作及用户投诉处理工作 | | |
| | 安全检查；负责落实公司、中心安全生产管理规定及安全隐患治理排查管理规定，负责中心危害因素辨识及安全事故的调查、处理；负责检查班组安全活动情况、劳动保护用品佩戴情况、消防器材保养情况；负责监督装置检修、停工、开工时班组的安全分析工作；每周组织深入分析检测现场检查一次，发现安全隐患及时排查、处理，制止违章作业，在紧急情况下对不听劝阻者有权停止作业并立即报请领导处理。监督检查直接作业环节安全措施落实情况 | | |
| | 负责中心新来员工、外来培训人员的二级安全教育，按公司相关管理规定做好经常性的安全思想、安全知识和安全技术教育；负责编写中心二级应急救援预案；负责定期组织中心二级应急救援演练 | | |
| 工作记录文档 | 产品质量记录台账、安环职防检查记录、应急演练资料 | | |

| 指标类别 | 考核指标 | 考核内容 | 考核标准 | 信息来源 | 考核周期 |
|---|---|---|---|---|---|
| 岗位职责指标 | 质量指标（50分） | 协助公司完善质量管理体系的建设，组织中心实验室认可体系的建立和实施；<br>严格按照分析检验计划标准组织监督入厂原材料、中间控制产品、出厂产品的质量分析；<br>跟踪不合格产品的处理情况并做好相关记录，减少质量事故发生 | 执行公司质量管理体系，确保中心实验室认可体系正常运行；<br>体系内外部审核；<br>监督检查中心各岗位执行分析检验计划；<br>LIMS 实验室信息管理系统检查；<br>监督检查不合格品的相关处置情况，检查相关记录台账 | 体系内外审资料、LIMS 实验室信息管理系统数据、不合格品评审记录各类质量记录台账 | 年度 |
| | 安全管理指标（50分） | 安全事故为零（含承包商事故）；按照事故管理规定对相关责任人的人身伤害事故、火灾事故、爆炸事故事件按照“四不放过”做好事故调查和处理，做到事故调查 | 安全事故为零；<br>事故台账；<br>中心级和班组级应急演练按期按计划开展，记录齐全；<br>各类安全检查按要求开展并记录齐全；<br>全员三级安全教育和安全再教育完整有效；<br>检查记录 | 事故台账、应急演练记录、安全检查记录、安全教育培训台账 | |

续表一

| 指标类别 | 考核指标 | 考核内容 | 考核标准 | 信息来源 | 考核周期 |
|---|---|---|---|---|---|
| 岗位职责指标 | 安全管理指标（50分） | 处理率100%。<br>按照公司相关要求，组织并参加中心级应急演练工作，监督检查班组级应急演练开展情况。<br>组织中心各类安全检查的开展，并跟踪隐患整改情况。<br>按照公司安全教育管理规定要求，组织员工入职、外来人员的二级安全教育，监督装置开展三级安全教育，组织实施员工每年的安全再教育培训 | 安全事故为零；<br>事故台账；<br>中心级和班组级应急演练按期按计划开展，记录齐全；<br>各类安全检查按要求开展并记录齐全；<br>全员三级安全教育和安全再教育完整有效；<br>检查记录 | 事故台账、应急演练记录、安全检查记录、安全教育培训台账 | 年度 |
| 能力素质指标 | 责任心（10分） | 具有责任感，对自己和他人、对集体、对国家和社会所负责任的认识、情感和信念，以及与之相应的遵守规范、承担责任和履行义务的自觉态度 | 各指标的评价等级和对应分值：卓越（100分）、优秀（90分）、良好（80分）、一般（70分）、较差（60分）；<br>考核主体评分。直接上级占40%、其他上级领导评分占20%、平级人员互评占20%、下级员工代表占20% | 人力资源系统 | |
| | 团结协作（10分） | 互相支持、互相配合，顾全大局，明确共同目标，尊重他人，虚心诚恳，积极主动协同他人做好各项工作等 | | | |
| | 专业能力（10分） | 从事本岗位应具备的专业理论水平和能力 | | | |
| | 积极主动性（10分） | 进取向上、努力工作的思想和表现，个人意愿与集体长远目标任务相统一的动机 | | | |
| | 沟通与组织协调（10分） | 具备较强的专业素质和沟通协调能力。能够在工作中为决策提出专业意见并沟通协调各组织间工作联络，有团队精神和奉献精神，个人业务素质过硬 | | | |

续表二

| 指标类别 | 考核指标 | 考核内容 | 考核标准 | 信息来源 | 考核周期 |
|---|---|---|---|---|---|
| 能力素质指标 | 执行效率（10分） | 工作中能够迅速理解上级意图，形成目标并制订出具体可操作的行动方案，通过有效组织各类资源和对任务优先顺序的安排，保证计划的高效、顺利实施，并具有高质量完成工作目标的能力 | 各指标的评价等级和对应分值：卓越（100分）、优秀（90分）、良好（80分）、一般（70分）、较差（60分）；<br>考核主体评分。直接上级占40%、其他上级领导评分占20%、平级人员互评占20%、下级员工代表占20% | 人力资源系统 | 年度 |
| | 上传下达（10分） | 及时上报工作信息，及时传达上级工作部署和要求 | | 办公系统 | |
| | 工作反馈（10分） | 及时反馈工作中出现的各项问题，提出解决方案 | 满分10分。评分区间为1—10分，整数分值。<br>100%得满分，99%—90%得9分，以此类推 | 人力资源系统 | |
| | 学习（10分） | 培训（考试）参与率＝实际参加培训课时（考试次数）/应参加培训课时（考试次数） | 满分10分。评分区间为1—10分，整数分值。<br>100%得满分，99%—90%得9分，以此类推 | 培训台账 | |
| | 素质提升（加分项） | 基本素质得分增长率＝（年末基本素质得分－年初基本素质得分）/年初基本素质得分 | 满分5分。评分区间为1—5分，整数分值。50%得满分，49%—40%得4分，以此类推 | 人力资源系统 | |
| | 党建考核（适用于中共党员）（10分） | 完成所在支部考核指标和工作任务 | 根据所在支部党员考核细则执行 | 党建考核结果 | |
| 非权重指标（含否决性指标） | 安全环保（100分） | 着火、爆炸、中毒、泄漏等，烟尘排放量等控制在目标值内；<br>1. $SO_2$ 排放量≤1000吨；<br>2. NOx排放量≤1000吨；<br>3. 烟尘排放量≤250吨；<br>4. VOCs排放量≤72吨 | 国家、地方法律法规和公司各项规章制度；根据公司处理决定执行，按处理等级直接对应考核结果 | 公司处理决定 | |
| | 遵章守纪（100分） | 遵守国家、地方法律法规和公司各项规章制度 | | | |

续表三

| 指标类别 | 考核指标 | 考核内容 | 考核标准 | 信息来源 | 考核周期 |
|---|---|---|---|---|---|
| 非权重指标（含否决性指标） | 奖励指标（成果荣誉和专利） | 对员工年度内获得成果荣誉和专利情况进行量化加分 | 1. 发明专利独立完成计 1.2 分，1—3 名计 1.1 分、4—10 名计 1 分、11 名以后计 0.9 分；实用新型独立完成计 1.1 分，1—3 名计 1 分、4—10 名计 0.9 分、11 名以后计 0.8 分；外观设计独立完成计 1 分，1—3 名计 0.9 分、4—10 名计 0.8 分、11 名以后计 0.7 分。国际专利在以上基础上加 0.3 分。<br>2. 国家级：一等计 3 分、二等计 2.8 分。省部级：一等计 2.6 分、二等计 2.4 分、三等计 2.2 分。社会力量级Ⅰ：一等计 2.4 分、二等计 2.2 分、三等计 2 分。社会力量级Ⅱ：一等计 2.2 分、二等计 2 分、三等计 1.8 分。地（市）级、子分公司级：一等计 0.8 分、二等计 0.6 分、三等计 0.4 分。子分公司级技能竞赛：第一名计 0.8 分、第二名计 0.6 分、第三名计 0.4 分。中心级技能竞赛：第一名计 0.5 分、第二名计 0.3 分、第三名计 0.2 分。技能操作培训类：月度学习能手计 0.2 分，班组竞赛第一名计 0.2 分，第二名计 0.1 分。<br>定量考核 | 组织人事部 | 年度 |
| 备注 | | | | | |

HG–MZXT–038

## 分析化验技术主管

| 岗位名称 | 分析化验技术主管 | 所在部门 | 分析检测中心 |
|---|---|---|---|
| 职位职级序列 | 技术序列 | | |
| 直接上级 | 主管经理 | | |
| 直接下级 | 工程师 | | |
| 岗位职责 | 贯彻执行国家、行业及公司有关日常生产、分析技术的法规、制度和标准，督促在中心各分析岗位的落实；负责中心分析技术管理，认真贯彻执行试验方法、标准，及时组织解决分析化验过程中出现的技术问题；负责组织制订、修订试验方法、分析标准，组织审查、报批和实施；组织编制分析技术月报、年度技术总结等技术报告；组织指导分析专业工程师编制的各类技术方案，对分析作业过程的安全进行技术指导，督促分析人员完成安全分析任务；负责组织中心分析事故的调查，分析事故原因，制定预防和纠正措施 | | |
| | 技改技措：组织编制分析技改技措计划、方案，负责计划的实施及验收工作；组织开展先进科学技术应用、技术攻关、技改技措以及其他相关成果的评审、上报工作；负责组织对新建生产装置、新产品分析化验项目的筹建工作，组织新技术、新方法的推广和应用 | | |
| | 负责组织员工的岗位业务培训、技术练兵活动及其他相关培训活动；负责分析化验技术组的行政管理工作，并对下属进行绩效考评；组织审核生产物资计划、分析技术月报、年度技术总结等技术报告。负责组织中心管理体系、实验室认可体系的启动、培训、材料准备、审核、建立、管理评审等工作 | | |
| 工作记录文档 | 每月上报的相关文件、报表，月度考核记录，实验室认可的相关记录，体系文件记录，培训记录，工作记录，邮件等 | | |

| 指标类别 | 考核指标 | 考核内容 | 考核标准 | 信息来源 | 考核周期 |
|---|---|---|---|---|---|
| 岗位职责指标 | 技术指标（20分） | 对中心科技创新、提质增效项目、五小发明及专利、论文的审核、上报 | 及时上报科技创新、提质增效项目、专利、论文报表。<br>年度考核 | 上报材料 | 年度 |
| | 技术指标（20分） | 1. 编制、审核分析标准汇编，监督岗位人员按规定进行分析作业，保证中心在用所有标准现行有效。<br>2. 组织分析事故的调查、分析原因、制订预防和纠正措施，杜绝再次发生 | 1. 检查岗位使用标准是否安全有效，并及时获得相关信息；<br>2. 上报分析事故调查报告，分析原因，落实整改措施，杜绝出现较大事故。<br>年度考核 | 岗位执行情况、上报材料 | |

续表一

| 指标类别 | 考核指标 | 考核内容 | 考核标准 | 信息来源 | 考核周期 |
|---|---|---|---|---|---|
| 岗位职责指标 | 实验室认可体系（20分） | 完成实验室认可体系内审、管理评审、外审工作 | 内部审核、管理评审。<br>年度考核 | 审核材料 | 年度 |
| | 技术应用（20分） | 对新项目分析方法进行审核，确保分析方法实施的有效性。配合完成技术攻关、技改技措项目的评审、上报 | 检查新方法应用的及时、有效，对方法的确认。<br>年度考核 | 上报材料 | |
| | 技术培训（20分） | 上报培训需求、计划；开展技术比武；岗位换证、取证 | 检查岗位人员上岗证、检验员证及相关岗位证书。<br>年度考核 | 上报材料、岗位证书 | |
| 能力素质指标 | 责任心（10分） | 具有责任感，对自己和他人、对集体、对国家和社会所负责任的认识、情感和信念，以及与之相应的遵守规范、承担责任和履行义务的自觉态度 | 各指标的评价等级和对应分值：卓越（100分）、优秀（90分）、良好（80分）、一般（70分）、较差（60分）；<br>考核主体评分。直接上级占40%、其他上级领导评分占20%、平级人员互评占20%、下级员工代表占20% | 人力资源系统 | |
| | 团结协作（10分） | 互相支持、互相配合，顾全大局，明确共同目标，尊重他人，虚心诚恳，积极主动协同他人做好各项工作等 | | | |
| | 专业能力（10分） | 从事本岗位应具备的专业理论水平和能力 | | | |
| | 积极主动性（10分） | 进取向上、努力工作的思想和表现，个人意愿与集体长远目标任务相统一的动机 | | | |
| | 沟通与组织协调（10分） | 具备较强的专业素质和沟通协调能力。能够在工作中为决策提出专业意见并沟通协调各组织间工作联络，有团队精神和奉献精神，个人业务素质过硬 | | | |

续表二

| 指标类别 | 考核指标 | 考核内容 | 考核标准 | 信息来源 | 考核周期 |
| --- | --- | --- | --- | --- | --- |
| 能力素质指标 | 执行效率（10分） | 工作中能够迅速理解上级意图，形成目标并制订出具体可操作的行动方案，通过有效组织各类资源和对任务优先顺序的安排，保证计划的高效、顺利实施，并具有高质量完成工作目标的能力 | 各指标的评价等级和对应分值：卓越（100分）、优秀（90分）、良好（80分）、一般（70分）、较差（60分）；<br>考核主体评分。直接上级占40%、其他上级领导评分占20%、平级人员互评占20%、下级员工代表占20% | 人力资源系统 | 年度 |
| | 上传下达（10分） | 及时上报工作信息，及时传达上级工作部署和要求 | | 办公系统 | |
| | 工作反馈（10分） | 及时反馈工作中出现的各项问题，提出解决方案 | 满分10分。评分区间为1—10分，整数分值。<br>100%得满分，99%—90%得9分，以此类推 | 上报文件、会议纪要 | |
| | 学习（10分） | 培训（考试）参与率=实际参加培训课时（考试次数）/应参加培训课时（考试次数） | 满分10分。评分区间为1—10分，整数分值。<br>100%得满分，99%—90%得9分，以此类推 | 培训台账 | |
| | 素质提升（加分项） | 基本素质得分增长率=（年末基本素质得分－年初基本素质得分）/年初基本素质得分 | 满分5分。评分区间为1—5分，整数分值。<br>50%得满分，49%—40%得4分，以此类推 | 人力资源系统 | |
| | 党建考核（适用于中共党员）（10分） | 完成所在支部考核指标和工作任务 | 根据所在支部党员考核细则执行 | 党建考核结果 | |
| 非权重指标（含否决性指标） | 安全环保（100分） | 着火、爆炸、中毒、泄漏等，烟尘排放量等控制在目标值内；<br>1.$SO_2$排放量≤1000吨；<br>2. NOx排放量≤1000吨；<br>3. 烟尘排放量≤250吨；<br>4.VOCs排放量≤72吨 | 国家、地方法律法规和公司各项规章制度；<br>根据公司处理决定执行，按处理等级直接对应考核结果 | 公司处理决定 | |
| | 遵章守纪（100分） | 遵守国家、地方法律法规和公司各项规章制度 | | | |

续表三

| 指标类别 | 考核指标 | 考核内容 | 考核标准 | 信息来源 | 考核周期 |
|---|---|---|---|---|---|
| 非权重指标（含否决性指标） | 奖励指标（成果荣誉和专利） | 对员工年度内获得成果荣誉和专利情况进行量化加分 | 1. 发明专利独立完成计 1.2 分，1—3 名计 1.1 分、4—10 名计 1 分、11 名以后计 0.9 分；实用新型独立完成计 1.1 分，1—3 名计 1 分、4—10 名计 0.9 分、11 名以后计 0.8 分；外观设计独立完成计 1 分，1—3 名计 0.9 分、4—10 名计 0.8 分、11 名以后计 0.7 分。国际专利在以上基础上加 0.3 分。<br>2. 国家级：一等计 3 分、二等计 2.8 分。省部级：一等计 2.6 分、二等计 2.4 分、三等计 2.2 分。社会力量级Ⅰ：一等计 2.4 分、二等计 2.2 分、三等计 2 分。社会力量级Ⅱ：一等计 2.2 分、二等计 2 分、三等计 1.8 分。地（市）级、子分公司级：一等计 0.8 分、二等计 0.6 分、三等计 0.4 分。子分公司级技能竞赛：第一名计 0.8 分、第二名计 0.6 分、第三名计 0.4 分。中心级技能竞赛：第一名计 0.5 分、第二名计 0.3 分、第三名计 0.2 分。技能操作培训类：月度学习能手计 0.2 分，班组竞赛第一名计 0.2 分，第二名计 0.1 分。<br>定量考核 | 组织人事部 | 年度 |
| 备注 | | | | | |

HG-MZXT-039

## 综合主管

| 岗位名称 | 综合主管 | 所在部门 | 分析检测中心 |
| --- | --- | --- | --- |
| 职位职级序列 | 技术序列 | | |
| 直接上级 | 中心经理 | | |
| 直接下级 | 综合管理员 | | |
| 岗位职责 | 协助上级做好本中心人力资源管理相关工作，组织做好本中心人力资源各项基础工作，完成公司人力资源部布置的相关工作；协助上级核算本中心人员的月度奖金分配；审核本中心须提交上报的人事管理相关资料；指导本中心人员进行职称评定资料的收集，初审通过后提交至人力资源部 | | |
| | 审核本中心的财务报销单据；协助上级开展本中心的费用预算及统计分析工作，严格控制各项费用支出；协助上级开展本中心的班组经济核算工作 | | |
| | 负责组织安排本中心的日常接待工作；负责督促检查本中心公文的传阅、催办、归档及资料管理工作；负责归口管理本中心的经济合同、委托、协议等；负责本中心印章管理工作；负责组织员工竞赛、文体活动、检修等的后勤保障工作 | | |
| | 负责组织本中心的事件、表彰、大事记等日常宣传工作；协助上级做好本中心的党务、宣传、工会、共青团工作；协助上级开展中心内部的企业文化建设工作，提升中心员工凝聚力；负责认真妥善处理员工的来信来访，做好保密工作 | | |
| | 配合其他部门工作，完成上级布置的其他相关工作 | | |
| 工作记录文档 | 库房管理台账、办公用品领用台账、印章使用登记表、月报及报表、人员信息台账 | | |

| 指标类别 | 考核指标 | 考核内容 | 考核标准 | 信息来源 | 考核周期 |
| --- | --- | --- | --- | --- | --- |
| 岗位职责指标 | 职业资格认定工作（25分） | 职业资格认定与职称评审工作 | 以集团公司规定为准。<br>年度考核 | OA系统 | 年度 |
| | 中心宣传工作管理（10分） | 配合中心工作，宣传各阶段重点工作 | 做好中心宣传工作，保质保量完成任务。<br>年度考核 | 中心考核制度 | |
| | 绩效考核工作（25分） | 绩效考核工作成效 | 能及时组织绩效考核的指导、监督、检查工作；及时组织完成绩效考核工作；绩效考核工作做到公平公正，有激励作用，明显促进中心业绩提升。<br>年度考核 | 年底测评结果 | |
| | 保密工作管理（25分） | 加强保密文件、资料的日常管理 | 按照公司保密管理规定落实保密工作，确保全年不发生泄密事件。<br>年度考核 | 签订保密协议 | |
| | 档案资料管理（15分） | 反映档案资料管理的工作成就 | 档案整理及时完整，没有出现遗露丢失情况，档案归档分类科学、规范，保存摆放有序安全，便于查询。<br>年度考核 | 记录台账 | |

续表一

| 指标类别 | 考核指标 | 考核内容 | 考核标准 | 信息来源 | 考核周期 |
| --- | --- | --- | --- | --- | --- |
| 能力素质指标 | 责任心（10分） | 具有责任感，对自己和他人、对集体、对国家和社会所负责任的认识、情感和信念，以及与之相应的遵守规范、承担责任和履行义务的自觉态度 | 各指标的评价等级和对应分值：卓越（100分）、优秀（90分）、良好（80分）、一般（70分）、较差（60分）；<br>考核主体评分。直接上级占40%、其他上级领导评分占20%、平级人员互评占20%、下级员工代表占20% | 人力资源系统 | 年度 |
| | 团结协作（10分） | 互相支持、互相配合，顾全大局，明确共同目标，尊重他人，虚心诚恳，积极主动协同他人做好各项工作等 | | | |
| | 专业能力（10分） | 从事本岗位应具备的专业理论水平和能力 | | | |
| | 积极主动性（10分） | 进取向上、努力工作的思想和表现，个人意愿与集体长远目标任务相统一的动机 | | | |
| | 沟通与组织协调（10分） | 具备较强的专业素质和沟通协调能力。能够在工作中为决策提出专业意见并沟通协调各组织间工作联络，有团队精神和奉献精神，个人业务素质过硬 | | | |
| | 执行效率（10分） | 工作中能够迅速理解上级意图，形成目标并制订出具体可操作的行动方案，通过有效组织各类资源和对任务优先顺序的安排，保证计划的高效、顺利实施，并具有高质量完成工作目标的能力 | | | |
| | 上传下达（10分） | 及时上报工作信息，及时传达上级工作部署和要求 | | | |
| | 工作反馈（10分） | 及时反馈工作中出现的各项问题，提出解决方案 | 满分10分。评分区间为1—10分，整数分值。<br>100%得满分，99%—90%得9分，以此类推 | | |

续表二

| 指标类别 | 考核指标 | 考核内容 | 考核标准 | 信息来源 | 考核周期 |
| --- | --- | --- | --- | --- | --- |
| 能力素质指标 | 学习（10 分） | 培训（考试）参与率 = 实际参加培训课时（考试次数）/ 应参加培训课时（考试次数） | 满分 10 分。评分区间为 1—10 分，整数分值。<br>100% 得满分，99%—90% 得 9 分，以此类推 | 培训台账 | 年度 |
| | 素质提升（加分项） | 基本素质得分增长率 =（年末基本素质得分 – 年初基本素质得分）/ 年初基本素质得分 | 满分 5 分。评分区间为 1—5 分，整数分值。<br>50% 得满分，49%—40% 得 4 分，以此类推 | 人力资源系统 | |
| | 党建考核（适用于中共党员）（10 分） | 完成所在支部考核指标和工作任务 | 根据所在支部党员考核细则执行 | 党建考核结果 | |
| 非权重指标（含否决性指标） | 安全环保（100 分） | 着火、爆炸、中毒、泄漏等，烟尘排放量等控制在目标值内；<br>1.$SO_2$ 排放量≤1000 吨；<br>2. NOx 排放量≤1000 吨；<br>3. 烟尘排放量≤250 吨；<br>4.VOCs 排放量≤72 吨 | 国家、地方法律法规和公司各项规章制度；根据公司处理决定执行，按处理等级直接对应考核结果 | 公司处理决定 | |
| | 遵章守纪（100 分） | 遵守国家、地方法律法规和公司各项规章制度 | | | |
| | 奖励指标（成果荣誉和专利） | 对员工年度内获得成果荣誉和专利情况进行量化加分 | 1. 发明专利独立完成计 1.2 分，1—3 名计 1.1 分、4—10 名计 1 分、11 名以后计 0.9 分；实用新型独立完成计 1.1 分，1—3 名计 1 分、4—10 名计 0.9 分、11 名以后计 0.8 分；外观设计独立完成计 1 分，1—3 名计 0.9 分，4—10 名计 0.8 分、11 名以后计 0.7 分。国际专利在以上基础上加 0.3 分。<br>2. 国家级：一等计 3 分、二等计 2.8 分。省部级：一等计 2.6 分、二等计 2.4 分、三等计 2.2 分。社会力量级Ⅰ：一等计 2.4 分、二等计 2.2 分、三等计 2 分。社会力量级Ⅱ：一等计 2.2 分、二等计 2 分、三等计 1.8 分。地（市）级、子分公司级：一等计 0.8 分、二等计 0.6 分、三等计 0.4 分。子分公司级技能竞赛：第一名计 0.8 分、第二名计 0.6 分、第三名计 0.4 分。中心级技能竞赛：第一名计 0.5 分、第二名计 0.3 分、第三名计 0.2 分。技能操作培训类：月度学习能手计 0.2 分，班组竞赛第一名计 0.2 分，第二名计 0.1 分。<br>定量考核 | 组织人事部 | |
| 备注 | | | | | |

HG-MZXT-040

## 原料成品分析工程师

| 岗位名称 | 原料成品分析工程师 | 所在部门 | 分析检测中心 |
|---|---|---|---|
| 职位职级序列 | 技术序列 | | |
| 直接上级 | 原料成品分析主管 | | |
| 直接下级 | 班长 | | |
| 岗位职责 | 协助上级完成新扩建装置原料、成品分析项目分析方法的准备，仪器操作规程及安全规章的制订；协助上级开展原料、成品试验方法、分析标准的制订、修订工作 | | |
| | 负责编制中央化验室原料、成品分析岗位的年、季、月度备品备件计划、化验物资消耗材料计划 | | |
| | 负责解决中央化验室原料、成品日常分析检测中遇到的各种技术问题，设备、安全一日一查工作 | | |
| | 实施中央化验室原料、成品分析各岗位的分析 | | |
| | 负责 QHSEE 管理体系、实验室认可体系在中央化验室原料、成品分析岗位的贯彻实施；落实中央化验室原料、成品分析原始记录的检查，质量档案及 LIMS 实验室信息管理系统的维护与管理；协助上级监督中央化验室原料、成品分析计划的落实和实施 | | |
| | 协助上级处理中心及各专业组反馈的有关原料、成品分析的管理信息 | | |
| 工作记录文档 | 原始记录、日常检查表、实验室认可相关记录 | | |

| 指标类别 | 考核指标 | 考核内容 | 考核标准 | 信息来源 | 考核周期 |
|---|---|---|---|---|---|
| 岗位职责指标 | 生产管理指标（40 分） | 监督中央化验室原料、成品分析计划的落实和实施。及时报出分析结果，分析结果准确。协助上级完成新扩建装置原料、成品分析项目分析方法的准备，仪器操作规程及安全规章的制定；协助上级开展原料、成品试验方法、分析标准的制订、修订工作 | 完成分析检验计划。按要求执行调度指令，完成新产品开发，确保生产稳定运行；<br>未完成分析任务的 1%，扣月奖 2%—5% | LIMS 实验室信息管理系统分析数据、检查报告、会议纪要等 | 年度 |
| | 设备管理指标（30 分） | 配合设备组组织设备操作培训，组织人员进行仪器常规维护保养，保证设备正常运行 | 设备完好率≥95%；<br>周检查 | 设备维修记录 | |
| | 实验室认可（30 分） | 负责实验室认可体系在中央化验室原料、成品分析岗位的贯彻实施 | 按照实验室认可要求进行工作；<br>内部审核 | 实验室认可相关记录 | |

续表一

| 指标类别 | 考核指标 | 考核内容 | 考核标准 | 信息来源 | 考核周期 |
| --- | --- | --- | --- | --- | --- |
| 能力素质指标 | 责任心（10分） | 具有责任感，对自己和他人、对集体、对国家和社会所负责任的认识、情感和信念，以及与之相应的遵守规范、承担责任和履行义务的自觉态度 | 各指标的评价等级和对应分值：卓越（100分）、优秀（90分）、良好（80分）、一般（70分）、较差（60分）；<br>考核主体评分。直接上级占40%、其他上级领导评分占20%、平级人员互评占20%、下级员工代表占20% | 人力资源系统 | 年度 |
| | 团结协作（10分） | 互相支持、互相配合，顾全大局，明确共同目标，尊重他人，虚心诚恳，积极主动协同他人做好各项工作等 | | | |
| | 专业能力（10分） | 从事本岗位应具备的专业理论水平和能力 | | | |
| | 积极主动性（10分） | 进取向上、努力工作的思想和表现，个人意愿与集体长远目标任务相统一的动机 | | | |
| | 沟通与组织协调（10分） | 具备较强的专业素质和沟通协调能力。能够在工作中为决策提出专业意见并沟通协调各组织间工作联络，有团队精神和奉献精神，个人业务素质过硬 | | | |
| | 执行效率（10分） | 认真执行本岗位工作职责，尽职尽责，及时完成中心及班长分配的工作。服从安排，工作勤恳，主动积极 | | | |
| | 上传下达（10分） | 及时上报工作信息，及时传达上级工作部署和要求 | | | |
| | 工作反馈（10分） | 及时反馈工作中出现的各项问题，提出解决方案 | 满分10分。评分区间为1—10分，整数分值。<br>100%得满分，99%—90%得9分，以此类推 | 上报文件、会议纪要 | |
| | 学习（10分） | 培训（考试）参与率=实际参加培训课时（考试次数）/应参加培训课时（考试次数） | | 培训台账 | |

续表二

| 指标类别 | 考核指标 | 考核内容 | 考核标准 | 信息来源 | 考核周期 |
|---|---|---|---|---|---|
| 能力素质指标 | 素质提升（加分项） | 基本素质得分增长率=（年末基本素质得分－年初基本素质得分）/年初基本素质得分 | 满分5分。评分区间为1—5分，整数分值。50%得满分，49%—40%得4分，以此类推 | 人力资源系统 | 年度 |
| | 党建考核（适用于中共党员）（10分） | 完成所在支部考核指标和工作任务 | 根据所在支部党员考核细则执行 | 党建考核结果 | |
| 非权重指标（含否决性指标） | 安全环保（100分） | 着火、爆炸、中毒、泄漏等，烟尘排放量等控制在目标值内；<br>1.$SO_2$排放量≤1000吨；<br>2. NOx排放量≤1000吨；<br>3. 烟尘排放量≤250吨；<br>4.VOCs排放量≤72吨 | 国家、地方法律法规和公司各项规章制度；根据公司处理决定执行，按处理等级直接对应考核结果 | 公司处理决定 | |
| | 遵章守纪（100分） | 遵守国家、地方法律法规和公司各项规章制度 | | | |
| | 奖励指标（成果荣誉和专利） | 对员工年度内获得成果荣誉和专利情况进行量化加分 | 1.发明专利独立完成计1.2分，1—3名计1.1分、4—10名计1分、11名以后计0.9分；实用新型独立完成计1.1分，1—3名计1分、4—10名计0.9分、11名以后计0.8分；外观设计独立完成计1分，1—3名计0.9分、4—10名计0.8分、11名以后计0.7分。国际专利在以上基础上加0.3分。<br>2. 国家级：一等计3分、二等计2.8分。省部级：一等计2.6分、二等计2.4分、三等计2.2分。社会力量级Ⅰ：一等计2.4分、二等计2.2分、三等计2分。社会力量级Ⅱ：一等计2.2分、二等计2分、三等计1.8分。地（市）级、子分公司级：一等计0.8分、二等计0.6分、三等计0.4分。子分公司级技能竞赛：第一名计0.8分、第二名计0.6分、第三名计0.4分。中心级技能竞赛：第一名计0.5分、第二名计0.3分、第三名计0.2分。技能操作培训类：月度学习能手计0.2分，班组竞赛第一名计0.2分，第二名计0.1分。<br>定量考核 | 组织人事部 | |
| 备注 | | | | | |

HG-MZXT-041

## 中控分析班长

| 岗位名称 | 中控分析班长 | 所在部门 | 分析检测中心 |
|---|---|---|---|
| 职位职级序列 | 技能序列 | | |
| 直接上级 | 中控分析工程师 | | |
| 直接下级 | 化验员 | | |
| 岗位职责 | 按时完成分析检验计划的分析项目和分析频次；协助上级监督中央化验室中间控制分析计划的落实情况 | | |
| | 按时协助上级开展中间控制分析试验方法、仪器操作规程、分析标准的制订和修订工作 | | |
| | 按照公司相关管理规定，参与制订本中心事故应急救援预案，定期参加中心级演练，并完成相应的应急演练任务和班组安全学习活动 | | |
| | 按时完成班组日常质量监督和数据审核工作；参与 QHSEE 管理体系、实验室认可体系在分析岗位的贯彻与实施；落实分析原始记录的检查，质量管理工作 | | |
| | 协助上级编制中央化验室中间控制分析岗位年、季、月度备品备件计划、化验物资消耗材料计划；协助配合完成计量器具的检定相关工作 | | |
| | 协助上级解决中央化验室中间控制分析的日常分析检测中遇到的各种设备问题和技术问题，完成设备安全检查与定期维护保养工作 | | |
| | 按照管理规定着装和佩带相应的劳动防护用品，同时负责监督班组员工进入生产装置及生产系统作业劳动防护用品佩戴和防护措施落实工作 | | |
| | 参加本站室的危险源辨识和风险评价、环境因素识别和评价工作，协助上级制订控制措施和应急预案，并实施 | | |
| | 协助 LIMS 实验室信息管理系统人员完成数据管理系统的维护与数据管理等工作 | | |
| 工作记录文档 | 交接班记录、中控分析原始记录、仪器校验校正记录、实验室认可相关记录、安全检查记录、消防控制室值班记录、应急柜物资检查记录等 | | |

| 指标类别 | 考核指标 | 考核内容 | 考核标准 | 信息来源 | 考核周期 |
|---|---|---|---|---|---|
| 岗位职责指标 | 分析质量技术指标（40 分） | 按照分析检验计划，完成中间控制分析岗位的分析项目、频次的任务；及时上报分析结果；分析结果准确，无分析质量事故 | 分析检验计划；<br>中间控制分析完成率 100% | LIMS 实验信息管理系统分析数据 | 年度 |
| | 中控分析生产管理指标（30 分） | 执行上级下达的生产指令，确保分析工作稳步推进；全年不发生生产事故；发生事故及时上报；落实生产管理整改措施；执行中心 6S 管理工作 | 中心生产管理规定；<br>遵照执行 | 生产管理台账 | |

续表一

| 指标类别 | 考核指标 | 考核内容 | 考核标准 | 信息来源 | 考核周期 |
|---|---|---|---|---|---|
| 岗位职责指标 | 分析设备管理指标（30分） | 参与设备培训；保证设备正常运行；完成年度、月度设备的日常维护保养和检查更新工作；设备台账更新及时 | 设备管理规定；<br>设备完好率≥95% | 设备维修记录 | 年度 |
| 能力素质指标 | 责任心（10分） | 对自己、他人、集体和国家有强烈的责任感和认同感，有遵守规范、承担责任和履行义务的自觉态度 | 各指标的评价等级和对应分值：卓越（100分）、优秀（90分）、良好（80分）、一般（70分）、较差（60分）；<br>考核主体评分。直接上级占40%、其他上级领导评分占20%、平级人员互评占20%、下级员工代表占20% | 人力资源系统 | |
| | 团结协作（10分） | 互相支持、互相配合，顾全大局，明确共同目标，尊重他人，虚心诚恳，积极主动协同他人做好各项工作等 | | | |
| | 专业能力（10分） | 具备本岗位专业理论知识和技能操作能力 | | | |
| | 积极主动性（10分） | 思想积极向上，工作主动勤奋；主动承担任务与责任，为集体目标长远打算 | | | |
| | 沟通与组织协调（10分） | 具有良好的执行力和本岗位需要的专业技术能力。工作中能够解决实际问题，并具有一定的团队协作精神和集体荣誉感，持续保持学习能力，具备一定的沟通协调能力 | | | |
| | 执行效率（10分） | 认真执行本岗位工作职责，尽职尽责，及时完成中心及班长分配的工作。服从安排，工作勤恳，主动积极 | | | |
| | 上传下达（10分） | 及时传达中心和公司会议纪要和指示精神，汇报落实情况和完成情况，并记录 | | | |

续表二

| 指标类别 | 考核指标 | 考核内容 | 考核标准 | 信息来源 | 考核周期 |
| --- | --- | --- | --- | --- | --- |
| 能力素质指标 | 班组管理（10 分） | 做好班组人员管理、分析任务分配、安全管理和质量管理等工作 | 满分 10 分。评分区间为 1—10 分，整数分值。<br>100% 得满分，99%—90% 得 8 分，以此类推 | 班组相关记录 | 年度 |
| | 学习（10 分） | 培训（考试）参与率 = 实际参加培训课时（考试次数）/ 应参加培训课时（考试次数） | 满分 10 分。评分区间为 1—10 分，整数分值。<br>100% 得满分，99%—90% 得 9 分，以此类推 | 培训台账 | |
| | 素质提升（加分项） | 基本素质得分增长率 =（年末基本素质得分 – 年初基本素质得分）/ 年初基本素质得分 | 满分 5 分。评分区间为 1—5 分，整数分值。<br>50% 得满分，49%—40% 得 4 分，以此类推 | 人力资源系统 | |
| | 党建考核（适用于中共党员）（10 分） | 完成支部考核指标和工作任务 | 根据所在支部党员考核细则执行 | 党建考核结果 | 月度 |
| 非权重指标（含否决性指标） | 安全环保（100 分） | 着火、爆炸、中毒、泄漏等，烟尘排放量等控制在目标值内；<br>1.$SO_2$ 排放量≤1000 吨；<br>2. NOx 排放量≤1000 吨；<br>3. 烟尘排放量≤250 吨；<br>4.VOCs 排放量≤72 吨 | 国家、地方法律法规和公司各项规章制度；根据公司处理决定执行，按处理等级直接对应考核结果 | 公司处理决定 | 年度 |
| | 遵章守纪（100 分） | 遵守国家、地方法律法规和公司各项规章制度 | | | |
| | 奖励指标（成果荣誉和专利） | 对员工年度内获得成果荣誉和专利情况进行量化加分 | 1. 发明专利独立完成计 1.2 分，1—3 名计 1.1 分、4—10 名计 1 分、11 名以后计 0.9 分；实用新型独立完成计 1.1 分，1—3 名计 1 分、4—10 名计 0.9 分、11 名以后计 0.8 分；外观设计独立完成计 1 分，1—3 名计 0.9 分、4—10 名计 0.8 分、11 名以后计 0.7 分。国际专利在以上基础上加 0.3 分。 | 组织人事部 | |

续表三

| 指标类别 | 考核指标 | 考核内容 | 考核标准 | 信息来源 | 考核周期 |
| --- | --- | --- | --- | --- | --- |
| 非权重指标（含否决性指标） | 奖励指标（成果荣誉和专利） | 对员工年度内获得成果荣誉和专利情况进行量化加分 | 2. 国家级：一等计 3 分、二等计 2.8 分。省部级：一等计 2.6 分、二等计 2.4 分、三等计 2.2 分。社会力量级Ⅰ：一等计 2.4 分、二等计 2.2 分、三等计 2 分。社会力量级Ⅱ：一等计 2.2 分、二等计 2 分、三等计 1.8 分。地（市）级、子分公司级：一等计 0.8 分、二等计 0.6 分、三等计 0.4 分。子分公司级技能竞赛：第一名计 0.8 分、第二名计 0.6 分、第三名计 0.4 分。中心级技能竞赛：第一名计 0.5 分、第二名计 0.3 分、第三名计 0.2 分。技能操作培训类：月度学习能手计 0.2 分，班组竞赛第一名计 0.2 分，第二名计 0.1 分。<br>定量考核 | 组织人事部 | 年度 |
| 备注 | | | | | |

HG-MZXT-042

## 原料成品分析化验员

<table>
<tr><td colspan="2">岗位名称</td><td colspan="2">原料成品分析化验员</td><td colspan="2">所在部门</td><td>分析检测中心</td></tr>
<tr><td colspan="2">职位职级序列</td><td colspan="5">技能序列</td></tr>
<tr><td colspan="2">直接上级</td><td colspan="5">原料成品分析班长</td></tr>
<tr><td colspan="2">直接下级</td><td colspan="5">——</td></tr>
<tr><td colspan="2" rowspan="5">岗位职责</td><td colspan="5">执行国家、行业及公司、中心有关生产、分析技术的法规、制度和标准；负责完成中央化验室原料、成品控制分析项目的分析任务</td></tr>
<tr><td colspan="5">及时填写原料、成品分析检验的原始记录，并对分析结果及时进行自检，上报分析数据；对异常数据进行分析和处理，并及时向班长反馈</td></tr>
<tr><td colspan="5">配合班长、专业工程师做好异常分析结果的核查工作</td></tr>
<tr><td colspan="5">负责本岗位分析仪器的日常维护和保养</td></tr>
<tr><td colspan="5">学习及履行各类安全管理规章制度，积极参加中心、班组组织的安全演练</td></tr>
<tr><td colspan="2">工作记录文档</td><td colspan="5">原始记录、实验室认可相关记录</td></tr>
<tr><td>指标类别</td><td>考核指标</td><td>考核内容</td><td colspan="2">考核标准</td><td>信息来源</td><td>考核周期</td></tr>
<tr><td rowspan="5">岗位职责指标</td><td>生产管理指标（20分）</td><td>按时完成原料、成品分析任务，及时上报分析结果，分析结果准确</td><td colspan="2">执行分析检验计划；<br>原材料、成品完成率100%</td><td>LIMS实验室信息管理系统分析数据</td><td rowspan="5">年度</td></tr>
<tr><td>设备管理指标（20分）</td><td>按照仪器设备操作规程使用仪器完成分析，保证设备正常运行；按照岗位仪器维护保养计划开展仪器设备的日常维护和保养工作</td><td colspan="2">设备完好率≥95%；<br>周/月度、季度、年度检查</td><td>仪器设备使用记录、仪器设备维护保养记录</td></tr>
<tr><td>实验室认可（20分）</td><td>严格执行实验室认可体系要求</td><td colspan="2">按照实验室认可要求进行工作；<br>内部审核</td><td>实验室认可相关记录</td></tr>
<tr><td>异常分析结果核查率（20分）</td><td>当原料、成品分析结果异常或不合格时，进行异常分析结果核查，填写异常数据分析台账</td><td colspan="2">按照复检或仪器校准流程执行；<br>异常分析结果核查率100%</td><td>异常数据分析台账</td></tr>
<tr><td>标准、方法执行率（20分）</td><td>严格执行有关生产和分析技术的法规、制度、标准和仪器操作规程</td><td colspan="2">保证原材料、成品分析符合要求；<br>分析检测操作流程</td><td>质量监督报告</td></tr>
</table>

续表一

| 指标类别 | 考核指标 | 考核内容 | 考核标准 | 信息来源 | 考核周期 |
| --- | --- | --- | --- | --- | --- |
| 能力素质指标 | 责任心（10分） | 具有责任感，对自己和他人、对集体、对国家和社会所负责任的认识、情感和信念，以及与之相应的遵守规范、承担责任和履行义务的自觉态度 | 各指标的评价等级和对应分值：卓越（100分）、优秀（90分）、良好（80分）、一般（70分）、较差（60分）；<br>考核主体评分。直接上级占40%、其他上级领导评分占20%、平级人员互评占20%、下级员工代表占20% | 人力资源系统 | 年度 |
| | 团结协作（10分） | 互相支持、互相配合，顾全大局，明确共同目标，尊重他人，虚心诚恳，积极主动协同他人做好各项工作等 | | | |
| | 专业能力（10分） | 具备从事本岗位要求的知识和较强的专业理论水平和能力 | | | |
| | 积极主动性（10分） | 进取向上、努力工作的思想和表现，个人意愿与集体长远目标任务相统一的动机 | | | |
| | 沟通与组织协调（10分） | 具有良好的执行力和本岗位需要的专业技术能力。工作中能够解决实际问题，并具有一定的团队协作精神和集体荣誉感，持续保持学习能力，具备一定的沟通协调能力 | | | |
| | 执行效率（10分） | 认真执行本岗位工作职责，尽职尽责，及时完成中心及班长分配的工作。服从安排，工作勤恳，主动积极 | | | |
| | 文明工作（10分） | 上班着装，仪表大方，谈吐文明，礼貌待人，举止庄重，确保工作场所整洁，自觉维护单位形象 | | | |

续表二

| 指标类别 | 考核指标 | 考核内容 | 考核标准 | 信息来源 | 考核周期 |
| --- | --- | --- | --- | --- | --- |
| 能力素质指标 | 工作反馈（10分） | 及时反馈工作中出现的各项问题，提出解决方案 | 满分10分。评分区间为1—10分，整数分值。<br>100%得满分，99%—90%得9分，以此类推 | 上报文件、会议纪要 | 年度 |
| | 学习（10分） | 培训（考试）参与率=实际参加培训课时（考试次数）/应参加培训课时（考试次数） | | 培训台账 | |
| | 素质提升（加分项） | 基本素质得分增长率=（年末基本素质得分–年初基本素质得分）/年初基本素质得分 | 满分5分。评分区间为1—5分，整数分值。<br>50%得满分，49%—40%得4分，以此类推 | 人力资源系统 | |
| | 党建考核（适用于中共党员）（10分） | 完成所在支部考核指标和工作任务 | 根据所在支部党员考核细则执行 | 党建考核结果 | |
| 非权重指标（含否决性指标） | 安全环保（100分） | 着火、爆炸、中毒、泄漏等，烟尘排放量等控制在目标值内；<br>1.$SO_2$排放量≤1000吨；<br>2. NOx排放量≤1000吨；<br>3. 烟尘排放量≤250吨；<br>4.VOCs排放量≤72吨 | 国家、地方法律法规和公司各项规章制度；根据公司处理决定执行，按处理等级直接对应考核结果 | 公司处理决定 | |
| | 遵章守纪（100分） | 遵守国家、地方法律法规和公司各项规章制度 | | | |
| | 奖励指标（成果荣誉和专利） | 对员工年度内获得成果荣誉和专利情况进行量化加分 | 1. 发明专利独立完成计1.2分，1—3名计1.1分、4—10名计1分、11名以后计0.9分；实用新型独立完成计1.1分，1—3名计1分、4—10名计0.9分、11名以后计0.8分；外观设计独立完成计1分，1—3名计0.9分、4—10名计0.8分、11名以后计0.7分。国际专利在以上基础上加0.3分。 | 组织人事部 | |

续表三

| 指标类别 | 考核指标 | 考核内容 | 考核标准 | 信息来源 | 考核周期 |
|---|---|---|---|---|---|
| 非权重指标（含否决性指标） | 奖励指标（成果荣誉和专利） | 对员工年度内获得成果荣誉和专利情况进行量化加分 | 2. 国家级：一等计 3 分、二等计 2.8 分。省部级：一等计 2.6 分、二等计 2.4 分、三等计 2.2 分。社会力量级Ⅰ：一等计 2.4 分、二等计 2.2 分、三等计 2 分。社会力量级Ⅱ：一等计 2.2 分、二等计 2 分、三等计 1.8 分。地（市）级、子分公司级：一等计 0.8 分、二等计 0.6 分、三等计 0.4 分。子分公司级技能竞赛：第一名计 0.8 分、第二名计 0.6 分、第三名计 0.4 分。中心级技能竞赛：第一名计 0.5 分、第二名计 0.3 分、第三名计 0.2 分。技能操作培训类：月度学习能手计 0.2 分，班组竞赛第一名计 0.2 分，第二名计 0.1 分。<br>定量考核 | 组织人事部 | 年度 |
| 备注 | | | | | |

HG–MZXT–043

## 采购主管

| 岗位名称 | 采购主管 | 所在部门 | 供销中心 |
|---|---|---|---|
| 职位职级序列 | 管理序列 | | |
| 直接上级 | 供销中心经理 | | |
| 直接下级 | 各专业采购工程师 | | |
| 岗位职责 | 参与制定采购管理相关规章制度，经批准后执行，并监督检查实施情况 | | |
| | 组织各专业采购工程师按公司管理体系文件规定开展采购工作，协助各专业采购工程师完成采购策划、招标、评标、合同谈判、合同签订等工作 | | |
| | 负责对各专业采购工程师的采购工作进行全过程监督、检查，保证采购计划全面落实 | | |
| | 协调处理采购过程中出现的各种问题，确保采购产品质量符合生产需要 | | |
| | 参加公司合格供应厂商评审及复评，组织建立公司合格供应厂商名录、档案 | | |
| | 监督指导采购合同的管理工作，协调解决采购合同纠纷，参与采购合同诉讼事宜 | | |
| 工作记录文档 | 生产记录、台账、月报及报表、班组核算有关数据 | | |

| 指标类别 | 考核指标 | 考核内容 | 考核标准 | 信息来源 | 考核周期 |
|---|---|---|---|---|---|
| 岗位职责指标 | 非正常退计划（20分） | 根据上级要求，采购计划提报成功率应为100% | 1. 提报成功率100%，不扣分；<br>2. 提报成功率98%—100%，扣5分；<br>3. 提报成功率95%—98%，扣10分；<br>4. 提报成功率低于95%，扣15分；<br>查阅资料，过程监督，验收工作成果 | 系统查询、上级评测 | 年度 |
| | 协同响应不及时（10分） | 根据上级要求，协同必须在规定期限（目前为14天）内响应 | 1. 协同响应率100%，不扣分；<br>2. 协同响应率98%—100%，扣5分；<br>3. 协同响应率95%—98%，扣10分；<br>4. 协同响应率低于95%，扣15分；<br>查阅资料，过程监督，验收工作成果 | | |
| | 合同处理不及时（20分） | 根据上级要求，合同流转必须在规定期限（目前为30天）内完成 | 1. 合同按期完成率100%，不扣分；<br>2. 合同按期完成率98%—100%，扣5分；<br>3. 合同按期完成率95%—98%，扣10分；<br>4. 合同按期完成率低于95%，扣15分；<br>查阅资料，过程监督，验收工作成果 | | |
| | 物资到货率（20分） | 按物料设定时间到货订单数/总订单数 | 1. 物资到货率100%，不扣分；<br>2. 物资到货率98%—100%，扣5分；<br>3. 物资到货率95%—98%，扣10分；<br>4. 物资到货率低于95%，扣15分；<br>查阅资料，过程监督，验收工作成果 | | |
| | 采购质量合格率（30分） | 合格的数量/全部采购数量 | 1. 质量合格率98%—100%，不扣分；<br>2. 质量合格率95%—98%，扣10分；<br>3. 质量合格率低于95%，扣20分；<br>查阅资料，过程监督，验收工作成果 | 内部评测 | |

续表一

| 指标类别 | 考核指标 | 考核内容 | 考核标准 | 信息来源 | 考核周期 |
|---|---|---|---|---|---|
| 能力素质指标 | 责任心（10分） | 具有责任感，对自己和他人、对集体、对国家和社会所负责任的认识、情感和信念，以及与之相应的遵守规范、承担责任和履行义务的自觉态度 | 各指标的评价等级和对应分值：卓越（100分）、优秀（90分）、良好（80分）、一般（70分）、较差（60分）；<br>考核主体评分。直接上级占40%、其他上级领导评分占20%、平级人员互评占20%、下级员工代表占20% | 人力资源系统 | 年度 |
| | 团结协作（10分） | 互相支持、互相配合，顾全大局，明确共同目标，尊重他人，虚心诚恳，积极主动协同他人做好各项工作等 | | | |
| | 专业能力（20分） | 从事本岗位应具备的专业理论水平和能力 | | | |
| | 积极主动性（10分） | 进取向上、努力工作的思想和表现，个人意愿与集体长远目标任务相统一的动机 | | | |
| | 沟通与组织协调（10分） | 具备较强的专业素质和沟通协调能力。能够在工作中为决策提出专业意见并沟通协调各组织间工作联络，有团队精神和奉献精神，个人业务素质过硬 | | | |
| | 执行效率（10分） | 工作中能够迅速理解上级意图，形成目标并制订出具体可操作的行动方案，通过有效组织各类资源和对任务优先顺序的安排，保证计划的高效、顺利实施，并具有高质量完成工作目标的能力 | | | |
| | 上传下达（10分） | 及时上报基层需求、请示，及时传达上级文件、指示 | | | |
| | 学习（10分） | 培训（考试）参与率=实际参加培训课时（考试次数）/应参加培训课时（考试次数） | 满分10分。评分区间为1—10分，整数分值。<br>100%得满分，99%—90%得9分，以此类推 | 培训台账 | |

续表二

| 指标类别 | 考核指标 | 考核内容 | 考核标准 | 信息来源 | 考核周期 |
| --- | --- | --- | --- | --- | --- |
| 能力素质指标 | 素质提升（加分项） | 基本素质得分增长率 =（年末基本素质得分 – 年初基本素质得分）/ 年初基本素质得分 | 满分 5 分。评分区间为 1—5 分，整数分值。50% 得满分，49%—40% 得 4 分，以此类推 | 人力资源系统 | 年度 |
| | 党建考核（适用于中共党员）（10 分） | 完成所在支部考核指标和工作任务 | 根据所在支部党员考核细则执行 | 党建考核结果 | |
| 非权重指标（含否决性指标） | 安全环保（100 分） | 着火、爆炸、中毒、泄漏等，烟尘排放量等控制在目标值内；<br>1.$SO_2$ 排放量≤1000 吨；<br>2. NOx 排放量≤1000 吨；<br>3. 烟尘排放量≤250 吨；<br>4.VOCs 排放量≤72 吨 | 国家、地方法律法规和公司各项规章制度；根据公司处理决定执行，按处理等级直接对应考核结果 | 公司处理决定 | |
| | 遵章守纪（100 分） | 遵守国家、地方法律法规和公司各项规章制度 | | | |
| | 奖励指标（成果荣誉和专利） | 对员工年度内获得成果荣誉和专利情况进行量化加分 | 1. 发明专利独立完成计 1.2 分，1—3 名计 1.1 分、4—10 名计 1 分、11 名以后计 0.9 分；实用新型独立完成计 1.1 分，1—3 名计 1 分、4—10 名计 0.9 分、11 名以后计 0.8 分；外观设计独立完成计 1 分，1—3 名计 0.9 分、4—10 名计 0.8 分、11 名以后计 0.7 分。国际专利在以上基础上加 0.3 分。<br>2. 国家级：一等计 3 分、二等计 2.8 分。省部级：一等计 2.6 分、二等计 2.4 分、三等计 2.2 分。社会力量级Ⅰ：一等计 2.4 分、二等计 2.2 分、三等计 2 分。社会力量级Ⅱ：一等计 2.2 分、二等计 2 分、三等计 1.8 分。地（市）级、子分公司级：一等计 0.8 分、二等计 0.6 分、三等计 0.4 分。子分公司级技能竞赛：第一名计 0.8 分、第二名计 0.6 分、第三名计 0.4 分。中心级技能竞赛：第一名计 0.5 分、第二名计 0.3 分、第三名计 0.2 分。技能操作培训类：月度学习能手计 0.2 分，班组竞赛第一名计 0.2 分，第二名计 0.1 分。<br>定量考核 | 组织人事部 | |
| 备注 | | | | | |

HG-MZXT-044

## 物资仓库主管

<table>
<tr><th>岗位名称</th><td>物资仓库主管</td><th>所在部门</th><td>供销中心</td></tr>
<tr><td>职位职级序列</td><td colspan="3">管理序列</td></tr>
<tr><td>直接上级</td><td colspan="3">供销中心经理</td></tr>
<tr><td>直接下级</td><td colspan="3">各专业保管员、叉车工</td></tr>
<tr><td rowspan="10">岗位职责</td><td colspan="3">协助上级拟定物资仓库管理规章制度，经批准后执行，并监督检查实施情况</td></tr>
<tr><td colspan="3">制订仓储工作计划，全面做好综合仓库、备品备件库、危险品库、化学品库房的日常管理工作</td></tr>
<tr><td colspan="3">组织有关部门定期进行仓库盘点工作，做到账物相符并及时预报库存</td></tr>
<tr><td colspan="3">根据物资特性，指导仓库物资摆放工作</td></tr>
<tr><td colspan="3">监督检查仓库防火、防盗、防损耗规章制度执行情况</td></tr>
<tr><td colspan="3">严格按有关法律、法规、行业标准执行危险化学品的仓储工作</td></tr>
<tr><td colspan="3">组织保管人员做好物资入库外观、质量、数量的检验工作，严格履行产品入库相关规定</td></tr>
<tr><td colspan="3">协调有关部门，完成物资入库、出库装运工作</td></tr>
<tr><td colspan="3">组织完成物资的调拨、供应工作</td></tr>
<tr><td colspan="3">监控仓库物资的发放和使用情况</td></tr>
<tr><td>工作记录文档</td><td colspan="3">生产记录、台账、月报及报表、班组核算有关数据</td></tr>
</table>

<table>
<tr><th>指标类别</th><th>考核指标</th><th>考核内容</th><th>考核标准</th><th>信息来源</th><th>考核周期</th></tr>
<tr><td rowspan="4">岗位职责指标</td><td>收发物料的准确性（20分）</td><td>对发料按打印的套料或零星领料单发料</td><td>1. 准确率100%，不扣分；<br>2. 错误两次以内（含两次），扣5分；<br>3. 错误两至五次（含五次），扣10分；<br>4. 错误五次以上，扣15分；<br>查阅资料，过程监督，验收工作成果</td><td rowspan="2">系统查询</td><td rowspan="4">年度</td></tr>
<tr><td>库存盘点账实相符率（30分）</td><td>库存盘点账物相符的金额／库存盘点的物资总额</td><td>1. 准确率100%，不扣分；<br>2. 准确率98%—100%，扣5分；<br>3. 准确率95%—98%，扣10分；<br>4. 准确率低于95%，扣15分；<br>查阅资料，过程监督，验收工作成果</td></tr>
<tr><td>仓储产品损坏、遗失率（30分）</td><td>仓储产品损坏、遗失金额／仓储产品总金额</td><td>1. 完好率100%，不扣分；<br>2. 完好率98%—100%，扣5分；<br>3. 完好率95%—98%，扣10分；<br>4. 完好率低于95%，扣15分；<br>查阅资料，过程监督，验收工作成果</td><td>检查报告</td></tr>
<tr><td>物资存储标准化（20分）</td><td>保持所辖物品按标示卡摆放整齐，无散乱混放现象</td><td>1. 准确率100%，不扣分；<br>2. 错误两次以内（含两次），扣5分；<br>3. 错误两至五次（含五次），扣10分；<br>4. 错误五次以上，扣15分；<br>查阅资料，过程监督，验收工作成果</td><td>现场检查</td></tr>
</table>

续表一

| 指标类别 | 考核指标 | 考核内容 | 考核标准 | 信息来源 | 考核周期 |
| --- | --- | --- | --- | --- | --- |
| 能力素质指标 | 责任心（10分） | 具有责任感，对自己和他人、对集体、对国家和社会所负责任的认识、情感和信念，以及与之相应的遵守规范、承担责任和履行义务的自觉态度 | 各指标的评价等级和对应分值：卓越（100分）、优秀（90分）、良好（80分）、一般（70分）、较差（60分）；<br>考核主体评分。直接上级占40%、其他上级领导评分占20%、平级人员互评占20%、下级员工代表占20% | 人力资源系统 | 年度 |
| | 团结协作（10分） | 互相支持、互相配合，顾全大局，明确共同目标，尊重他人，虚心诚恳，积极主动协同他人做好各项工作等 | | | |
| | 专业能力（20分） | 从事本岗位应具备的专业理论水平和能力 | | | |
| | 积极主动性（10分） | 进取向上、努力工作的思想和表现，个人意愿与集体长远目标任务相统一的动机 | | | |
| | 沟通与组织协调（10分） | 具备较强的专业素质和沟通协调能力。能够在工作中为决策提出专业意见并沟通协调各组织间工作联络，有团队精神和奉献精神，个人业务素质过硬 | | | |
| | 执行效率（10分） | 工作中能够迅速理解上级意图，形成目标并制订出具体可操作的行动方案，通过有效组织各类资源和对任务优先顺序的安排，保证计划的高效、顺利实施，并具有高质量完成工作目标的能力 | | | |
| | 仓储管理（10分） | 全面做好综合仓库、备品备件库、危险品库、化学品库房的日常管理工作 | | | |

续表二

| 指标类别 | 考核指标 | 考核内容 | 考核标准 | 信息来源 | 考核周期 |
| --- | --- | --- | --- | --- | --- |
| 能力素质指标 | 学习（10分） | 培训（考试）参与率=实际参加培训课时（考试次数）/应参加培训课时（考试次数） | 满分10分。评分区间为1—10分，整数分值。<br>100%得满分，99%—90%得9分，以此类推 | 培训台账 | 年度 |
| | 素质提升（加分项） | 基本素质得分增长率=（年末基本素质得分–年初基本素质得分）/年初基本素质得分 | 满分5分。评分区间为1—5分，整数分值。50%得满分，49%—40%得4分，以此类推 | 人力资源系统 | |
| | 党建考核（适用于中共党员）（10分） | 完成所在支部考核指标和工作任务 | 根据所在支部党员考核细则执行 | 党建考核结果 | |
| 非权重指标（含否决性指标） | 安全环保（100分） | 着火、爆炸、中毒、泄漏等，烟尘排放量等控制在目标值内；<br>1. $SO_2$排放量≤1000吨；<br>2. NOx排放量≤1000吨；<br>3. 烟尘排放量≤250吨；<br>4. VOCs排放量≤72吨 | 国家、地方法律法规和公司各项规章制度；根据公司处理决定执行，按处理等级直接对应考核结果 | 公司处理决定 | |
| | 遵章守纪（100分） | 遵守国家、地方法律法规和公司各项规章制度 | | | |
| | 奖励指标（成果荣誉和专利） | 对员工年度内获得成果荣誉和专利情况进行量化加分 | 1. 发明专利独立完成计1.2分，1—3名计1.1分、4—10名计1分、11名以后计0.9分；实用新型独立完成计1.1分，1—3名计1分、4—10名计0.9分、11名以后计0.8分；外观设计独立完成计1分，1—3名计0.9分、4—10名计0.8分、11名以后计0.7分。国际专利在以上基础上加0.3分。<br>2. 国家级：一等计3分、二等计2.8分。省部级：一等计2.6分、二等计2.4分、三等计2.2分。社会力量级Ⅰ：一等计2.4分、二等计2.2分、三等计2分。社会力量级Ⅱ：一等计2.2分、二等计2分、三等计1.8分。地（市）级、子分公司级：一等计0.8分、二等计0.6分、三等计0.4分。子分公司级技能竞赛：第一名计0.8分、第二名计0.6分、第三名计0.4分。中心级技能竞赛：第一名计0.5分、 | 组织人事部 | |

续表三

| 指标类别 | 考核指标 | 考核内容 | 考核标准 | 信息来源 | 考核周期 |
| --- | --- | --- | --- | --- | --- |
| 非权重指标（含否决性指标） | 奖励指标（成果荣誉和专利） | 对员工年度内获得成果荣誉和专利情况进行量化加分 | 第二名计 0.3 分、第三名计 0.2 分。技能操作培训类：月度学习能手计 0.2 分，班组竞赛第一名计 0.2 分，第二名计 0.1 分。<br>定量考核 | 组织人事部 | 年度 |
| 备注 | | | | | |

## HG-MZXT-045

### 战训参谋

<table>
<tr><th colspan="2">岗位名称</th><th colspan="2">战训参谋</th><th>所在部门</th><th>消防气防中心</th></tr>
<tr><td colspan="2">职位职级序列</td><td colspan="4">技术序列</td></tr>
<tr><td colspan="2">直接上级</td><td colspan="4">中心副经理</td></tr>
<tr><td colspan="2">直接下级</td><td colspan="4">班长</td></tr>
<tr><td colspan="2" rowspan="4">岗位职责</td><td colspan="4">负责组织、指挥公司及周边范围内的灭火救援、抢险救灾工作</td></tr>
<tr><td colspan="4">负责专职消防队伍的训练和技战术训练，提升消防员实战水平</td></tr>
<tr><td colspan="4">负责应急管理体系的建立与完善，公司突发事故（件）应急预案的制订和修改，并定期组织应急预案的演练</td></tr>
<tr><td colspan="4">负责组织编制公司各个生产装置、罐区及其他关键装置要害（重点）部位的灭火抢险应急预案、人员疏散应急预案等；并积极组织实施演练，建立健全相关应急的演练的记录、台账，并按要求及时修订</td></tr>
<tr><td colspan="2">工作记录文档</td><td colspan="4">应急预案、训练计划、火警记录、演练记录、班组活动学习记录等</td></tr>
<tr><th>指标类别</th><th>考核指标</th><th>考核内容</th><th>考核标准</th><th>信息来源</th><th>考核周期</th></tr>
<tr><td rowspan="4">岗位职责指标</td><td>目标、指标（25分）</td><td>灭火救援、抢险救灾完成率 100%</td><td rowspan="2">完成年计划；<br>考核</td><td rowspan="4">资料检查</td><td rowspan="4">月度</td></tr>
<tr><td>专职消防队伍的训练和技战术训练指标（25分）</td><td>达到《国家能源投资集团有限责任公司化工消防应急救援队伍管理考核办法（试行）》应急救援队伍单兵体能训练标准</td></tr>
<tr><td>应急管理（25分）</td><td>负责编制、组织评审、培训、修订应急预案；<br>演练计划执行率 100%</td><td rowspan="2">每减少 1% 扣月度奖金 5%（包括不足 1%）；<br>查看相关记录</td></tr>
<tr><td>日常管理（25分）</td><td>负责消防气防员绩效考核工作的具体组织实施。根据公司员工绩效考核管理规定和要求，制定消防气防员绩效考核实施细则；<br>负责开展队伍准军事化管理；<br>负责队伍思想政治建设</td></tr>
</table>

续表一

| 指标类别 | 考核指标 | 考核内容 | 考核标准 | 信息来源 | 考核周期 |
| --- | --- | --- | --- | --- | --- |
| 能力素质指标 | 责任心（15分） | 具有较强责任感，对周边区域灭火救援勇于承担责任 | 各指标的评价等级和对应分值：卓越（100分）、优秀（90分）、良好（80分）、一般（70分）、较差（60分）；<br>考核主体评分。直接上级占40%、其他上级领导评分占20%、平级人员互评占20%、下级员工代表占20% | 人力资源系统 | 年度 |
| | 团结协作（10分） | 团结带领队伍开展工作，并进行思想政治教育 | | | |
| | 专业能力（15分） | 从事本岗位应具备的专业理论、技战术水平和能力 | | | |
| | 积极主动性（15分） | 进取向上、努力工作，积极服务中心 | | | |
| | 沟通与组织协调（10分） | 具有良好的执行力和本岗位需要的专业技术能力。工作中能够解决实际问题，并具有一定的团队协作精神和集体荣誉感，持续保持学习能力，具备一定的沟通协调能力 | | | |
| | 执行效率（15分） | 工作中能够迅速理解上级意图，形成目标并制订出具体可操作的行动方案，通过有效组织各类资源和对任务优先顺序的安排，保证计划的高效、顺利实施，并具有高质量完成工作目标的能力 | | | |
| | 学习（10分） | 培训（考试）参与率 = 实际参加培训课时（考试次数）/ 应参加培训课时（考试次数） | 满分10分。评分区间为1—10分，整数分值。<br>100%得满分，99%—90%得9分，以此类推 | 培训台账 | |
| | 素质提升（加分项） | 基本素质得分增长率 =（年末基本素质得分 – 年初基本素质得分）/ 年初基本素质得分 | 满分5分。评分区间为1—5分，整数分值。50%得满分，49%—40%得4分，以此类推 | 人力资源系统 | |
| | 党建考核（10分） | 完成所在支部考核指标和工作任务 | 根据所在支部党员考核细则执行 | 党建考核结果 | |

续表二

| 指标类别 | 考核指标 | 考核内容 | 考核标准 | 信息来源 | 考核周期 |
| --- | --- | --- | --- | --- | --- |
| 非权重指标（含否决性指标） | 安全环保（100分） | 着火、爆炸、中毒、泄漏等，烟尘排放量等控制在目标值内；<br>1.$SO_2$ 排放量≤1000吨；<br>2. NOx排放量≤1000吨；<br>3. 烟尘排放量≤250吨；<br>4.VOCs排放量≤72吨 | 国家、地方法律法规和公司各项规章制度；根据公司处理决定执行，按处理等级直接对应考核结果 | 公司处理决定 | 年度 |
| | 遵章守纪（100分） | 遵守国家、地方法律法规和公司各项规章制度 | | | |
| | 奖励指标（成果荣誉和专利） | 对员工年度内获得成果荣誉和专利情况进行量化加分 | 1. 发明专利独立完成计1.2分，1—3名计1.1分、4—10名计1分、11名以后计0.9分；实用新型独立完成计1.1分，1—3名计1分、4—10名计0.9分、11名以后计0.8分；外观设计独立完成计1分，1—3名计0.9分、4—10名计0.8分、11名以后计0.7分。国际专利在以上基础上加0.3分。<br>2. 国家级：一等计3分、二等计2.8分。省部级：一等计2.6分、二等计2.4分、三等计2.2分。社会力量级Ⅰ：一等计2.4分、二等计2.2分、三等计2分。社会力量级Ⅱ：一等计2.2分、二等计2分、三等计1.8分。地（市）级、子分公司级：一等计0.8分、二等计0.6分、三等计0.4分。子分公司级技能竞赛：第一名计0.8分、第二名计0.6分、第三名计0.4分。中心级技能竞赛：第一名计0.5分、第二名计0.3分、第三名计0.2分。技能操作培训类：月度学习能手计0.2分，班组竞赛第一名计0.2分，第二名计0.1分。<br>定量考核 | 组织人事部 | |
| 备注 | | | | | |

HG-MZXT-046

## 消防气防员

| 岗位名称 | | 消防气防员 | 所在部门 | 消防气防中心 | |
|---|---|---|---|---|---|
| 职位职级序列 | | 技能序列 | | | |
| 直接上级 | | 班长 | | | |
| 直接下级 | | —— | | | |
| 岗位职责 | | 刻苦训练，体能达标，熟练掌握各类装备的操作使用和消防气防业务技能 | | | |
| | | 负责公司抢险救援，参加中心、班组级应急演练、现场掩护、监护、服务等工作 | | | |
| | | 努力学习政治、文化、业务知识，不断提高思想觉悟、文化素质、业务理论 | | | |
| 工作记录文档 | | 应急预案，训练计划，火警记录，演练记录，班组活动学习记录等 | | | |
| 指标类别 | 考核指标 | 考核内容 | 考核标准 | 信息来源 | 考核周期 |
| 岗位职责指标 | 灭火救援、抢险救灾完成率（25 分） | 完成年计划 | 考核；<br>战训参谋 | 考核记录 | 月度 |
| | 达到《国家能源投资集团有限责任公司化工消防应急救援队伍管理考核办法（试行）》应急救援队伍单兵体能训练标准（65 分） | | 现场考核；<br>战训参谋 | | |
| | 熟练使用危险化学品抢险救援设备设施，掌握有效应对各类危险化学品事故的处置程序、标 | | | | |

续表一

| 指标类别 | 考核指标 | 考核内容 | 考核标准 | 信息来源 | 考核周期 |
|---|---|---|---|---|---|
| 岗位职责指标 | 准和方法措施，具备一定的体能和业务技能（5分） | 完成年计划 | 现场考核；<br>战训参谋 | 考核记录 | 月度 |
| | 掌握安全生产和应急管理法律法规、化学品基本常识、应急救援装备认知和使用知识（5分） | | | | |
| 能力素质指标 | 责任心（15分） | 具有较强责任感，对周边区域灭火救援勇于承担责任 | 各指标的评价等级和对应分值：卓越（100分）、优秀（90分）、良好（80分）、一般（70分）、较差（60分）；<br>考核主体评分。直接上级占40%、其他上级领导评分占20%、平级人员互评占20%、下级员工代表占20% | 人力资源系统 | 年度 |
| | 团结协作（15分） | 团结同事开展工作，并进行思想政治教育交流 | | | |
| | 专业能力（15分） | 从事本岗位的应具备的专业理论、技战术水平和能力 | | | |
| | 积极主动性（15分） | 进取向上、努力工作，积极服务中心 | | | |
| | 沟通与组织协调（15分） | 具有良好的执行力和本岗位需要的专业技术能力。工作中能够解决实际问题，并具有一定的团队协作精神和集体荣誉感，持续保持学习能力，具备一定的沟通协调能力 | | | |
| | 执行效率（15分） | 工作中能够迅速理解上级意图，保证计划的高效、顺利实施，并努力完成工作目标 | | | |

续表二

| 指标类别 | 考核指标 | 考核内容 | 考核标准 | 信息来源 | 考核周期 |
|---|---|---|---|---|---|
| 能力素质指标 | 学习（10 分） | 培训（考试）参与率 = 实际参加培训课时（考试次数）/ 应参加培训课时（考试次数） | 满分 10 分。评分区间为 1—10 分，整数分值。<br>100% 得满分，99%—90% 得 9 分，以此类推 | 培训台账 | 年度 |
|  | 素质提升（加分项） | 基本素质得分增长率 =（年末基本素质得分 – 年初基本素质得分）/ 年初基本素质得分 | 满分 5 分。评分区间为 1—5 分，整数分值。50% 得满分，49%—40% 得 4 分，以此类推 | 人力资源系统 |  |
| 非权重指标（含否决性指标） | 安全环保（100 分） | 着火、爆炸、中毒、泄漏等，烟尘排放量等控制在目标值内；<br>1.$SO_2$ 排放量≤1000 吨。<br>2. NOx 排放量≤1000 吨；<br>3. 烟尘排放量≤250 吨；<br>4.VOCs 排放量≤72 吨 | 国家、地方法律法规和公司各项规章制度；根据公司处理决定执行，按处理等级直接对应考核结果 | 公司处理决定 |  |
|  | 遵章守纪（100 分） | 遵守国家、地方法律法规和公司各项规章制度 |  |  |  |
|  | 奖励指标（成果荣誉和专利） | 对员工年度内获得成果荣誉和专利情况进行量化加分 | 1. 发明专利独立完成计 1.2 分，1—3 名计 1.1 分、4—10 名计 1 分、11 名以后计 0.9 分；实用新型独立完成计 1.1 分，1—3 名计 1 分、4—10 名计 0.9 分、11 名以后计 0.8 分；外观设计独立完成计 1 分，1—3 名计 0.9 分、4—10 名计 0.8 分、11 名以后计 0.7 分。国际专利在以上基础上加 0.3 分。<br>2. 国家级：一等计 3 分、二等计 2.8 分。省部级：一等计 2.6 分、二等计 2.4 分、三等计 2.2 分。社会力量级Ⅰ：一等计 2.4 分、二等计 2.2 分、三等计 2 分。社会力量级Ⅱ：一等计 2.2 分、二等计 2 分、三等计 1.8 分。地（市）级、子分公司级：一等计 0.8 分、二等计 0.6 分、三等计 0.4 分。子分公司级技能竞赛：第一名计 0.8 分、第二名计 0.6 分、第三名计 0.4 分。中心级技能竞赛：第一名计 0.5 分、第二名计 0.3 分、第三名计 0.2 分。技能操作培训类：月度学习能手计 0.2 分，班组竞赛第一名计 0.2 分，第二名计 0.1 分。<br>定量考核 | 组织人事部 |  |
| 备注 |  |  |  |  |  |

# 煤焦化

## 一、适用范围

本标准适用于国家能源投资集团有限责任公司所属煤焦化生产企业技能操作类关键岗位绩效考核管理。主要包括焦化、焦炉气制甲醇、焦油、苯加氢、合成氨等化工产品的生产企业。

## 二、引用文件

1.《国家能源集团劳动定员标准》中的《煤化工企业劳动定员》（Q/GN 0009–2020）

2.《关于加强全员绩效考核工作的通知》（国家能源组织〔2021〕264 号）

## 三、关键岗位提取依据

依据生产工艺，考虑承担核心职责、掌握关键技术或资源的岗位，可代表同一类岗位特点，以集团煤化工企业劳动定员为标准，覆盖所有车间、班组、生产装置重要岗位，重点提取化工装置操作、配套业务操作、日常维护等各类核心生产操作岗位。

# 四、关键岗位列表

| 序号 | 组织机构 | 岗位名称 | 职位职级序列 | 主要工作内容 |
| --- | --- | --- | --- | --- |
| HG–MJH–001 | 焦化荒煤气净化分离工段 | 冷凝鼓风主操 | 技能序列 | 完成焦炉荒煤气输送、电捕除焦油、煤气末端放散压力调节等操作工作，协调煤气初冷、焦炉集气管压力调节工作，焦油渣的收集与外送工作；并做好煤气鼓风机的日常润滑点巡检工作以及生产过程中一般故障处理等 |
| HG–MJH–002 | | 冷凝泵工 | | 负责焦油、氨水分离、回收及输送工作，冷凝泵房所属设备的维护、保养，按照操作规程及工艺要求精心操作，使焦油、氨水分离，焦油脱水符合要求，并完成其他生产任务，处理生产过程中的一般故障 |
| HG–MJH–003 | | 焦化荒煤气净化分离班长 | | 负责煤气初冷和直冷、电捕除焦油、焦油氨水的分离和回收；焦炉荒煤气输送、焦炉集气管压力调节；设备维护保养、检修；其他日常管理工作 |
| HG–MJH–004 | 焦化脱硫工段 | 脱硫班长 | | 进入脱硫塔前煤气的预冷、煤气中的硫化氢和氰化氢脱除；硫磺和硫泥的包装、拉运；设备维护保养、检修；其他日常管理工作 |
| HG–MJH–005 | 焦化硫铵工段 | 硫铵班长 | | 剩余氨水蒸氨、蒸氨废水指标调节及输送；脱除煤气中氨和硫铵产品的包装、装车外运；设备维护保养、检修；其他日常管理工作 |
| HG–MJH–006 | | 蒸氨工 | | 负责蒸氨塔、废水泵、碱液泵的安全运转与系统维护，并处理生产过程中的一般故障 |
| HG–MJH–007 | 焦化粗苯工段 | 粗苯班长 | | 煤气终冷、洗苯、循环洗油蒸馏脱苯及苯汽冷却回收；粗苯产品储存、输送；设备维护保养、检修；其他日常管理工作 |
| HG–MJH–008 | | 粗苯主操 | | 完成焦炉煤气终冷、洗苯、循环洗油加温、蒸馏脱苯，苯气冷却回收、储存输送粗苯产品等操作工作，落实重大危险源区域管理的各项措施，并承担粗苯回收装置的日常润滑点巡检工作以及生产过程中一般故障处理等 |
| HG–MJH–009 | 焦化生化工段 | 污水处理班长 | | 负责生化处理工段稳定运行，保证出水合格达到国家排放标准；负责深度水处理工段稳定运行，保证出水指标符合用水标准；负责化验室稳定运行，保证化验结果准确无误；日常隐患排查及消除事故隐患 |
| HG–MJH–010 | 焦化提盐工段 | 提盐班长 | | 负责提盐装置各岗位安全生产管理、生产工艺管理、机电设备管理、文明生产管理工作；负责设备维护保养、检修等日常管理工作 |
| HG–MJH–011 | 焦化厂燃煤（燃气）、余热锅炉工段 | 余热锅炉班长 | | 负责锅炉的稳定运行，保证用气点的蒸汽压力；稳定脱盐水站的正常运行，保证出水指标符合用水标准；负责工段日常运行管理，保证系统工艺、设备平稳运行 |

续表一

| 序号 | 组织机构 | 岗位名称 | 职位职级序列 | 主要工作内容 |
| --- | --- | --- | --- | --- |
| HG–MJH–012 | 焦化公用工程 | 火炬操作 | 技能序列 | 负责确保煤气火炬放散前压力、蒸汽吹扫管道压力符合要求，煤气火炬放散运行水封水位应保持在运行线，运停时应封逆止水至高水位。并处理生产过程中的一般故障 |
| HG–MJH–013 | 焦化炼焦工段 | 炼焦班长 | | 本工段的安全生产第一负责人，负责本工段安全，定期参加车间安全生产例会，及时传达上级文件和各项规定；认真执行上级及车间有关健康、安全、环保工作的各项规定以及安全操作规程，杜绝违章指挥、强令冒险他人作业，检查工段人员违规操作；将隐患排查治理纳入日常管理，对发现、消除和举报人员，上报车间予以奖励或表彰；组织本工段员工开展安全活动，进行安全生产教育和培训，检查员工劳保穿戴，确保员工安全；严格执行车间管理制度，按生产工作要求指挥生产，确保安全环保；做好上下班交班制工作 |
| HG–MJH–014 | | 侧装煤车司机 | | 做好装煤时运行、监护、对位；准确记录装煤时间，装煤电流，仔细观察装煤全过程；负责设备的维护、保养，保证平稳运行 |
| HG–MJH–015 | | 捣固司机 | | 负责将配合煤给入煤箱后。在捣固锤的作用下配合煤捣固成煤饼，把煤饼上部铲平压实，负责设备的维护、保养，保证平稳运行 |
| HG–MJH–016 | | 除尘导烟司机 | | 负责处理荒煤气及灰尘，做到消烟除尘、净化操作环境，按要求做好设备的润滑维护、保养工作。做好设备运行的点巡检工作，并认真按照本质安全的要求完整地做好岗位各项记录，做好本岗位的危险源辨识工作 |
| HG–MJH–017 | | 推焦车司机 | | 负责摘门、推焦、对门工作；准确记录好推焦时间、推焦电流，负责炉门的对位工作，协助出炉工做好炉门密封工作；按设备管理制度要求，做好设备的润滑维护、保养，做好设备运行的点巡检，对本岗位的应急器材、消防设施能熟练使用，保证本岗位器材及物资齐全无损坏 |
| HG–MJH–018 | | 熄焦车司机 | | 负责接焦、熄焦工作，保证焦炭水分在标准范围；按规定进行巡回检查，及时发现、报告和消除事故隐患；做好本岗位的各种设备的维护和保养，保持熄焦池及清扫贮水槽的水量充足，能熟练操作使用本岗所属的熄焦泵、清扫泵、泥浆泵、粉焦抓斗等设备，并能正确处理突发事件 |
| HG–MJH–019 | | 热修工 | | 负责维修、护理好焦炉，延长焦炉使用寿命，负责检查碳化室的状况，并做具体记录。按设备管理制度要求，做好设备的润滑维护、保养工作，做好设备运行的点巡检，对本岗位的应急器材、消防设施能熟练使用，并经常检查应急器材的完好情况 |

续表二

| 序号 | 组织机构 | 岗位名称 | 职位职级序列 | 主要工作内容 |
| --- | --- | --- | --- | --- |
| HG–MJH–020 | 焦化炼焦工段 | 门修工 | 技能序列 | 负责对炉门、炉框的检查、维修及更换，按规定进行巡回检查，及时消除事故隐患。负责更换调整炉门刀边、顶丝、顶丝座连杆和安全销 |
| HG–MJH–021 | | 铁件工 | | 负责铁件的检查、测量、调整、维护、更换等工作，保管好各种原始记录。负责测量炉体伸长量，炉柱曲度，拉条直径、温度、弹簧吨位并及时调整到规定范围内。按设备管理制度要求，做好设备的润滑维护、保养工作，做好本岗位的危险源辨识工作，对本岗位的应急器材、消防设施能熟练使用，并经常检查应急器材的完好情况 |
| HG–MJH–022 | | 调火工 | | 负责测量规定的温度、压力、吸力，合理调节，使全炉温度均匀、稳定；负责加热系统各种设备的检查、调整、清洁和维护；负责保养好所用测温、测压的工器具；负责加热制度的贯彻执行，保存好各种原始记录，做好设备运行的点巡检工作，并认真按照本质安全的标准真实完整地做好岗位各项记录 |
| HG–MJH–023 | | 热态班长 | | 负责焦炉铁件、煤气加热装置、炉体维护、炉门修理、粉焦处置、焦炉“九温五压”的管理工作，负责本工段安全、工艺、设备、环保、应急处置、职业健康等方面的管理，完成上传下达任务 |
| HG–MJH–024 | | 交换机工 | | 负责本岗位设备的监护。按时进行交换煤气、空气和废气。按规定及时调整好煤气压力，烟道吸力，认真填写记录。按设备管理制度要求，做好设备的润滑维护、保养工作。做好设备运行的点巡检工作，并认真按照本质安全的要求完整地做好岗位各项记录 |
| HG–MJH–025 | | 地面除尘站班长 | | 负责地面除尘站、机侧除尘站的检修、安全、生产、工艺、设备、环保、应急处置、职业健康等方面的管理 |
| HG–MJH–026 | 焦化备煤输焦工段 | 输焦班长 | | 负责焦炭输送，焦炭筛分，焦厂管理，水分的监管工作，负责监督设备的维护、保养并排除生产过程中的一般故障，保证员工安全教育，认真填写交接班记录 |
| HG–MJH–027 | | 刮板机司机 | | 负责刮板机的运行、维护及凉焦台上焦炭的输送；严格按规定信号开停车，开车时，要检查各部位是否完好；停车时，要将控制开关置于零位；负责设备的维护、保养，保证平稳运行 |
| HG–MJH–028 | | 输煤中控内操 | | 负责各系统输送带的试验报告、煤种或者焦样化验的收集整理工作；负责实时监控设备的运行及储存物料的仓储情况，防止发生堵仓现象；负责各项记录的填报工作 |
| HG–MJH–029 | | 堆取料机 | | 依据作业规程操作堆取料机，负责设备的维护、保养并完成取煤堆煤并排除生产过程中的一般故障 |

续表三

| 序号 | 组织机构 | 岗位名称 | 职位职级序列 | 主要工作内容 |
|---|---|---|---|---|
| HG–MJH–030 | 焦化备煤输焦工段 | 振动筛操作工 | 技能序列 | 按照设备安全操作规程，安全熟练操作本岗振动筛。将皮带机输送到的焦炭进行筛分分级、负责设备的维护、保养并排除生产过程中的一般故障 |
| HG–MJH–031 | | 破（粉）碎机操作 | | 按照操作规程要求使用和维护无烟煤破碎机，运行过程中检测无烟煤和弱粘煤破碎粒度是否符合生产指标要求，负责设备的维护、保养并排除生产过程中的一般故障 |
| HG–MJH–032 | | 煤运班长 | | 负责管理输煤、配煤装置人员、设备，依据生产情况安全、高效地组织输煤、配煤装置正常生产、保证员工安全教育，认真填写交接班记录 |
| HG–MJH–033 | | 螺旋卸煤机操作 | | 依据操作规程负责螺旋卸煤机的运行、维护及外运煤的卸车工作 |
| HG–MJH–034 | | 配煤班长 | | 负责组织生产，完成煤炭输送，配合煤的粒度，水分的监管工作，并处理生产过程中的一般故障，保证员工安全教育，认真填写交接班记录 |
| HG–MJH–035 | 焦炉气制甲醇合成工段 | 甲醇合成班长 | | 负责合成、精馏、罐区、装车、压缩工作任务安排与日常管理，并处理生产过程中的一般故障 |
| HG–MJH–036 | | 合成精馏内操 | | 负责操作合成 DCS 分散控制系统完成转化气合成为粗甲醇送往精馏工序，操作精馏 DCS 分散控制系统完成粗甲醇精制为精甲醇送往罐区等工作，并处理生产过程中的一般故障 |
| HG–MJH–037 | | 灌装班长 | | 负责储运系统（重大危险源）的监控、操作、巡检、记录运行参数，事故处理，甲醇装车并处理生产过程中的一般故障 |
| HG–MJH–038 | | 化学水操作工 | | 依据作业规程规定，操作除盐水砂滤、超滤、反渗透、混床，以及各种加药装置，完成甲醇厂、电厂锅炉、硝铵厂送水等工作并处理生产过程中的一般故障 |
| HG–MJH–039 | 焦炉气制甲醇净化工段 | 净化班长 | | 负责重大危险源检查，对现场进行工艺、设备检查，处理安全、工艺、设备隐患问题，对中控工艺指标进行检查。组织本班人员进行事故演练，每日对班组人员进行安全教育、人员分工，学习传达上级下发的文件，班前班后会总结本班安全生产情况 |
| HG–MJH–040 | | 净化转化内操 | | 负责按操作规程进行开停车，精心操作，严格执行各项工艺指标，正确判断并及时处理事故或异常情况；负责执行工艺纪律、遵守安全操作规程、生产操作记录及保证产品质量；负责设备维护、保养，工具管理及所属地区的清洁工作 |
| HG–MJH–041 | 焦炉气制甲醇空分工段 | 空分班长 | | 负责重大危险源检查，对现场进行工艺、设备检查，处理安全、工艺、设备隐患问题，对中控工艺指标进行检查，组织本班人员进行事故演练，每日对班组人员进行安全教育、人员分工，学习传达上级下发的文件，班前班后会总结本班安全生产情况 |

续表四

| 序号 | 组织机构 | 岗位名称 | 职位职级序列 | 主要工作内容 |
| --- | --- | --- | --- | --- |
| HG–MJH–042 | 焦炉气制甲醇空分工段 | 空分内操 | 技能序列 | 保证各系统运行正常，氧气、氮气产品质量、产量符合要求。监视循环水各参数运行正常。收集空分及循环水的化验分析数据，并做好记录；认真执行操作规程，保证各岗位设备的正常运行，精心监控各工艺指标，并控制在范围内；控制好氧气压力、流量，根据转化的要求进行调节；操作人员上班时必须穿戴好规定的劳保用具，操作时严格遵守工艺规程，严禁违章作业，不得擅离职守 |
| HG–MJH–043 | 焦油蒸馏工段 | 蒸馏班长 | | 煤焦油蒸馏安全生产班组焦油处理，产品质量调节，设备运行维护，现场文明生产维护，班组人员、材料、设备管理 |
| HG–MJH–044 | | 蒸馏内操 | | 通过远程控制系统，对焦油蒸馏处理量、产品质量进行调节，尽早发现异常并警示协调现场处置 |
| HG–MJH–045 | | 蒸馏外操 | | 焦油蒸馏装置管式炉调节、油品进出、开停车操作，设备维护管理，现场应急处置第一责任人 |
| HG–MJH–046 | | 沥青外操 | | 改质沥青装置反应釜调节、油品进出、开停车操作，设备维护管理，现场应急处置第一责任人 |
| HG–MJH–047 | 焦油精制工段 | 精制班长 | | 负责各装置的安全生产，班组的全面工作及班组人员不安全行为的纠正 |
| HG–MJH–048 | | 工业萘外操 | | 负责工业萘装置的正常生产、油品接送、液萘打包、设备运行保养 |
| HG–MJH–049 | | 洗涤外操 | | 负责洗涤装置的正常生产、油品接送、液碱配置工作及装置设备运行保养，隐患排查整改 |
| HG–MJH–050 | | 洗涤内操 | | 工作萘产品质量调节，中控的记录及时填写，按时报样，发生生产异常及时与现场沟通并上报班长，做好记录 |
| HG–MJH–051 | 焦油储运工段 | 装车工 | | 负责产品接受、储存、加热，事故水池运行管理，成品装车 |
| HG–MJH–052 | 合成氨合成工段 | 合成氨合成班长 | | 负责氨回收装置、PSA 装置、解吸气压缩机组、螺杆式制冷压缩机组、氮气压缩机组、合成气压缩机组、循环气压缩机组、火炬装置等系统的生产运行协调、巡检、记录、事故处理等工作。组织开展班组的应急演练、救援预案、班组培训、班组建设等工作 |
| HG–MJH–053 | | 合成氨内操 | | 合成氨装置 DCS 分散控制系统的操作、控制及调节，严格控制各项工艺指标、运行参数记录、事故处理，应急演练，中控隐患排查治理，参加各项安全、生产、工艺培训 |
| HG–MJH–054 | | 合成氨外操 | | 合成氨装置、压缩岗位的巡检、设备的操作及维护保养，消防、安全设施巡查、隐患排查治理、特殊作业监督管控、应急事故处理等工作 |

续表五

| 序号 | 组织机构 | 岗位名称 | 职位职级序列 | 主要工作内容 |
|---|---|---|---|---|
| HG–MJH–055 | 合成氨硝酸工段 | 硝酸班长 | 技能序列 | 负责硝酸装置氨蒸发、氧化、吸收、锅炉、尾气、硝酸灌区、机组系统的监控、操作、巡检、表计记录、事故处理等，组织开展班组的应急演练、救援预案、班组培训、班组建设等工作 |
| HG–MJH–056 | | 硝酸内操 | | 硝酸装置 DCS 分散控制系统、ITCC 系统的操作、控制及调节，严格控制各项工艺指标、运行参数记录、事故处理，应急演练，中控隐患排查治理，参加各项安全、生产、工艺培训 |
| HG–MJH–057 | | 硝酸外操 | | 硝酸装置岗位巡检、设备的操作及维护保养，消防、安全设施巡查，隐患排查治理、特殊作业监督管控、应急事故处理等工作 |
| HG–MJH–058 | 合成氨硝铵工段 | 硝铵班长 | | 安全、设备、工艺的管理，岗位操作、应急演练，隐患排查治理，事故应急处理等工作 |
| HG–MJH–059 | | 硝铵内操 | | 每日隐患排查治理、特殊作业管理、设备维护保养、工艺检查及相应工艺设备管理基础工作 |
| HG–MJH–060 | | 硝铵外操 | | 负责氨蒸发、中和、溶液蒸发、干燥、筛分、冷却、洗涤、包装、浓缩、淡化、回用，氨库球罐、氨库泵房、装卸站等系统的监控、操作、巡检、表计记录、事故处理等 |
| HG–MJH–061 | 苯加氢生产 | 苯加氢班长 | | 负责组织召开班前会和班后会，组织员工学习安全知识及事故案例，提高员工的安全素质，带领全班积极完成生产任务；负责本班生产、安全、环保、消防设施的日常巡检、维护保养工作，发现隐患及时消除，对不能消除的隐患，立即上报车间主任；负责开展班组建设工作；负责本班特殊作业的作业票初审、验票和现场管理；负责开停工作业及突发事件的组织处理等 |
| HG–MJH–062 | | 苯加氢内操 | | 负责本岗位所管辖范围内的保障设备正常运行的操作 |
| HG–MJH–063 | | 苯加氢外操 | | 完成装卸车作业，同时做好储罐区、装车泵房、装车栈台的点巡检、设备维护保养、文明生产等工作。负责本岗位所管辖范围内的保障设备正常运行的操作 |
| HG–MJH–064 | 日常维护工段 | 机械维修 | | 负责机械设备的维护检修、维护保养、故障事故处理、机修设备消缺、巡回检查、票据办理、作业验收、现场机械设备状态监测、记录填写和专区卫生清理等 |
| HG–MJH–065 | | 电气维修 | | 负责电气设备的维护检修保养、照明维护、故障事故处理、电气设备消缺、巡回检查、票据办理、作业验收、现场电气设备状态监测、记录填写和专区卫生清理等 |
| HG–MJH–066 | | 仪表维修 | | 负责现场仪表的日常维护和故障处理；控制系统的日常维护和故障处理；仪表阀门的维护和故障处理等 |

续表六

| 序号 | 组织机构 | 岗位名称 | 职位职级序列 | 主要工作内容 |
| --- | --- | --- | --- | --- |
| HG–MJH–067 | 质量计量管理中心 | 地磅计量员 | 技能序列 | 依据各项作业规程规定，对公司进厂原料、出厂产品，内销，倒运等业务开展过磅计量工作 |
| HG–MJH–068 | | 分析检测操作 | | 依据各项作业规程规定，对公司进厂原料、出厂产品、过程管控中试样的采取、制备、分析化验 |
| HG–MJH–069 | 变电站 | 运行班长 | | 依据操作规程负责变电站运行班组现场管理、劳动纪律、文明生产及安全运行等工作 |
| HG–MJH–070 | | 运行值班员 | | 依据操作规程负责变电站日常安全运行 |
| HG–MJH–071 | 配套业务操作 | 循环水操作工 | | 负责循环水的巡检、操作、表计记录、事故处理等，保证水的足量供给及水质的稳定、合格 |
| HG–MJH–072 | | 换热站供热 | | 负责换热站的巡回检查；负责换热器设备正常运行，供热合格；负责换热站责任区内卫生 |
| HG–MJH–073 | | 罐区操作工 | | 完成产品和原料的接收、储存、输送及装（卸）车工作并完成油库区域内各装置的日常维护保养、润滑、巡检工作以及生产过程中一般故障处理、消防设施管理等 |

# 五、关键岗位绩效考核标准

HG–MJH–001

冷凝鼓风主操

| 岗位名称 | 冷凝鼓风主操 | | 所在部门 | 焦化荒煤气净化分离工段 | |
|---|---|---|---|---|---|
| 职位职级序列 | 技能序列 | | | | |
| 直接上级 | 焦化荒煤气净化分离班长 | | | | |
| 直接下级 | 冷凝泵工 | | | | |
| 岗位职责 | 完成焦炉荒煤气输送、电捕除焦油、煤气末端放散压力调节等操作工作 | | | | |
| | 负责协调煤气初冷、焦炉集气管压力调节工作 | | | | |
| | 负责煤气鼓风机的日常润滑点巡检以及生产过程中一般故障处理等 | | | | |
| 工作记录文档 | 生产记录、台账、报表及有关数据 | | | | |
| 指标类别 | 考核指标 | 考核内容 | 考核标准 | 信息来源 | 考核周期 |
| 岗位职责指标 | 电捕后煤气含焦油量（30分） | 冷鼓每月电捕后煤气含焦油量 | ≤20毫克/立方米，每增高10毫克，扣0.5分 | 质计中心日常化验 | 月度 |
| | 工艺、设备管理（20分） | 对影响装置平稳运行的4—5个关键平稳率指标（初冷器温度、电捕后煤气含焦油量、鼓风机系统参数等）进行监管 | 达到95%，每降低1%，扣1分 | DCS分散控制系统 | |
| | 安全管理（20分） | 遵守劳动纪律、规章制度、操作规程等 | 达到100%，违反1次，扣1分 | 日常检查 | |
| | 装置异常波动及非停（30分） | 装置按要求正常运行，对出现因管理及预案不到位等原因的生产波动及非停，进行考核管理 | 出现异常或非停，一次扣1—5分 | 生产记录 | |
| 非权重指标 | 奖励指标 | 发明、创造、突出贡献、合理化建议等 | 发明、创造、合理化建议被单位采纳，为单位做出突出贡献的，视贡献大小每项2—10分奖励 | 相关确认文件或通知 | 发生时 |
| | 否决指标 | 存在安全、环保、质量、重大失误等 | 由于不安全行为导致的安全、环保、质量、重大失误的，对单位造成较大影响的每次扣10分；造成重大影响每次扣20分 | | |
| 备注 | 岗位职责考核指标基准分为100分，根据重点工作任务分解（非否决项）具体情况确定各项考核指标权重 | | | | |

HG-MJH-002

## 冷凝泵工

| 岗位名称 | 冷凝泵工 | 所在部门 | 焦化荒煤气净化分离工段 |
| --- | --- | --- | --- |
| 职位职级序列 | 技能序列 | | |
| 直接上级 | 冷凝鼓风主操 | | |
| 直接下级 | —— | | |
| 岗位职责 | 负责焦油、氨水分离、回收及输送工作，冷凝泵房所属设备的维护、保养，并处理生产过程中的一般故障 | | |
| | 负责本岗位装置巡检，按照操作规程及工艺要求精心操作，使焦油、氨水分离，焦油脱水符合要求和其他生产任务 | | |
| | 负责保证设备平稳运行，保证设备卫生、环境卫生的清洁 | | |
| 工作记录文档 | 生产记录、台账、报表及有关数据 | | |

| 指标类别 | 考核指标 | 考核内容 | 考核标准 | 信息来源 | 考核周期 |
| --- | --- | --- | --- | --- | --- |
| 岗位职责指标 | 焦油含水量（30分） | 冷鼓每月焦油含水量 | ≤ 4%，每增加 1%，扣 0.1 分 | 质计中心日常化验 | 月度 |
| | 工艺、设备管理（20分） | 对影响装置平稳运行的4—5个关键平稳率指标（初冷器温度、焦油含水量等）进行监管 | 达到 95%，每降低 1%，扣 1 分 | DCS 分散控制系统 | |
| | 安全管理（20分） | 遵守劳动纪律、规章制度、操作规程等 | 达到 100%，违反一次，扣 1 分 | 日常检查 | |
| | 装置异常波动及非停（30分） | 装置按要求正常运行，对出现因管理及预案不到位等原因的生产波动及非停，进行考核管理 | 出现异常或非停，一次扣 1—5 分 | 生产记录 | |
| 非权重指标 | 奖励指标 | 发明、创造、突出贡献、合理化建议等 | 发明、创造、合理化建议被单位采纳，为单位做出突出贡献的，视贡献大小每项 2—10 分奖励 | 相关确认文件或通知 | 发生时 |
| | 否决指标 | 存在安全、环保、质量、重大失误等 | 由于不安全行为导致的安全、环保、质量、重大失误的，对单位造成较大影响的每次扣 10 分；造成重大影响每次扣 20 分 | | |
| 备注 | 岗位职责考核指标基准分为 100 分，根据重点工作任务分解（非否决项）具体情况确定各项考核指标权重 | | | | |

HG-MJH-003

## 焦化荒煤气净化分离班长

<table>
<tr><td>岗位名称</td><td colspan="2">焦化荒煤气净化分离班长</td><td>所在部门</td><td colspan="2">焦化荒煤气净化分离工段</td></tr>
<tr><td colspan="2">职位职级序列</td><td colspan="4">技能序列</td></tr>
<tr><td colspan="2">直接上级</td><td colspan="4">车间副主任</td></tr>
<tr><td colspan="2">直接下级</td><td colspan="4">冷凝鼓风主操</td></tr>
<tr><td colspan="2" rowspan="3">岗位职责</td><td colspan="4">负责煤气初冷和直冷、电捕除焦油、焦油氨水的分离和回收的管理工作</td></tr>
<tr><td colspan="4">负责焦炉荒煤气输送、焦炉集气管压力调节的管理工作</td></tr>
<tr><td colspan="4">负责设备维护保养、检修管理工作；其他日常管理工作</td></tr>
<tr><td colspan="2">工作记录文档</td><td colspan="4">生产记录、台账、报表及有关数据</td></tr>
<tr><td>指标类别</td><td>考核指标</td><td>考核内容</td><td>考核标准</td><td>信息来源</td><td>考核周期</td></tr>
<tr><td rowspan="4">岗位职责指标</td><td>产量指标（30分）</td><td>装置生产的焦油吨数的管理</td><td>完成月计划，每减少1%，扣1分</td><td>产能指标</td><td rowspan="4">月度</td></tr>
<tr><td>工艺指标（30分）</td><td>冷鼓每月电捕后煤气含焦油量；<br>冷鼓每月焦油含水量</td><td>冷鼓每月焦油含水量：≤4%，冷鼓每月电捕后煤气含焦油量：≤20毫克/立方米，每超出规定范围一次扣0.5分</td><td>质计中心日常化验</td></tr>
<tr><td>安全管理（20分）</td><td>工段员工遵守劳动纪律、规章制度、操作规程等</td><td>达到100%，违反一次，扣1分</td><td>日常检查</td></tr>
<tr><td>操作平稳率管理（20分）</td><td>对影响装置平稳运行的4—5个关键平稳率指标进行监管</td><td>达到95%，每降低1%，扣1—5分</td><td>DCS分散控制系统</td></tr>
<tr><td rowspan="2">非权重指标</td><td>奖励指标</td><td>发明、创造、突出贡献、合理化建议等</td><td>发明、创造、合理化建议被单位采纳，为单位做出突出贡献的，视贡献大小每项2—10分奖励</td><td rowspan="2">相关确认文件或通知</td><td rowspan="2">发生时</td></tr>
<tr><td>否决指标</td><td>存在安全、环保、质量、重大失误等</td><td>由于不安全行为导致的安全、环保、质量、重大失误的，对单位造成较大影响的每次扣10分；造成重大影响每次扣20分</td></tr>
<tr><td>备注</td><td colspan="5">岗位职责考核指标基准分为100分，根据重点工作任务分解（非否决项）具体情况确定各项考核指标权重</td></tr>
</table>

HG-MJH-004

## 脱硫班长

<table>
<tr><th>岗位名称</th><th colspan="3">脱硫班长</th><th>所在部门</th><th>焦化脱硫工段</th></tr>
<tr><td>职位职级序列</td><td colspan="5">技能序列</td></tr>
<tr><td>直接上级</td><td colspan="5">车间副主任</td></tr>
<tr><td>直接下级</td><td colspan="5">脱硫工、脱硫泵工</td></tr>
<tr><td rowspan="3">岗位职责</td><td colspan="5">负责进入脱硫塔前煤气的预冷、煤气中的硫化氢和氰化氢脱除的管理工作</td></tr>
<tr><td colspan="5">负责硫磺和硫泥的包装、拉运的管理工作</td></tr>
<tr><td colspan="5">负责设备维护保养、检修等日常管理工作</td></tr>
<tr><td>工作记录文档</td><td colspan="5">生产记录、台账、报表及有关数据</td></tr>
<tr><th>指标类别</th><th>考核指标</th><th>考核内容</th><th>考核标准</th><th>信息来源</th><th>考核周期</th></tr>
<tr><td rowspan="4">岗位职责指标</td><td>工艺指标（30分）</td><td>溶液中碱度；<br>脱硫液 PDS 含量；<br>脱硫后硫化氢含量</td><td>溶液中碱度 0.16—0.25mol/L；<br>脱硫液 PDS 含量 20—50mg/L；<br>脱硫后硫化氢含量≤20mg/Nm³，每超出规定范围一次扣 0.5 分</td><td>工艺设定</td><td rowspan="4">月度</td></tr>
<tr><td>单位产品综合能耗管理（30分）</td><td>吨硫磺产品消耗药剂数量</td><td>完成月计划，每减少 1% 加 0.5 分，每增加 1% 扣 1 分</td><td>产能指标</td></tr>
<tr><td>安全管理（20分）</td><td>工段员工遵守劳动纪律、规章制度、操作规程等</td><td>达到 100%，违反一次，扣 1 分</td><td>日常检查</td></tr>
<tr><td>操作平稳率管理（20分）</td><td>对影响装置平稳运行的 4—5 个关键平稳率指标进行监管</td><td>达到 95%，每降低 1%，扣 1—5 分</td><td>DCS 分散控制系统</td></tr>
<tr><td rowspan="2">非权重指标</td><td>奖励指标</td><td>发明、创造、突出贡献、合理化建议等</td><td>发明、创造、合理化建议被单位采纳，为单位做出突出贡献的，视贡献大小每项 2—10 分奖励</td><td rowspan="2">相关确认文件或通知</td><td rowspan="2">发生时</td></tr>
<tr><td>否决指标</td><td>存在安全、环保、质量、重大失误等</td><td>由于不安全行为导致的安全、环保、质量、重大失误的，对单位造成较大影响的每次扣 10 分；造成重大影响每次扣 20 分</td></tr>
<tr><td>备注</td><td colspan="5">岗位职责考核指标基准分为 100 分，根据重点工作任务分解（非否决项）具体情况确定各项考核指标权重</td></tr>
</table>

HG–MJH–005

## 硫铵班长

<table>
<tr><td>岗位名称</td><td colspan="2">硫铵班长</td><td colspan="2">所在部门</td><td>焦化硫铵工段</td></tr>
<tr><td>职位职级序列</td><td colspan="5">技能序列</td></tr>
<tr><td>直接上级</td><td colspan="5">车间副主任</td></tr>
<tr><td>直接下级</td><td colspan="5">蒸氨工</td></tr>
<tr><td rowspan="3">岗位职责</td><td colspan="5">完成车间下达的硫铵生产计划，确保硫铵质量合格，饱和器后含氨量指标合格，蒸氨废水合格</td></tr>
<tr><td colspan="5">负责硫铵工段的安全生产管理，监督、检查本工段遵守安全生产规章制度、操作规程</td></tr>
<tr><td colspan="5">负责硫铵工段日常运行管理，保证系统工艺、设备平稳运行</td></tr>
<tr><td>工作记录文档</td><td colspan="5">生产记录、台账、报表及有关数据</td></tr>
<tr><td>指标类别</td><td>考核指标</td><td>考核内容</td><td>考核标准</td><td>信息来源</td><td>考核周期</td></tr>
<tr><td rowspan="4">岗位职责指标</td><td>产量指标（30分）</td><td>每月硫铵产量，硫铵的指标</td><td>完成月计划，每减少1%，扣1分</td><td>产能指标</td><td rowspan="4">月度</td></tr>
<tr><td>工艺指标（30分）</td><td>饱和器后煤气含氨量</td><td>＜50mg/m$^3$，每超出规定范围一次减0.5分</td><td>质计中心日常化验</td></tr>
<tr><td>安全管理（20分）</td><td>工段员工遵守劳动纪律、规章制度、操作规程等</td><td>达到100%，违反一次，扣1分</td><td>日常检查</td></tr>
<tr><td>操作平稳率管理（20分）</td><td>对影响装置平稳运行的4—5个关键平稳率指标进行监管</td><td>达到95%，每降低1%，扣1—5分</td><td>DCS分散控制系统</td></tr>
<tr><td rowspan="2">非权重指标</td><td>奖励指标</td><td>发明、创造、突出贡献、合理化建议等</td><td>发明、创造、合理化建议被单位采纳，为单位做出突出贡献的，视贡献大小每项2—10分奖励</td><td rowspan="2">相关确认文件或通知</td><td rowspan="2">发生时</td></tr>
<tr><td>否决指标</td><td>存在安全、环保、质量、重大失误等</td><td>由于不安全行为导致的安全、环保、质量、重大失误的，对单位造成较大影响的每次扣10分；造成重大影响每次扣20分</td></tr>
<tr><td>备注</td><td colspan="5">岗位职责考核指标基准分为100分，根据重点工作任务分解（非否决项）具体情况确定各项考核指标权重</td></tr>
</table>

HG-MJH-006

## 蒸氨工

<table>
<tr><th>岗位名称</th><td colspan="3">蒸氨工</td><th>所在部门</th><td>焦化硫铵工段</td></tr>
<tr><td>职位职级序列</td><td colspan="5">技能序列</td></tr>
<tr><td>直接上级</td><td colspan="5">硫铵班长</td></tr>
<tr><td>直接下级</td><td colspan="5">——</td></tr>
<tr><td rowspan="3">岗位职责</td><td colspan="5">负责蒸氨塔、废水泵、碱液泵的安全运转与系统维护，并处理生产过程中的一般故障</td></tr>
<tr><td colspan="5">执行工艺纪律、遵守安全操作规程</td></tr>
<tr><td colspan="5">负责设备平稳运行</td></tr>
<tr><td>工作记录文档</td><td colspan="5">生产记录、台账、报表及有关数据</td></tr>
<tr><th>指标类别</th><th>考核指标</th><th>考核内容</th><th>考核标准</th><th>信息来源</th><th>考核周期</th></tr>
<tr><td rowspan="4">岗位职责指标</td><td>工艺指标（30分）</td><td>蒸氨废水 pH 值</td><td>7.5—10，每超出规定范围一次减 0.5 分</td><td>实测</td><td rowspan="4">月度</td></tr>
<tr><td>记录管理（20分）</td><td>记录清晰、真实、整洁，并保持作业场所清洁</td><td>完成 100%，每处不合格扣 1 分</td><td>现场记录</td></tr>
<tr><td>安全管理（20分）</td><td>遵守劳动纪律、规章制度、操作规程等</td><td>达到 100%，违反一次，扣 1 分</td><td>日常检查</td></tr>
<tr><td>装置异常波动及非停（30分）</td><td>装置按要求正常运行，对出现因管理及预案不到位等原因的生产波动及非停，进行考核管理</td><td>出现异常或非停，出现一次扣 1—5 分</td><td>生产记录</td></tr>
<tr><td rowspan="2">非权重指标</td><td>奖励指标</td><td>发明、创造、突出贡献、合理化建议等</td><td>发明、创造、合理化建议被单位采纳，为单位做出突出贡献的，视贡献大小每项 2—10 分奖励</td><td rowspan="2">相关确认文件或通知</td><td rowspan="2">发生时</td></tr>
<tr><td>否决指标</td><td>存在安全、环保、质量、重大失误等</td><td>由于不安全行为导致的安全、环保、质量、重大失误的，对单位造成较大影响的每次扣 10 分；造成重大影响每次扣 20 分</td></tr>
<tr><td>备注</td><td colspan="5">岗位职责考核指标基准分为 100 分，根据重点工作任务分解（非否决项）具体情况确定各项考核指标权重</td></tr>
</table>

HG–MJH–007

## 粗苯班长

| 岗位名称 | 粗苯班长 | 所在部门 | 焦化粗苯工段 |
|---|---|---|---|
| 职位职级序列 | 技能序列 | | |
| 直接上级 | 车间副主任 | | |
| 直接下级 | 粗苯主操 | | |
| 岗位职责 | 负责煤气终冷、洗苯、循环洗油蒸馏脱苯及苯汽冷却回收的管理工作 | | |
| | 负责粗苯产品储存、输送的管理工作 | | |
| | 负责设备维护保养、检修等日常管理工作 | | |
| 工作记录文档 | 生产记录、台账、报表及有关数据 | | |

| 指标类别 | 考核指标 | 考核内容 | 考核标准 | 信息来源 | 考核周期 |
|---|---|---|---|---|---|
| 岗位职责指标 | 产量指标（30分） | 每月粗苯产量，粗苯的指标 | 完成月计划，每减少1%，扣1分 | 产能指标 | 月度 |
| | 工艺指标（30分） | 苯塔后煤气含苯量 | ＜$3g/m^3$，每超出规定范围一次减0.5分 | 质计中心日常化验 | |
| | 安全管理（20分） | 工段员工遵守劳动纪律、规章制度、操作规程等 | 达到100%，违反一次，扣1分 | 日常检查 | |
| | 操作平稳率管理（20分） | 对影响装置平稳运行的4—5个关键平稳率指标进行监管 | 达到95%，每降低1%，扣1—5分 | DCS分散控制系统 | |
| 非权重指标 | 奖励指标 | 发明、创造、突出贡献、合理化建议等 | 发明、创造、合理化建议被单位采纳，为单位做出突出贡献的，视贡献大小每项2—10分奖励 | 相关确认文件或通知 | 发生时 |
| | 否决指标 | 存在安全、环保、质量、重大失误等 | 由于不安全行为导致的安全、环保、质量、重大失误的，对单位造成较大影响的每次扣10分；造成重大影响每次扣20分 | | |
| 备注 | 岗位职责考核指标基准分为100分，根据重点工作任务分解（非否决项）具体情况确定各项考核指标权重 | | | | |

HG–MJH–008

## 粗苯主操

<table>
<tr><td>岗位名称</td><td colspan="2">粗苯主操</td><td>所在部门</td><td colspan="2">焦化粗苯工段</td></tr>
<tr><td>职位职级序列</td><td colspan="5">技能序列</td></tr>
<tr><td>直接上级</td><td colspan="5">粗苯班长</td></tr>
<tr><td>直接下级</td><td colspan="5">——</td></tr>
<tr><td rowspan="3">岗位职责</td><td colspan="5">完成焦炉煤气终冷、洗苯、循环洗油蒸馏脱苯，冷却回收、储存输送粗苯产品等操作工作</td></tr>
<tr><td colspan="5">落实重大危险源区域管理的各项措施</td></tr>
<tr><td colspan="5">粗苯回收装置的日常润滑点巡检工作以及生产过程中一般故障处理等</td></tr>
<tr><td>工作记录文档</td><td colspan="5">生产记录、台账、报表及有关数据</td></tr>
<tr><td>指标类别</td><td>考核指标</td><td>考核内容</td><td>考核标准</td><td>信息来源</td><td>考核周期</td></tr>
<tr><td rowspan="4">岗位职责指标</td><td>单位产品综合能耗管理（20 分）</td><td>吨粗苯耗洗油量</td><td>完成月计划，每减少 1% 加 0.5 分，每增加 1% 扣 1 分</td><td>供销数据</td><td rowspan="4">月度</td></tr>
<tr><td>工艺指标（30 分）</td><td>对设备、工艺平稳运行控制</td><td>脱苯塔油气温度 88—95℃；<br>出管式炉富油温度 175—190℃，每超出规定范围一次扣 0.5 分</td><td>质计中心日常化验</td></tr>
<tr><td>安全管理（20 分）</td><td>遵守劳动纪律、规章制度、操作规程等</td><td>达到 100%，违反一次，扣 1 分</td><td>日常检查</td></tr>
<tr><td>装置异常波动及非停（30 分）</td><td>装置按要求正常运行，对出现因管理及预案不到位等原因的生产波动及非停，进行考核管理</td><td>出现异常或非停，出现一次扣 1—5 分</td><td>生产记录</td></tr>
<tr><td rowspan="2">非权重指标</td><td>奖励指标</td><td>发明、创造、突出贡献、合理化建议等</td><td>发明、创造、合理化建议被单位采纳，为单位做出突出贡献的，视贡献大小每项 2—10 分奖励</td><td rowspan="2">相关确认文件或通知</td><td rowspan="2">发生时</td></tr>
<tr><td>否决指标</td><td>存在安全、环保、质量、重大失误等</td><td>由于不安全行为导致的安全、环保、质量、重大失误的，对单位造成较大影响的每次扣 10 分；造成重大影响每次扣 20 分</td></tr>
<tr><td>备注</td><td colspan="5">岗位职责考核指标基准分为 100 分，根据重点工作任务分解（非否决项）具体情况确定各项考核指标权重</td></tr>
</table>

HG-MJH-009

## 污水处理班长

<table>
<tr><td>岗位名称</td><td colspan="2">污水处理班长</td><td>所在部门</td><td colspan="2">焦化生化工段</td></tr>
<tr><td>职位职级序列</td><td colspan="5">技能序列</td></tr>
<tr><td>直接上级</td><td colspan="5">车间副主任</td></tr>
<tr><td>直接下级</td><td colspan="5">污水处理工、深度水处理工、化验员</td></tr>
<tr><td rowspan="4">岗位职责</td><td colspan="5">负责生化处理工段稳定运行，保证出水合格达到国家排放标准</td></tr>
<tr><td colspan="5">负责深度水处理工段稳定运行，保证出水指标符合用水标准</td></tr>
<tr><td colspan="5">负责化验室稳定运行，保证化验结果准确无误</td></tr>
<tr><td colspan="5">日常隐患排查及消除事故隐患</td></tr>
<tr><td>工作记录文档</td><td colspan="5">生产记录、台账、报表及有关数据</td></tr>
<tr><td>指标类别</td><td>考核指标</td><td>考核内容</td><td>考核标准</td><td>信息来源</td><td>考核周期</td></tr>
<tr><td rowspan="4">岗位职责指标</td><td>综合能耗管理（30分）</td><td>消耗药剂数量</td><td>完成月计划，每减少1%加0.5分，每增加1%扣1分</td><td>供销数据</td><td rowspan="4">月度</td></tr>
<tr><td>工艺指标（30分）</td><td>生化进、出水指标；溶解氧；深度水进水指标；深度水回用水指标</td><td>各类指标在规定范围内，每超出一次减0.5分</td><td>质计中心日常化验</td></tr>
<tr><td>安全管理（20分）</td><td>工段员工遵守劳动纪律、规章制度、操作规程等</td><td>达到100%，违反一次，扣1分</td><td>日常检查</td></tr>
<tr><td>操作平稳率管理（20分）</td><td>对影响装置平稳运行的4—5个关键平稳率指标进行监管</td><td>达到95%，每降低1%，扣1—5分</td><td>DCS分散控制系统</td></tr>
<tr><td rowspan="2">非权重指标</td><td>奖励指标</td><td>发明、创造、突出贡献、合理化建议等</td><td>发明、创造、合理化建议被单位采纳，为单位做出突出贡献的，视贡献大小每项2—10分奖励</td><td rowspan="2">相关确认文件或通知</td><td rowspan="2">发生时</td></tr>
<tr><td>否决指标</td><td>存在安全、环保、质量、重大失误等</td><td>由于不安全行为导致的安全、环保、质量、重大失误的，对单位造成较大影响的每次扣10分；造成重大影响每次扣20分</td></tr>
<tr><td>备注</td><td colspan="5">岗位职责考核指标基准分为100分，根据重点工作任务分解（非否决项）具体情况确定各项考核指标权重</td></tr>
</table>

HG-MJH-010

## 提盐班长

| 岗位名称 | | 提盐班长 | 所在部门 | 焦化提盐工段 | |
|---|---|---|---|---|---|
| 职位职级序列 | | 技能序列 | | | |
| 直接上级 | | 车间副主任 | | | |
| 直接下级 | | 提盐主操 | | | |
| 岗位职责 | | 负责提盐装置各岗位安全生产管理、生产工艺管理、机电设备管理、文明生产管理工作 | | | |
| | | 负责设备维护保养、检修等日常管理工作 | | | |
| 工作记录文档 | | 生产记录、台账、报表及有关数据 | | | |
| 指标类别 | 考核指标 | 考核内容 | 考核标准 | 信息来源 | 考核周期 |
| 岗位职责指标 | 综合能耗管理（30分） | 消耗药剂数量 | 每减少1%加0.5分，每增加1%扣1分 | 供销数据 | 月度 |
| | 工艺指标（30分） | 1. 蒸氨釜中部温度50—65℃；<br>2. 蒸氨釜釜内力–0.08Pa—–0.05MPa | 每超出规定范围一次减0.5分 | 质计中心日常化验 | |
| | 安全管理（20分） | 工段员工遵守劳动纪律、规章制度、操作规程等 | 违反一次，扣1分 | 日常检查 | |
| | 操作平稳率管理（20分） | 对影响装置平稳运行的4—5个关键平稳率指标进行监管 | 每降低1%，扣5分 | DCS分散控制系统 | |
| 非权重指标 | 奖励指标 | 发明、创造、突出贡献、合理化建议等 | 发明、创造、合理化建议被单位采纳，为单位做出突出贡献的，视贡献大小每项2—10分奖励 | 相关确认文件或通知 | 发生时 |
| | 否决指标 | 存在安全、环保、质量、重大失误等 | 由于不安全行为导致的安全、环保、质量、重大失误的，对单位造成较大影响的每次扣10分；造成重大影响每次扣20分 | | |
| 备注 | 岗位职责考核指标基准分为100分，根据重点工作任务分解（非否决项）具体情况确定各项考核指标权重 | | | | |

HG-MJH-011

## 余热锅炉班长

<table>
<tr><td>岗位名称</td><td colspan="3">余热锅炉班长</td><td>所在部门</td><td>焦化厂燃煤（燃气）、余热锅炉工段</td></tr>
<tr><td colspan="2">职位职级序列</td><td colspan="4">技能序列</td></tr>
<tr><td colspan="2">直接上级</td><td colspan="4">车间副主任</td></tr>
<tr><td colspan="2">直接下级</td><td colspan="4">司炉工、换热站工、罐区操作工</td></tr>
<tr><td colspan="2" rowspan="3">岗位职责</td><td colspan="4">负责锅炉的稳定运行，保证用气点的蒸汽压力</td></tr>
<tr><td colspan="4">稳定脱盐水站的正常运行，保证出水指标符合用水标准</td></tr>
<tr><td colspan="4">负责工段日常运行管理，保证系统工艺、设备平稳运行</td></tr>
<tr><td colspan="2">工作记录文档</td><td colspan="4">生产记录、台账、报表及有关数据</td></tr>
<tr><td>指标类别</td><td>考核指标</td><td>考核内容</td><td>考核标准</td><td>信息来源</td><td>考核周期</td></tr>
<tr><td rowspan="3">岗位职责指标</td><td>工艺指标（40分）</td><td>1. 给水 pH（25℃）；2. 锅筒水碱度≤26mmol/L</td><td>达到100%，每超出规定范围一次减0.5分</td><td>DCS分散控制系统、工艺设定</td><td rowspan="3">月度</td></tr>
<tr><td>安全管理（30分）</td><td>工段员工遵守劳动纪律、规章制度、操作规程等</td><td>达到100%，违反一次，扣1分</td><td>日常检查</td></tr>
<tr><td>操作平稳率管理（30分）</td><td>对影响装置平稳运行的4—5个关键平稳率指标进行监管</td><td>达到95%，每降低1%，扣1—5分</td><td>DCS分散控制系统</td></tr>
<tr><td rowspan="2">非权重指标</td><td>奖励指标</td><td>发明、创造、突出贡献、合理化建议等</td><td>发明、创造、合理化建议被单位采纳，为单位做出突出贡献的，视贡献大小每项2—10分奖励</td><td rowspan="2">相关确认文件或通知</td><td rowspan="2">发生时</td></tr>
<tr><td>否决指标</td><td>存在安全、环保、质量、重大失误等</td><td>由于不安全行为导致的安全、环保、质量、重大失误的，对单位造成较大影响的每次扣10分；造成重大影响每次扣20分</td></tr>
<tr><td>备注</td><td colspan="5">岗位职责考核指标基准分为100分，根据重点工作任务分解（非否决项）具体情况确定各项考核指标权重</td></tr>
</table>

HG-MJH-012

## 火炬操作

| 岗位名称 | 火炬操作 | 所在部门 | 焦化公用工程 |
|---|---|---|---|
| 职位职级序列 | 技能序列 | | |
| 直接上级 | 冷凝鼓风主操 | | |
| 直接下级 | —— | | |
| 岗位职责 | 负责煤气火炬放散前压力、蒸汽吹扫管道压力符合要求 | | |
| | 负责煤气火炬放散运行水封水位保持在运行线，运停时应封逆止水至高水位，并处理生产过程中的一般故障 | | |
| | 负责设备卫生、环境卫生的清洁 | | |
| 工作记录文档 | 生产记录、台账、报表及有关数据 | | |

| 指标类别 | 考核指标 | 考核内容 | 考核标准 | 信息来源 | 考核周期 |
|---|---|---|---|---|---|
| 岗位职责指标 | 操作平稳率管理（30分） | 煤气火炬放散前压力；煤气火炬放散运行水封水位 | 达到95%，每降低1%，扣1分 | DCS分散控制系统 | 月度 |
| | 综合能耗管理（20分） | 水电的管理，材料的回收利用 | 完成月计划，每减少1%加0.5分，每增加1%扣1分 | 日考核单 | |
| | 安全管理（20分） | 遵守劳动纪律、规章制度、操作规程等 | 达到100%，违反一次，扣1分 | 日常检查 | |
| | 装置异常波动及非停（30分） | 装置按要求正常运行，对出现因管理及预案不到位等原因的生产波动及非停，进行考核管理 | 出现异常或非停，出现一次扣1—5分 | 生产记录 | |
| 非权重指标 | 奖励指标 | 发明、创造、突出贡献、合理化建议等 | 发明、创造、合理化建议被单位采纳，为单位做出突出贡献的，视贡献大小每项2—10分奖励 | 相关确认文件或通知 | 发生时 |
| | 否决指标 | 存在安全、环保、质量、重大失误等 | 由于不安全行为导致的安全、环保、质量、重大失误的，对单位造成较大影响的每次扣10分；造成重大影响每次扣20分 | | |
| 备注 | 岗位职责考核指标基准分为100分，根据重点工作任务分解（非否决项）具体情况确定各项考核指标权重 | | | | |

## HG–MJH–013

### 炼焦班长

| 岗位名称 | 炼焦班长 | 所在部门 | 焦化炼焦工段 |
|---|---|---|---|
| 职位职级序列 | 技能序列 | | |
| 直接上级 | 炼焦车间副主任 | | |
| 直接下级 | 班组内部所有员工 | | |
| 岗位职责 | 本工段的安全生产第一负责人，负责本工段安全，定期参加车间安全生产例会，及时传达上级文件和各项规定 | | |
| | 认真执行上级及车间有关健康、安全、环保工作的各项规定以及安全操作规程，杜绝违章指挥、强令冒险他人作业，检查工段人员违规操作 | | |
| | 将隐患排查治理纳入日常管理，对发现、消除和举报人员，上报车间予以奖励或表彰 | | |
| | 组织本工段员工开展安全活动，进行安全生产教育和培训，检查员工劳保穿戴，确保员工安全 | | |
| | 严格执行车间管理制度，按生产工作要求指挥生产，确保安全环保 | | |
| | 做好上下班交班制工作 | | |
| 工作记录文档 | 生产记录、台账、报表及有关数据 | | |

| 指标类别 | 考核指标 | 考核内容 | 考核标准 | 信息来源 | 考核周期 |
|---|---|---|---|---|---|
| 岗位职责指标 | 产量指标（30分） | 推焦计划完成情况 | 完成月计划100%，每减少1%，扣1分 | 产能指标 | 月度 |
| | 工艺指标（30分） | 推焦系数K2执行情况 | ＞0.8，每超出规定范围一次减0.5分 | DCS分散控制系统控制室、生产现场 | |
| | 安全管理（20分） | 工段员工遵守劳动纪律、规章制度、操作规程等 | 达到100%，违反一次，扣1分 | 日常检查 | |
| | 操作平稳率管理（20分） | 对影响装置平稳运行的4—5个关键平稳率指标进行监管 | 达到95%，每降低1%，扣5分 | DCS分散控制系统 | |
| 非权重指标 | 奖励指标 | 发明、创造、突出贡献、合理化建议等 | 发明、创造、合理化建议被单位采纳，为单位做出突出贡献的，视贡献大小每项2—10分奖励 | 相关确认文件或通知 | 发生时 |
| | 否决指标 | 存在安全、环保、质量、重大失误等 | 由于不安全行为导致的安全、环保、质量、重大失误的，对单位造成较大影响的每次扣10分；造成重大影响每次扣20分 | | |
| 备注 | 岗位职责考核指标基准分为100分，根据重点工作任务分解（非否决项）具体情况确定各项考核指标权重 | | | | |

HG-MJH-014

## 侧装煤车司机

| 岗位名称 | 侧装煤车司机 | | 所在部门 | 焦化炼焦工段 | |
|---|---|---|---|---|---|
| 职位职级序列 | 技能序列 | | | | |
| 直接上级 | 生产工段长 | | | | |
| 直接下级 | —— | | | | |
| 岗位职责 | 做好装煤时运行、监护、对位 | | | | |
| | 准确记录装煤时间，装煤电流，仔细观察装煤全过程 | | | | |
| | 负责设备的维护、保养，保证平稳运行 | | | | |
| 工作记录文档 | 生产记录、台账、报表及有关数据 | | | | |

| 指标类别 | 考核指标 | 考核内容 | 考核标准 | 信息来源 | 考核周期 |
|---|---|---|---|---|---|
| 岗位职责指标 | 产量指标（30 分） | 推焦计划完成情况 | 完成月计划 100%，每减少 1%，扣 1 分 | 产能指标 | 月度 |
| | 操作指标（20 分） | 捣固煤槽精准对位 | 按要求对位，每出现对位异常一次减 0.5 分 | 生产现场记录 | |
| | 安全管理（20 分） | 遵守劳动纪律、规章制度、操作规程等 | 达到 100%，违反一次，扣 1 分 | 日常检查 | |
| | 装置异常波动及非停（30 分） | 装置按要求正常运行，对出现因管理及预案不到位等原因的生产波动及非停，进行考核管理 | 出现异常或非停，出现一次扣 5 分 | 生产记录 | |
| 非权重指标 | 奖励指标 | 发明、创造、突出贡献、合理化建议等 | 发明、创造、合理化建议被单位采纳，为单位做出突出贡献的，视贡献大小每项 2—10 分奖励 | 相关确认文件或通知 | 发生时 |
| | 否决指标 | 存在安全、环保、质量、重大失误等 | 由于不安全行为导致的安全、环保、质量、重大失误的，对单位造成较大影响的每次扣 10 分；造成重大影响每次扣 20 分 | | |
| 备注 | 岗位职责考核指标基准分为 100 分，根据重点工作任务分解（非否决项）具体情况确定各项考核指标权重 | | | | |

HG-MJH-015

## 捣固司机

| 岗位名称 | 捣固司机 | 所在部门 | 焦化炼焦工段 |
|---|---|---|---|
| 职位职级序列 | 技能序列 | | |
| 直接上级 | 生产工段长 | | |
| 直接下级 | —— | | |
| 岗位职责 | 负责根据推焦计划完成捣固任务，保证把煤料捣固成合格的煤饼，保证推焦计划的完成 | | |
| | 负责本岗位的生产、安全、环保、职业健康等工作 | | |
| | 负责设备的维护、保养，保证平稳运行 | | |
| 工作记录文档 | 生产记录、台账、报表及有关数据 | | |

| 指标类别 | 考核指标 | 考核内容 | 考核标准 | 信息来源 | 考核周期 |
|---|---|---|---|---|---|
| 岗位职责指标 | 产量指标（30分） | 推焦计划完成情况 | 完成月计划100%，每减少1%，扣1分 | 产能指标 | 月度 |
| | 工艺指标（20分） | 煤饼平整度；煤饼堆密度 | 规定标准，每超出规定范围一次减1分 | 日常检查 | |
| | 安全管理（20分） | 遵守劳动纪律、规章制度、操作规程等 | 达到100%，违反一次，扣1分 | | |
| | 装置异常波动及非停（30分） | 装置按要求正常运行，对出现因管理及预案不到位等原因的生产波动及非停，进行考核管理 | 出现异常或非停，出现一次扣5分 | 生产记录 | |
| 非权重指标 | 奖励指标 | 发明、创造、突出贡献、合理化建议等 | 发明、创造、合理化建议被单位采纳，为单位做出突出贡献的，视贡献大小每项2—10分奖励 | 相关确认文件或通知 | 发生时 |
| | 否决指标 | 存在安全、环保、质量、重大失误等 | 由于不安全行为导致的安全、环保、质量、重大失误的，对单位造成较大影响的每次扣10分；造成重大影响每次扣20分 | | |
| 备注 | 岗位职责考核指标基准分为100分，根据重点工作任务分解（非否决项）具体情况确定各项考核指标权重 | | | | |

HG-MJH-016

## 除尘导烟司机

<table>
<tr><td colspan="2">岗位名称</td><td colspan="2">除尘导烟司机</td><td>所在部门</td><td>焦化炼焦工段</td></tr>
<tr><td colspan="2">职位职级序列</td><td colspan="4">技能序列</td></tr>
<tr><td colspan="2">直接上级</td><td colspan="4">生产工段长</td></tr>
<tr><td colspan="2">直接下级</td><td colspan="4">——</td></tr>
<tr><td colspan="2" rowspan="3">岗位职责</td><td colspan="4">负责处理荒煤气及灰尘，做到消烟除尘、净化操作环境</td></tr>
<tr><td colspan="4">负责本岗位的生产、安全、环保、职业健康等工作</td></tr>
<tr><td colspan="4">负责设备的维护、保养，保证平稳运行</td></tr>
<tr><td colspan="2">工作记录文档</td><td colspan="4">生产记录、台账、报表及有关数据</td></tr>
<tr><td>指标类别</td><td>考核指标</td><td>考核内容</td><td>考核标准</td><td>信息来源</td><td>考核周期</td></tr>
<tr><td rowspan="4">岗位职责指标</td><td>设备点巡检（30分）</td><td>按照规定时间对设备进行点巡检</td><td>完成月计划100%，未按规定对设备进行点巡检扣0.5分</td><td>记录、台账</td><td rowspan="4">月度</td></tr>
<tr><td>工艺指标（20分）</td><td>荒煤气回收按照车间规定操作</td><td>规定标准，未按规定操作一次减0.5分</td><td rowspan="2">日常检查</td></tr>
<tr><td>安全管理（20分）</td><td>遵守劳动纪律、规章制度、操作规程等</td><td>达到100%，违反一次，扣1分</td></tr>
<tr><td>装置异常波动及非停（30分）</td><td>装置按要求正常运行，对出现因管理及预案不到位等原因的生产波动及非停，进行考核管理</td><td>出现异常或非停，出现一次扣5分</td><td>生产记录</td></tr>
<tr><td rowspan="2">非权重指标</td><td>奖励指标</td><td>发明、创造、突出贡献、合理化建议等</td><td>发明、创造、合理化建议被单位采纳，为单位做出突出贡献的，视贡献大小每项2—10分奖励</td><td rowspan="2">相关确认文件或通知</td><td rowspan="2">发生时</td></tr>
<tr><td>否决指标</td><td>存在安全、环保、质量、重大失误等</td><td>由于不安全行为导致的安全、环保、质量、重大失误的，对单位造成较大影响的每次扣10分；造成重大影响每次扣20分</td></tr>
<tr><td>备注</td><td colspan="5">岗位职责考核指标基准分为100分，根据重点工作任务分解（非否决项）具体情况确定各项考核指标权重</td></tr>
</table>

## HG-MJH-017

### 推焦车司机

<table>
<tr><td colspan="2">岗位名称</td><td colspan="2">推焦车司机</td><td>所在部门</td><td>焦化炼焦工段</td></tr>
<tr><td colspan="2">职位职级序列</td><td colspan="4">技能序列</td></tr>
<tr><td colspan="2">直接上级</td><td colspan="4">生产工段长</td></tr>
<tr><td colspan="2">直接下级</td><td colspan="4">——</td></tr>
<tr><td colspan="2" rowspan="3">岗位职责</td><td colspan="4">负责摘门、推焦、对门工作；负责炉门的对位工作，协助出炉工做好炉门密封工作</td></tr>
<tr><td colspan="4">准确记录好推焦时间、推焦电流，做好交接班记录</td></tr>
<tr><td colspan="4">做好设备的润滑维护、保养，做好设备运行的点巡检工作</td></tr>
<tr><td colspan="2">工作记录文档</td><td colspan="4">生产记录、台账、报表及有关数据</td></tr>
<tr><td>指标类别</td><td>考核指标</td><td>考核内容</td><td>考核标准</td><td>信息来源</td><td>考核周期</td></tr>
<tr><td rowspan="4">岗位职责指标</td><td>产量指标（30 分）</td><td>推焦计划完成情况</td><td>完成月计划 100%，每减少 1%，扣 1 分</td><td>产能指标</td><td rowspan="4">月度</td></tr>
<tr><td>设备点巡检（20 分）</td><td>按照规定时间对设备进行点巡检</td><td>规定标准，未按规定操作一次减 0.5 分</td><td>记录、台账</td></tr>
<tr><td>安全管理（20 分）</td><td>遵守劳动纪律、规章制度、操作规程等</td><td>达到 100%，违反一次，扣 1 分</td><td>日常检查</td></tr>
<tr><td>装置异常波动及非停（30 分）</td><td>装置按要求正常运行，对出现因管理及预案不到位等原因的生产波动及非停，进行考核管理</td><td>出现异常或非停，出现一次扣 5 分</td><td>生产记录</td></tr>
<tr><td rowspan="2">非权重指标</td><td>奖励指标</td><td>发明、创造、突出贡献、合理化建议等</td><td>发明、创造、合理化建议被单位采纳，为单位做出突出贡献的，视贡献大小每项 2—10 分奖励</td><td rowspan="2">相关确认文件或通知</td><td rowspan="2">发生时</td></tr>
<tr><td>否决指标</td><td>存在安全、环保、质量、重大失误等</td><td>由于不安全行为导致的安全、环保、质量、重大失误的，对单位造成较大影响的每次扣 10 分；造成重大影响每次扣 20 分</td></tr>
<tr><td>备注</td><td colspan="5">岗位职责考核指标基准分为 100 分，根据重点工作任务分解（非否决项）具体情况确定各项考核指标权重</td></tr>
</table>

HG-MJH-018

## 熄焦车司机

| 岗位名称 | 熄焦车司机 | | 所在部门 | 焦化炼焦工段 | |
|---|---|---|---|---|---|
| 职位职级序列 | 技能序列 | | | | |
| 直接上级 | 生产工段长 | | | | |
| 直接下级 | —— | | | | |
| 岗位职责 | 负责接焦、熄焦工作，保证焦炭水分在标准范围 | | | | |
| | 负责按规定进行巡回检查，及时发现、报告和消除事故隐患 | | | | |
| | 负责设备的维护、保养，保证平稳运行 | | | | |
| 工作记录文档 | 生产记录、台账、报表及有关数据 | | | | |
| **指标类别** | **考核指标** | **考核内容** | **考核标准** | **信息来源** | **考核周期** |
| 岗位职责指标 | 工艺指标（30分） | 保证接焦均匀，焦炭水分在标准范围之内 | 完成月计划100%，每减少1%，扣1分 | 记录、台账 | 月度 |
| | 设备点巡检（20分） | 按照规定时间对设备进行点巡检 | 规定标准，未按规定操作一次减0.5分 | | |
| | 安全管理（20分） | 遵守劳动纪律、规章制度、操作规程等 | 达到100%，违反一次，扣1分 | 日常检查 | |
| | 装置异常波动及非停（30分） | 装置按要求正常运行，对出现因管理及预案不到位等原因的生产波动及非停，进行考核管理 | 出现异常或非停，出现一次扣5分 | 生产记录 | |
| 非权重指标 | 奖励指标 | 发明、创造、突出贡献、合理化建议等 | 发明、创造、合理化建议被单位采纳，为单位做出突出贡献的，视贡献大小每项2—10分奖励 | 相关确认文件或通知 | 发生时 |
| | 否决指标 | 存在安全、环保、质量、重大失误等 | 由于不安全行为导致的安全、环保、质量、重大失误的，对单位造成较大影响的每次扣10分；造成重大影响每次扣20分 | | |
| 备注 | 岗位职责考核指标基准分为100分，根据重点工作任务分解（非否决项）具体情况确定各项考核指标权重 | | | | |

HG-MJH-019

## 热修工

| 岗位名称 | 热修工 | | 所在部门 | 焦化炼焦工段 | |
|---|---|---|---|---|---|
| 职位职级序列 | 技能序列 | | | | |
| 直接上级 | 铁件工段长 | | | | |
| 直接下级 | —— | | | | |
| 岗位职责 | 负责维修、护理好焦炉，延长焦炉使用寿命 | | | | |
| | 负责本岗位设备保养和维护工作，保证设备平稳运行，对本岗位的应急器材、消防设施能熟练使用，保证本岗位器材及物资齐全无损坏 | | | | |
| | 负责监控碳化室的情况 | | | | |
| 工作记录文档 | 生产记录、台账、报表及有关数据 | | | | |

| 指标类别 | 考核指标 | 考核内容 | 考核标准 | 信息来源 | 考核周期 |
|---|---|---|---|---|---|
| 岗位职责指标 | 综合能耗管理（20分） | 各部位热修泥料配比控制 | 达到95%，每减少1%加0.5分，每增加1%扣1分 | 记录、台账 | 月度 |
| | 工艺指标（30分） | 焦炉砖缝、碳化室冒烟、窜漏 | 每出现一处扣0.5 | | |
| | 安全管理（20分） | 遵守劳动纪律、规章制度、操作规程等 | 达到100%，违反一次，扣1分 | 日常检查 | |
| | 装置异常波动及非停（30分） | 装置按要求正常运行，对出现因管理及预案不到位等原因的生产波动及非停，进行考核管理 | 出现异常或非停，出现一次扣5分 | 生产记录 | |
| 非权重指标 | 奖励指标 | 发明、创造、突出贡献、合理化建议等 | 发明、创造、合理化建议被单位采纳，为单位做出突出贡献的，视贡献大小每项2—10分奖励 | 相关确认文件或通知 | 发生时 |
| | 否决指标 | 存在安全、环保、质量、重大失误等 | 由于不安全行为导致的安全、环保、质量、重大失误的，对单位造成较大影响的每次扣10分；造成重大影响每次扣20分 | | |
| 备注 | 岗位职责考核指标基准分为100分，根据重点工作任务分解（非否决项）具体情况确定各项考核指标权重 | | | | |

HG-MJH-020

## 门修工

<table>
<tr><th>岗位名称</th><th colspan="3">门修工</th><th>所在部门</th><th colspan="2">焦化炼焦工段</th></tr>
<tr><td>职位职级序列</td><td colspan="6">技能序列</td></tr>
<tr><td>直接上级</td><td colspan="6">铁件工段长</td></tr>
<tr><td>直接下级</td><td colspan="6">——</td></tr>
<tr><td rowspan="3">岗位职责</td><td colspan="6">负责对炉门、炉框的检查、维修及更换</td></tr>
<tr><td colspan="6">负责本岗位设备保养和维护工作，保证设备平稳运行</td></tr>
<tr><td colspan="6">负责更换调整炉门刀边、顶丝、顶丝座连杆和安全销</td></tr>
<tr><td>工作记录文档</td><td colspan="6">生产记录、台账、报表及有关数据</td></tr>
<tr><th>指标类别</th><th>考核指标</th><th>考核内容</th><th colspan="2">考核标准</th><th>信息来源</th><th>考核周期</th></tr>
<tr><td rowspan="4">岗位职责指标</td><td>工作标准（30分）</td><td>保证门修站交付的炉门完成丝座、丝杠润滑加油正常</td><td colspan="2">按规定考核，每项不合格一次扣1分</td><td rowspan="2">记录、台账</td><td rowspan="4">月度</td></tr>
<tr><td>工作标准（20分）</td><td>监控炉门、炉框的冒烟情况</td><td colspan="2">炉门、炉框无冒烟着火现象，炉门修理完好，每项不合格一次扣0.5分</td></tr>
<tr><td>安全管理（20分）</td><td>遵守劳动纪律、规章制度、操作规程等</td><td colspan="2">达到100%，违反1次，扣1分</td><td>日常检查</td></tr>
<tr><td>装置异常波动及非停（30分）</td><td>装置按要求正常运行，对出现因管理及预案不到位等原因的生产波动及非停，进行考核管理</td><td colspan="2">出现异常或非停，出现一次扣5分</td><td>生产记录</td></tr>
<tr><td rowspan="2">非权重指标</td><td>奖励指标</td><td>发明、创造、突出贡献、合理化建议等</td><td colspan="2">发明、创造、合理化建议被单位采纳，为单位做出突出贡献的，视贡献大小每项2—10分奖励</td><td rowspan="2">相关确认文件或通知</td><td rowspan="2">发生时</td></tr>
<tr><td>否决指标</td><td>存在安全、环保、质量、重大失误等</td><td colspan="2">由于不安全行为导致的安全、环保、质量、重大失误的，对单位造成较大影响的每次扣10分；造成重大影响每次扣20分</td></tr>
<tr><td>备注</td><td colspan="6">岗位职责考核指标基准分为100分，根据重点工作任务分解（非否决项）具体情况确定各项考核指标权重</td></tr>
</table>

HG-MJH-021

## 铁件工

<table>
<tr><td>岗位名称</td><td colspan="2">铁件工</td><td colspan="2">所在部门</td><td>焦化炼焦工段</td></tr>
<tr><td>职位职级序列</td><td colspan="5">技能序列</td></tr>
<tr><td>直接上级</td><td colspan="5">铁件工段长</td></tr>
<tr><td>直接下级</td><td colspan="5">——</td></tr>
<tr><td rowspan="3">岗位职责</td><td colspan="5">负责铁件的检查、测量、调整、维护、更换等工作</td></tr>
<tr><td colspan="5">对本岗位的应急器材、消防设施能熟练使用，并经常检查应急器材的完好情况</td></tr>
<tr><td colspan="5">负责测量炉体伸长量，炉柱曲度，拉条直径、温度、弹簧吨位并及时调整到规定范围内</td></tr>
<tr><td>工作记录文档</td><td colspan="5">生产记录、台账、报表及有关数据</td></tr>
<tr><td>指标类别</td><td>考核指标</td><td>考核内容</td><td>考核标准</td><td>信息来源</td><td>考核周期</td></tr>
<tr><td rowspan="4">岗位职责指标</td><td>工作标准（30分）</td><td>对大小弹簧的调节控制</td><td>达到100%，每项不合格一次扣1分</td><td rowspan="2">记录、台账</td><td rowspan="4">月度</td></tr>
<tr><td>工作标准（30分）</td><td>对钢柱曲度的调节控制</td><td>达到100%，每项不合格一次扣0.5分</td></tr>
<tr><td>安全管理（20分）</td><td>遵守劳动纪律、规章制度、操作规程等</td><td>达到100%，违反一次，扣1分</td><td>日常检查</td></tr>
<tr><td>装置异常波动及非停（20分）</td><td>装置按要求正常运行，对出现因管理及预案不到位等原因的生产波动及非停，进行考核管理</td><td>出现异常或非停，出现一次扣5分</td><td>生产记录</td></tr>
<tr><td rowspan="2">非权重指标</td><td>奖励指标</td><td>发明、创造、突出贡献、合理化建议等</td><td>发明、创造、合理化建议被单位采纳，为单位做出突出贡献的，视贡献大小每项2—10分奖励</td><td rowspan="2">相关确认文件或通知</td><td rowspan="2">发生时</td></tr>
<tr><td>否决指标</td><td>存在安全、环保、质量、重大失误等</td><td>由于不安全行为导致的安全、环保、质量、重大失误的，对单位造成较大影响的每次扣10分；造成重大影响每次扣20分</td></tr>
<tr><td>备注</td><td colspan="5">岗位职责考核指标基准分为100分，根据重点工作任务分解（非否决项）具体情况确定各项考核指标权重</td></tr>
</table>

HG-MJH-022

## 调火工

<table>
<tr><th>岗位名称</th><th colspan="2">调火工</th><th>所在部门</th><th colspan="2">焦化炼焦工段</th></tr>
<tr><td>职位职级序列</td><td colspan="5">技能序列</td></tr>
<tr><td>直接上级</td><td colspan="5">调火工段长</td></tr>
<tr><td>直接下级</td><td colspan="5">——</td></tr>
<tr><td rowspan="3">岗位职责</td><td colspan="5">负责测量规定的温度、压力、吸力、合理调节，使全炉温度均匀、稳定</td></tr>
<tr><td colspan="5">负责加热系统各种设备的检查、调整、清洁和维护</td></tr>
<tr><td colspan="5">负责本岗位设备保养和维护工作，保证设备平稳运行</td></tr>
<tr><td>工作记录文档</td><td colspan="5">生产记录、台账、报表及有关数据</td></tr>
<tr><th>指标类别</th><th>考核指标</th><th>考核内容</th><th>考核标准</th><th>信息来源</th><th>考核周期</th></tr>
<tr><td rowspan="4">岗位职责指标</td><td>产品质量（30 分）</td><td>焦炭质量指标监管</td><td>达到 100%，每项不合格一次扣 1 分</td><td rowspan="2">记录、台账</td><td rowspan="4">月度</td></tr>
<tr><td>工艺指标（30 分）</td><td>九温五压的调节与测量监管</td><td>达到 100%，每项不合格一次扣 0.5 分</td></tr>
<tr><td>安全管理（20 分）</td><td>遵守劳动纪律、规章制度、操作规程等</td><td>达到 100%，违反一次，扣 1 分</td><td>日常检查</td></tr>
<tr><td>装置异常波动及非停（20 分）</td><td>装置按要求正常运行，对出现因管理及预案不到位等原因的生产波动及非停，进行考核管理</td><td>出现异常或非停，出现一次扣 5 分</td><td>生产记录</td></tr>
<tr><td rowspan="2">非权重指标</td><td>奖励指标</td><td>发明、创造、突出贡献、合理化建议等</td><td>发明、创造、合理化建议被单位采纳，为单位做出突出贡献的，视贡献大小每项 2—10 分奖励</td><td rowspan="2">相关确认文件或通知</td><td rowspan="2">发生时</td></tr>
<tr><td>否决指标</td><td>存在安全、环保、质量、重大失误等</td><td>由于不安全行为导致的安全、环保、质量、重大失误的，对单位造成较大影响的每次扣 10 分；造成重大影响每次扣 20 分</td></tr>
<tr><td>备注</td><td colspan="5">岗位职责考核指标基准分为 100 分，根据重点工作任务分解（非否决项）具体情况确定各项考核指标权重</td></tr>
</table>

## HG-MJH-023

### 热态班长

| 岗位名称 | 热态班长 | 所在部门 | 焦化炼焦工段 |
|---|---|---|---|
| 职位职级序列 | 技能序列 | | |
| 直接上级 | 车间副主任 | | |
| 直接下级 | —— | | |
| 岗位职责 | 负责工段的生产、安全、环保、应急处置、职业健康等工作 | | |
| | 负责焦炉铁件、煤气加热装置、炉体维护、炉门修理、粉焦处置焦炉九温五压的管理工作 | | |
| | 负责班组考核，保证设备平稳运行 | | |
| 工作记录文档 | 生产记录、台账、报表及有关数据 | | |

| 指标类别 | 考核指标 | 考核内容 | 考核标准 | 信息来源 | 考核周期 |
|---|---|---|---|---|---|
| 岗位职责指标 | 产品质量（30分） | 焦炭质量指标监管 | 达到100%，每项不合格一次扣1分 | 记录、台账 | 月度 |
| | 工艺指标（30分） | 九温五压的调节与测量监管 | 达到100%，每项不合格一次扣0.5分 | | |
| | 安全管理（20分） | 工段员工遵守劳动纪律、规章制度、操作规程等 | 达到100%，违反一次，扣1分 | 日常检查 | |
| | 操作平稳率管理（20分） | 对影响装置平稳运行的4—5个关键平稳指标进行监管 | 达到95%，每降低1%，扣5分 | DCS分散控制系统 | |
| 非权重指标 | 奖励指标 | 发明、创造、突出贡献、合理化建议等 | 发明、创造、合理化建议被单位采纳，为单位做出突出贡献的，视贡献大小每项2—10分奖励 | 相关确认文件或通知 | 发生时 |
| | 否决指标 | 存在安全、环保、质量、重大失误等 | 由于不安全行为导致的安全、环保、质量、重大失误的，对单位造成较大影响的每次扣10分；造成重大影响每次扣20分 | | |
| 备注 | 岗位职责考核指标基准分为100分，根据重点工作任务分解（非否决项）具体情况确定各项考核指标权重 | | | | |

HG-MJH-024

## 交换机工

<table>
<tr><td colspan="2">岗位名称</td><td>交换机工</td><td>所在部门</td><td colspan="2">焦化炼焦工段</td></tr>
<tr><td colspan="2">职位职级序列</td><td colspan="4">技能序列</td></tr>
<tr><td colspan="2">直接上级</td><td colspan="4">调火工段长</td></tr>
<tr><td colspan="2">直接下级</td><td colspan="4">班组内所有员工</td></tr>
<tr><td colspan="2" rowspan="3">岗位职责</td><td colspan="4">负责调整好煤气压力，烟道吸力</td></tr>
<tr><td colspan="4">负责本岗位设备的监护，按时进行交换煤气、空气和废气</td></tr>
<tr><td colspan="4">负责一氧化碳气体报警监控工作</td></tr>
<tr><td colspan="2">工作记录文档</td><td colspan="4">生产记录、台账、报表及有关数据</td></tr>
<tr><td>指标类别</td><td>考核指标</td><td>考核内容</td><td>考核标准</td><td>信息来源</td><td>考核周期</td></tr>
<tr><td rowspan="4">岗位职责指标</td><td>设备点巡检（20分）</td><td>按照规定时间对设备进行点巡检</td><td>达到100%，未按规定对设备进行点巡检扣1分</td><td rowspan="2">记录、台账</td><td rowspan="4">月度</td></tr>
<tr><td>工艺指标（30分）</td><td>液压系统工作压力；焦炉煤气温度</td><td>达到100%，每超出规定范围一次减0.5分</td></tr>
<tr><td>安全管理（20分）</td><td>班组员工遵守劳动纪律、规章制度、操作规程等</td><td>达到100%，违反一次，扣1分</td><td>日常检查</td></tr>
<tr><td>装置异常波动及非停（30分）</td><td>装置按要求正常运行，对出现因管理及预案不到位等原因的生产波动及非停，进行考核管理</td><td>出现异常或非停，出现一次扣5分</td><td>生产记录</td></tr>
<tr><td rowspan="2">非权重指标</td><td>奖励指标</td><td>发明、创造、突出贡献、合理化建议等</td><td>发明、创造、合理化建议被单位采纳，为单位做出突出贡献的，视贡献大小每项2—10分奖励</td><td rowspan="2">相关确认文件或通知</td><td rowspan="2">发生时</td></tr>
<tr><td>否决指标</td><td>存在安全、环保、质量、重大失误等</td><td>由于不安全行为导致的安全、环保、质量、重大失误的，对单位造成较大影响的每次扣10分；造成重大影响每次扣20分</td></tr>
<tr><td>备注</td><td colspan="5">岗位职责考核指标基准分为100分，根据重点工作任务分解（非否决项）具体情况确定各项考核指标权重</td></tr>
</table>

HG-MJH-025

## 地面除尘站班长

| 岗位名称 | | 地面除尘站班长 | 所在部门 | 焦化炼焦工段 | |
|---|---|---|---|---|---|
| 职位职级序列 | | 技能序列 | | | |
| 直接上级 | | 车间副主任 | | | |
| 直接下级 | | 巡检工 | | | |
| 岗位职责 | | 负责收集推焦、装煤时产生的荒煤气及烟尘，经过处理后达标排放，满足环保要求，做好设备的润滑维护、保养工作 | | | |
| | | 负责做好设备运行的点巡检工作，并认真完成岗位各项记录工作 | | | |
| | | 负责标准化作业及本岗位的危险源辨识工作 | | | |
| 工作记录文档 | | 生产记录、台账、报表及有关数据 | | | |
| 指标类别 | 考核指标 | 考核内容 | 考核标准 | 信息来源 | 考核周期 |
| 岗位职责指标 | 设备点巡检（30分） | 按照规定时间对设备进行点巡检 | 达到100%，未按规定对设备进行点巡检扣1分 | 记录、台账 | 月度 |
| | 工艺指标（30分） | 除尘器进出口压差 | 达到100%，每超出规定范围一次减0.5分 | | |
| | 安全管理（20分） | 工段员工遵守劳动纪律、规章制度、操作规程等 | 达到100%，违反一次，扣1分 | 日常检查 | |
| | 装置异常波动及非停（20分） | 装置按要求正常运行，对出现因管理及预案不到位等原因的生产波动及非停，进行考核管理 | 出现异常或非停，出现一次扣5分 | 生产记录 | |
| 非权重指标 | 奖励指标 | 发明、创造、突出贡献、合理化建议等 | 发明、创造、合理化建议被单位采纳，为单位做出突出贡献的，视贡献大小每项2—10分奖励 | 相关确认文件或通知 | 发生时 |
| | 否决指标 | 存在安全、环保、质量、重大失误等 | 由于不安全行为导致的安全、环保、质量、重大失误的，对单位造成较大影响的每次扣10分；造成重大影响每次扣20分 | | |
| 备注 | 岗位职责考核指标基准分为100分，根据重点工作任务分解（非否决项）具体情况确定各项考核指标权重 | | | | |

HG-MJH-026

## 输焦班长

| 岗位名称 | | 输焦班长 | | 所在部门 | 焦化备煤输焦工段 |
|---|---|---|---|---|---|
| 职位职级序列 | | 技能序列 | | | |
| 直接上级 | | 车间主任 | | | |
| 直接下级 | | 输焦岗位工 | | | |
| 岗位职责 | | 负责监护本班组作业人员的生产安全，负责所辖现场巡回检查工作 | | | |
| | | 负责焦炭输送，焦炭筛分 | | | |
| | | 负责监督、检查装置各岗位执行工艺纪律、遵守安全操作规程、生产操作记录及产品质量情况 | | | |
| 工作记录文档 | | 生产记录、台账、报表及有关数据 | | | |
| **指标类别** | **考核指标** | **考核内容** | **考核标准** | **信息来源** | **考核周期** |
| 岗位职责指标 | 产品质量管理（30分） | 精准筛分焦炭规格 | 完成周计划；<br>规格未达标一次扣0.5分 | 记录、台账 | 月度 |
| | 工作标准（30分） | 影响生产时长 | 完成正常生产计划；<br>每影响一小时，扣0.5分 | 供销数据 | |
| | 安全管理（20分） | 工段员工遵守劳动纪律、规章制度、操作规程等 | 达到100%；<br>违反一次，扣1分 | 日常检查 | |
| | 操作平稳率管理（20分） | 对影响装置平稳运行的4—5个关键平稳率指标进行监管 | 达到95%；<br>每降低1%，扣5分 | DCS分散控制系统 | |
| 非权重指标 | 奖励指标 | 发明、创造、突出贡献、合理化建议等 | 发明、创造、合理化建议被单位采纳，为单位做出突出贡献的，视贡献大小每项2—10分奖励 | 相关确认文件或通知 | 发生时 |
| | 否决指标 | 存在安全、环保、质量、重大失误等 | 由于不安全行为导致的安全、环保、质量、重大失误的，对单位造成较大影响的每次扣10分；造成重大影响每次扣20分 | | |
| 备注 | 岗位职责考核指标基准分为100分，根据重点工作任务分解（非否决项）具体情况确定各项考核指标权重 | | | | |

HG-MJH-027

## 刮板机司机

<table>
<tr><th colspan="2">岗位名称</th><th colspan="2">刮板机司机</th><th colspan="2">所在部门</th><th>焦化备煤输焦工段</th></tr>
<tr><td colspan="2">职位职级序列</td><td colspan="5">技能序列</td></tr>
<tr><td colspan="2">直接上级</td><td colspan="5">备煤班长</td></tr>
<tr><td colspan="2">直接下级</td><td colspan="5">——</td></tr>
<tr><td colspan="2" rowspan="3">岗位职责</td><td colspan="5">负责刮板机的运行、维护及凉焦台上焦炭的输送</td></tr>
<tr><td colspan="5">严格按规定信号开停车，开车时，要检查各部位是否完好；停车时，要将控制开关置于零位</td></tr>
<tr><td colspan="5">负责设备的维护、保养，保证平稳运行</td></tr>
<tr><td colspan="2">工作记录文档</td><td colspan="5">生产记录、台账、报表及有关数据</td></tr>
<tr><th>指标类别</th><th>考核指标</th><th>考核内容</th><th colspan="2">考核标准</th><th>信息来源</th><th>考核周期</th></tr>
<tr><td rowspan="4">岗位职责指标</td><td>工作标准（30 分）</td><td>残留红焦处理是否及时</td><td colspan="2">达到 100%；<br>规格未达标一次扣 0.5 分</td><td>记录、台账</td><td rowspan="4">月度</td></tr>
<tr><td>工作标准（20 分）</td><td>放焦量、焦炭厚度等</td><td colspan="2">规定范围内规格未达标一次扣 1 分</td><td>供销数据</td></tr>
<tr><td>安全管理（20 分）</td><td>遵守劳动纪律、规章制度、操作规程等</td><td colspan="2">达到 100%；<br>违反一次，扣 1 分</td><td>日常检查</td></tr>
<tr><td>装置异常波动及非停（30 分）</td><td>装置按要求正常运行，对出现因管理及预案不到位等原因的生产波动及非停，进行考核管理</td><td colspan="2">出现异常或非停，出现一次扣 5 分</td><td>生产记录</td></tr>
<tr><td rowspan="2">非权重指标</td><td>奖励指标</td><td>发明、创造、突出贡献、合理化建议等</td><td colspan="2">发明、创造、合理化建议被单位采纳，为单位做出突出贡献的，视贡献大小每项 2—10 分奖励</td><td rowspan="2">相关确认文件或通知</td><td rowspan="2">发生时</td></tr>
<tr><td>否决指标</td><td>存在安全、环保、质量、重大失误等</td><td colspan="2">由于不安全行为导致的安全、环保、质量、重大失误的，对单位造成较大影响的每次扣 10 分；造成重大影响每次扣 20 分</td></tr>
<tr><td>备注</td><td colspan="6">岗位职责考核指标基准分为 100 分，根据重点工作任务分解（非否决项）具体情况确定各项考核指标权重</td></tr>
</table>

HG-MJH-028

## 输煤中控内操

| 岗位名称 | 输煤中控内操 | | 所在部门 | 焦化备煤输焦工段 | |
|---|---|---|---|---|---|
| 职位职级序列 | 技能序列 | | | | |
| 直接上级 | 生产工段长 | | | | |
| 直接下级 | —— | | | | |
| 岗位职责 | 负责各系统输送带的试验报告、煤种或者焦样化验的收集整理工作 | | | | |
| | 负责实时监控设备的运行及储存物料的仓储情况，防止发生堵仓现象 | | | | |
| | 负责各项记录的填报工作 | | | | |
| 工作记录文档 | 生产记录、台账、报表及有关数据 | | | | |

| 指标类别 | 考核指标 | 考核内容 | 考核标准 | 信息来源 | 考核周期 |
|---|---|---|---|---|---|
| 岗位职责指标 | 工作标准（20分） | 设备启停车精准无误 | 达到100%；<br>规格未达标一次扣0.5分 | 记录、台账 | 月度 |
| | 产量指标（30分） | 备煤车间每日上煤量 | 完成计划每减少1%，扣1分 | | |
| | 安全管理（20分） | 遵守劳动纪律、规章制度、操作规程等 | 达到100%；<br>违反一次，扣1分 | 日常检查 | |
| | 装置异常波动及非停（30分） | 装置按要求正常运行，对出现因管理及预案不到位等原因的生产波动及非停，进行考核管理 | 出现异常或非停，出现一次扣5分 | 生产记录 | |
| 非权重指标 | 奖励指标 | 发明、创造、突出贡献、合理化建议等 | 发明、创造、合理化建议被单位采纳，为单位做出突出贡献的，视贡献大小每项2—10分奖励 | 相关确认文件或通知 | 发生时 |
| | 否决指标 | 存在安全、环保、质量、重大失误等 | 由于不安全行为导致的安全、环保、质量、重大失误的，对单位造成较大影响的每次扣10分；造成重大影响每次扣20分 | | |
| 备注 | 岗位职责考核指标基准分为100分，根据重点工作任务分解（非否决项）具体情况确定各项考核指标权重 | | | | |

HG-MJH-029

## 堆取料机

<table>
<tr><td>岗位名称</td><td colspan="2">堆取料机</td><td colspan="2">所在部门</td><td>焦化备煤输焦工段</td></tr>
<tr><td>职位职级序列</td><td colspan="5">技能序列</td></tr>
<tr><td>直接上级</td><td colspan="5">输焦班长</td></tr>
<tr><td>直接下级</td><td colspan="5">——</td></tr>
<tr><td rowspan="3">岗位职责</td><td colspan="5">负责依据作业规程操作堆取料机完成取煤堆煤工作任务</td></tr>
<tr><td colspan="5">负责设备的润滑维护、保养工作，排除生产过程中的一般故障</td></tr>
<tr><td colspan="5">负责各项记录的填报工作</td></tr>
<tr><td>工作记录文档</td><td colspan="5">生产记录、台账、报表及有关数据</td></tr>
<tr><td>指标类别</td><td>考核指标</td><td>考核内容</td><td>考核标准</td><td>信息来源</td><td>考核周期</td></tr>
<tr><td rowspan="4">岗位职责指标</td><td>工作标准（20 分）</td><td>各种规格焦炭不允许混放，间距保证在≥2 米</td><td>达到 100%；<br>每超出规定范围一次减 0.5 分</td><td rowspan="2">记录、台账</td><td rowspan="4">月度</td></tr>
<tr><td>产量指标（30 分）</td><td>准确无误完成工作任务</td><td>完成计划每减少 1%，扣 1 分</td></tr>
<tr><td>安全管理（20 分）</td><td>遵守劳动纪律、规章制度、操作规程等</td><td>达到 100%；<br>违反一次，扣 1 分</td><td>日常检查</td></tr>
<tr><td>装置异常波动及非停（30 分）</td><td>装置按要求正常运行，对出现因管理及预案不到位等原因的生产波动及非停，进行考核管理</td><td>出现异常或非停，出现一次扣 5 分</td><td>生产记录</td></tr>
<tr><td rowspan="2">非权重指标</td><td>奖励指标</td><td>发明、创造、突出贡献、合理化建议等</td><td>发明、创造、合理化建议被单位采纳，为单位做出突出贡献的，视贡献大小每项 2—10 分奖励</td><td rowspan="2">相关确认文件或通知</td><td rowspan="2">发生时</td></tr>
<tr><td>否决指标</td><td>存在安全、环保、质量、重大失误等</td><td>由于不安全行为导致的安全、环保、质量、重大失误的，对单位造成较大影响的每次扣 10 分；造成重大影响每次扣 20 分</td></tr>
<tr><td>备注</td><td colspan="5">岗位职责考核指标基准分为 100 分，根据重点工作任务分解（非否决项）具体情况确定各项考核指标权重</td></tr>
</table>

HG-MJH-030

## 振动筛操作工

| 岗位名称 | 振动筛操作工 | | 所在部门 | 焦化备煤输焦工段 | |
|---|---|---|---|---|---|
| 职位职级序列 | 技能序列 | | | | |
| 直接上级 | 生产工段长 | | | | |
| 直接下级 | —— | | | | |
| 岗位职责 | 负责安全熟练操作振动筛 | | | | |
| | 负责设备的润滑维护、保养工作，排除生产过程中的一般故障 | | | | |
| | 负责点巡检工作及各项记录的填报工作 | | | | |
| 工作记录文档 | 生产记录、台账、报表及有关数据 | | | | |

| 指标类别 | 考核指标 | 考核内容 | 考核标准 | 信息来源 | 考核周期 |
|---|---|---|---|---|---|
| 岗位职责指标 | 工作标准（20分） | 精准筛分 | 达到100%；<br>规格未达标一次扣0.5分 | 记录、台账 | 月度 |
| | 工作标准（30分） | 确保筛板干净，筛孔通透 | 筛孔堵塞一次，扣1分 | | |
| | 安全管理（20分） | 遵守劳动纪律、规章制度、操作规程等 | 达到100%；<br>违反一次，扣1分 | 日常检查 | |
| | 装置异常波动及非停（30分） | 装置按要求正常运行，对出现因管理及预案不到位等原因的生产波动及非停，进行考核管理 | 出现异常或非停，出现一次扣5分 | 生产记录 | |
| 非权重指标 | 奖励指标 | 发明、创造、突出贡献、合理化建议等 | 发明、创造、合理化建议被单位采纳，为单位做出突出贡献的，视贡献大小每项2—10分奖励 | 相关确认文件或通知 | 发生时 |
| | 否决指标 | 存在安全、环保、质量、重大失误等 | 由于不安全行为导致的安全、环保、质量、重大失误的，对单位造成较大影响的每次扣10分；造成重大影响每次扣20分 | | |
| 备注 | 岗位职责考核指标基准分为100分，根据重点工作任务分解（非否决项）具体情况确定各项考核指标权重 | | | | |

HG–MJH–031

## 破（粉）碎机操作

<table>
<tr><th>岗位名称</th><th colspan="2">破（粉）碎机操作</th><th colspan="2">所在部门</th><th>焦化备煤输焦工段</th></tr>
<tr><td colspan="2">职位职级序列</td><td colspan="4">技能序列</td></tr>
<tr><td colspan="2">直接上级</td><td colspan="4">生产工段长</td></tr>
<tr><td colspan="2">直接下级</td><td colspan="4">——</td></tr>
<tr><td colspan="2" rowspan="3">岗位职责</td><td colspan="4">负责破碎机操作，随时监测配合煤粉碎细度，保证达到规定要求</td></tr>
<tr><td colspan="4">负责设备的润滑维护、保养工作，排除生产过程中的一般故障</td></tr>
<tr><td colspan="4">负责点巡检工作及各项记录的填报工作</td></tr>
<tr><td colspan="2">工作记录文档</td><td colspan="4">生产记录、台账、报表及有关数据</td></tr>
<tr><th>指标类别</th><th>考核指标</th><th>考核内容</th><th>考核标准</th><th>信息来源</th><th>考核周期</th></tr>
<tr><td rowspan="4">岗位职责指标</td><td>工作标准（30 分）</td><td>达到粒度标准</td><td>达到 100%；<br>规格未达标一次扣 0.5 分</td><td rowspan="2">记录、台账</td><td rowspan="4">月度</td></tr>
<tr><td>设备点巡检（20 分）</td><td>按照规定时间对设备进行点巡检</td><td>完成月计划；<br>未按规定对设备进行点巡检扣 1 分</td></tr>
<tr><td>安全管理（20 分）</td><td>遵守劳动纪律、规章制度、操作规程等</td><td>达到 100%；<br>违反一次，扣 1 分</td><td>日常检查</td></tr>
<tr><td>装置异常波动及非停（30 分）</td><td>装置按要求正常运行，对出现因管理及预案不到位等原因的生产波动及非停，进行考核管理</td><td>出现异常或非停，出现一次扣 5 分</td><td>生产记录</td></tr>
<tr><td rowspan="2">非权重指标</td><td>奖励指标</td><td>发明、创造、突出贡献、合理化建议等</td><td>发明、创造、合理化建议被单位采纳，为单位做出突出贡献的，视贡献大小每项 2—10 分奖励</td><td rowspan="2">相关确认文件或通知</td><td rowspan="2">发生时</td></tr>
<tr><td>否决指标</td><td>存在安全、环保、质量、重大失误等</td><td>由于不安全行为导致的安全、环保、质量、重大失误的，对单位造成较大影响的每次扣 10 分；造成重大影响每次扣 20 分</td></tr>
<tr><td>备注</td><td colspan="5">岗位职责考核指标基准分为 100 分，根据重点工作任务分解（非否决项）具体情况确定各项考核指标权重</td></tr>
</table>

HG-MJH-032

## 煤运班长

| 岗位名称 | 煤运班长 | 所在部门 | 焦化备煤输焦工段 |
|---|---|---|---|
| 职位职级序列 | 技能序列 | | |
| 直接上级 | 车间主任 | | |
| 直接下级 | 输煤岗位工 | | |
| 岗位职责 | 负责管理输煤、配煤装置设备及岗位员工 | | |
| | 负责依据生产情况安全、高效地组织输煤、配煤装置正常生产 | | |
| | 负责设备维护保养、检修管理工作；其他日常管理工作 | | |
| 工作记录文档 | 生产记录、台账、报表及有关数据 | | |

| 指标类别 | 考核指标 | 考核内容 | 考核标准 | 信息来源 | 考核周期 |
|---|---|---|---|---|---|
| 岗位职责指标 | 工作标准（30分） | 煤运满足设计能力和生产需求 | 达到100%；<br>未达到生产需求和标准一次扣0.5分 | 记录、台账 | 月度 |
| | 工作标准（30分） | 保证煤种仓位正确 | 达到100%；<br>未在规定范围内的扣1分 | | |
| | 安全管理（20分） | 工段员工遵守劳动纪律、规章制度、操作规程等 | 达到100%；<br>违反1次，扣1分 | 日常检查 | |
| | 操作平稳率管理（20分） | 对影响装置平稳运行的4—5个关键平稳率指标进行监管 | 达到95%；<br>每降低1%，扣5分 | DCS分散控制系统 | |
| 非权重指标 | 奖励指标 | 发明、创造、突出贡献、合理化建议等 | 发明、创造、合理化建议被单位采纳，为单位做出突出贡献的，视贡献大小每项2—10分奖励 | 相关确认文件或通知 | 发生时 |
| | 否决指标 | 存在安全、环保、质量、重大失误等 | 由于不安全行为导致的安全、环保、质量、重大失误的，对单位造成较大影响的每次扣10分；造成重大影响每次扣20分 | | |
| 备注 | 岗位职责考核指标基准分为100分，根据重点工作任务分解（非否决项）具体情况确定各项考核指标权重 | | | | |

HG–MJH–033

## 螺旋卸煤机操作

| 岗位名称 | 螺旋卸煤机操作 | | 所在部门 | 焦化备煤输焦工段 | |
|---|---|---|---|---|---|
| 职位职级序列 | 技能序列 | | | | |
| 直接上级 | 煤运班长 | | | | |
| 直接下级 | —— | | | | |
| 岗位职责 | 依据操作规程负责螺旋卸煤机的运行、维护及外运煤的卸车工作 | | | | |
| | 负责设备的润滑维护、保养工作，排除生产过程中的一般故障 | | | | |
| | 负责点巡检工作及各项记录的填报工作 | | | | |
| 工作记录文档 | 生产记录、台账、报表及有关数据 | | | | |
| 指标类别 | 考核指标 | 考核内容 | 考核标准 | 信息来源 | 考核周期 |
| 岗位职责指标 | 设备点巡检（20分） | 按照规定时间对设备进行点巡检 | 完成月计划，未按规定对设备进行点巡检扣1分 | 记录、台账 | 月度 |
| | 产量指标（30分） | 完成装卸计划 | 达到100%；<br>未按计划完成扣1分 | | |
| | 安全管理（20分） | 遵守劳动纪律、规章制度、操作规程等 | 达到100%；<br>违反一次，扣1分 | 日常检查 | |
| | 装置异常波动及非停（30分） | 装置按要求正常运行，对出现因管理及预案不到位等原因的生产波动及非停，进行考核管理 | 出现异常或非停，出现一次扣5分 | 生产记录 | |
| 非权重指标 | 奖励指标 | 发明、创造、突出贡献、合理化建议等 | 发明、创造、合理化建议被单位采纳，为单位做出突出贡献的，视贡献大小每项2—10分奖励 | 相关确认文件或通知 | 发生时 |
| | 否决指标 | 存在安全、环保、质量、重大失误等 | 由于不安全行为导致的安全、环保、质量、重大失误的，对单位造成较大影响的每次扣10分；造成重大影响每次扣20分 | | |
| 备注 | 岗位职责考核指标基准分为100分，根据重点工作任务分解（非否决项）具体情况确定各项考核指标权重 | | | | |

HG-MJH-034

## 配煤班长

| 岗位名称 | 配煤班长 | 所在部门 | 焦化备煤输焦工段 |
| --- | --- | --- | --- |
| 职位职级序列 | 技能序列 | | |
| 直接上级 | 车间主任 | | |
| 直接下级 | 配煤岗位工 | | |
| 岗位职责 | 负责监护本班作业人员的生产安全情况，负责所辖工段现场巡回检查工作 | | |
| | 负责配煤水分的监管工作，完成本班的生产指标和各项技术指标 | | |
| | 负责设备维护保养、检修管理工作；其他日常管理工作 | | |
| 工作记录文档 | 生产记录、台账、报表及有关数据 | | |

| 指标类别 | 考核指标 | 考核内容 | 考核标准 | 信息来源 | 考核周期 |
| --- | --- | --- | --- | --- | --- |
| 岗位职责指标 | 工艺指标（30 分） | 配煤指标符合工艺要求要求 | 规定范围；<br>每超出规定范围一次减 0.5 分 | 质计中心化验 | 月度 |
| | 产量指标（30 分） | 配煤输送符合生产需求 | 达到 100%；<br>未按计划完成扣 1 分 | 记录、台账 | |
| | 安全管理（20 分） | 工段员工遵守劳动纪律、规章制度、操作规程等 | | 日常检查 | |
| | 操作平稳率管理（20 分） | 对影响装置平稳运行的 4—5 个关键平稳率指标进行监管 | 达到 95%；<br>每降低 1%，扣 5 分 | DCS 分散控制系统 | |
| 非权重指标 | 奖励指标 | 发明、创造、突出贡献、合理化建议等 | 发明、创造、合理化建议被单位采纳，为单位做出突出贡献的，视贡献大小每项 2—10 分奖励 | 相关确认文件或通知 | 发生时 |
| | 否决指标 | 存在安全、环保、质量、重大失误等 | 由于不安全行为导致的安全、环保、质量、重大失误的，对单位造成较大影响的每次扣 10 分；造成重大影响每次扣 20 分 | | |
| 备注 | 岗位职责考核指标基准分为 100 分，根据重点工作任务分解（非否决项）具体情况确定各项考核指标权重 | | | | |

HG–MJH–035

## 甲醇合成班长

<table>
<tr><th colspan="2">岗位名称</th><td colspan="2">甲醇合成班长</td><th>所在部门</th><td colspan="2">焦炉气制甲醇合成工段</td></tr>
<tr><td colspan="2">职位职级序列</td><td colspan="5">技能序列</td></tr>
<tr><td colspan="2">直接上级</td><td colspan="5">车间主任</td></tr>
<tr><td colspan="2">直接下级</td><td colspan="5">合成岗位工</td></tr>
<tr><td colspan="2" rowspan="3">岗位职责</td><td colspan="5">负责压缩、合成、精馏、罐区系统的监控、操作、巡检、记录运行参数，事故处理</td></tr>
<tr><td colspan="5">负责监督检查压缩、合成、精馏、罐区岗位执行工艺纪律、遵守安全操作规程、生产操作记录及产品质量情况</td></tr>
<tr><td colspan="5">负责其他日常管理工作</td></tr>
<tr><td colspan="2">工作记录文档</td><td colspan="5">生产记录、台账、报表及有关数据</td></tr>
<tr><th>指标类别</th><th>考核指标</th><th>考核内容</th><th colspan="2">考核标准</th><th>信息来源</th><th>考核周期</th></tr>
<tr><td rowspan="4">岗位职责指标</td><td>记录管理（20 分）</td><td>记录清晰、真实、整洁</td><td colspan="2">完成 100%，每处不合格一次扣 1 分</td><td>现场记录</td><td rowspan="4">月度</td></tr>
<tr><td>工艺设备管理（30 分）</td><td>按照规定要求对合成装置工艺设备进行检查，提高设备完好率，消除跑、冒、滴、漏</td><td colspan="2" rowspan="2">达到 100%，每处不合格一次扣 1 分</td><td>现场检查</td></tr>
<tr><td>工艺控制管理（30 分）</td><td>对影响系统平稳运行的联锁指标进行监管</td><td rowspan="2">DCS 分散控制系统控制室</td></tr>
<tr><td>工艺控制管理（20 分）</td><td>对影响系统平稳运行的工艺指标进行控制</td><td colspan="2">达到 95%，每处不合格一次扣 1 分</td></tr>
<tr><td rowspan="2">非权重指标</td><td>奖励指标</td><td>发明、创造、突出贡献、合理化建议等</td><td colspan="2">发明、创造、合理化建议被单位采纳，为单位做出突出贡献的，视贡献大小每项 2—10 分奖励</td><td rowspan="2">相关确认文件或通知</td><td rowspan="2">发生时</td></tr>
<tr><td>否决指标</td><td>存在安全、环保、质量、重大失误等</td><td colspan="2">由于不安全行为导致的安全、环保、质量、重大失误的，对单位造成较大影响的每次扣 10 分；造成重大影响每次扣 20 分</td></tr>
<tr><td>备注</td><td colspan="6">岗位职责考核指标基准分为 100 分，根据重点工作任务分解（非否决项）具体情况确定各项考核指标权重</td></tr>
</table>

HG-MJH-036

## 合成精馏内操

| 岗位名称 | 合成精馏内操 | | | 所在部门 | 焦炉气制甲醇合成工段 |
|---|---|---|---|---|---|
| 职位职级序列 | 技能序列 | | | | |
| 直接上级 | 甲醇合成班长 | | | | |
| 直接下级 | 合成精馏外操 | | | | |
| 岗位职责 | 负责操作合成精馏中控系统各项工艺指标 | | | | |
| | 负责合成、精馏系统的监控、操作、巡检、记录运行参数，事故处理 | | | | |
| 工作记录文档 | 生产记录、台账、报表及有关数据 | | | | |
| 指标类别 | 考核指标 | 考核内容 | 考核标准 | 信息来源 | 考核周期 |
| 岗位职责指标 | 记录管理（20分） | 记录清晰、真实、整洁，并保持作业场所清洁 | 完成100%，每处不合格扣1分 | 现场记录 | 月度 |
| | 工艺设备管理（20分） | 按照规定要求对合成装置工艺指标进行检查 | 达到100%，每处不合格一次扣1分 | DCS分散控制系统控制室 | |
| | 工艺控制管理（20分） | 对影响系统平稳运行的联锁指标进行监管 | | | |
| | 工艺控制管理（20分） | 对影响系统平稳运行的工艺指标进行控制 | 达到95%，每处不合格一次扣1分 | DCS分散控制系统控制室工作记录 | |
| | 产品质量管理（20分） | 对精甲醇的质量进行控制 | 一等品达到100%，每处不合格一次扣1分 | 化验结果 | |
| 非权重指标 | 奖励指标 | 发明、创造、突出贡献、合理化建议等 | 发明、创造、合理化建议被单位采纳，为单位做出突出贡献的，视贡献大小每项2—10分奖励 | 相关确认文件或通知 | 发生时 |
| | 否决指标 | 存在安全、环保、质量、重大失误等 | 由于不安全行为导致的安全、环保、质量、重大失误的，对单位造成较大影响的每次扣10分；造成重大影响每次扣20分 | | |
| 备注 | 岗位职责考核指标基准分为100分，根据重点工作任务分解（非否决项）具体情况确定各项考核指标权重 | | | | |

HG-MJH-037

## 灌装班长

<table>
<tr><td colspan="2">岗位名称</td><td colspan="2">灌装班长</td><td>所在部门</td><td colspan="2">焦炉气制甲醇合成工段</td></tr>
<tr><td colspan="2">职位职级序列</td><td colspan="5">技能序列</td></tr>
<tr><td colspan="2">直接上级</td><td colspan="5">车间主任</td></tr>
<tr><td colspan="2">直接下级</td><td colspan="5">灌装操作工</td></tr>
<tr><td colspan="2" rowspan="2">岗位职责</td><td colspan="5">负责储运系统（重大危险源）的监控、操作、巡检、记录运行参数，事故处理，甲醇装车并处理生产过程中的一般故障</td></tr>
<tr><td colspan="5">负责监督、检查储罐区本岗位执行工艺纪律、遵守安全操作规程、生产操作记录及产品质量情况</td></tr>
<tr><td colspan="2">工作记录文档</td><td colspan="5">生产记录、台账、报表及有关数据</td></tr>
<tr><td>指标类别</td><td>考核指标</td><td>考核内容</td><td colspan="2">考核标准</td><td>信息来源</td><td>考核周期</td></tr>
<tr><td rowspan="3">岗位职责指标</td><td>记录管理（30 分）</td><td>记录清晰、真实、整洁，并保持作业场所清洁</td><td colspan="2" rowspan="2">完成 100%，每处不合格一次扣 1 分</td><td rowspan="2">现场记录</td><td rowspan="3">月度</td></tr>
<tr><td>灌装管理（30 分）</td><td>做好甲醇的接收工作，按要求检查每辆甲醇车辆并装车</td></tr>
<tr><td>工艺控制管理（40 分）</td><td>对影响系统平稳运行的联锁指标进行监管</td><td colspan="2">达到 100%，每处不合格一次扣 1 分</td><td>DCS 分散控制系统控制室</td></tr>
<tr><td rowspan="2">非权重指标</td><td>奖励指标</td><td>发明、创造、突出贡献、合理化建议等</td><td colspan="2">发明、创造、合理化建议被单位采纳，为单位做出突出贡献的，视贡献大小每项 2—10 分奖励</td><td rowspan="2">相关确认文件或通知</td><td rowspan="2">发生时</td></tr>
<tr><td>否决指标</td><td>存在安全、环保、质量、重大失误等</td><td colspan="2">由于不安全行为导致的安全、环保、质量、重大失误的，对单位造成较大影响的每项扣 10 分；造成重大影响每项扣 20 分</td></tr>
<tr><td>备注</td><td colspan="6">岗位职责考核指标基准分为 100 分，根据重点工作任务分解（非否决项）具体情况确定各项考核指标权重</td></tr>
</table>

HG-MJH-038

## 化学水操作工

<table>
<tr><td>岗位名称</td><td colspan="2">化学水操作工</td><td>所在部门</td><td colspan="2">焦炉气制甲醇合成工段</td></tr>
<tr><td>职位职级序列</td><td colspan="5">技能序列</td></tr>
<tr><td>直接上级</td><td colspan="5">化学水班长</td></tr>
<tr><td>直接下级</td><td colspan="5">——</td></tr>
<tr><td rowspan="3">岗位职责</td><td colspan="5">负责操作除盐水砂滤、超滤、反渗透、混床以及各种加药装置完成甲醇厂、电厂锅炉、硝铵厂送水等工作，并处理生产过程中的一般故障</td></tr>
<tr><td colspan="5">负责对除盐水现场生产工况的全面调整，保证工况稳定，确保设备安全稳定运行</td></tr>
<tr><td colspan="5">严格控制各项工艺指标，为用水单位提供合格除盐水</td></tr>
<tr><td>工作记录文档</td><td colspan="5">生产记录、台账、报表及有关数据</td></tr>
<tr><td>指标类别</td><td>考核指标</td><td>考核内容</td><td>考核标准</td><td>信息来源</td><td>考核周期</td></tr>
<tr><td rowspan="4">岗位职责指标</td><td>工艺指标（30 分）</td><td>除盐水指标合格</td><td>达到 100%；<br>每处不合格一次扣 1 分</td><td>化验结果</td><td rowspan="4">月度</td></tr>
<tr><td>记录管理（20 分）</td><td>记录清晰、真实、整洁</td><td>完成 100%；<br>每处不合格一次扣 0.5 分</td><td>现场记录</td></tr>
<tr><td>安全管理（20 分）</td><td>遵守劳动纪律、规章制度、操作规程等</td><td>达到 100%；<br>违反一次，扣 1 分</td><td>日常检查</td></tr>
<tr><td>装置异常波动及非停（30 分）</td><td>装置按要求正常运行，对出现因管理及预案不到位等原因的生产波动及非停，进行考核管理</td><td>出现异常或非停；<br>出现一次扣 5 分</td><td>生产记录</td></tr>
<tr><td rowspan="2">非权重指标</td><td>奖励指标</td><td>发明、创造、突出贡献、合理化建议等</td><td>发明、创造、合理化建议被单位采纳，为单位做出突出贡献的，视贡献大小每项 2—10 分奖励</td><td rowspan="2">相关确认文件或通知</td><td rowspan="2">发生时</td></tr>
<tr><td>否决指标</td><td>存在安全、环保、质量、重大失误等</td><td>由于不安全行为导致的安全、环保、质量、重大失误的，对单位造成较大影响的每项扣 10 分；造成重大影响每项扣 20 分</td></tr>
<tr><td>备注</td><td colspan="5">岗位职责考核指标基准分为 100 分，根据重点工作任务分解（非否决项）具体情况确定各项考核指标权重</td></tr>
</table>

HG-MJH-039

## 净化班长

<table>
<tr><td>岗位名称</td><td colspan="2">净化班长</td><td colspan="2">所在部门</td><td>焦炉气制甲醇净化工段</td></tr>
<tr><td>职位职级序列</td><td colspan="5">技能序列</td></tr>
<tr><td>直接上级</td><td colspan="5">车间主任</td></tr>
<tr><td>直接下级</td><td colspan="5">净化岗位工</td></tr>
<tr><td rowspan="3">岗位职责</td><td colspan="5">负责重大危险源检查，对现场工艺、设备进行检查，处理安全、工艺、设备隐患问题</td></tr>
<tr><td colspan="5">负责对中控工艺指标进行检查，对本班组人员进行日常管理</td></tr>
<tr><td colspan="5">负责其他日常管理工作</td></tr>
<tr><td>工作记录文档</td><td colspan="5">生产记录、台账、报表及有关数据</td></tr>
</table>

<table>
<tr><th>指标类别</th><th>考核指标</th><th>考核内容</th><th>考核标准</th><th>信息来源</th><th>考核周期</th></tr>
<tr><td rowspan="4">岗位职责指标</td><td>工艺指标（30分）</td><td>工艺指标在正常范围之内</td><td>工艺指标超出正常范围，每处不合格一次扣1分</td><td>DCS分散控制系统</td><td rowspan="4">月度</td></tr>
<tr><td>生产消耗（20分）</td><td>煤气、脱盐水的消耗量</td><td>消耗量在规定范围之内，每超出一次扣1分</td><td>DCS分散控制系统、甲醇精馏</td></tr>
<tr><td>安全管理（30分）</td><td>工段员工遵守劳动纪律、规章制度、操作规程等</td><td>达到100%，违反一次扣1分</td><td>日常检查</td></tr>
<tr><td>操作平稳率管理（20分）</td><td>对影响装置平稳运行的4—5个关键平稳率指标进行监管</td><td>达到95%，每降低1%，扣5分</td><td>DCS分散控制系统</td></tr>
<tr><td rowspan="2">非权重指标</td><td>奖励指标</td><td>发明、创造、突出贡献、合理化建议等</td><td>发明、创造、合理化建议被单位采纳，为单位做出突出贡献的，视贡献大小每项2—10分奖励</td><td rowspan="2">相关确认文件或通知</td><td rowspan="2">发生时</td></tr>
<tr><td>否决指标</td><td>存在安全、环保、质量、重大失误等</td><td>由于不安全行为导致的安全、环保、质量、重大失误的，对单位造成较大影响的每项扣10分；造成重大影响每项扣20分</td></tr>
<tr><td>备注</td><td colspan="5">岗位职责考核指标基准分为100分，根据重点工作任务分解（非否决项）具体情况确定各项考核指标权重</td></tr>
</table>

HG-MJH-040

## 净化转化内操

<table>
<tr><td>岗位名称</td><td colspan="2">净化转化内操</td><td>所在部门</td><td colspan="2">焦炉气制甲醇净化工段</td></tr>
<tr><td colspan="2">职位职级序列</td><td colspan="4">技能序列</td></tr>
<tr><td colspan="2">直接上级</td><td colspan="4">净化班长</td></tr>
<tr><td colspan="2">直接下级</td><td colspan="4">净化外操</td></tr>
<tr><td colspan="2" rowspan="3">岗位职责</td><td colspan="4">负责按操作规程进行开停车，精心操作，严格执行各项工艺指标，正确判断并及时处理事故或异常情况</td></tr>
<tr><td colspan="4">负责执行工艺纪律、遵守安全操作规程、生产操作记录及保证产品质量</td></tr>
<tr><td colspan="4">负责设备维护、保养，工具管理及所属地区的清洁工作</td></tr>
<tr><td colspan="2">工作记录文档</td><td colspan="4">生产记录、台账、报表及有关数据</td></tr>
<tr><td>指标类别</td><td>考核指标</td><td>考核内容</td><td>考核标准</td><td>信息来源</td><td>考核周期</td></tr>
<tr><td rowspan="3">岗位职责指标</td><td>产品质量管理（40分）</td><td>对转化气中的甲烷含量进行控制</td><td>达到95%，每处不合格一次扣1分</td><td>化验结果</td><td rowspan="3">月度</td></tr>
<tr><td>工艺控制管理（30分）</td><td>对影响系统平稳运行的联锁指标进行控制</td><td>达到100%，每处不合格一次扣1分</td><td rowspan="2">DCS分散控制系统控制室工作记录</td></tr>
<tr><td>工艺控制管理（30分）</td><td>对影响系统平稳运行的工艺指标进行控制</td><td>达到95%，每处不合格一次扣1分</td></tr>
<tr><td rowspan="2">非权重指标</td><td>奖励指标</td><td>发明、创造、突出贡献、合理化建议等</td><td>发明、创造、合理化建议被单位采纳，为单位做出突出贡献的，视贡献大小每项2—10分奖励</td><td rowspan="2">相关确认文件或通知</td><td rowspan="2">发生时</td></tr>
<tr><td>否决指标</td><td>存在安全、环保、质量、重大失误等</td><td>由于不安全行为导致的安全、环保、质量、重大失误的，对单位造成较大影响的每项扣10分；造成重大影响每项扣20分</td></tr>
<tr><td>备注</td><td colspan="5">岗位职责考核指标基准分为100分，根据重点工作任务分解（非否决项）具体情况确定各项考核指标权重</td></tr>
</table>

HG–MJH–041

## 空分班长

| 岗位名称 | 空分班长 | 所在部门 | 焦炉气制甲醇空分工段 |
|---|---|---|---|
| 职位职级序列 | 技能序列 | | |
| 直接上级 | 车间主任 | | |
| 直接下级 | 空分岗位工 | | |
| 岗位职责 | 负责组织本班安全生产，完成产量、质量及各项技术指标 | | |
| | 负责监督、检查本岗位执行工艺纪律、遵守安全操作规程、生产操作记录及产品质量情况 | | |
| | 做好设备维护、保养、工具管理及所属地区的清洁工作 | | |
| | 检查各岗位工艺指标及各项规章制度执行情况，做好设备和安全设施的巡回检查及维护保养，并认真做好记录 | | |
| 工作记录文档 | 生产记录、台账、报表及有关数据 | | |

| 指标类别 | 考核指标 | 考核内容 | 考核标准 | 信息来源 | 考核周期 |
|---|---|---|---|---|---|
| 岗位职责指标 | 记录管理（20 分） | 记录清晰、真实、整洁，并保持作业场所清洁 | 完成 100%，每处不合格一次扣 1 分 | 现场记录 | 月度 |
| | 工艺设备管理（30 分） | 按照规定要求对空分装置内工艺设备进行检查 | 达到 100%，每处不合格一次扣 1 分 | | |
| | 工艺设备管理（30 分） | 提高设备完好率，消除跑、冒、滴、漏 | | 现场检查 | |
| | 工艺控制管理（20 分） | 对影响系统平稳运行的联锁指标进行监管 | | DCS 分散控制系统控制室 | |
| 非权重指标 | 奖励指标 | 发明、创造、突出贡献、合理化建议等 | 发明、创造、合理化建议被单位采纳，为单位做出突出贡献的，视贡献大小每项 2—10 分奖励 | 相关确认文件或通知 | 发生时 |
| | 否决指标 | 存在安全、环保、质量、重大失误等 | 由于不安全行为导致的安全、环保、质量、重大失误的，对单位造成较大影响的每项扣 10 分；造成重大影响每项扣 20 分 | | |
| 备注 | 岗位职责考核指标基准分为 100 分，根据重点工作任务分解（非否决项）具体情况确定各项考核指标权重 | | | | |

HG-MJH-042

## 空分内操

<table>
<tr><th>岗位名称</th><th colspan="3">空分内操</th><th>所在部门</th><th>焦炉气制甲醇空分工段</th></tr>
<tr><td>职位职级序列</td><td colspan="5">技能序列</td></tr>
<tr><td>直接上级</td><td colspan="5">空分班长</td></tr>
<tr><td>直接下级</td><td colspan="5">空分外操</td></tr>
<tr><td rowspan="4">岗位职责</td><td colspan="5">保证各系统运行正常，氧气、氮气产品质量、产量符合要求。监视循环水各参数运行正常。收集空分及循环水的化验分析数据，并做好记录</td></tr>
<tr><td colspan="5">认真执行操作规程，保证各岗位设备的正常运行，精心监控各工艺指标，并控制在范围内</td></tr>
<tr><td colspan="5">控制好氧气压力、流量，根据转化的要求进行调节</td></tr>
<tr><td colspan="5">操作人员上班时必须穿戴好规定的劳保用具，操作时严格遵守工艺规程，严禁违章作业，不得擅离职守</td></tr>
<tr><td>工作记录文档</td><td colspan="5">生产记录、台账、报表及有关数据</td></tr>
<tr><th>指标类别</th><th>考核指标</th><th>考核内容</th><th>考核标准</th><th>信息来源</th><th>考核周期</th></tr>
<tr><td rowspan="3">岗位职责指标</td><td>记录管理（30分）</td><td>记录清晰、真实、整洁，并保持作业场所清洁</td><td>完成100%，每处不合格一次扣1分</td><td rowspan="2">现场记录</td><td rowspan="3">月度</td></tr>
<tr><td>工艺设备管理（40分）</td><td>按照规定要求对空分装置内工艺设备进行检查</td><td rowspan="2">达到100%，每处不合格一次扣1分</td></tr>
<tr><td>工艺控制管理（30分）</td><td>对影响系统平稳运行的联锁指标进行监管</td><td>DCS分散控制系统控制室</td></tr>
<tr><td rowspan="2">非权重指标</td><td>奖励指标</td><td>发明、创造、突出贡献、合理化建议等</td><td>发明、创造、合理化建议被单位采纳，为单位做出突出贡献的，视贡献大小每项2—10分奖励</td><td rowspan="2">相关确认文件或通知</td><td rowspan="2">发生时</td></tr>
<tr><td>否决指标</td><td>存在安全、环保、质量、重大失误等</td><td>由于不安全行为导致的安全、环保、质量、重大失误的，对单位造成较大影响的每项扣10分；造成重大影响每项扣20分</td></tr>
<tr><td>备注</td><td colspan="5">岗位职责考核指标基准分为100分，根据重点工作任务分解（非否决项）具体情况确定各项考核指标权重</td></tr>
</table>

HG-MJH-043

## 蒸馏班长

<table>
<tr><td>岗位名称</td><td colspan="2">蒸馏班长</td><td colspan="2">所在部门</td><td>焦油蒸馏工段</td></tr>
<tr><td>职位职级序列</td><td colspan="5">技能序列</td></tr>
<tr><td>直接上级</td><td colspan="5">车间主任</td></tr>
<tr><td>直接下级</td><td colspan="5">蒸馏岗位工</td></tr>
<tr><td rowspan="3">岗位职责</td><td colspan="5">负责焦油蒸馏系统重点区域关键设备的监控、巡检、操作、维护保养，处理生产过程中的一般故障</td></tr>
<tr><td colspan="5">负责监督、检查、考核各岗位执行工艺纪律、遵守安全操作规程、生产操作记录及产品质量情况</td></tr>
<tr><td colspan="5">负责其他日常管理工作</td></tr>
<tr><td>工作记录文档</td><td colspan="5">生产记录、台账、报表及有关数据</td></tr>
<tr><td>指标类别</td><td>考核指标</td><td>考核内容</td><td>考核标准</td><td>信息来源</td><td>考核周期</td></tr>
<tr><td rowspan="4">岗位职责指标</td><td>记录管理（30分）</td><td>记录清晰、真实、整洁，并保持作业场所清洁</td><td>完成100%，每处不合格一次扣1分</td><td>现场记录</td><td rowspan="4">月度</td></tr>
<tr><td>产量指标（30分）</td><td>产品产量和质量</td><td>完成月计划，每减少1%，扣1分</td><td>产能指标</td></tr>
<tr><td>安全管理（20分）</td><td>工段员工遵守劳动纪律、规章制度、操作规程等</td><td>达到100%，违反1次，扣1分</td><td>日常检查</td></tr>
<tr><td>操作平稳率管理（20分）</td><td>对影响装置平稳运行的4—5个关键平稳率指标进行监管</td><td>达到95%，每降低1%，扣5分</td><td>DCS分散控制系统</td></tr>
<tr><td rowspan="2">非权重指标</td><td>奖励指标</td><td>发明、创造、突出贡献、合理化建议等</td><td>发明、创造、合理化建议被单位采纳，为单位做出突出贡献的，视贡献大小每项2—10分奖励</td><td rowspan="2">相关确认文件或通知</td><td rowspan="2">发生时</td></tr>
<tr><td>否决指标</td><td>存在安全、环保、质量、重大失误等</td><td>由于不安全行为导致的安全、环保、质量、重大失误的，对单位造成较大影响的每项扣10分；造成重大影响每项扣20分</td></tr>
<tr><td>备注</td><td colspan="5">岗位职责考核指标基准分为100分，根据重点工作任务分解（非否决项）具体情况确定各项考核指标权重</td></tr>
</table>

HG-MJH-044

## 蒸馏内操

<table>
<tr><th>岗位名称</th><th colspan="2">蒸馏内操</th><th colspan="2">所在部门</th><th>焦油蒸馏工段</th></tr>
<tr><td>职位职级序列</td><td colspan="5">技能序列</td></tr>
<tr><td>直接上级</td><td colspan="5">蒸馏班长</td></tr>
<tr><td>直接下级</td><td colspan="5">——</td></tr>
<tr><td rowspan="3">岗位职责</td><td colspan="5">负责焦油蒸馏系统 DCS 分散控制系统操作，调节煤气量在指标范围内</td></tr>
<tr><td colspan="5">负责异常报警处理，出现异常及时通知协调现场处置</td></tr>
<tr><td colspan="5">执行焦油蒸馏系统工艺纪律、遵守安全操作规程、生产操作记录及保证产品质量</td></tr>
<tr><td>工作记录文档</td><td colspan="5">生产记录、台账、报表及有关数据</td></tr>
</table>

<table>
<tr><th>指标类别</th><th>考核指标</th><th>考核内容</th><th>考核标准</th><th>信息来源</th><th>考核周期</th></tr>
<tr><td rowspan="4">岗位职责指标</td><td>记录管理（20 分）</td><td>记录清晰、真实、整洁，并保持作业场所清洁</td><td>完成 100%，每处不合格一次扣 1 分</td><td>现场记录</td><td rowspan="4">月度</td></tr>
<tr><td>工作标准（30 分）</td><td>现场各类报警及时记录处置</td><td>完成 100%，每减少 1%，扣 0.5 分</td><td>DCS 分散控制系统控制室</td></tr>
<tr><td>安全管理（20 分）</td><td>遵守劳动纪律、规章制度、操作规程等</td><td>达到 100%，违反一次，扣 1 分</td><td>日常检查</td></tr>
<tr><td>装置异常波动及非停（30 分）</td><td>装置按要求正常运行，对因管理及预案不到位等而出现的生产波动及非停，进行考核管理</td><td>出现异常或非停，出现一次扣 5 分</td><td>生产记录</td></tr>
<tr><td rowspan="2">非权重指标</td><td>奖励指标</td><td>发明、创造、突出贡献、合理化建议等</td><td>发明、创造、合理化建议被单位采纳，为单位做出突出贡献的，视贡献大小每项 2—10 分奖励</td><td rowspan="2">相关确认文件或通知</td><td rowspan="2">发生时</td></tr>
<tr><td>否决指标</td><td>存在安全、环保、质量、重大失误等</td><td>由于不安全行为导致的安全、环保、质量、重大失误的，对单位造成较大影响的每项扣 10 分；造成重大影响每项扣 20 分</td></tr>
<tr><td>备注</td><td colspan="5">岗位职责考核指标基准分为 100 分，根据重点工作任务分解（非否决项）具体情况确定各项考核指标权重</td></tr>
</table>

HG-MJH-045

## 蒸馏外操

<table>
<tr><td>岗位名称</td><td colspan="2">蒸馏外操</td><td colspan="2">所在部门</td><td>焦油蒸馏工段</td></tr>
<tr><td>职位职级序列</td><td colspan="5">技能序列</td></tr>
<tr><td>直接上级</td><td colspan="5">蒸馏班长</td></tr>
<tr><td>直接下级</td><td colspan="5">——</td></tr>
<tr><td rowspan="3">岗位职责</td><td colspan="5">负责蒸馏装置内设备的操作、巡检、维护保养，处理生产过程中的一般故障</td></tr>
<tr><td colspan="5">负责本岗位的事故事件的应急处置</td></tr>
<tr><td colspan="5">执行工艺纪律、遵守安全操作规程、生产操作记录及保证产品质量</td></tr>
<tr><td>工作记录文档</td><td colspan="5">生产记录、台账、报表及有关数据</td></tr>
<tr><td>指标类别</td><td>考核指标</td><td>考核内容</td><td>考核标准</td><td>信息来源</td><td>考核周期</td></tr>
<tr><td rowspan="4">岗位职责指标</td><td>记录管理（20 分）</td><td>记录清晰、真实、整洁，并保持作业场所清洁</td><td>完成 100%，每处不合格一次扣 1 分</td><td>现场记录</td><td rowspan="4">月度</td></tr>
<tr><td>设备点巡检（30 分）</td><td>按照规定时间对设备进行点巡检</td><td>完成月计划，每减少 1%，扣 0.5 分</td><td>记录、台账</td></tr>
<tr><td>安全管理（20 分）</td><td>遵守劳动纪律、规章制度、操作规程等</td><td>达到 100%，违反一次，扣 1 分</td><td>日常检查</td></tr>
<tr><td>装置异常波动及非停（30 分）</td><td>装置按要求正常运行，对因管理及预案不到位等而出现的生产波动及非停，进行考核管理</td><td>出现异常或非停，出现一次扣 5 分</td><td>生产记录</td></tr>
<tr><td rowspan="2">非权重指标</td><td>奖励指标</td><td>发明、创造、突出贡献、合理化建议等</td><td>发明、创造、合理化建议被单位采纳，为单位做出突出贡献的，视贡献大小每项 2—10 分奖励</td><td rowspan="2">相关确认文件或通知</td><td rowspan="2">发生时</td></tr>
<tr><td>否决指标</td><td>存在安全、环保、质量、重大失误等</td><td>由于不安全行为导致的安全、环保、质量、重大失误的，对单位造成较大影响的每项扣 10 分；造成重大影响每项扣 20 分</td></tr>
<tr><td>备注</td><td colspan="5">岗位职责考核指标基准分为 100 分，根据重点工作任务分解（非否决项）具体情况确定各项考核指标权重</td></tr>
</table>

HG-MJH-046

## 沥青外操

<table>
<tr><td>岗位名称</td><td colspan="2">沥青外操</td><td colspan="2">所在部门</td><td>焦油蒸馏工段</td></tr>
<tr><td>职位职级序列</td><td colspan="5">技能序列</td></tr>
<tr><td>直接上级</td><td colspan="5">蒸馏班长</td></tr>
<tr><td>直接下级</td><td colspan="5">——</td></tr>
<tr><td rowspan="3">岗位职责</td><td colspan="5">负责蒸馏装置内设备的操作、巡检、维护保养，处理生产过程中的一般故障</td></tr>
<tr><td colspan="5">负责本岗位的事故事件的应急处置</td></tr>
<tr><td colspan="5">执行工艺纪律、遵守安全操作规程、生产操作记录及保证产品质量</td></tr>
<tr><td>工作记录文档</td><td colspan="5">生产记录、台账、报表及有关数据</td></tr>
</table>

<table>
<tr><th>指标类别</th><th>考核指标</th><th>考核内容</th><th>考核标准</th><th>信息来源</th><th>考核周期</th></tr>
<tr><td rowspan="4">岗位职责指标</td><td>记录管理（20分）</td><td>记录清晰、真实、整洁，并保持作业场所清洁</td><td>完成100%，每处不合格一次扣1分</td><td>现场记录</td><td rowspan="4">月度</td></tr>
<tr><td>设备点巡检（30分）</td><td>按照规定时间对设备进行点巡检</td><td>完成月计划，每减少1%，扣0.5分</td><td>记录、台账</td></tr>
<tr><td>安全管理（20分）</td><td>遵守劳动纪律、规章制度、操作规程等</td><td>达到100%，违反一次，扣1分</td><td>日常检查</td></tr>
<tr><td>装置异常波动及非停（30分）</td><td>装置按要求正常运行，对因管理及预案不到位等而出现的生产波动及非停，进行考核管理</td><td>出现异常或非停，出现一次扣5分</td><td>生产记录</td></tr>
<tr><td rowspan="2">非权重指标</td><td>奖励指标</td><td>发明、创造、突出贡献、合理化建议等</td><td>发明、创造、合理化建议被单位采纳，为单位做出突出贡献的，视贡献大小每项2—10分奖励</td><td rowspan="2">相关确认文件或通知</td><td rowspan="2">发生时</td></tr>
<tr><td>否决指标</td><td>存在安全、环保、质量、重大失误等</td><td>由于不安全行为导致的安全、环保、质量、重大失误的，对单位造成较大影响的每项扣10分；造成重大影响每项扣20分</td></tr>
<tr><td>备注</td><td colspan="5">岗位职责考核指标基准分为100分，根据重点工作任务分解（非否决项）具体情况确定各项考核指标权重</td></tr>
</table>

HG-MJH-047

## 精制班长

| 岗位名称 | 精制班长 | | 所在部门 | 焦油精制工段 | |
|---|---|---|---|---|---|
| 职位职级序列 | 技能序列 | | | | |
| 直接上级 | 车间主任 | | | | |
| 直接下级 | 精制岗位工 | | | | |
| 岗位职责 | 负责重大危险源检查，对现场工艺、设备进行检查，处理安全、工艺、设备隐患问题 | | | | |
| | 负责对中控工艺指标进行检查，对本班组人员进行日常管理 | | | | |
| | 负责其他日常管理工作 | | | | |
| 工作记录文档 | 生产记录、台账、报表及有关数据 | | | | |
| 指标类别 | 考核指标 | 考核内容 | 考核标准 | 信息来源 | 考核周期 |
| 岗位职责指标 | 记录管理（30分） | 记录清晰、真实、整洁，并保持作业场所清洁 | 完成100%，每处不合格一次扣1分 | 现场记录 | 月度 |
| | 产量指标（30分） | 产品产量和质量 | 完成月计划，每减少1%，扣1分 | 产能指标 | |
| | 安全管理（20分） | 工段员工遵守劳动纪律、规章制度、操作规程等 | 达到100%，违反一次，扣1分 | 日常检查 | |
| | 操作平稳率管理（20分） | 对影响装置平稳运行的4—5个关键平稳率指标进行监管 | 达到95%，每降低1%，扣5分 | DCS分散控制系统 | |
| 非权重指标 | 奖励指标 | 发明、创造、突出贡献、合理化建议等 | 发明、创造、合理化建议被单位采纳，为单位做出突出贡献的，视贡献大小每项2—10分奖励 | 相关确认文件或通知 | 发生时 |
| | 否决指标 | 存在安全、环保、质量、重大失误等 | 由于不安全行为导致的安全、环保、质量、重大失误的，对单位造成较大影响的每项扣10分；造成重大影响每项扣20分 | | |
| 备注 | 岗位职责考核指标基准分为100分，根据重点工作任务分解（非否决项）具体情况确定各项考核指标权重 | | | | |

HG-MJH-048

## 工业萘外操

| 岗位名称 | 工业萘外操 | | 所在部门 | 焦油精制工段 | |
| --- | --- | --- | --- | --- | --- |
| 职位职级序列 | 技能序列 | | | | |
| 直接上级 | 精制班长 | | | | |
| 直接下级 | —— | | | | |
| 岗位职责 | 负责工业萘装置的正常生产、油品接送、液萘装车、工业萘打包、设备运行保养 | | | | |
| | 负责本岗位的事故事件的应急处置 | | | | |
| | 执行工艺纪律、遵守安全操作规程、生产操作记录及保证产品质量 | | | | |
| 工作记录文档 | 生产记录、台账、报表及有关数据 | | | | |
| **指标类别** | **考核指标** | **考核内容** | **考核标准** | **信息来源** | **考核周期** |
| 岗位职责指标 | 记录管理（20分） | 记录清晰、真实、整洁，并保持作业场所清洁 | 完成100%，每处不合格一次扣0.5分 | 现场记录 | 月度 |
| | 工作标准（30分） | 做好液萘的接收工作，按要求检查车辆并装车 | 完成100%，每减少1%，扣1分 | 产能指标 | |
| | 安全管理（20分） | 遵守劳动纪律、规章制度、操作规程等 | 达到100%，违反一次，扣1分 | 日常检查 | |
| | 装置异常波动及非停（30分） | 装置按要求正常运行，对因管理及预案不到位等而出现的生产波动及非停，进行考核管理 | 出现异常或非停，出现一次扣5分 | 生产记录 | |
| 非权重指标 | 奖励指标 | 发明、创造、突出贡献、合理化建议等 | 发明、创造、合理化建议被单位采纳，为单位做出突出贡献的，视贡献大小每项2—10分奖励 | 相关确认文件或通知 | 发生时 |
| | 否决指标 | 存在安全、环保、质量、重大失误等 | 由于不安全行为导致的安全、环保、质量、重大失误的，对单位造成较大影响的每项扣10分；造成重大影响每项扣20分 | | |
| 备注 | 岗位职责考核指标基准分为100分，根据重点工作任务分解（非否决项）具体情况确定各项考核指标权重 | | | | |

HG-MJH-049

## 洗涤外操

| 岗位名称 | 洗涤外操 | | 所在部门 | 焦油精制工段 | |
|---|---|---|---|---|---|
| 职位职级序列 | 技能序列 | | | | |
| 直接上级 | 精制班长 | | | | |
| 直接下级 | —— | | | | |
| 岗位职责 | 负责洗涤装置的正常生产、油品接送、液碱配置工作及装置设备运行保养，隐患排查整改 | | | | |
| | 负责本岗位的事故事件的应急处置 | | | | |
| | 执行工艺纪律、遵守安全操作规程、生产操作记录及保证产品质量 | | | | |
| 工作记录文档 | 生产记录、台账、报表及有关数据 | | | | |

| 指标类别 | 考核指标 | 考核内容 | 考核标准 | 信息来源 | 考核周期 |
|---|---|---|---|---|---|
| 岗位职责指标 | 记录管理（20分） | 记录清晰、真实、整洁，并保持作业场所清洁 | 完成100%，每处不合格一次扣0.5分 | 现场记录 | 月度 |
| | 工作标准（30分） | 做好液碱的配置工作 | 完成100%，每减少1%，扣1分 | 产能指标 | |
| | 安全管理（20分） | 遵守劳动纪律、规章制度、操作规程等 | 达到100%，违反一次，扣1分 | 日常检查 | |
| | 装置异常波动及非停（30分） | 装置按要求正常运行，对因管理及预案不到位等而出现的生产波动及非停，进行考核管理 | 出现异常或非停，出现一次扣5分 | 生产记录 | |
| 非权重指标 | 奖励指标 | 发明、创造、突出贡献、合理化建议等 | 发明、创造、合理化建议被单位采纳，为单位做出突出贡献的，视贡献大小每项2—10分奖励 | 相关确认文件或通知 | 发生时 |
| | 否决指标 | 存在安全、环保、质量、重大失误等 | 由于不安全行为导致的安全、环保、质量、重大失误的，对单位造成较大影响的每项扣10分；造成重大影响每项扣20分 | | |
| 备注 | 岗位职责考核指标基准分为100分，根据重点工作任务分解（非否决项）具体情况确定各项考核指标权重 | | | | |

HG-MJH-050

## 洗涤内操

| 岗位名称 | 洗涤内操 | | 所在部门 | 焦油精制工段 | |
|---|---|---|---|---|---|
| 职位职级序列 | 技能序列 | | | | |
| 直接上级 | 精制班长 | | | | |
| 直接下级 | —— | | | | |
| 岗位职责 | 负责工业萘产品质量调节，中控的记录及时填写，按时报样 | | | | |
| | 负责本岗位的事故事件的应急处置 | | | | |
| | 执行工艺纪律、遵守安全操作规程、生产操作记录及保证产品质量 | | | | |
| 工作记录文档 | 生产记录、台账、报表及有关数据 | | | | |
| 指标类别 | 考核指标 | 考核内容 | 考核标准 | 信息来源 | 考核周期 |
| 岗位职责指标 | 记录管理（20分） | 记录清晰、真实、整洁，并保持作业场所清洁 | 完成100%，每处不合格一次扣0.5分 | 现场记录 | 月度 |
| | 产量指标（30分） | 产品产量和质量 | 完成计划，每减少1%，扣1分 | 产能指标 | |
| | 安全管理（20分） | 遵守劳动纪律、规章制度、操作规程等 | 达到100%，违反一次，扣1分 | 日常检查 | |
| | 装置异常波动及非停（30分） | 装置按要求正常运行，对因管理及预案不到位等而出现的生产波动及非停，进行考核管理 | 出现异常或非停，出现一次扣5分 | 生产记录 | |
| 非权重指标 | 奖励指标 | 发明、创造、突出贡献、合理化建议等 | 发明、创造、合理化建议被单位采纳，为单位做出突出贡献的，视贡献大小每项2—10分奖励 | 相关确认文件或通知 | 发生时 |
| | 否决指标 | 存在安全、环保、质量、重大失误等 | 由于不安全行为导致的安全、环保、质量、重大失误的，对单位造成较大影响的每项扣10分；造成重大影响每项扣20分 | | |
| 备注 | 岗位职责考核指标基准分为100分，根据重点工作任务分解（非否决项）具体情况确定各项考核指标权重 | | | | |

HG-MJH-051

## 装车工

| 岗位名称 | 装车工 | | 所在部门 | 焦油储运工段 | |
|---|---|---|---|---|---|
| 职位职级序列 | 技能序列 | | | | |
| 直接上级 | 储运班长 | | | | |
| 直接下级 | —— | | | | |
| 岗位职责 | 负责成品油库装置的接收、保温操作、巡检、记录运行参数，处理生产过程中的一般故障 | | | | |
| | 负责监督、检查成品槽区本岗位执行工艺纪律、遵守安全操作规程、生产操作记录及产品质量情况 | | | | |
| | 执行工艺纪律、遵守安全操作规程、生产操作记录 | | | | |
| 工作记录文档 | 生产记录、台账、报表及有关数据 | | | | |

| 指标类别 | 考核指标 | 考核内容 | 考核标准 | 信息来源 | 考核周期 |
|---|---|---|---|---|---|
| 岗位职责指标 | 记录管理（20分） | 记录清晰、真实、整洁，并保持作业场所清洁 | 完成100%，每处不合格一次扣0.5分 | 现场记录 | 月度 |
| | 产量指标（30分） | 按规定完成装车计划 | 完成计划，每减少1%，扣1分 | 产能指标 | |
| | 安全管理（20分） | 遵守劳动纪律、规章制度、操作规程等 | 达到100%，违反一次，扣1分 | 日常检查 | |
| | 装置异常波动及非停（30分） | 装置按要求正常运行，对因管理及预案不到位等而出现的生产波动及非停，进行考核管理 | 出现异常或非停，出现一次扣5分 | 生产记录 | |
| 非权重指标 | 奖励指标 | 发明、创造、突出贡献、合理化建议等 | 发明、创造、合理化建议被单位采纳，为单位做出突出贡献的，视贡献大小每项2—10分奖励 | 相关确认文件或通知 | 发生时 |
| | 否决指标 | 存在安全、环保、质量、重大失误等 | 由于不安全行为导致的安全、环保、质量、重大失误的，对单位造成较大影响的每项扣10分；造成重大影响每项扣20分 | | |
| 备注 | 岗位职责考核指标基准分为100分，根据重点工作任务分解（非否决项）具体情况确定各项考核指标权重 | | | | |

## HG-MJH-052

### 合成氨合成班长

| 岗位名称 | | 合成氨合成班长 | | 所在部门 | | 合成氨合成工段 | |
|---|---|---|---|---|---|---|---|
| 职位职级序列 | | 技能序列 | | | | | |
| 直接上级 | | 车间主任 | | | | | |
| 直接下级 | | 合成氨岗位工 | | | | | |
| 岗位职责 | | 负责合成氨、甲烷化装置等系统的生产运行协调、巡检、记录、事故处理等工作 | | | | | |
| | | 负责对中控工艺指标进行检查，对本班组人员进行日常管理 | | | | | |
| | | 负责其他日常管理工作 | | | | | |
| 工作记录文档 | | 生产记录、台账、报表及有关数据 | | | | | |
| 指标类别 | 考核指标 | 考核内容 | | 考核标准 | | 信息来源 | 考核周期 |
| 岗位职责指标 | 工艺指标（30 分） | 工艺指标在正常范围之内 | | 超出正常范围每超出一次扣 0.5 分 | | DCS 分散控制系统 | 月度 |
| | 产量指标（30 分） | 产品产量和质量 | | 完成月计划，每减少 1%，扣 1 分 | | 产能指标 | |
| | 安全管理（20 分） | 工段员工遵守劳动纪律、规章制度、操作规程等 | | 达到 100%，违反一次，扣 1 分 | | 日常检查 | |
| | 操作平稳率管理（20 分） | 对影响装置平稳运行的 4—5 个关键平稳率指标进行监管 | | 达到 95%，每降低 1%，扣 5 分 | | DCS 分散控制系统 | |
| 非权重指标 | 奖励指标 | 发明、创造、突出贡献、合理化建议等 | | 发明、创造、合理化建议被单位采纳，为单位做出突出贡献的，视贡献大小每项 2—10 分奖励 | | 相关确认文件或通知 | 发生时 |
| | 否决指标 | 存在安全、环保、质量、重大失误等 | | 由于不安全行为导致的安全、环保、质量、重大失误的，对单位造成较大影响的每项扣 10 分；造成重大影响每项扣 20 分 | | | |
| 备注 | 岗位职责考核指标基准分为 100 分，根据重点工作任务分解（非否决项）具体情况确定各项考核指标权重 | | | | | | |

## HG-MJH-053

### 合成氨内操

| 岗位名称 | | 合成氨内操 | 所在部门 | 合成氨合成工段 | |
|---|---|---|---|---|---|
| 职位职级序列 | | 技能序列 | | | |
| 直接上级 | | 合成氨合成班长 | | | |
| 直接下级 | | —— | | | |
| 岗位职责 | | 负责合成氨装置DCS分散控制系统的操作、控制及调节，严格控制各项工艺指标、运行参数记录、生产操作记录及产品质量<br>负责中控室事故处理，应急演练，中控隐患排查治理，参加各项安全、生产、工艺培训 | | | |
| 工作记录文档 | | 生产记录、台账、报表及有关数据 | | | |
| 指标类别 | 考核指标 | 考核内容 | 考核标准 | 信息来源 | 考核周期 |
| 岗位职责指标 | 工艺指标（30分） | 1. 合成塔塔压差＜0.5MPa；2. 入塔压力＜14.8MPa；3. 闪蒸槽压力2.0—2.5MPa | 达到100%，每超出一次扣0.5分 | DCS分散控制系统 | 月度 |
| | 记录管理（20分） | 记录清晰、真实、整洁，并保持作业场所清洁 | 完成100%，每处不合格一次扣1分 | 现场记录 | |
| | 安全管理（20分） | 遵守劳动纪律、规章制度、操作规程等 | 达到100%，违反一次，扣1分 | 日常检查 | |
| | 装置异常波动及非停（30分） | 装置按要求正常运行，对因管理及预案不到位等而出现的生产波动及非停，进行考核管理 | 出现异常或非停，出现一次扣5分 | 生产记录 | |
| 非权重指标 | 奖励指标 | 发明、创造、突出贡献、合理化建议等 | 发明、创造、合理化建议被单位采纳，为单位做出突出贡献的，视贡献大小每项2—10分奖励 | 相关确认文件或通知 | 发生时 |
| | 否决指标 | 存在安全、环保、质量、重大失误等 | 由于不安全行为导致的安全、环保、质量、重大失误的，对单位造成较大影响的每项扣10分；造成重大影响每项扣20分 | | |
| 备注 | 岗位职责考核指标基准分为100分，根据重点工作任务分解（非否决项）具体情况确定各项考核指标权重 | | | | |

HG–MJH–054

## 合成氨外操

<table>
<tr><td>岗位名称</td><td colspan="2">合成氨外操</td><td>所在部门</td><td colspan="2">合成氨合成工段</td></tr>
<tr><td>职位职级序列</td><td colspan="5">技能序列</td></tr>
<tr><td>直接上级</td><td colspan="5">合成氨合成班长</td></tr>
<tr><td>直接下级</td><td colspan="5">——</td></tr>
<tr><td rowspan="2">岗位职责</td><td colspan="5">负责合成氨装置、压缩岗位的运行巡检、设备的操作及维护保养；生产设备设施、消防、安全设施巡查</td></tr>
<tr><td colspan="5">负责本岗位隐患排查治理、特殊作业监督管控、应急事故处理等工作</td></tr>
<tr><td>工作记录文档</td><td colspan="5">生产记录、台账、报表及有关数据</td></tr>
<tr><td>指标类别</td><td>考核指标</td><td>考核内容</td><td>考核标准</td><td>信息来源</td><td>考核周期</td></tr>
<tr><td rowspan="4">岗位职责指标</td><td>设备点巡检（30 分）</td><td>依照规定时间对设备进行点巡检，避免跑、冒、滴、漏</td><td>完成计划，未按规定对设备进行点巡检每减少 1% 扣 1 分</td><td>记录、台账</td><td rowspan="4">月度</td></tr>
<tr><td>记录管理（20 分）</td><td>记录清晰、真实、整洁，并保持作业场所清洁</td><td>完成 100%，每处不合格一次扣 0.5 分</td><td>现场记录</td></tr>
<tr><td>安全管理（20 分）</td><td>遵守劳动纪律、规章制度、操作规程等</td><td>达到 100%，违反一次，扣 1 分</td><td>日常检查</td></tr>
<tr><td>装置异常波动及非停（30 分）</td><td>装置按要求正常运行，对因管理及预案不到位等而出现的生产波动及非停，进行考核管理</td><td>出现异常或非停，出现一次扣 5 分</td><td>生产记录</td></tr>
<tr><td rowspan="2">非权重指标</td><td>奖励指标</td><td>发明、创造、突出贡献、合理化建议等</td><td>发明、创造、合理化建议被单位采纳，为单位做出突出贡献的，视贡献大小每项 2—10 分奖励</td><td rowspan="2">相关确认文件或通知</td><td rowspan="2">发生时</td></tr>
<tr><td>否决指标</td><td>存在安全、环保、质量、重大失误等</td><td>由于不安全行为导致的安全、环保、质量、重大失误的，对单位造成较大影响的每项扣 10 分；造成重大影响每项扣 20 分</td></tr>
<tr><td>备注</td><td colspan="5">岗位职责考核指标基准分为 100 分，根据重点工作任务分解（非否决项）具体情况确定各项考核指标权重</td></tr>
</table>

HG-MJH-055

## 硝酸班长

<table>
<tr><td>岗位名称</td><td colspan="2">硝酸班长</td><td colspan="2">所在部门</td><td>合成氨硝酸工段</td></tr>
<tr><td colspan="2">职位职级序列</td><td colspan="4">技能序列</td></tr>
<tr><td colspan="2">直接上级</td><td colspan="4">车间主任</td></tr>
<tr><td colspan="2">直接下级</td><td colspan="4">硝酸岗位工</td></tr>
<tr><td colspan="2" rowspan="2">岗位职责</td><td colspan="4">负责硝酸装置等系统的生产运行协调、巡检、记录、事故处理等工作</td></tr>
<tr><td colspan="4">负责对中控工艺指标进行检查，对本班组人员进行日常管理</td></tr>
<tr><td colspan="2">工作记录文档</td><td colspan="4">生产记录、台账、报表及有关数据</td></tr>
<tr><td>指标类别</td><td>考核指标</td><td>考核内容</td><td>考核标准</td><td>信息来源</td><td>考核周期</td></tr>
<tr><td rowspan="4">岗位职责指标</td><td>工艺指标（30分）</td><td>1. 氧化炉内氨空比（8%—10.5%）；2. 氧化炉温度（845—875℃）；3. 成品酸浓度（58%—62%）</td><td>达到100%，每超出一次扣0.5分</td><td>DCS分散控制系统</td><td rowspan="4">月度</td></tr>
<tr><td>产量指标（30分）</td><td>产品产量和质量</td><td>完成月计划，每减少1%，扣1分</td><td>产能指标</td></tr>
<tr><td>安全管理（20分）</td><td>工段员工遵守劳动纪律、规章制度、操作规程等</td><td>达到100%，违反一次，扣1分</td><td>日常检查</td></tr>
<tr><td>操作平稳率管理（20分）</td><td>对影响装置平稳运行的4—5个关键平稳率指标进行监管</td><td>达到95%，每降低1%，扣5分</td><td>DCS分散控制系统</td></tr>
<tr><td rowspan="2">非权重指标</td><td>奖励指标</td><td>发明、创造、突出贡献、合理化建议等</td><td>发明、创造、合理化建议被单位采纳，为单位做出突出贡献的，视贡献大小每项2—10分奖励</td><td rowspan="2">相关确认文件或通知</td><td rowspan="2">发生时</td></tr>
<tr><td>否决指标</td><td>存在安全、环保、质量、重大失误等</td><td>由于不安全行为导致的安全、环保、质量、重大失误的，对单位造成较大影响的每项扣10分；造成重大影响每项扣20分</td></tr>
<tr><td>备注</td><td colspan="5">岗位职责考核指标基准分为100分，根据重点工作任务分解（非否决项）具体情况确定各项考核指标权重</td></tr>
</table>

HG-MJH-056

## 硝酸内操

| 岗位名称 | 硝酸内操 | | 所在部门 | 合成氨硝酸工段 | |
|---|---|---|---|---|---|
| 职位职级序列 | 技能序列 | | | | |
| 直接上级 | 硝酸班长 | | | | |
| 直接下级 | —— | | | | |
| 岗位职责 | 负责硝酸装置DCS、ITCC系统的操作、控制及调节，严格控制各项工艺指标、运行参数记录、生产操作记录及产品质量情况 | | | | |
| | 负责中控室事故处理，应急演练，中控隐患排查治理 | | | | |
| 工作记录文档 | 生产记录、台账、报表及有关数据 | | | | |
| 指标类别 | 考核指标 | 考核内容 | 考核标准 | 信息来源 | 考核周期 |
| 岗位职责指标 | 工艺指标（30分） | 1. 氧化炉内氨空比（8%—10.5%）；2. 氧化炉温度（845—875℃）；3. 成品酸浓度（58%—62%） | 达到100%，每超出一次扣0.5分 | DCS分散控制系统 | 月度 |
| | 记录管理（20分） | 记录清晰、真实、整洁，并保持作业场所清洁 | 完成100%，每处不合格一次扣0.5分 | 产能指标 | |
| | 安全管理（20分） | 遵守劳动纪律、规章制度、操作规程等 | 达到100%，违反一次，扣1分 | 日常检查 | |
| | 装置异常波动及非停（30分） | 装置按要求正常运行，对因管理及预案不到位等而出现的生产波动及非停，进行考核管理 | 出现异常或非停，出现一次扣5分 | DCS分散控制系统 | |
| 非权重指标 | 奖励指标 | 发明、创造、突出贡献、合理化建议等 | 发明、创造、合理化建议被单位采纳，为单位做出突出贡献的，视贡献大小每项2—10分奖励 | 相关确认文件或通知 | 发生时 |
| | 否决指标 | 存在安全、环保、质量、重大失误等 | 由于不安全行为导致的安全、环保、质量、重大失误的，对单位造成较大影响的每项扣10分；造成重大影响每项扣20分 | | |
| 备注 | 岗位职责考核指标基准分为100分，根据重点工作任务分解（非否决项）具体情况确定各项考核指标权重 | | | | |

HG-MJH-057

## 硝酸外操

| 岗位名称 | 硝酸外操 | | | 所在部门 | 合成氨硝酸工段 |
|---|---|---|---|---|---|
| 职位职级序列 | 技能序列 | | | | |
| 直接上级 | 硝酸班长 | | | | |
| 直接下级 | —— | | | | |
| 岗位职责 | 负责硝酸装置岗位巡检、设备的操作及维护保养，消防、安全设施巡查、隐患排查治理、特殊作业监督管控、应急事故处理等工作 | | | | |
| 工作记录文档 | 生产记录、台账、报表及有关数据 | | | | |
| 指标类别 | 考核指标 | 考核内容 | 考核标准 | 信息来源 | 考核周期 |
| 岗位职责指标 | 记录管理（20 分） | 记录清晰、真实、整洁，并保持作业场所清洁 | 完成 100%，每处不合格一次扣 0.5 分 | 现场记录 | 月度 |
| | 工艺指标（30 分） | 工艺指标在正常范围之内 | 工艺指标超出正常范围，每超出一次扣 1 分 | DCS 分散控制系统 | |
| | 安全管理（20 分） | 遵守劳动纪律、规章制度、操作规程等 | 达到 100%，违反一次，扣 1 分 | 日常检查 | |
| | 装置异常波动及非停（30 分） | 装置按要求正常运行，对因管理及预案不到位等而出现的生产波动及非停，进行考核管理 | 出现异常或非停，出现一次扣 5 分 | 生产记录 | |
| 非权重指标 | 奖励指标 | 发明、创造、突出贡献、合理化建议等 | 发明、创造、合理化建议被单位采纳，为单位做出突出贡献的，视贡献大小每项 2—10 分奖励 | 相关确认文件或通知 | 发生时 |
| | 否决指标 | 存在安全、环保、质量、重大失误等 | 由于不安全行为导致的安全、环保、质量、重大失误的，对单位造成较大影响的每项扣 10 分；造成重大影响每项扣 20 分 | | |
| 备注 | 岗位职责考核指标基准分为 100 分，根据重点工作任务分解（非否决项）具体情况确定各项考核指标权重 | | | | |

HG–MJH–058

## 硝铵班长

| 岗位名称 | 硝铵班长 | | | 所在部门 | 合成氨硝铵工段 |
|---|---|---|---|---|---|
| 职位职级序列 | 技能序列 | | | | |
| 直接上级 | 车间主任 | | | | |
| 直接下级 | 硝铵岗位工 | | | | |
| 岗位职责 | 负责硝铵装置等系统的生产运行协调、巡检、记录、事故处理等工作 | | | | |
| | 负责对中控工艺指标进行检查，对本班组人员进行日常管理 | | | | |
| | 负责其他日常管理工作 | | | | |
| 工作记录文档 | 生产记录、台账、报表及有关数据 | | | | |
| 指标类别 | 考核指标 | 考核内容 | 考核标准 | 信息来源 | 考核周期 |
| 岗位职责指标 | 工艺指标（30 分） | 1. 再熔槽硝铵溶液浓度（95%—97%）<br>2. 造粒塔底皮带水分（3.1%—3.5%）<br>3. 管式反应器温度（＜195℃） | 达到 100%，每超出一次扣 0.5 分 | DCS 分散控制系统 | 月度 |
| | 产量指标（30 分） | 产品产量和质量 | 完成月计划，每减少 1%，扣 1 分 | 产能指标 | |
| | 安全管理（20 分） | 工段员工遵守劳动纪律、规章制度、操作规程等 | 达到 100%，违反一次，扣 1 分 | 日常检查 | |
| | 操作平稳率管理（20 分） | 对影响装置平稳运行的 4—5 个关键平稳率指标进行监管 | 达到 95%，每降低 1%，扣 5 分 | DCS 分散控制系统 | |
| 非权重指标 | 奖励指标 | 发明、创造、突出贡献、合理化建议等 | 发明、创造、合理化建议被单位采纳，为单位做出突出贡献的，视贡献大小每项 2—10 分奖励 | 相关确认文件或通知 | 发生时 |
| | 否决指标 | 存在安全、环保、质量、重大失误等 | 由于不安全行为导致的安全、环保、质量、重大失误的，对单位造成较大影响的每项扣 10 分；造成重大影响每项扣 20 分 | | |
| 备注 | 岗位职责考核指标基准分为 100 分，根据重点工作任务分解（非否决项）具体情况确定各项考核指标权重 | | | | |

HG-MJH-059

## 硝铵内操

| 岗位名称 | 硝铵内操 | | 所在部门 | 合成氨硝铵工段 | |
|---|---|---|---|---|---|
| 职位职级序列 | 技能序列 | | | | |
| 直接上级 | 硝铵班长 | | | | |
| 直接下级 | —— | | | | |
| 岗位职责 | 负责硝铵装置的操作、控制及调节，严格控制各项工艺指标、运行参数记录、生产操作记录及产品质量情况 | | | | |
| | 负责中控室事故处理，应急演练，中控隐患排查治理 | | | | |
| 工作记录文档 | 生产记录、台账、报表及有关数据 | | | | |
| **指标类别** | **考核指标** | **考核内容** | **考核标准** | **信息来源** | **考核周期** |
| 岗位职责指标 | 工艺指标（30分） | 1. 管式反应器温度（＜195℃）；<br>2. 初蒸发器后硝铵溶液温度（135—145℃）；<br>3. 塔顶受槽硝铵溶液温度（150—155℃） | 达到100%，每超出一次扣0.5分 | DCS分散控制系统 | 月度 |
| | 记录管理（20分） | 记录清晰、真实、整洁，并保持作业场所清洁 | 完成100%，每处不合格一次扣1分 | 现场记录 | |
| | 安全管理（20分） | 遵守劳动纪律、规章制度、操作规程等 | 达到100%，违反1次，扣1分 | 日常检查 | |
| | 装置异常波动及非停（30分） | 装置按要求正常运行，对因管理及预案不到位等而出现的生产波动及非停，进行考核管理 | 出现异常或非停，出现一次扣5分 | 生产记录 | |
| 非权重指标 | 奖励指标 | 发明、创造、突出贡献、合理化建议等 | 发明、创造、合理化建议被单位采纳，为单位做出突出贡献的，视贡献大小每项2—10分奖励 | 相关确认文件或通知 | 发生时 |
| | 否决指标 | 存在安全、环保、质量、重大失误等 | 由于不安全行为导致的安全、环保、质量、重大失误的，对单位造成较大影响的每项扣10分；造成重大影响每项扣20分 | | |
| 备注 | 岗位职责考核指标基准分为100分，根据重点工作任务分解（非否决项）具体情况确定各项考核指标权重 | | | | |

HG-MJH-060

## 硝铵外操

| 岗位名称 | 硝铵外操 | 所在部门 | 合成氨硝铵工段 |
|---|---|---|---|
| 职位职级序列 | 技能序列 | | |
| 直接上级 | 硝铵班长 | | |
| 直接下级 | —— | | |
| 岗位职责 | 负责氨蒸发、中和、溶液蒸发、干燥、筛分、冷却、洗涤、包装、浓缩、淡化、回用、氨库球罐、氨库泵房、装卸站等系统的监控、操作、巡检、表计记录、事故处理等 | | |
| 工作记录文档 | 生产记录、台账、报表及有关数据 | | |

| 指标类别 | 考核指标 | 考核内容 | 考核标准 | 信息来源 | 考核周期 |
|---|---|---|---|---|---|
| 岗位职责指标 | 设备点巡检（30分） | 按照规定时间对设备进行点巡检，避免跑、冒、滴、漏 | 完成计划，未按规定对设备进行点巡检扣1分 | 记录、台账 | 月度 |
| | 记录管理（20分） | 记录清晰、真实、整洁，并保持作业场所清洁 | 完成100%，每处不合格一次扣0.5分 | 现场记录 | |
| | 安全管理（20分） | 遵守劳动纪律、规章制度、操作规程等 | 达到100%，违反1次，扣1分 | 日常检查 | |
| | 装置异常波动及非停（30分） | 装置按要求正常运行，对因管理及预案不到位等而出现的生产波动及非停，进行考核管理 | 出现异常或非停，出现一次扣5分 | 生产记录 | |
| 非权重指标 | 奖励指标 | 发明、创造、突出贡献、合理化建议等 | 发明、创造、合理化建议被单位采纳，为单位做出突出贡献的，视贡献大小每项2—10分奖励 | 相关确认文件或通知 | 发生时 |
| | 否决指标 | 存在安全、环保、质量、重大失误等 | 由于不安全行为导致的安全、环保、质量、重大失误的，对单位造成较大影响的每项扣10分；造成重大影响每项扣20分 | | |
| 备注 | 岗位职责考核指标基准分为100分，根据重点工作任务分解（非否决项）具体情况确定各项考核指标权重 | | | | |

HG–MJH–061

## 苯加氢班长

| 岗位名称 | 苯加氢班长 | 所在部门 | 苯加氢生产 |
|---|---|---|---|
| 职位职级序列 | 技能序列 | | |
| 直接上级 | 车间主任 | | |
| 直接下级 | 班组员工 | | |
| 岗位职责 | 负责组织召开班前会和班后会，组织员工学习安全知识及事故案例，提高员工的安全素质，带领全班积极完成生产任务 | | |
| | 负责本班生产、安全、环保、消防设施的日常巡检、维护保养工作，发现隐患及时消除，对不能消除的隐患，立即上报车间主任 | | |
| | 负责开展班组建设工作 | | |
| | 负责本班特殊作业的作业票初审、验票和现场管理 | | |
| | 负责开停工作业及突发事件的组织处理等 | | |
| 工作记录文档 | 生产记录、台账、报表及有关数据 | | |

| 指标类别 | 考核指标 | 考核内容 | 考核标准 | 信息来源 | 考核周期 |
|---|---|---|---|---|---|
| 岗位职责指标 | 日常生产任务（20分） | 装置加工的粗苯吨数 | 完成月计划，每减少1%扣1分，每增加1%加1分 | 调度生产运营管理系统 | 月度 |
| | 生产、安全、环保、消防设施巡查管理（30分） | 生产、安全、环保、消防设施运行情况 | 无跑、冒、滴、漏，每出现一次扣1分 | 交接班记录 | |
| | 完成班组建设工作管理（30分） | 班组建设符合公司规定 | 按时完成，每缺少一项扣1分 | 班组建设记录 | |
| | 员工安全教育（20分） | 组织员工学习安全知识及事故案例 | 安全知识及事故案例学习频次。未参加一次扣5分 | 安全活动记录 | |
| 非权重指标 | 奖励指标 | 发明、创造、突出贡献、合理化建议等 | 发明、创造、合理化建议被单位采纳，为单位做出突出贡献的，视贡献大小每项2—10分奖励 | 相关确认文件或通知 | 发生时 |
| | 否决指标 | 存在安全、环保、质量、重大失误等 | 由于不安全行为导致的安全、环保、质量、重大失误的，对单位造成较大影响的每项扣10分；造成重大影响每项扣20分 | | |
| 备注 | 岗位职责考核指标基准分为100分，根据重点工作任务分解（非否决项）具体情况确定各项考核指标权重 | | | | |

HG–MJH–062

## 苯加氢内操

| 岗位名称 | 苯加氢内操 | | 所在部门 | 苯加氢生产 | |
|---|---|---|---|---|---|
| 职位职级序列 | 技能序列 | | | | |
| 直接上级 | 苯加氢班长 | | | | |
| 直接下级 | —— | | | | |
| 岗位职责 | 负责苯加氢装置的操作、控制及调节，严格控制各项工艺指标、运行参数记录、生产操作记录及产品质量情况 | | | | |
| | 负责中控室事故处理，应急演练，中控隐患排查治理 | | | | |
| 工作记录文档 | 生产记录、台账、报表及有关数据 | | | | |
| 指标类别 | 考核指标 | 考核内容 | 考核标准 | 信息来源 | 考核周期 |
| 岗位职责指标 | 工艺指标（30 分） | 苯—甲苯塔灵敏板温度 TI-12404 120℃<br>溶剂回收塔再沸器物料出口温度 TI-12205 162℃<br>萃取塔灵敏板温度 TI-12103 131℃ | 苯—甲苯塔灵敏板温度 TI-12404 105—135℃<br>溶剂回收塔再沸器物料出口温度 TI-12205 148—175℃<br>萃取塔灵敏板温度 TI-12103 125—135℃<br>每出现一次扣 1 分 | DCS 分散控制系统 | 月度 |
| | 记录管理（20 分） | 记录清晰、真实、整洁，并保持作业场所清洁 | 完成 100%，每出现一次扣 1 分 | 现场记录 | |
| | 安全管理（20 分） | 遵守劳动纪律、规章制度、操作规程等 | 达到 100%，每出现一次扣 1 分 | 日常检查 | |
| | 装置异常波动及非停（30 分） | 装置按要求正常运行，对因管理及预案不到位等而出现的生产波动及非停，进行考核管理 | 出现异常或非停，每出现一次扣 1 分 | 生产记录 | |
| 非权重指标 | 奖励指标 | 发明、创造、突出贡献、合理化建议等 | 发明、创造、合理化建议被单位采纳，为单位做出突出贡献的，视贡献大小每项 2—10 分奖励 | 相关确认文件或通知 | 发生时 |
| | 否决指标 | 存在安全、环保、质量、重大失误等 | 由于不安全行为导致的安全、环保、质量、重大失误的，对单位造成较大影响的每项扣 10 分；造成重大影响每项扣 20 分 | | |
| 备注 | 岗位职责考核指标基准分为 100 分，根据重点工作任务分解（非否决项）具体情况确定各项考核指标权重 | | | | |

HG–MJH–063

## 苯加氢外操

<table>
<tr><th>岗位名称</th><td colspan="2">苯加氢外操</td><th>所在部门</th><td colspan="2">苯加氢生产</td></tr>
<tr><td>职位职级序列</td><td colspan="5">技能序列</td></tr>
<tr><td>直接上级</td><td colspan="5">苯加氢班长</td></tr>
<tr><td>直接下级</td><td colspan="5">——</td></tr>
<tr><td rowspan="2">岗位职责</td><td colspan="5">负责生产工艺与设施设备的现场启停与工艺调节工作</td></tr>
<tr><td colspan="5">负责责任区内的设备设施、区域卫生工作，做到文明生产</td></tr>
<tr><td>工作记录文档</td><td colspan="5">生产记录、台账、报表及有关数据</td></tr>
<tr><th>指标类别</th><th>考核指标</th><th>考核内容</th><th>考核标准</th><th>信息来源</th><th>考核周期</th></tr>
<tr><td rowspan="4">岗位职责指标</td><td>设备点巡检（30分）</td><td>按照规定时间对设备进行点巡检，避免跑、冒、滴、漏</td><td>未按规定对设备进行点巡检扣1分</td><td>记录、台账</td><td rowspan="4">月度</td></tr>
<tr><td>记录管理（20分）</td><td>记录清晰、真实、整洁，并保持作业场所清洁</td><td>完成100%，每处不合格一次扣1分</td><td>现场记录</td></tr>
<tr><td>安全管理（20分）</td><td>遵守劳动纪律、规章制度、操作规程等</td><td>达到100%，违反一次，扣1分</td><td>日常检查</td></tr>
<tr><td>装置异常波动及非停（30分）</td><td>装置按要求正常运行，对因管理及预案不到位等而出现的生产波动及非停，进行考核管理</td><td>出现异常或非停，出现一次扣5分</td><td>生产记录</td></tr>
<tr><td rowspan="2">非权重指标</td><td>奖励指标</td><td>发明、创造、突出贡献、合理化建议等</td><td>发明、创造、合理化建议被单位采纳，为单位做出突出贡献的，视贡献大小每项2—10分奖励</td><td rowspan="2">相关确认文件或通知</td><td rowspan="2">发生时</td></tr>
<tr><td>否决指标</td><td>存在安全、环保、质量、重大失误等</td><td>由于不安全行为导致的安全、环保、质量、重大失误的，对单位造成较大影响的每项扣10分；造成重大影响每项扣20分</td></tr>
<tr><td>备注</td><td colspan="5">岗位职责考核指标基准分为100分，根据重点工作任务分解（非否决项）具体情况确定各项考核指标权重</td></tr>
</table>

HG–MJH–064

## 机械维修

| 岗位名称 | | 机械维修 | 所在部门 | 日常维护工段 | |
|---|---|---|---|---|---|
| 职位职级序列 | | 技能序列 | | | |
| 直接上级 | | 维修主任 | | | |
| 直接下级 | | —— | | | |
| 岗位职责 | | 负责车间各生产岗位机械设备消缺组织管理工作<br>负责车间各生产岗位机械设备日常维修保养管理工作<br>负责检修现场文明生产管理工作 | | | |
| 工作记录文档 | | 生产记录、台账、报表及有关数据 | | | |
| 指标类别 | 考核指标 | 考核内容 | 考核标准 | 信息来源 | 考核周期 |
| 岗位职责指标 | 日常巡检管理（20分） | 能够及时发现在用机械设备缺陷 | 仪表完好率≥95%，每减少1%扣1分，每增加1%加0.5分 | 各级隐患记录 | 月度 |
| | 维修维护管理（30分） | 能够自主完成维修、维护工作 | 工作完成率≥97%，每减少1%扣1分，每增加1%加0.5分 | 各级隐患 | |
| | 工作任务管理（20分） | 按时、按要求完成工作安排 | 工作完成率≥98%，违反一次，扣1分 | 班前会议记录、白班记录 | |
| | 装置异常波动及非停（20分） | 装置按要求正常运行，对因管理及检修操作、维护保养不到位等而出现的生产波动及非停，进行考核管理 | 出现异常或非停出现一次扣5分 | 生产记录 | |
| | 记录填写管理（10分） | 每日如实填写记录，要求字迹清晰、事件明了 | 事件记录不清晰或未能及时填写，每有一项扣1分 | 工作记录文档 | |
| 非权重指标 | 奖励指标 | 发明、创造、突出贡献、合理化建议等 | 发明、创造、合理化建议被单位采纳，为单位做出突出贡献的，视贡献大小每项2—10分奖励 | 相关确认文件或通知 | 发生时 |
| | 否决指标 | 存在安全、环保、质量、重大失误等 | 由于不安全行为导致的安全、环保、质量、重大失误的，对单位造成较大影响的每项扣10分；造成重大影响每项扣20分 | | |
| 备注 | 岗位职责考核指标基准分为100分，根据重点工作任务分解（非否决项）具体情况确定各项考核指标权重 | | | | |

HG-MJH-065

## 电气维修

<table>
<tr><td>岗位名称</td><td colspan="2">电气维修</td><td>所在部门</td><td colspan="2">日常维护工段</td></tr>
<tr><td>职位职级序列</td><td colspan="5">技能序列</td></tr>
<tr><td>直接上级</td><td colspan="5">维修主任</td></tr>
<tr><td>直接下级</td><td colspan="5">——</td></tr>
<tr><td rowspan="3">岗位职责</td><td colspan="5">负责车间各生产岗位电气设备消缺组织管理工作</td></tr>
<tr><td colspan="5">负责车间各生产岗位电气设备日常维修保养管理工作</td></tr>
<tr><td colspan="5">负责检修现场文明生产管理工作</td></tr>
<tr><td>工作记录文档</td><td colspan="5">生产记录、台账、报表及有关数据</td></tr>
<tr><td>指标类别</td><td>考核指标</td><td>考核内容</td><td>考核标准</td><td>信息来源</td><td>考核周期</td></tr>
<tr><td rowspan="4">岗位职责指标</td><td>工作标准（30 分）</td><td>关键设备完好率 100%，整体设备完好率 98% 以上，各维修管理台账、记录齐全</td><td>达到 100%，每减少 1% 扣 1 分，每增加 1% 加 0.5 分</td><td>各级隐患记录</td><td rowspan="4">月度</td></tr>
<tr><td>工作标准（20 分）</td><td>维修计划完成率</td><td>达到 100%，每减少 1% 扣 15 分，每增加 1% 加 0.5 分</td><td>各级隐患</td></tr>
<tr><td>安全管理（20 分）</td><td>遵守劳动纪律、规章制度、操作规程等</td><td>达到 100%，违反一次，扣 1 分</td><td>班前会议记录、白班记录</td></tr>
<tr><td>装置异常波动及非停（30 分）</td><td>装置按要求正常运行，对因管理及预案不到位等而出现的生产波动及非停，进行考核管理</td><td>出现异常或非停，出现一次扣 1—5 分</td><td>生产记录</td></tr>
<tr><td rowspan="2">非权重指标</td><td>奖励指标</td><td>发明、创造、突出贡献、合理化建议等</td><td>发明、创造、合理化建议被单位采纳，为单位做出突出贡献的，视贡献大小每项 2—10 分奖励</td><td rowspan="2">相关确认文件或通知</td><td rowspan="2">发生时</td></tr>
<tr><td>否决指标</td><td>存在安全、环保、质量、重大失误等</td><td>由于不安全行为导致的安全、环保、质量、重大失误的，对单位造成较大影响的每项扣 10 分；造成重大影响每项扣 20 分</td></tr>
<tr><td>备注</td><td colspan="5">岗位职责考核指标基准分为 100 分，根据重点工作任务分解（非否决项）具体情况确定各项考核指标权重</td></tr>
</table>

HG-MJH-066

## 仪表维修

| 岗位名称 | 仪表维修 | | 所在部门 | 日常维护工段 | |
|---|---|---|---|---|---|
| 职位职级序列 | 技能序列 | | | | |
| 直接上级 | 电仪主任 | | | | |
| 直接下级 | —— | | | | |
| 岗位职责 | 负责车间各生产岗位仪表设备消缺组织管理工作 | | | | |
| | 负责车间各生产岗位仪表设备日常维修保养管理工作 | | | | |
| | 负责检修现场文明生产管理工作 | | | | |
| 工作记录文档 | 生产记录、台账、报表及有关数据 | | | | |
| **指标类别** | **考核指标** | **考核内容** | **考核标准** | **信息来源** | **考核周期** |
| 岗位职责指标 | 日常巡检管理（20分） | 能够及时发现在用仪表缺陷 | 仪表完好率≥95%，每减少1%扣1分，每增加1%加0.5分 | 各级隐患记录 | 月度 |
| | 维修维护管理（30分） | 能够自主完成维修、维护工作 | 工作完成率≥97%，每减少1%扣1分，每增加1%加0.5分 | 各级隐患 | |
| | 工作任务管理（20分） | 按时、按要求完成工作安排 | 工作完成率≥98%，违反一次，扣1分 | 班前会议记录、白班记录 | |
| | 装置异常波动及非停（20分） | 装置按要求正常运行，对因管理及检修操作、维护保养不到位等而出现的生产波动及非停，进行考核管理 | 出现异常或非停出现一次扣5分 | 生产记录 | |
| | 记录填写管理（10分） | 每日如实填写记录，要求字迹清晰、事件明了 | 事件记录不清晰或未能及时填写，每有一项扣1分 | 工作记录文档 | |
| 非权重指标 | 奖励指标 | 发明、创造、突出贡献、合理化建议等 | 发明、创造、合理化建议被单位采纳，为单位做出突出贡献的，视贡献大小每项2—10分奖励 | 相关确认文件或通知 | 发生时 |
| | 否决指标 | 存在安全、环保、质量、重大失误等 | 由于不安全行为导致的安全、环保、质量、重大失误的，对单位造成较大影响的每项扣10分；造成重大影响每项扣20分 | | |
| 备注 | 岗位职责考核指标基准分为100分，根据重点工作任务分解（非否决项）具体情况确定各项考核指标权重 | | | | |

HG–MJH–067

## 地磅计量员

<table>
<tr><td>岗位名称</td><td colspan="2">地磅计量员</td><td colspan="2">所在部门</td><td>质量计量管理中心</td></tr>
<tr><td>职位职级序列</td><td colspan="5">技能序列</td></tr>
<tr><td>直接上级</td><td colspan="5">管理人员</td></tr>
<tr><td>直接下级</td><td colspan="5">——</td></tr>
<tr><td rowspan="3">岗位职责</td><td colspan="5">负责过磅计量工作</td></tr>
<tr><td colspan="5">做好设备和安全设施的巡回检查、维护保养和校验，并认真做好记录</td></tr>
<tr><td colspan="5">负责各作业现场的文明生产工作</td></tr>
<tr><td>工作记录文档</td><td colspan="5">各原始记录、质计系统、交接班记录、设备运行记录等有关记录</td></tr>
<tr><td>指标类别</td><td>考核指标</td><td>考核内容</td><td>考核标准</td><td>信息来源</td><td>考核周期</td></tr>
<tr><td rowspan="4">岗位职责指标</td><td>工作标准（40分）</td><td>过磅计量数据的准确性，数据报送的及时性</td><td>达到100%，未达到每次扣5分</td><td>现场检查、质计系统、视频监控、原始记录</td><td rowspan="4">月度</td></tr>
<tr><td>文明生产（10分）</td><td>保证工作区域内环境、设备、设施整洁</td><td>达到100%，未达到每项扣2分</td><td>现场检查、现场记录</td></tr>
<tr><td>安全管理（20分）</td><td>遵守劳动纪律、规章制度、操作规程等</td><td>达到100%，未达到每次扣5分</td><td>日常检查考试</td></tr>
<tr><td>设备管理（30分）</td><td>按规定做好设备、设施的巡回检查、维护保养、校验设备工作，认真做好记录</td><td>达到100%，未达到每项（处）扣2分</td><td>现场检查、原始记录</td></tr>
<tr><td rowspan="2">非权重指标</td><td>奖励指标</td><td>发明、创造、突出贡献、合理化建议等</td><td>发明、创造、合理化建议被单位采纳，为单位做出突出贡献的，视贡献大小每项2—10分奖励</td><td rowspan="2">相关确认文件或通知</td><td rowspan="2">发生时</td></tr>
<tr><td>否决指标</td><td>存在安全、环保、质量、重大失误等</td><td>由于不安全行为导致的安全、环保、质量、重大失误的，对单位造成较大影响的每项扣10分；造成重大影响每项扣20分</td></tr>
<tr><td>备注</td><td colspan="5">岗位职责考核指标基准分为100分，根据重点工作任务分解（非否决项）具体情况确定各项考核指标权重</td></tr>
</table>

HG–MJH–068

## 分析检测操作

<table>
<tr><td>岗位名称</td><td colspan="2">分析检测操作</td><td colspan="2">所在部门</td><td>质量计量管理中心</td></tr>
<tr><td>职位职级序列</td><td colspan="5">技能序列</td></tr>
<tr><td>直接上级</td><td colspan="5">管理人员</td></tr>
<tr><td>直接下级</td><td colspan="5">——</td></tr>
<tr><td rowspan="3">岗位职责</td><td colspan="5">负责采样、制样和化验工作</td></tr>
<tr><td colspan="5">做好设备和安全设施的巡回检查、维护保养和校验，并认真做好记录</td></tr>
<tr><td colspan="5">负责各作业现场的文明生产工作</td></tr>
<tr><td>工作记录文档</td><td colspan="5">各检验原始记录，质计系统，交接班记录、设备运行记录等有关记录</td></tr>
<tr><td>指标类别</td><td>考核指标</td><td>考核内容</td><td>考核标准</td><td>信息来源</td><td>考核周期</td></tr>
<tr><td rowspan="4">岗位职责指标</td><td>工作标准（40 分）</td><td>操作的规范性和检验数据的代表性，准确性，及时性</td><td>达到 100%，未达到每次扣 5 分</td><td>现场检查、质计系统、视频监控、原始记录</td><td rowspan="4">月度</td></tr>
<tr><td>文明生产（10 分）</td><td>保证工作区域内环境、设备、设施整洁</td><td>达到 100%，未达到每项扣 2 分</td><td>现场检查、现场记录</td></tr>
<tr><td>安全管理（20 分）</td><td>遵守劳动纪律、规章制度、操作规程等</td><td>达到 100%，未达到每次扣 5 分</td><td>日常检查考试</td></tr>
<tr><td>设备管理（30 分）</td><td>按规定做好设备、设施的巡回检查、维护保养、校验设备工作，认真做好记录</td><td>达到 100%，未达到每项（处）扣 2 分</td><td>现场检查、原始记录</td></tr>
<tr><td rowspan="2">非权重指标</td><td>奖励指标</td><td>发明、创造、突出贡献、合理化建议等</td><td>发明、创造、合理化建议被单位采纳，为单位做出突出贡献的，视贡献大小每项 2—10 分奖励</td><td rowspan="2">相关确认文件或通知</td><td rowspan="2">发生时</td></tr>
<tr><td>否决指标</td><td>存在安全、环保、质量、重大失误等</td><td>由于不安全行为导致的安全、环保、质量、重大失误的，对单位造成较大影响的每项扣 10 分；造成重大影响每项扣 20 分</td></tr>
<tr><td>备注</td><td colspan="5">岗位职责考核指标基准分为 100 分，根据重点工作任务分解（非否决项）具体情况确定各项考核指标权重</td></tr>
</table>

HG-MJH-069

## 运行班长

| 岗位名称 | | 运行班长 | 所在部门 | 变电站 | |
|---|---|---|---|---|---|
| 职位职级序列 | | 技能序列 | | | |
| 直接上级 | | 变电站负责人 | | | |
| 直接下级 | | 运行值班员 | | | |
| 岗位职责 | | 负责变电站日常工作的管理，确保变电站安全正常运行，组织编制、完善变电站实际运行需求制度、日常考核细则 | | | |
| | | 组织对变电站日常隐患进行检查、整改 | | | |
| 工作记录文档 | | 生产记录、台账、报表及有关数据 | | | |
| 指标类别 | 考核指标 | 考核内容 | 考核标准 | 信息来源 | 考核周期 |
| 岗位职责指标 | 设备安全运行（30分） | 全月不发生事故停电 | 完成月计划，每发生一次扣1分 | 变电站运行监控系统 | 月度 |
| | 全员培训（10分） | 全员月培训率达到100%即每周至少一次 | 完成月计划，每减少一次扣1分 | 员工安全教育档案 | |
| | 现场操作（20分） | 对现场高压设备停送电操作进行监管 | 达到安全操作要求，每发生一次误操作或违章指挥扣1分 | 变电站操作控制系统 | |
| | 文明生产（10分） | 现场配电室卫生合格 | 合格率100%，每发现一处配电室卫生较差，扣1分 | 车间月检查记录 | |
| | 记录填写管理（10分） | 每日如实填写记录，要求字迹清晰、事件明了 | 事件记录不清晰或未能及时填写，每有一项扣1分 | 工作记录文档 | |
| | 安全管理（20分） | 管理员工遵守劳动纪律、规章制度、操作规程等 | 达到100%，违反一次，扣1分 | 日常检查 | |
| 非权重指标 | 奖励指标 | 发明、创造、突出贡献、合理化建议等 | 发明、创造、合理化建议被单位采纳，为单位做出突出贡献的，视贡献大小每项2—10分奖励 | 相关确认文件或通知 | 发生时 |
| | 否决指标 | 存在安全、环保、质量、重大失误等 | 由于不安全行为导致的安全、环保、质量、重大失误的，对单位造成较大影响的每项扣10分；造成重大影响每项扣20分 | | |
| 备注 | 岗位职责考核指标基准分为100分，根据重点工作任务分解（非否决项）具体情况确定各项考核指标权重 | | | | |

HG-MJH-070

## 运行值班员

| 岗位名称 | 运行值班员 | | 所在部门 | 变电站 | |
|---|---|---|---|---|---|
| 职位职级序列 | 技能序列 | | | | |
| 直接上级 | 运行班长 | | | | |
| 直接下级 | —— | | | | |
| 岗位职责 | 负责变电站高、低压供配电电气设备的运行维护检修工作，保证设备平稳运行 | | | | |
| | 负责配电室电气设备运行维护管理工作，保证设备平稳运行 | | | | |
| | 负责全厂及各生产工段用电计量及统计工作，负责配电室文明卫生工作 | | | | |
| 工作记录文档 | 生产记录、台账、报表及有关数据 | | | | |
| 指标类别 | 考核指标 | 考核内容 | 考核标准 | 信息来源 | 考核周期 |
| 岗位职责指标 | 变电站安全运行（30分） | 全月不发生设备故障 | 完成月计划，每发生一次设备故障扣1分 | 变电站运行监控系统 | 月度 |
| | 开闭所设备安全运行（20分） | 全月未发生事故停电 | 完成月计划，每发生一次设备事故停电扣1分 | 开闭所后台运行监控系统 | |
| | 接受安全教育培训（10分） | 全月不缺席班组安全教育培训、安全活动 | 达到100%，每无故不参加一次扣1分 | 班组安全活动记录 | |
| | 责任区卫生合格（10分） | 各自责任区卫生合格 | 达到100%，每发现一处不合格扣1分 | 班组月检查记录 | |
| | 记录填写管理（10分） | 每日如实填写记录，要求字迹清晰、事件明了 | 事件记录不清晰或未能及时填写，每有一项扣1分 | 工作记录文档 | |
| | 安全管理（20分） | 遵守劳动纪律、规章制度、操作规程等 | 达到100%，违反一次，扣1分 | 日常检查 | |
| 非权重指标 | 奖励指标 | 发明、创造、突出贡献、合理化建议等 | 发明、创造、合理化建议被单位采纳，为单位做出突出贡献的，视贡献大小每项2—10分奖励 | 相关确认文件或通知 | 发生时 |
| | 否决指标 | 存在安全、环保、质量、重大失误等 | 由于不安全行为导致的安全、环保、质量、重大失误的，对单位造成较大影响的每项扣10分；造成重大影响每项扣20分 | | |
| 备注 | 岗位职责考核指标基准分为100分，根据重点工作任务分解（非否决项）具体情况确定各项考核指标权重 | | | | |

HG-MJH-071

## 循环水操作工

<table>
<tr><td>岗位名称</td><td colspan="2">循环水操作工</td><td>所在部门</td><td colspan="2">配套业务操作</td></tr>
<tr><td>职位职级序列</td><td colspan="5">技能序列</td></tr>
<tr><td>直接上级</td><td colspan="5">循环水班长</td></tr>
<tr><td>直接下级</td><td colspan="5">——</td></tr>
<tr><td rowspan="3">岗位职责</td><td colspan="5">负责循环水的巡检、操作、表计记录、事故处理等，保证水的足量供给及水质的稳定、合格</td></tr>
<tr><td colspan="5">负责根据各工序用水情况，及时调整各项工艺指标，降低能耗</td></tr>
<tr><td colspan="5">执行工艺纪律、遵守安全操作规程、生产操作记录及保证产品质量</td></tr>
<tr><td>工作记录文档</td><td colspan="5">生产记录、台账、报表及有关数据</td></tr>
<tr><td>指标类别</td><td>考核指标</td><td>考核内容</td><td>考核标准</td><td>信息来源</td><td>考核周期</td></tr>
<tr><td rowspan="4">岗位职责指标</td><td>记录管理（20 分）</td><td>记录清晰、真实、整洁，并保持作业场所清洁</td><td>完成 100%，每处不合格一次扣 0.5 分</td><td>现场记录</td><td rowspan="4">月度</td></tr>
<tr><td>工艺指标（30 分）</td><td>工艺指标在正常范围之内</td><td>工艺指标超出正常范围，每超出一次扣 1 分</td><td>DCS 分散控制系统</td></tr>
<tr><td>安全管理（20 分）</td><td>遵守劳动纪律、规章制度、操作规程等</td><td>达到 100%，违反一次，扣 1 分</td><td>日常检查</td></tr>
<tr><td>装置异常波动及非停（30 分）</td><td>装置按要求正常运行，对因管理及预案不到位等而出现的生产波动及非停，进行考核管理</td><td>出现异常或非停，出现一次扣 5 分</td><td>生产记录</td></tr>
<tr><td rowspan="2">非权重指标</td><td>奖励指标</td><td>发明、创造、突出贡献、合理化建议等</td><td>发明、创造、合理化建议被单位采纳，为单位做出突出贡献的，视贡献大小每项 2—10 分奖励</td><td rowspan="2">相关确认文件或通知</td><td rowspan="2">发生时</td></tr>
<tr><td>否决指标</td><td>存在安全、环保、质量、重大失误等</td><td>由于不安全行为导致的安全、环保、质量、重大失误的，对单位造成较大影响的每项扣 10 分；造成重大影响每项扣 20 分</td></tr>
<tr><td>备注</td><td colspan="5">岗位职责考核指标基准分为 100 分，根据重点工作任务分解（非否决项）具体情况确定各项考核指标权重</td></tr>
</table>

HG-MJH-072

## 换热站供热

| 岗位名称 | 换热站供热 | | 所在部门 | 配套业务操作 | |
|---|---|---|---|---|---|
| 职位职级序列 | 技能序列 | | | | |
| 直接上级 | 换热站负责人 | | | | |
| 直接下级 | —— | | | | |
| 岗位职责 | 负责换热站的巡回检查 | | | | |
| | 负责换热器设备正常运行，供热合格 | | | | |
| | 负责换热站责任区内卫生 | | | | |
| 工作记录文档 | 生产记录、台账、报表及有关数据 | | | | |
| 指标类别 | 考核指标 | 考核内容 | 考核标准 | 信息来源 | 考核周期 |
| 岗位职责指标 | 高低温换热器温度（30分） | 规定范围 | 依据服务单位标准，超出控制范围扣1分 | 日常巡检 | 月度 |
| | 记录管理（20分） | 记录清晰、真实、整洁，并保持作业场所清洁 | 完成100%，每处不合格一次扣0.5分 | 现场记录 | |
| | 安全管理（20分） | 遵守劳动纪律、规章制度、操作规程等 | 达到100%，违反一次，扣1分 | 日常检查 | |
| | 装置异常波动及非停（30分） | 装置按要求正常运行，对因管理及预案不到位等而出现的生产波动及非停，进行考核管理 | 出现异常或非停，出现一次扣5分 | 生产记录 | |
| 非权重指标 | 奖励指标 | 发明、创造、突出贡献、合理化建议等 | 发明、创造、合理化建议被单位采纳，为单位做出突出贡献的，视贡献大小每项2—10分奖励 | 相关确认文件或通知 | 发生时 |
| | 否决指标 | 存在安全、环保、质量、重大失误等 | 由于不安全行为导致的安全、环保、质量、重大失误的，对单位造成较大影响的每项扣10分；造成重大影响每项扣20分 | | |
| 备注 | 岗位职责考核指标基准分为100分，根据重点工作任务分解（非否决项）具体情况确定各项考核指标权重 | | | | |

HG-MJH-073

## 罐区操作工

<table>
<tr><th>岗位名称</th><th colspan="2">罐区操作工</th><th>所在部门</th><th colspan="2">配套业务操作</th></tr>
<tr><td>职位职级序列</td><td colspan="5">技能序列</td></tr>
<tr><td>直接上级</td><td colspan="5">罐区负责人</td></tr>
<tr><td>直接下级</td><td colspan="5">——</td></tr>
<tr><td rowspan="3">岗位职责</td><td colspan="5">完成产品和原料的接收、储存、输送及装（卸）车工作</td></tr>
<tr><td colspan="5">做好库区域内各装置的日常维护保养、润滑、巡检工作以及生产过程中一般故障处理、消防设施管理等</td></tr>
<tr><td colspan="5">负责落实重大危险源区域管理的各项措施</td></tr>
<tr><td>工作记录文档</td><td colspan="5">生产记录、台账、报表及有关数据</td></tr>
<tr><th>指标类别</th><th>考核指标</th><th>考核内容</th><th>考核标准</th><th>信息来源</th><th>考核周期</th></tr>
<tr><td rowspan="4">岗位职责指标</td><td>工作标准（30 分）</td><td>液位在规定范围</td><td>依据服务单位标准。超出控制范围扣 1 分</td><td>日常巡检</td><td rowspan="4">月度</td></tr>
<tr><td>记录管理（20 分）</td><td>记录清晰、真实、整洁，并保持作业场所清洁</td><td>完成 100%。每处不合格一次扣 0.5 分</td><td>现场记录</td></tr>
<tr><td>安全管理（20 分）</td><td>遵守劳动纪律、规章制度、操作规程等</td><td>达到 100%。违反一次，扣 1 分</td><td>日常检查</td></tr>
<tr><td>装置异常波动及非停（30 分）</td><td>装置按要求正常运行，对因管理及预案不到位等而出现的生产波动及非停，进行考核管理</td><td>出现异常或非停，出现一次扣 5 分</td><td>生产记录</td></tr>
<tr><td rowspan="2">非权重指标</td><td>奖励指标</td><td>发明、创造、突出贡献、合理化建议等</td><td>发明、创造、合理化建议被单位采纳，为单位做出突出贡献的，视贡献大小每项 2—10 分奖励</td><td rowspan="2">相关确认文件或通知</td><td rowspan="2">发生时</td></tr>
<tr><td>否决指标</td><td>存在安全、环保、质量、重大失误等</td><td>由于不安全行为导致的安全、环保、质量、重大失误的，对单位造成较大影响的每项扣 10 分；造成重大影响每项扣 20 分</td></tr>
<tr><td>备注</td><td colspan="5">岗位职责考核指标基准分为 100 分，根据重点工作任务分解（非否决项）具体情况确定各项考核指标权重</td></tr>
</table>